Lehr- und Handbücher der Statistik

Herausgegeben von
Universitätsprofessor Dr. Rainer Schlittgen

Bisher erschienene Werke:

Böhning, Allgemeine Epidemiologie
Caspary · Wichmann, Lineare Modelle
Chatterjee · Price (Übers. Lorenzen), Praxis der Regressionsanalyse, 2. Auflage
Degen · Lorscheid, Statistik-Lehrbuch, 2. Auflage
Degen · Lorscheid, Statistik-Aufgabensammlung, 5. Auflage
Hartung, Modellkatalog Varianzanalyse
Harvey (Übers. Untiedt), Ökonometrische Analyse von Zeitreihen, 2. Auflage
Harvey (Übers. Untiedt), Zeitreihenmodelle, 2. Auflage
Heiler · Michels, Deskriptive und Explorative Datenanalyse, 2. Auflage
Kockelkorn, Lineare statistische Methoden
Miller (Übers. Schlittgen), Grundlagen der Angewandten Statistik
Naeve, Stochastik für Informatik
Oerthel · Tuschl, Statistische Datenanalyse mit dem Programmpaket SAS
Pflaumer · Heine · Hartung, Statistik für Wirtschaft- und Sozialwissenschaften: Deskriptive Statistik, 3. Auflage
Pflaumer · Heine · Hartung, Statistik für Wirtschafts- und Sozialwissenschaften: Induktive Statistik
Pokropp, Lineare Regression und Varianzanalyse
Rasch · Herrendörfer u. a., Verfahrensbibliothek, Band I und Band 2
Riedwyl · Ambühl, Statistische Auswertungen mit Regressionsprogrammen
Rinne, Wirtschafts- und Bevölkerungsstatistik, 2. Auflage
Rinne, Statistische Analyse multivariater Daten – Einführung
Rüger, Induktive Statistik, 3. Auflage
Rüger, Test- und Schätztheorie, Band I
Rüger, Test- und Schätztheorie, Band II: Statistische Tests
Schendera, Datenmanagement und Datenanalyse mit dem SAS-System
Schlittgen, Statistik, 10. Auflage
Schlittgen, Statistik-Trainer
Schlittgen, Statistische Inferenz
Schlittgen, GAUSS für statistische Berechnungen
Schlittgen, Angewandte Zeitreihenanalyse
Schlittgen, Statistische Auswertungen mit R
Schlittgen · Streitberg, Zeitreihenanalyse, 9. Auflage
Schürger, Wahrscheinlichkeitstheorie
Tutz, Die Analyse kategorialer Daten

Fachgebiet Biometrie
Herausgegeben von Dr. Rolf Lorenz

Bisher erschienene Werke:

Bock, Bestimmung des Stichprobenumfangs
Brunner · Langer, Nichtparametrische Analyse longitudinaler Daten

Statistik-Aufgabensammlung

mit ausführlichen Lösungen

Übungsbuch zur Statistik
im wirtschaftswissenschaftlichen
Grundstudium

Von

Dr. Horst Degen

Univ.-Professor für Statistik und Ökonometrie

und

Dr. Peter Lorscheid

Hochschuldozent für Statistik und Ökonometrie

Wirtschaftswissenschaftliche Fakultät der
Heinrich-Heine-Universität Düsseldorf

5., gründlich überarbeitete Auflage

R. Oldenbourg Verlag München Wien

Bibliografische Information Der Deutschen Bibliothek

Die Deutsche Bibliothek verzeichnet diese Publikation in der Deutschen Nationalbibliografie; detaillierte bibliografische Daten sind im Internet über <http://dnb.ddb.de> abrufbar.

Rosenheimer Straße 145, D-81671 München
Telefon: (089) 45051-0
www.oldenbourg.de

Gedruckt auf säure- und chlorfreiem Papier
Gesamtherstellung: Druckhaus „Thomas Müntzer“ GmbH, Bad Langensalza

ISBN 3-486-57703-4
ISBN 978-3-486-57703-7

Inhaltsverzeichnis

Teil A: Beschreibende Statistik

Teil B: Wirtschafts- und Bevölkerungsstatistik

Teil C: Wahrscheinlichkeitsrechnung

Teil D: Schließende Statistik

Anhang

Vorwort zur fünften Auflage

Es ist sicher ungewöhnlich, einem Lehrbuch das Erscheinen eines Übungsbuches voranzustellen. Dies setzte uns allerdings in die Lage, die mit der Erstellung der Aufgabensammlung gemachten Erfahrungen in die Konzeption des Statistik-Lehrbuches einfließen zu lassen. Diese Neuauflage der Aufgabensammlung nach Erscheinen des Lehrbuches haben wir nun genutzt, um beide Bücher aufeinander abzustimmen. Dies betrifft insbesondere die Formel-Notation, die wir nun weitgehend an die durchgängige Notation des Lehrbuches angepasst haben.

Darüber hinaus haben wir die Neuauflage genutzt, um inhaltliche Verbesserungen vorzunehmen. Dies betrifft insbesondere das Kapitel über die volkswirtschaftliche Gesamtrechnung, das nun auch die Neukonzeption der VGR durch die amtliche Statistik im Jahr 1999 berücksichtigt. Auch einige weitere Aufgaben haben wir ergänzt bzw. in ihrer Darstellung verbessert. Wo wir reale Daten verwenden, haben wir diese so weit wie möglich aktualisiert. Wir danken Frau cand. rer. pol. Angelique Yegiazaryan für die kritische Durchsicht des Textes sowie die Hilfe bei der Aktualisierung der Literaturhinweise.

Düsseldorf

Horst Degen
Peter Lorscheid

Vorwort zur ersten Auflage

In der deutschsprachigen Fachliteratur gibt es bereits eine größere Zahl von Aufgabensammlungen zur Statistik im wirtschaftswissenschaftlichen Grundstudium. Warum wir diesen ein weiteres Buch hinzuzufügen, basiert auf unserer Beobachtung, dass manche Wünsche von Käufern solcher Aufgabensammlungen durch die am Markt angebotenen offenbar nicht in vollem Umfang erfüllt werden.

Wir haben festgestellt, dass die Benutzer oft gar nicht daran interessiert sind, die Aufgaben selbständig mit eigener Hand durchzurechnen (obwohl dieses Vorgehen ohne Zweifel das pädagogisch wünschenswerte und langfristig wirkungsvollste wäre), sondern direkt nach dem Durchlesen der Aufgabenstellung die zugehörige Lösung nachlesen bzw. nachvollziehen wollen. Oft ist dann die Verunsicherung groß, wenn die Autoren der meisten Aufgabensammlungen ihre Lösungen recht knapp fassen im Hinblick darauf, dass die Benutzer beim eigenhändigen Durchrechnen der Aufgabe den einzuschlagenden Lösungsweg und damit das Umfeld der jeweiligen Aufgabe erkennen. Diese Kürze in den Lösungen führt häufig dazu, dass das Interesse des Lesers an der Aufgabe schwindet (vor allem dann, wenn das vom Benutzer ermittelte Ergebnis nicht mit dem Resultat im Buch übereinstimmt). Daher sind wir zu dem Schluss gekommen, dass das Angebot zum Durcharbeiten von ausführlichen Musterlösungen statistischer Aufgaben von den Studierenden eher angenommen wird und daher als Ergänzung des Vorlesungs- und Übungsstoffes gut geeignet ist.

Die vorliegende Aufgabensammlung fasst Aufgaben zusammen, wie sie dem Niveau der schriftlichen Prüfung im Vordiplom (unter Benutzung gewisser Hilfsmittel) entsprechen. Um zusammenhängende Gebiete umfassend darzustellen und mit realistischem Datenmaterial arbeiten zu können, gehen allerdings einige Aufgaben in Umfang bzw. Rechenaufwand über den Rahmen einer Klausuraufgabe hinaus. Eine Gruppe von vier bis acht Aufgaben bildet jeweils einen abgeschlossenen Themenbereich. Jeder Gruppe ist ein kurzer einführender Text vorangestellt. Dieser Text soll nicht die Techniken der zugrunde liegenden Methoden vermitteln, sondern den Themenbereich mit wichtigen Stichworten eingrenzen. Zu jedem Stichwort wird im Allgemeinen genau eine Aufgabe mit ausführlicher Lösung vorgestellt. Auf diese Weise wird eine möglichst gleichmäßige ‚Dosierung' der behandelten Methoden und Themen erreicht. Ebenso werden gezielt Literaturhinweise gegeben.

Die Stoffauswahl insgesamt orientiert sich an dem Stoffplan zur Statistik im Grundstudium, wie er sich in den meisten wirtschaftswissenschaftlichen Fakultäten (mit unterschiedlicher Aufeinanderfolge) inzwischen durchgesetzt hat. Folgende vier Themenbereiche werden behandelt:

A Beschreibende Statistik,
B Wirtschafts- und Bevölkerungsstatistik,
C Wahrscheinlichkeitsrechnung und
D Schließende Statistik.

Ebenso wie sich der behandelte Stoff in einfachere (anwendungsnahe) und schwierigere (theoretisch-konzeptionelle) Fragestellungen gliedert, schwankt dementsprechend auch der Schwierigkeitsgrad der Aufgaben von mittelschwer bis schwer. Zu den letztgenannten gehören sicherlich Aufgaben der Themenbereiche Wahrscheinlichkeitsfeld, Zentraler Grenzwertsatz, Verteilungen von Stichprobenfunktionen und Eigenschaften von Schätzfunktionen. Als erfahrungsgemäß recht anspruchsvoll haben sich auch ‚Ankreuzaufgaben' (im Inhaltsverzeichnis mit (R/F) gekennzeichnet) erwiesen, in denen bei jeweils acht Thesen über deren Richtigkeit zu entscheiden ist. Bei allen ausgewählten Aufgaben haben wir größten Wert darauf gelegt, dass sie einen möglichst engen Bezug zu wirtschaftswissenschaftlichen Fragestellungen besitzen. Vorkenntnisse aus Lehrbüchern zur Statistik sowie aus der Teilnahme an entsprechenden Vorlesungen und Übungen werden vorausgesetzt.

Der Anhang enthält ein kommentiertes Verzeichnis ausgewählter Literaturhinweise, Übersichten zur Vorgehensweise bei Intervallschätzung und Signifikanztests sowie einen knappen Tabellenanhang mit den Werten der wichtigsten benötigten Verteilungsfunktionen.

Unser besonderer Dank gilt Herrn Akad. Rat Dr. Peter Gluchowski für die computerunterstützte Anfertigung der statistischen Schaubilder, den studentischen Hilfskräften Herrn cand. rer. pol. Oliver Heintges und Herrn cand. rer. pol. Kay-Martin Mehrbrey für zahlreiche Anregungen und Korrekturarbeiten sowie unserer Sekretärin Frau Elke Ochs für Mitwirkung bei der Schreibarbeit. Schließlich danken wir dem R. Oldenbourg-Verlag, insbesondere Herrn Martin Weigert, für gute Zusammenarbeit und weitgehende Freiheit bei der Gestaltung dieses Buches.

Düsseldorf

Horst Degen
Peter Lorscheid

Teil A:

Beschreibende Statistik

Dieser Teil behandelt die im Statistik-Grundstudium üblichen Gebiete der beschreibenden Statistik: Grundbegriffe, Häufigkeiten, Lage- und Streuungsparameter, Konzentration, Korrelations-, Regressions- und Zeitreihenanalyse. Die Behandlung von Indizes ist aufgrund des sehr engen Zusammenhangs zu ihren Anwendungen in der Wirtschaftsstatistik hier ausgeklammert; in Teil B ‚Wirtschafts- und Bevölkerungsstatistik' werden Theorie und Anwendung von Indizes gemeinsam dargestellt. Eine besondere Rolle in der beschreibenden Statistik spielen die statistischen Schaubilder, durch die einerseits das Verständnis der Methoden erleichtert, andererseits die Möglichkeiten der grafischen Veranschaulichung statistischer Daten aufgezeigt werden sollen.
Da in der beschreibenden Statistik die rechnerisch-mathematischen Anforderungen der Methoden vergleichsweise gering sind, bilden hier die Anwendungsvoraussetzungen und -grenzen der Methoden sowie mögliche Schwierigkeiten bei der Interpretation der Ergebnisse einen Schwerpunkt der Aufgaben.

Inhalt:

1 Grundbegriffe der Statistik

Aufgabe der Statistik ist es, dem Anwender mittels statistischer Methoden Aussagen über Massenerscheinungen zu ermöglichen. Der erste Schritt der statistischen Arbeit besteht in der geeigneten Definition der *statistischen Masse*, d. h. der zu untersuchenden Grundmenge, auf die sich eine statistische Aussage beziehen soll (→ **Aufgabe 1.1**).
Auf diesen statistischen Massen können nun *statistische Merkmale* definiert werden, deren *Merkmalsausprägungen* dann an den einzelnen Untersuchungsobjekten der statistischen Masse, den *statistischen Einheiten*, festgestellt werden können (→ **Aufgabe 1.5**). Ebenso wie bei den statistischen Massen sollte man auch bei der Festlegung der statistischen Merkmale auf ihre Eindeutigkeit und ihre Zweckmäßigkeit im Hinblick auf das Untersuchungsziel achten (→ **Aufgabe 1.2**).
Je nach ihrer Art unterscheidet man bei Merkmalen zum einen *diskrete* und *stetige* Merkmale, zum anderen verschiedene *Skalenniveaus* (*Nominal-, Ordinal-, Kardinalskala*), auf denen diese Merkmale zu messen sind. Diese Merkmalseigenschaften sind entscheidend für die Interpretation der Merkmalsausprägungen und für die bei der statistischen Analyse zu verwendenden Methoden (→ **Aufgaben 1.3 und 1.4**).

Literaturhinweise

H. DEGEN & P. LORSCHEID (2002), S. 10-20.
J. HARTUNG, B. ELPELT & K.-H. KLÖSENER (2002), S. 15-19.
D. HOCHSTÄDTER (1996), S. 13-33.
P. V.D.LIPPE (1993), S. 3-15.
H.-J. PINNEKAMP & F. SIEGMANN (2001), S. 7-17.
K. SCHARNBACHER (2004), S. 18-28.
J. SCHIRA (2005), S. 20-23.
J. SCHWARZE (2005), S. 21-42.

Aufgabe 1.1

Welche Schwierigkeiten treten bei der Abgrenzung der jeweiligen statistischen Massen auf, wenn die folgenden Daten zu ermitteln sind:

(1) die Bevölkerungszahl des Bundeslandes Nordrhein-Westfalen am 31.12.2004,
(2) die Anzahl der Studierenden an der Heinrich-Heine-Universität Düsseldorf im Wintersemester 2004/05,
(3) die Anzahl der Kinder unter 10 Jahren, die Ostern 2005 bei einem Verkehrsunfall getötet wurden,
(4) die Anzahl der Betriebe der Fahrzeugindustrie in Deutschland.

Lösung

(1) Zunächst ist eine sachliche Abgrenzung vorzunehmen, d. h. welche Personen unter den Begriff ‚Bevölkerung' fallen sollen. Es ist u. a. zu klären, wie Personen mit Zweitwohnsitz, Nichtsesshafte, Soldaten deutscher bzw. fremder Nationalität, Asylsuchende, Gastarbeiter, Touristen etc. behandelt werden sollen. Je nach der getroffenen Abgrenzung gibt es verschiedene Bevölkerungsbegriffe, etwa

- Wohnbevölkerung,
- Staatsangehörige,
- Ortsanwesende am Stichtag.

In der amtlichen Statistik der Bundesrepublik Deutschland wird seit 1985 der Begriff der ‚Bevölkerung' verwendet, mit dem alle Einwohner am Ort der alleinigen Wohnung bzw. der Hauptwohnung erfasst werden. Die Staatsangehörigkeit ist dabei unerheblich.
Während die räumliche Abgrenzung ausreichend ist, ist eine genauere zeitliche Abgrenzung zweckmäßig, z. B. 31.12.2004, 24.00 Uhr.

(2) Durch Immatrikulationen und vor allem Exmatrikulationen kann sich die Studierendenzahl während des Semesters ändern. Es muss also eine genauere zeitliche Abgrenzung vorgenommen, d. h. ein geeigneter Stichtag festgelegt werden, möglichst auch unter Angabe einer konkreten Uhrzeit.
Bezüglich der sachlichen Abgrenzung ist zu überlegen, welche der möglichen Hörerstatus von ordentlichen Studierenden (z. B. Gasthörer, Zweithörer, beurlaubte oder ordentliche Studierende) im Hinblick auf das Untersuchungsziel in die Erhebung miteinzubeziehen sind. Neben dem offiziellen Hörerstatus stellt sich die Frage, wie Personen behandelt werden sollen, die zwar offiziell immatrikuliert sind, de facto aber kein Studium betreiben. Man beachte, dass auch der umgekehrte Fall denkbar ist, nämlich dass jemand Vorlesungen besucht, obwohl er keinen Studienplatz für das betreffende Fach besitzt.

(3) Es fehlt jegliche räumliche Abgrenzung.
Die zeitliche Abgrenzung ist viel zu unbestimmt: Auf welchen Zeitraum bezieht sich ‚Ostern' (z. B. Gründonnerstag 16.00 Uhr bis Ostermontag 24.00 Uhr)?
Auch die sachliche Abgrenzung bleibt offen: Was genau soll unter einem ‚Verkehrsunfall' verstanden werden (z. B. alle Unfälle auf öffentlichen Wegen oder auch solche auf Privatgelände; zählen auch die Opfer eines Flugzeugabsturzes dazu)?
Versteht man unter ‚Verkehrstoten' nur sofort Verstorbene? Eventuell tritt der Tod erst nach Wochen ein, die Todesursache lässt sich dann manchmal nicht mehr eindeutig mit dem Unfall in Verbindung bringen. In jedem Falle ist aber zu klären, ob sich die oben getroffene zeitliche Abgrenzung für ‚Ostern' auf den Zeitpunkt des Unfalls oder des Todes beziehen soll.
Soll die altersmäßige Abgrenzung der Kinder nach Geburtsjahrgängen oder bezüglich des genauen Geburtsdatums erfolgen?

(4) Es fehlt jegliche zeitliche Abgrenzung.
Die sachliche Abgrenzung ist in einigen Punkten unklar. Was ist ein ‚Fahrzeug'? Sollen auch Fahrräder oder gar Roller und Dreiräder, Eisenbahnwaggons, Wohnanhänger, fahrende Arbeitsmaschinen (z. B. Dampfwalzen) einbezogen werden?
Was ist ‚Fahrzeugindustrie'? Geht es hier nur um die eigentlichen Hersteller oder auch um Zulieferer und Vertriebsgesellschaften; wie sollen die Betriebe erfasst werden, die nicht nur in der Fahrzeugbranche arbeiten, sondern gleichzeitig auch in anderen Branchen tätig sind? Wie sollen Zweigstellen oder Tochtergesellschaften erfasst werden (Definition des Begriffes ‚Betrieb')? Werden nur Industriebetriebe erfasst oder auch Handwerks- oder Handelsbetriebe? Wie ist hier gegebenenfalls die Abgrenzung vorzunehmen (Definition des Begriffes ‚Industrie')?

Aufgabe 1.2

Für eine Tochtergesellschaft eines internationalen Konzerns soll mittels einer Zeitreihenuntersuchung die Entwicklung der Jahresgewinne während der letzten 15 Jahre untersucht werden. Erläutern Sie die verschiedenen Möglichkeiten, das Merkmal ‚Jahresgewinn' im Hinblick auf das Untersuchungsziel zu definieren.

Lösung

Im Hinblick auf das Untersuchungsziel ist u. a. festzulegen,

- ob es sich um Gewinne vor oder nach Steuern handeln soll.

- welcher Gewinnbegriff verwendet werden soll, z. B. handelsrechtliche Gewinne (Bilanzgewinn gemäß HGB), steuerrechtliche Gewinne (Bilanzgewinn gemäß Steuerbilanz), Gewinne nach internationalen Bilanzierungsstandards (IAS) oder ein subjektiver, vom Unternehmen selbst festzulegender kalkulatorischer Gewinn. Hierbei wäre insbesondere zu klären, ob nur das ordentliche oder auch das außerordentliche Betriebsergebnis betrachtet werden soll. Soweit sich Bilanzierungsvorschriften im Zeitablauf geändert haben, ob alle Gewinne nach der aktuellen Definition oder nach der jeweils gültigen Rechtslage ausgewiesen werden sollen.

- ob die nominale Gewinnentwicklung untersucht werden soll oder ob die reale Gewinnentwicklung von Interesse ist, bei der Inflationseinflüsse zu bereinigen wären (und auf welche Weise diese Bereinigung ggf. erfolgen soll).

- in welcher Währungseinheit der Gewinn gemessen werden soll. Hierbei geht es weniger um die Messung in DM oder € (es gilt ein fester Umrechnungsfaktor), als vielmehr um die Frage der Berücksichtigung unterschiedlicher Währungen mit veränderlichen Wechselkursen. Daran schließt sich unmittelbar die Frage an, auf Basis welcher Wechselkurse die Währungen umgerechnet werden sollen.

Aufgabe 1.3

In der Personalabteilung eines Unternehmens sollen die eintreffenden Bewerbungsunterlagen für eine ausgeschriebene Stelle mit einem Merkmal versehen werden, das eine Vorabeinstufung der Bewerber erlaubt. Erläutern Sie, welche Interpretationsmöglichkeiten ein solches Merkmal dem die Einstellung vornehmenden Gremium gestattet, wenn es auf einer

(1) Nominalskala
(2) Ordinalskala
(3) Kardinalskala (d. h. Intervall-, Verhältnis- oder Absolutskala)

gemessen wird.

Lösung

(1) Ein solches Merkmal erlaubt lediglich die Eingruppierung der Bewerber in verschiedene typische Bewerbergruppen (z. B. männliche / weibliche Bewerber bzw. fristgerecht / nicht

fristgerecht eingegangene Bewerbungen) und somit den Gremiumsmitgliedern eine gewisse Vororientierung.
Erhält jeder Bewerber eine eigene Merkmalsausprägung (z. B. eine laufende Nummer), so gestattet das Merkmal lediglich eine Unterscheidung der Bewerber.

(2) Durch die Vergabe von Rangnummern (etwa für ‚1' für den Bewerber, der am geeignetsten für die Stelle angesehen wird, ‚2' für den Bewerber mit den zweitbesten Unterlagen usw.) werden die Bewerber in eine bestimmte Reihenfolge gebracht, d. h. neben der Unterscheidbarkeit der Bewerber werden bereits unterschiedliche Präferenzvorstellungen zum Ausdruck gebracht.
Es wäre auch denkbar, dass nur eine grobe Einteilung der Bewerber in verschiedene Stufen erfolgt, z.B. ‚hervorragend geeignet', ‚geeignet', ‚bedingt geeignet', ‚nicht geeignet'. Auch hier werden Präferenzen zum Ausdruck gebracht, allerdings können die Stufen nun mehrfach besetzt sein. So werden z. B. alle Bewerber mit ‚hervorragend geeignet' gleich eingestuft und sind damit anhand dieses Merkmals nicht unterscheidbar.

(3) Das Merkmal erlaubt hier das Ablesen von mutmaßlichen Leistungsunterschieden. Vergibt man für die drei geeignetsten Bewerber statt der Rangnummern ‚1', ‚2', ‚3' die Werte ‚1,0', ‚1,1', ‚1,8', so wird deutlich, dass zwischen den beiden besten Bewerbern nur geringfügige Leistungsunterschiede, zum drittbesten Bewerber allerdings bereits wesentliche Leistungsunterschiede erwartet werden.

Beachte: Bei den verschiedenen Skalentypen sind auch unterschiedliche Anforderungen an diejenige Person notwendig, welche die Merkmalsausprägungen zum Zwecke der Entscheidungsvorbereitung zuweist. Während nominale Merkmalsausprägungen – wie in Fall (1) beschrieben – von der Posteingangsstelle vergeben werden könnten, bedingen Einstufungen wie in den Fällen (2) und insbesondere (3) weitergehende Kompetenzen und fundierte Sachkenntnisse.

Aufgabe 1.4

Betrachten Sie die folgende Übersicht von Skalentypen und Merkmalstypen:

	Merkmalstyp	quantitativ, diskret	quantitativ, stetig	qualitativ
Skalentyp	Nominalskala	A	B	C
	Ordinalskala	D	E	F
	Kardinale Skalen (Intervall-,Verhältnis-, Absolutskala)	G	H	I

Ordnen Sie die folgenden Merkmale aus einer Personalakte den entsprechenden Buchstaben der Übersicht zu:

(1)	Alter	(7)	Urteil der ärztlichen Einstellungs-untersuchung
(2)	Kinderzahl	(8)	Intelligenzquotient laut Einstellungstest
(3)	Familienstand	(9)	Dauer der Betriebszugehörigkeit
(4)	Bildungsabschluss	(10)	Personalnummer
(5)	Bruttojahresgehalt	(11)	Tarifgruppe
(6)	Erlernter Beruf		

Sind für alle Felder in der oben aufgeführten Übersicht Merkmale denkbar?

Lösung

(1) H (Verhältnisskala); (2) G (Absolutskala); (3) C; (4) F; (5) H (Verhältnisskala); (6) C; (7) F (z. B. ‚geeignet', ‚bedingt geeignet', ‚nicht geeignet'); (8) H (Intervallskala); (9) H (Verhältnisskala); (10) A (oder C); (11) D (oder F).

Hinweise:

Für Feld I gibt es keinen Eintrag, da qualitative Merkmale nicht kardinal skaliert sein können. Sowohl Intervall- als auch Verhältnisskala würden das Rechnen mit den zugehörigen Merkmalsausprägungen gestatten, mit qualitativen Merkmalsausprägungen kann man jedoch niemals rechnen.

Die Belegungen der Felder A bzw. D können aus den Merkmalen der Felder C bzw. F durch numerische Kodierung entstehen; ein inhaltlicher Unterschied entsteht dadurch nicht. Deswegen sind für die Fälle (10) und (11) beide Möglichkeiten angegeben.

Die Belegung der Felder B oder E ist zwar prinzipiell denkbar, jedoch praktisch unbedeutend.

Aufgabe 1.5

In einer Untersuchung sollen die Kapitalgesellschaften einer bestimmten Stadt in Größenklassen eingeteilt werden, und zwar durch eine Erhebung der Jahresumsätze, Bilanzsummen und Beschäftigtenzahlen sowie eine anschließende Einteilung gemäß § 267 HGB in kleine, mittlere und große Kapitalgesellschaften. Geben Sie für die nachfolgenden Begriffe (1)-(11) an, ob es sich um

(i) eine statistische Masse,
(ii) ein Merkmal,
(iii) eine Merkmalsausprägung,
(iv) eine statistische Untersuchungseinheit

handelt, oder ob keine der oben aufgeführten Bezeichnungen zutreffend ist. Geben Sie für die Merkmale an, auf welchem Skalentyp sie zu messen sind.

(1) Jahresumsatz
(2) Unternehmensgröße
(3) Beschäftigter ‚Müller'
(4) 50 Beschäftigte

(5) Größenklasse ,groß'
(6) Aktiengesellschaft ,Statistik AG'
(7) alle Kapitalgesellschaften der Stadt
(8) Beschäftigtenzahl
(9) Bilanzsumme
(10) 20.000.000 € Bilanzsumme
(11) Summe der Jahresumsätze aller Kapitalgesellschaften der Stadt

Lösung

(1) Merkmal (Verhältnisskala)

(2) Merkmal (definiert als Funktion der drei anderen Merkmale Jahresumsatz, Beschäftigtenzahl und Bilanzsumme; Ordinalskala).

(3) Keine Bezeichnung ist zutreffend. Im Rahmen der statistischen Masse, die aus Unternehmen besteht, sind die einzelnen Beschäftigten der Unternehmen natürlich keine Untersuchungseinheiten.

(4) Merkmalsausprägung

(5) Merkmalsausprägung

(6) statistische Untersuchungseinheit

(7) statistische Masse

(8) Merkmal (Absolutskala)

(9) Merkmal (Verhältnisskala)

(10) Merkmalsausprägung

(11) Keine Bezeichnung ist zutreffend. Es handelt sich vielmehr um die sogenannte Merkmalssumme.

2 Häufigkeiten und ihre grafische Darstellung

Sind für eine statistische Masse und ein bestimmtes Merkmal die Merkmalsausprägungen aller statistischen Einheiten bestimmt, so kann man als ersten Schritt die *absoluten Häufigkeiten* feststellen, mit denen die verschiedenen Merkmalsausprägungen auftreten. Es wird dann vielfach zu *relativen Häufigkeiten* übergegangen, indem man die absoluten Häufigkeiten durch den Gesamtumfang der statistischen Masse dividiert. Man spricht in diesem Zusammenhang auch von der *empirischen Verteilung* des Merkmals. Ist das Merkmal mindestens ordinal skaliert, so lassen sich die Merkmalsausprägungen der Größe nach anordnen und die absoluten bzw. relativen Häufgkeiten *kumulieren*. Die grafische Darstellung der kumulierten relativen Häufigkeiten bezeichnet man auch als *empirische Verteilungsfunktion* (→ **Aufgabe 2.1**).
Um bei stetigen Merkmalen die Übersichtlichkeit einer Verteilung zu gewährleisten, wird für die unendlich vielen möglichen Merkmalsausprägungen eine *Einteilung in Klassen* vorgenommen sowie die Häufigkeitsverteilung dieser Klassen bestimmt und für die weitere Analyse verwendet. Die grafische Darstellung einer derartigen Häufigkeitsverteilung klassierter Daten erfolgt in der Regel mit Hilfe eines *Rechteckdiagramms* bzw. *Histogramms* (→ **Aufgabe 2.2**). Häufigkeiten diskreter Merkmale lassen sich mit Hilfe von *Stab-* bzw. *Säulendiagrammen* darstellen (→ **Aufgabe 2.4**); relative Häufigkeiten vor allem mit einem *Kreisdiagramm* (→ **Aufgabe 2.3**).
Die Darstellung von Häufigkeiten durch mehrdimensionale geometrische Objekte oder Symbole sollte nur erfolgen, wo sich dies nicht vermeiden lässt (z. B. bei Histogrammen). Diese Warnung gilt insbesondere für *dreidimensionale Darstellungen*, da sich bei der Projektion des Raumes auf eine Ebene stets perspektivische Verzerrungen ergeben (→ **Aufgabe 2.4**).
Weitere grundlegende statistische Diagrammtypen sind z. B. der *Boxplot* zur Darstellung statistischer Maßzahlen einer Verteilung (→ Kap. 4, Aufg. 4.6), die *LORENZ-Kurve* zur Darstellung von Konzentrationen (→ Kap. 5, Aufg. 5.1 und 5.2), das *Streudiagramm* zur Darstellung zweidimensionaler Verteilungen (→ Kap. 6, Aufg. 6.1) und das *Liniendiagramm* für Zeitreihendaten (→ Kap. 8, Aufg. 8.1 und 8.2). In jedem Fall ist darauf zu achten, dass der gewählte Diagrammtyp zur Darstellung der Daten geeignet ist (→ **Aufgabe 2.5**).

Literaturhinweise

H. ABELS & H. DEGEN (1981).
P. BOHLEY (2000), S. 64-91.
H. DEGEN & P. LORSCHEID (2002), S. 21-36.
D. HOCHSTÄDTER (1996), S. 35-56.
P. V.D.LIPPE (1993), S. 27-42.
H.-J. PINNEKAMP & F. SIEGMANN (2001), S. 23-54.

K. SCHARNBACHER (2004), S. 29-54.
J. SCHIRA (2005), S. 25-38.
R. SCHLITTGEN (2003), S. 13-40.
J. SCHWARZE (2005), S. 44-57.

Aufgabe 2.1

Um sich einen Überblick über die Lebensdauer von Kühlaggregaten eines bestimmten Typs zu verschaffen, hat eine Elektrohandelsgesellschaft die Lebensdauern von 25 Kühlaggregaten erhoben, die sie vor 7 Jahren an ihre Kundschaft verkauft hat.

Lebensdauern von 25 Kühlaggregaten in Jahren, der Größe nach geordnet

0,05	0,11	0,20	0,22	0,28
0,42	0,42	0,53	0,63	0,68
0,79	0,92	1,00	1,22	1,39
1,42	1,69	1,87	1,92	2,15
2,39	2,64	3,21	3,88	5,29

(a) Zeichnen Sie die empirische Verteilungsfunktion, d. h. den Grafen der kumulierten relativen Häufigkeiten.

(b) Zeichnen Sie ein Histogramm der Verteilung unter Verwendung der folgenden Klasseneinteilung:

	bis unter ½ Jahr
½	bis unter 1 Jahr
1	bis unter 2 Jahre
2	bis unter 3 Jahre
3	bis unter 5 Jahre
5	bis unter 7 Jahre

(c) Zeichnen Sie nun die empirische Verteilungsfunktion der kumulierten relativen Häufigkeiten für die klassierten Daten. Unterstellen Sie dabei, dass innerhalb der Klassen eine gleichmäßige Verteilung vorliegt.

(d) Wie lässt sich der Verteilungstyp der Lebensdauern charakterisieren?

Lösung

(a) Zur Bestimmung der empirischen Verteilungsfunktion F sind die kumulierten relativen Häufigkeiten für die geordneten Merkmalsausprägungen a_j zu ermitteln. Diese ergeben sich als:

$$F(a_j) = \frac{1}{n} \cdot \sum_{i=1}^{j} h(a_i) = \frac{1}{25} \cdot H(a_j),$$

wobei $H(a_j)$ die Anzahl der Kühlaggregate mit Lebensdauern kleiner gleich a_j bezeichnet.

Man erhält folgende Werte:

a_j	0,05	0,11	0,20	0,22	0,28	0,42	0,53	0,63	0,68	0,79	0,92	1,00
$F(a_j)$	0,04	0,08	0,12	0,16	0,20	0,28	0,32	0,36	0,40	0,44	0,48	0,52

a_j	1,22	1,39	1,43	1,69	1,87	1,92	2,15	2,39	2,64	3,21	3,88	5,29
$F(a_j)$	0,56	0,60	0,64	0,68	0,72	0,76	0,80	0,84	0,88	0,92	0,96	1,00

Es ergibt sich folgende empirische Verteilungsfunktion:

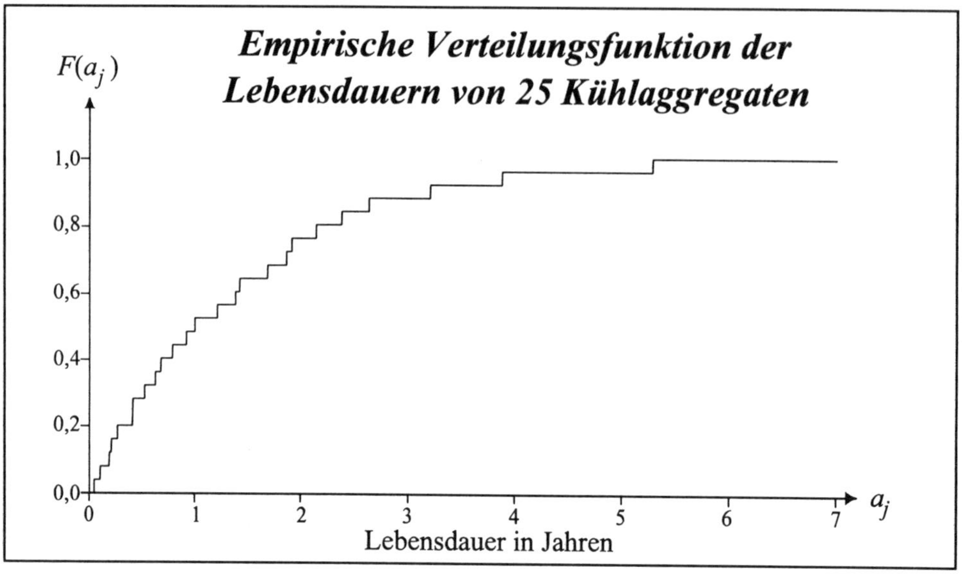

(**b**) Da hier Klassen unterschiedlicher Breite d_k vorliegen, sind zunächst die Ordinatenwerte des Histogramms zu berechnen, indem die Klassenhäufigkeiten $h(I_k)$ durch die jeweiligen Klassenbreiten dividiert werden:

(1) Klasse	(2) Klassenbreite	(3) Klassenhäufigkeit	(4) = (3)/(2) Ordinatenwert
$I_k = [u_k; o_k)$	$d_k = o_k - u_k$	$h(I_k)$	$h(I_k)/d_k$
[0-½)	½	7	14
[½-1)	½	5	10
[1-2)	1	7	7
[2-3)	1	3	3
[3-5)	2	2	1
[5-7)	2	1	½

Man beachte, dass die Klassen stets rechts offen gebildet werden. Auf diese Weise sind Häufigkeiten für Merkmalsausprägungen, die auf der Klassengrenze liegen, immer der Klasse oberhalb dieser Klassengrenze zuzurechnen. Dies gilt auch für die in (c) zu berechnenden kumulierten Häufigkeiten. Daher entspricht die kumulierte Häufigkeit an der Klassengrenze $o_k=1$ (0,48) nicht der in (a) berechneten kumulierten Häufigkeit des Merkmalswerts $a_j=1$ (0,52) einschließlich der Häufigkeit dieses Wertes.

Mit Hilfe der Tabelle erhält man folgendes Histogramm:

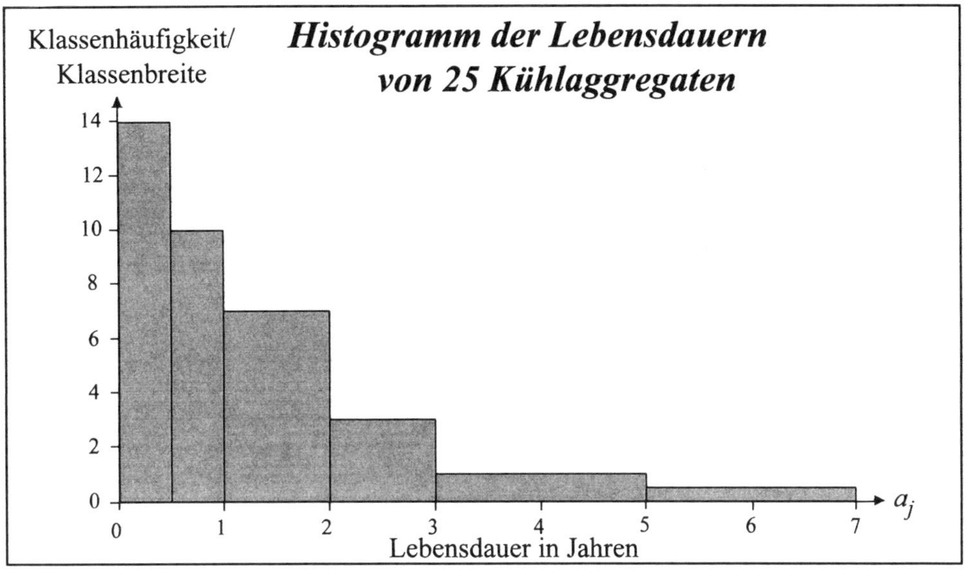

(c) An den oberen Klassengrenzen o_k ergeben sich folgende kumulierte relative Häufigkeiten:

obere Klassengrenze o_k	0	½	1	2	3	5	7
kumulierte relative Häufigkeit $F(o_k)$	0,00	0,28	0,48	0,76	0,88	0,96	1,00

Aufgrund der unterstellten gleichmäßigen Verteilung der Beobachtungswerte innerhalb der Klassen sind die ermittelten Punkte durch gerade Linien miteinander zu verbinden. Man erhält damit nachstehende Abbildung:

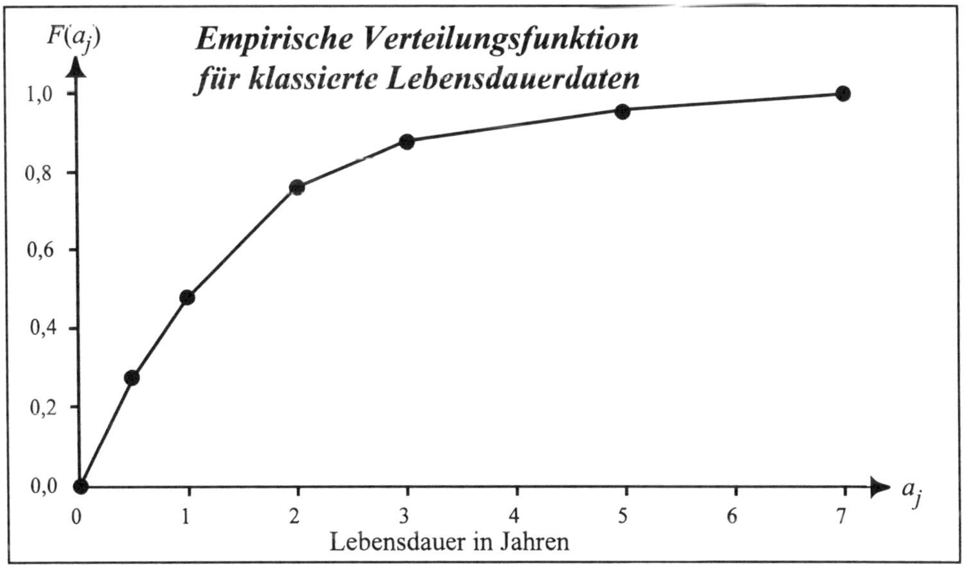

(d) Da hier ein stetiges Merkmals vorliegt, sollte die Form der Häufigkeitsverteilung auf Basis das Histogramms der klassierten Daten beurteilt werden. [Die absoluten Häufigkeiten der Merkmalsausprägungen sind – von einer Ausnahme abgesehen – alle gleich 1 oder 0 und daher wenig hilfreich.]. Der Darstellung des Histogramms ist zu entnehmen, dass es sich um eine eingipflige, rechtsschiefe (linkssteile) Verteilung handelt.

Aufgabe 2.2

Bei 1.000 Geschäftsstellen von Banken ist zu einem bestimmten Stichtag der Ankaufskurs für die Währung der Sonneninsel Statistizien, den Stat$, erhoben worden. Die Verteilung der Dollarkurse soll nun durch ein Histogramm grafisch dargestellt werden. Dazu werden zwei unterschiedliche Klasseneinteilungen in Erwägung gezogen, für die nachfolgend die Klassenhäufigkeiten in der Erhebung angegeben sind:

Klasseneinteilung I	Klassenhäufigkeit	Klasseneinteilung II	Klassenhäufigkeit
bis unter 1,42 €	2	bis unter 1,450 €	21
1,42 b.u. 1,43 €	2	1,450 b.u. 1,454 €	84
1,43 b.u. 1,44 €	5	1,454 b.u. 1,456 €	115
1,44 b.u. 1,45 €	12	1,456 b.u. 1,458 €	207
1,45 b.u. 1,46 €	640	1,458 b.u. 1,460 €	234
1,46 b.u. 1,47 €	295	1,460 b.u. 1,462 €	123
1,47 b.u. 1,48 €	38	1,462 b.u. 1,470 €	172
1,48 € und mehr	6	1,470 € und mehr	44

(a) Welches Problem muss für die beiden Klasseneinteilungen gelöst werden, bevor ein Histogramm gezeichnet werden kann?

(b) Zeichnen Sie die beiden Histogramme, und vergleichen Sie diese. Welche Vor- und Nachteile haben die beiden Darstellungsformen?

Lösung

(a) Bei beiden Einteilungen ist das Problem offener Randklassen zu lösen.

Für die Einteilung I mit der konstanten Klassenbreite 0,01 € sollte man diese Breite auch in den Randklassen ansetzen, um die Eigenschaft identischer Klassenbreiten nicht durch die Wahl der Grenzen der Randklassen zu verlieren. Dies würde bedeuten, die Grenzen auf die Werte 1,41 € und 1,49 € festzulegen. Dabei kann allerdings nicht davon ausgegangen werden, dass die Werte der Randklassen auch wirklich alle innerhalb dieser Grenzen liegen.

Bei der Einteilung II mit unterschiedlichen Klassenbreiten ist man bezüglich der Wahl der Klassengrenzen frei. Für die untere Grenze ist nur bekannt, dass sie oberhalb von 0,00 € liegt und unterhalb von 1,45 €. Eine untere Grenze von 0,00 € erscheint sachlich aber nicht gerechtfertigt, denn man könnte z. B. davon ausgehen, dass Dollarkurse unter 1,40 € kaum vorkommen werden. Für die obere Grenze ist nur bekannt, dass sie oberhalb von 1,47 € liegt. Man sollte diese analog z. B. auf 1,50 € festlegen.

(**b**) Unter Verwendung der Klasseneinteilung konstanter Klassenbreite erhält man folgendes Histogramm:

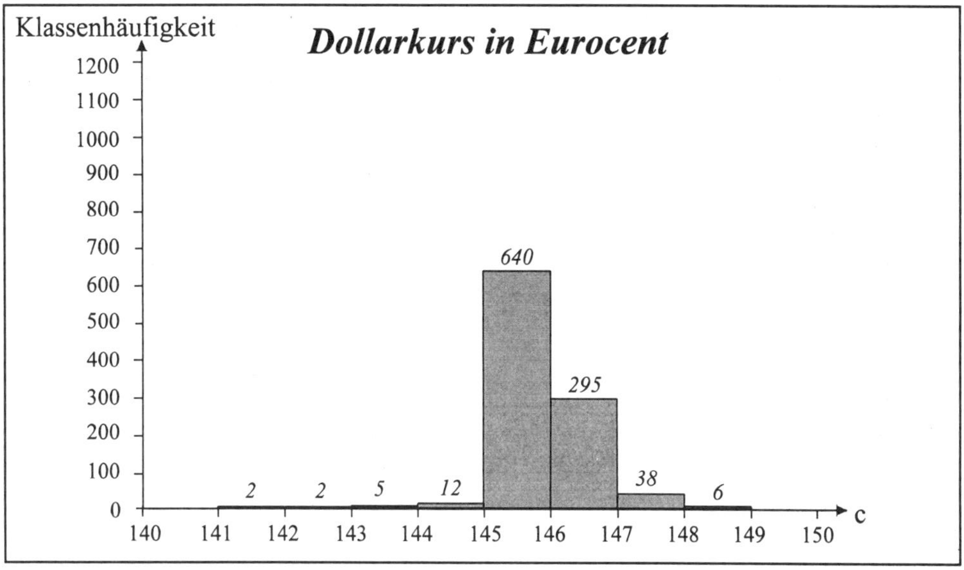

Aufgrund der gleichen Klassenbreiten lassen sich auf der Ordinate die Klassenhäufigkeiten abtragen und somit direkt ablesen. Die Verteilung wird in ihren Randbereichen bei gering besetzten Klassen gut beschrieben, wenn auch die Beschränkung auf die Werte 1,41 € und 1,49 € als Randklassengrenzen problematisch ist. Andererseits liegen jedoch im Zentrum der Verteilung nahezu 95 % der Beobachtungen in nur zwei Klassen. Die Verteilung wird im Bereich zwischen 1,45 € und 1,47 € also nur sehr undifferenziert wiedergegeben.

Bei Verwendung der Klasseneinteilung mit unterschiedlichen Klassenbreiten ergibt sich folgendes Histogramm:

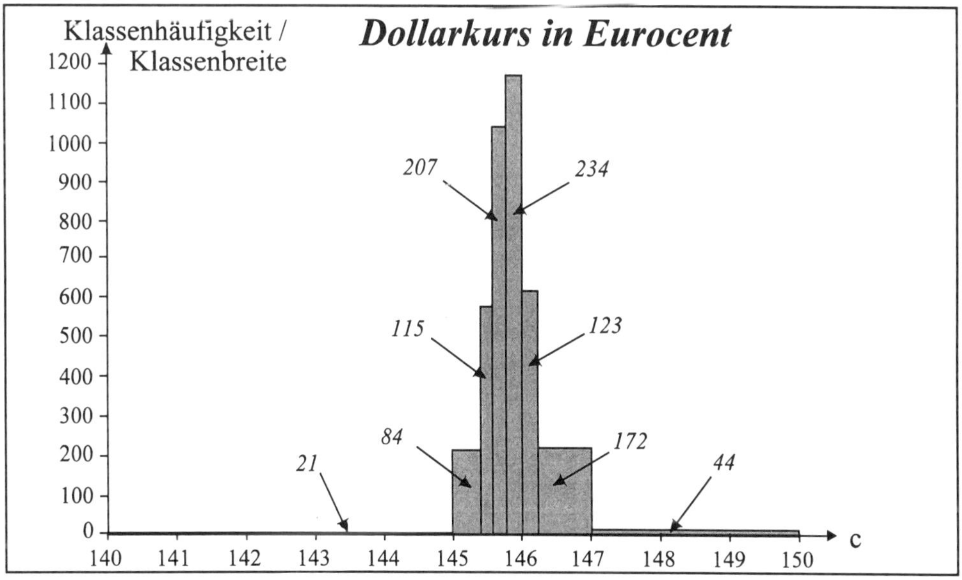

Durch die unterschiedlichen Klassenbreiten lassen sich die Ordinatenwerte nicht mehr als Klassenhäufigkeiten interpretieren (vgl. Aufgabe 2.1). Daher empfiehlt es sich, die Häufigkeiten im Histogramm durch Eintragen der Zahlenwerte zusätzlich anzugeben (eigentlich sollte man die Zahlen nicht wie in der Abbildung *über* die Flächen, sondern *in* die Flächen schreiben; dem steht allerdings hier das Format der Flächen entgegen). Die Verteilung wird in ihren Randbereichen (unterhalb von 1,45 € und oberhalb von 1,47 €) nur grob wiedergegeben. Hierfür sind allein die beiden Randklassen zuständig, auf die nunmehr gut 5 % der Werte entfallen. Die Darstellung dieser Randbereiche wird außerdem wesentlich von der Festlegung der Randklassengrenzen beeinflusst, wobei die Wahl der Grenzwerte 1,40 € und 1,50 € als weitgehend willkürlich beurteilt werden muss. Hingegen wird das Zentrum der Verteilung recht differenziert dargestellt. Zur Darstellung der Werte zwischen 1,45 € und 1,47 € werden nun sechs Klassen verwendet. Dadurch erzielt man insbesondere eine wesentlich gleichmäßigere Aufteilung der Häufigkeiten auf die acht Klassen.

Aufgabe 2.3

Stellen Sie die Aufteilung der Erwerbspersonen nach ihrer Stellung im Beruf für die vier in der unten stehenden Tabelle angegebenen Wirtschaftsbereiche durch Kreisdiagramme dar. Integrieren Sie die vier Kreisdiagramme dabei so in einer Grafik, dass die Kreisflächen jeweils proportional zur Bedeutung der Wirtschaftsbereiche sind (d. h. proportional zur Zahl der insgesamt im jeweiligen Wirtschaftsbereich Erwerbstätigen).
Welcher Aspekt der in der Tabelle angegebenen Daten wird durch diese Art der Darstellung besonders betont?

Erwerbstätige nach Wirtschaftsbereichen und Stellung im Beruf 2003
(Ergebnisse des Mikrozensus, Jahresdurchschnitt in 1000)

Stellung im Beruf / Wirtschaftsbereich	Selbstständige	mithelfende Familienangehörige	Beamte	Angestellte	Arbeiter
Land- u. Forstwirtschaft, Tierhaltung, Fischerei	298	151	7	127	312
Produzierendes Gewerbe	1.068	212	16	4.576	6.288
Handel, Gastgewerbe und Verkehr	1.035	108	175	4.475	2.504
Sonstige Dienstleistungen	1.640	65	2.054	9.583	2.374

Quelle: Statistisches Bundesamt.

Lösung

(1) Der Maßstab der Abbildung kann grundsätzlich frei gewählt werden, z. B. so, dass 1.000 Beschäftigte einer bestimmten Fläche entsprechen, die Gesamtzahl an Beschäftigten einer bestimmten Fläche entspricht, oder auch so, dass die Größe eines Kreises fest vorgegeben wird und die Flächeninhalte der übrigen Kreise proportional zum ersten Kreis festgelegt sind. Hier

wird einmal so vorgegangen, dass zur Normierung die Größe des Kreises für den Sektor Land- und Forstwirtschaft, Tierhaltung, Fischerei verwendet wird. Die Kreisfläche sind also als Vielfache der Fläche des Kreises dieses Sektors zu berechnen, d. h. zur Berechnung der Kreisflächen Fl_j sind die Häufigkeiten $h(a_j)$ der Ausprägungen des Merkmals ‚Wirtschaftsbereich' zu berechnen. Zwischen den Kreisflächen und den Kreisradien r_j besteht dann folgender Zusammenhang:

$$\frac{Fl_j}{Fl_1} = \frac{\pi r_j^2}{\pi r_1^2} = \frac{r_j^2}{r_1^2} = \frac{h_j}{h_1} \quad \text{bzw.} \quad \frac{r_j}{r_1} = \frac{\sqrt{Fl_j/\pi}}{\sqrt{Fl_1/\pi}} = \sqrt{\frac{h_j}{h_1}}.$$

Daraus ergeben sich für die einzelnen Ausprägungen a_j des Merkmals Wirtschaftsbereich die Kreisradien wie folgt:

Wirtschaftsbereich	Erwerbstätige	Kreisfläche (in Vielfachen des Normsektors)	Radius (in Vielfachen des Normsektors)
	$h_j = h(a_j)$	Fl_j / Fl_1	r_j / r_1
Land- u. Forstw., Tierh., Fisch.	895.000	1,00	1,00
produzierendes Gewerbe	12.160.000	13,59	3,69
Handel, Gastgewerbe, Verkehr	8.297.000	9,27	3,04
sonstige Dienstleistungen	15.716.000	17,56	4,19

(2) Die Winkel ϕ_{jl} der Kreissektoren beschreiben den Häufigkeitsanteil der Ausprägung b_l des Merkmals ‚Stellung im Beruf' innerhalb des Wirtschaftsbereichs a_j. Sie berechnen sich aus den bedingten relativen Häufigkeiten $f(b_l \mid a_j)$ innerhalb der Wirtschaftsbereiche; die Winkel stehen im gleichen Verhältnis wie die Häufigkeiten:

$$f(b_l \mid a_j) = \frac{h(a_j, b_l)}{h(a_j)} = \frac{\phi_{jl}}{360°} \Rightarrow \phi_{jl} = \frac{h(a_j, b_l)}{h(a_j)} \cdot 360° = f(b_l \mid a_j) \cdot 100\% \cdot 3{,}6°.$$

Dabei bezeichnen $h(a_j, b_l)$ die gemeinsamen absoluten Häufigkeiten beider Merkmale für die Ausprägungskombination a_j und b_l. Die nachstehende Tabelle enthält diese relativen bedingten Häufigkeiten $f(b_l \mid a_j)$ (in %) und die mit 3,6 multiplizierten Winkel ϕ_{jl} der Sektoren.

Wirtschaftsbereich	Selbst.	mh. F-ang.	Beamte	Angest.	Arbeit.
Land- u. Forstwirtsch., Tierhaltung, Fischerei	33,3 % 120°	16,9 % 61°	0,8 % 3°	14,2 % 51°	34,9 % 125°
produzierendes Gewerbe	8,8 % 32°	1,7 % 6°	0,1 % 0°	37,6 % 136°	51,7 % 186°
Handel, Gastgewerbe und Verkehr	12,5 % 45°	1,3 % 5°	2,1 % 7°	53,9 % 194°	30,2 % 109°
sonstige Dienstleistun- gen	10,4 % 38°	0,4 % 1°	13,1 % 47°	61,0 % 220°	15,1 % 54°

(3) Mit den Werten aus (1) und (2) ergibt sich folgende Grafik:

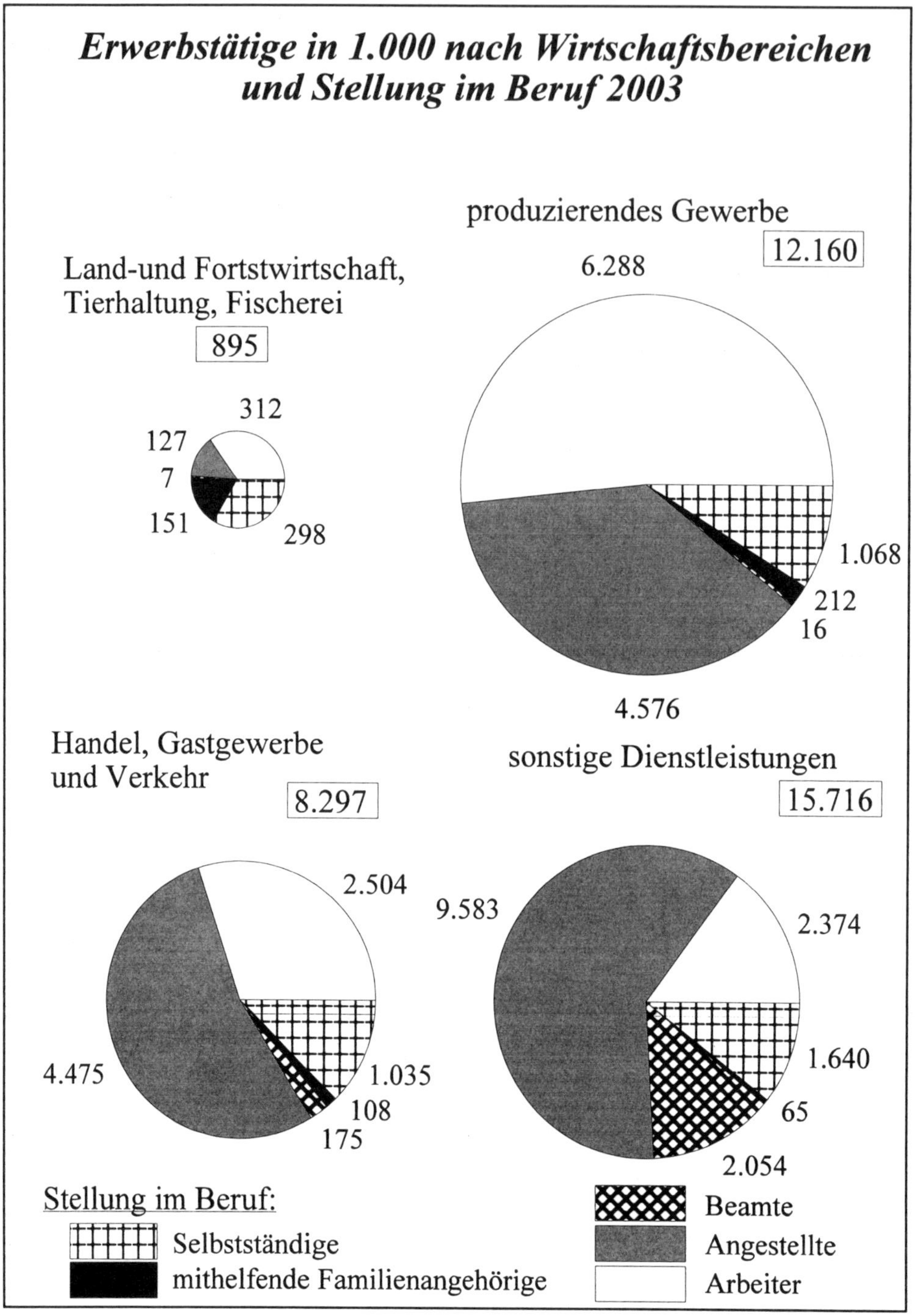

Zur Betonung bestimmter Aspekte durch die Darstellungsweise:
Die Grafik setzt den Schwerpunkt auf den Vergleich der Struktur der Erwerbspersonen für die Wirtschaftsbereiche, indem die relativen Anteile der Stellungen im Beruf deutlich werden.

Beachte: Die Tatsache, dass manche Sektoren in der Darstellung kaum oder gar nicht zu erkennen sind, ist weniger auf die Darstellungsweise zurückzuführen als vielmehr auf die spezielle Datenlage (in einem Kreis sind Werte von ca. 6.000 und nahezu Null darzustellen). Auch andere Darstellungsformen (z. B. Balkendiagramme) würden dies nicht besser wiedergeben können.

Aufgabe 2.4

Betrachten Sie die nachfolgende Grafik, welche die 20 beliebtesten Reiseländer im Jahre 1991 zeigt. Erläutern Sie, weshalb es sich hier um eine ungeeignete Art der Darstellung von Häufigkeiten handelt, und stellen Sie die Daten in einer geeigneten Form grafisch dar.

Lösung

In dieser Präsentationsgrafik wird versucht, eine einfache Information über absolute Häufigkeiten mittels dreidimensionaler Effekte darzustellen. Anlass ist dabei (wie so oft), dem Betrachter einen datenbezogenen journalistischen Blickfang anzubieten. Die Koffer, dreidimensional gezeichnet und auf eine im Vergleich zum Rahmen des Schaubildes gedrehte Achse gestellt, ‚kreisen' – gleichsam von der untergehenden Sonne angezogen – spiralförmig in den Hintergrund des Bildes. Die räumliche Wirkung wird dabei durch den Bezug auf einen imaginären perspektivischen Fluchtpunkt in der Sonne erzielt. Weiterhin trägt auch die Tatsache, dass sich die größenordnungsmäßig kleinsten Koffer am weitesten hinten im Raum befinden, zum 3D-Effekt bei, da die Verkleinerung von Objekten für das Auge ein Indiz für zunehmende Entfernung sein kann. Wegen dieser beiden Umstände ist es für den Betrachter unmöglich zu entscheiden, ob die Verkleinerung der Koffer für die weniger nachgefragten Reiseländer überwiegend datenbezogen oder perspektivebezogen erfolgt.

Macht man sich die Mühe, mit dem Lineal die Kantenlängen der Koffer (so gut es geht) nachzumessen, wird es nicht gelingen, die Touristenzahlen in Millionen anhand der Koffervolumina (d. h. des Produkts der drei Kantenlängen) zu vergleichen. Der Konstrukteur des Schaubilds wird entgegnen, dies könne auch nicht der Fall sein, da gleichzeitig zum veränderten Koffervolumen auch noch eine mögliche Verkleinerung zum Andeuten der Perspektive berücksichtigt werden müsse. Dieses Zusammentreffen zweier unterschiedlicher Aspekte beim Größenvergleich der Koffer macht aber die 3D-Darstellung unbrauchbar.

Der alleinige Verzicht auf den perspektivischen Fluchtpunkt führt allerdings noch nicht zu einem geeigneten Schaubild. Rückt man die Koffer z. B. optisch in eine Ebene, so bleibt das Problem, dass das menschliche Auge kaum fähig ist zuverlässig festzustellen, dass das Volumen des Koffers Frankreichs doppelt so groß ist wie dasjenige Italiens. Die Kantenlängen stellen hier keine Hilfe dar, denn nicht sie stehen im Verhältnis 1:2, sondern ihre dritten Wurzeln. Für eine zweidimensionale Darstellung, in der man nur die Frontflächen der Koffer sieht, würde ähnliches gelten: Hier stünden die Quadratwurzeln der Kantenlängen im Verhältnis 1:2.

Das unten abgebildete waagerechte Stabdiagramm ist eine gute und einfache Möglichkeit, dieselbe Information optisch anschaulich und statistisch korrekt wiederzugeben. Anders als bei senkrechter Darstellung der Stäbe bietet das waagerechte Stabdiagramm genügend Raum, um auch längere Beschriftungen an der gewünschten Stelle zu platzieren. Ein journalistischer Blickfang lässt sich in diese Geschäftsgrafik problemlos in der rechten unteren Ecke integrieren, z. B. in Form eines großen Koffers.

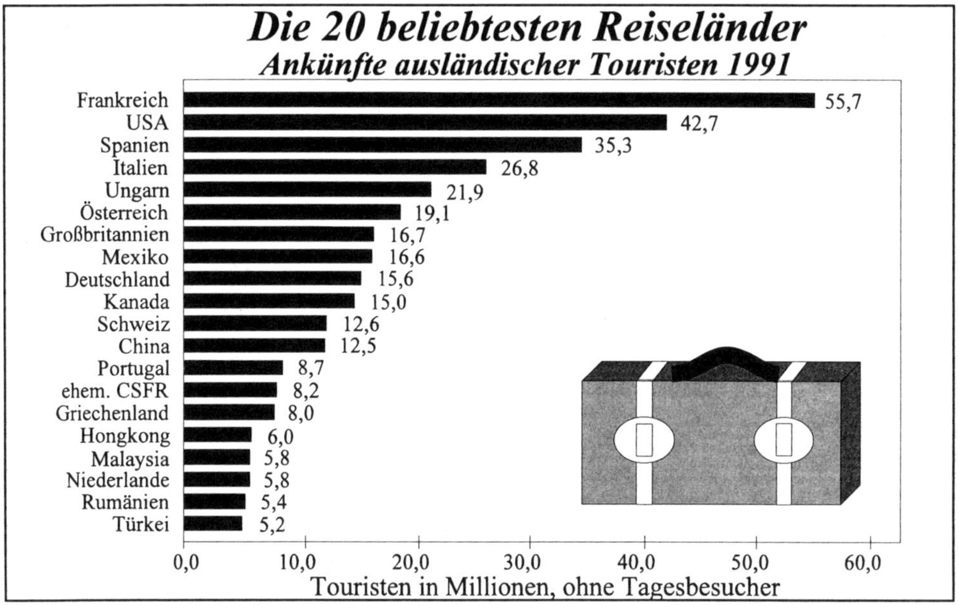

Hinsichtlich der Frage einer räumlichen Darstellung wäre bei der Datenlage dieser Aufgabe allenfalls die (beliebte) Form einer so genannten ‚Pseudo-3D-Darstellung' zulässig. Diese verwendet Säulen mit identischer Breite und ‚Tiefe'. Eine solche Form des statistischen Schaubilds mit senkrechten Säulen zeigt die folgende Grafik. Wegen der senkrechten Anordnung der Säulen muss die Beschriftung aus Platzgründen auf die internationalen Kfz-Kennzeichen zurückgreifen; die in die Grafik eingetragenen Werte sind auf ganze Millionen zu runden.

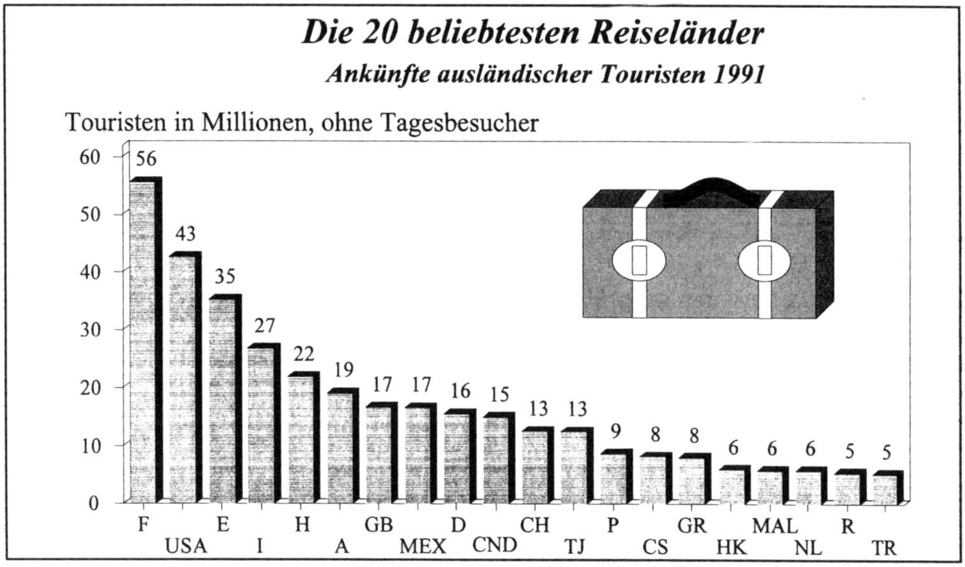

Aufgabe 2.5

Nachstehend werden acht Datenbestände und die zu ihrer Darstellung verwendeten Diagrammtypen vorgestellt. Geben Sie jeweils an, ob Sie die gewählte Diagrammform für geeignet bzw. ungeeignet halten.

(a) Umsatz und Beschäftigte im Jahr 2004 im Bergbau und verarbeitenden Gewerbe (für ausgewählte Wirtschaftsgruppen wie z. B. Maschinenbau, Textilgewerbe, Holzverarbeitung) werden durch unterschiedliche Linientypen in einem Zeitreihendiagramm dargestellt.

(b) Der Viehbestand in 1000 Stück (Schweine, Rinder, Schafe) wird für die alten Bundesländer (inkl. Westberlin) und für die neuen Bundesländer (inkl. Ostberlin) durch zwei untergliederte (d. h. gestapelte) senkrechte Rechteckdiagramme dargestellt.

(c) In einem Kreisdiagramm werden die Gesamtvollstreckungsverfahren in Deutschland nach Rechtsformen (GmbH, eG, sonstige) dargestellt.

(d) Die Zahl der Arbeitslosen und die Zahl der offenen Stellen (beide für das frühere Bundesgebiet) werden für die Jahre 1950 bis 1991 in einem untergliederten (d. h. gestapelten) Rechteckdiagramm dargestellt.

(e) Der Altersaufbau der Bevölkerung in Deutschland wird mit der Klasseneinteilung (in Jahren) [0;20), [20;30), [30;40), [40;50), [50;60) und [60;100) in einem Kreisdiagramm dargestellt.

(f) Die Auszubildenden in Deutschland werden nach Geschlecht und ausgewählten Berufsgruppen für das Jahr 2000 in einer LORENZ-Kurve gegenübergestellt.

(g) In einem Streudiagramm wird bezogen auf 100 Haushalte gegenübergestellt, mit welchen Energieträgern (Gas, Öl, Nachtstrom, Fernwärme, Kohle, sonstige) in Deutschland geheizt wird.

(h) Die Exporte westlicher Industrieländer im Jahr 1985 in die Ostblock-Staaten werden mit in etwa maßstäblich gezeichneten Lkw als Bildsymbol dargestellt. Die Lkw fahren auf einer immer kleiner werdenden Straße in den Hintergrund des Schaubildes.

Lösung

(a) Ungeeignet. Ein Zeitreihendiagramm eignet sich nur für Zeitreihendaten. Für diese Querschnittsdaten wäre ein Stabdiagramm mit Stäben für Umsatz und Beschäftigte angemessen.

(b) Geeignet. Da sich der Viehbestand in Stück an Schweinen, Rindern und Schafen (mit gewissen Einschränkungen) addieren lässt, ist ein gestapeltes Rechteckdiagramm zulässig.

(c) Geeignet. Kreisdiagramme können sehr gut für nominalskalierte Merkmale mit nur wenigen möglichen Ausprägungen verwendet werden, um Anteile wiederzugeben.

(d) Ungeeignet. Da die Summe der Anzahl an Arbeitslosen und offenen Stellen keinerlei Sinn ergibt, ist hier eine gestapelte Diagrammform nicht geeignet. Man beachte, dass auch eine Diagrammform, in der auf den Saldo (d. h. die Differenz) dieser beiden Größen abgehoben wird, nur mit großen Einschränkungen interpretierbar wäre, da beiden Größen völlig unterschiedliche Erhebungskonzepte zu Grunde liegen.

(e) Ungeeignet. Ähnlich wie in einem Histogramm müßten auch hier die verschiedenen Klassenbreiten berücksichtigt werden, damit sich eine sinnvolle Darstellung ergibt. Dies ist aber in einem Kreisdiagramm ohne weiteres nicht möglich. Vorschlag: Histogramm.

(f) Ungeeignet. Da eine LORENZ-Kurve auf der Gegenüberstellung der kumulierten relativen Häufigkeiten und der kumulierten relativen Merkmalssumme beruht, müsste das Untersuchungsmerkmal (die Berufsgruppen) mindestens verhältnisskaliert sein.

(g) Ungeeignet. Streudiagramme sind für zweidimensionale Datensätze geeignet. Dieser eindimensionale Datensatz könnte mit einem Kreisdiagramm dargestellt werden.

(h) Ungeeignet. Diese Darstellungsform sollte nicht gewählt werden, da es sich um eine verzerrende perspektivische Darstellung handelt, durch welche ein Größenvergleich der verwendeten Symbole in vollkommen unnötiger Weise erschwert wird (vgl. Aufgabe 2.4).

3 Lagemaße

Unter den zur Charakterisierung von Häufigkeitsverteilungen verwendeten statistischen Maßzahlen sind die *Lagemaße* (auch: *Mittelwerte, Maße der zentralen Tendenz*) die wichtigsten. Durch einen einzigen typischen Wert soll hier die gesamte Verteilung charakterisiert werden. Je nach Art des untersuchten Merkmals können verschiedene Lagemaße verwendet werden:

- der *Modus* als häufigste Merkmalsausprägung bei (mindestens) nominal skalierten Daten (→ **Aufgabe 3.1**),
- der *Median* als zentraler Wert für (mindestens) ordinal skalierte Daten (→ **Aufgabe 3.3**),
- die verschiedenen Mittelwerte für kardinal skalierte Daten, nämlich
  - *arithmetisches Mittel* oder *Durchschnittswert* (→ **Aufgaben 3.1 bis 3.3**),
  - *geometrisches Mittel* (→ **Aufgabe 3.4**) und
  - *harmonisches Mittel* (→ **Aufgabe 3.5**).

Literaturhinweise

B. BECKER (1993), S. 157-176.
P. BOHLEY (2000), S. 117-138.
H. DEGEN & P. LORSCHEID (2002): S. 37-43 und 100-108.
J. HARTUNG, B. ELPELT & K.-H. KLÖSENER (2002), S. 31-40.
D. HOCHSTÄDTER (1996), S. 39-51 und 57-70.
P. V.D.LIPPE (1993), S. 43-78.
H.-J. PINNEKAMP & F. SIEGMANN (2001), S. 58-68.
K. SCHARNBACHER (2004), S. 55-72.
R. SCHLITTGEN (2003), S. 116-126.
J. SCHIRA (2005), S. 43-51.
J. SCHWARZE (2005), S. 63-83.

Aufgabe 3.1

Um den Einfluss des Alters von Kraftfahrzeugfahrern auf die Häufigkeit der Beteiligung an Unfällen mit Todesfolge zu untersuchen, führte der Deutsche Unfallschutz e. V. eine Untersuchung durch. Dabei wurde an 1000 zufällig ausgewählten Verkehrsunfällen mit tödlichem Ausgang das Alter des Fahrers festgestellt. Es ergaben sich folgende Häufigkeiten:

Alter (in Jahren)	Anzahl der Fahrer
bis unter 25	280
25 bis unter 40	90
40 bis unter 50	130
50 bis unter 65	150
65 und darüber	350

Für die Broschüre des Vereins sollen Sie das mittlere Alter der Fahrer, die in tödliche Unfälle verwickelt wurden, ermitteln.
Diskutieren Sie die bei der Berechnung und Interpretation des Mittelwerts auftretenden Probleme. Welches Lagemaß ist hier am besten geeignet?

Lösung

Aufgund der offenen Randklassen sind zunächst Annahmen über die untere und obere Altersgrenze der Fahrer zu machen. Unter der Annahme, dass es sich bei der statistischen Masse nur um Autounfälle handelt, lässt sich die untere Altersgrenze auf 18 Jahre festlegen. Die Entscheidung über die obere Altersgrenze ist weniger leicht zu treffen. Es spricht jedoch einiges dafür anzunehmen, dass nur so wenige Autofahrer älter als 80 Jahre sind, dass eine derartige Festlegung der oberen Altersgrenze gerechtfertigt erscheint.
Nun kann ein Näherungswert $\bar{x}^*$ für das arithmetische Mittel $\bar{x}$ unter Verwendung der Klassenmitten a_k^* und der zugehörigen Klassenhäufigkeiten h_k^* aller Klassen, $k = 1,\ldots,K$, berechnet werden (das Symbol * steht dabei für klassierte Daten):

$$\bar{x}^* = \frac{1}{n} \sum_{k=1}^{K} a_k^* \cdot h_k^* \ .$$

Es ergibt sich folgende Berechnung:

Klasse	h_k^*	a_k^*	$a_k^* \cdot h_k^*$	d_k^*	h_k^*/d_k^*
[18 - 25)	280	21,5	6.020	7	40,0
[25 - 40)	90	32,5	2.925	15	6,0
[40 - 50)	130	45,0	5.850	10	13,0
[50 - 65)	150	57,5	8.625	15	10,0
[65 - 80)	350	72,5	25.375	15	23,3
Σ	1.000		48.795		

Damit ergibt sich

$$\bar{x}^* = \frac{1}{1.000} \cdot 48.795 = 48{,}795 \ .$$

Das durchschnittliche Alter beträgt also etwa 49 Jahre. Bei der Interpretation ist zunächst zu beachten, dass der Mittelwert von der Festsetzung der oberen und unteren Altersgrenze abhängt. Bei einer oberen Altersgrenze von 75 statt 80 Jahren ergäbe sich z. B. ein arithmetischer Mittelwert von ca. 48 Jahren.
Weiter ist zu beachten, dass es sich um eine bimodale (hier genauer: U-förmige) Verteilung handelt, wie aus der nachstehenden Abbildung ersichtlich ist. Die Ordinatenwerte h_k^*/d_k^* des Histogramms (d. h. die Quotienten aus den Klassenhäufigkeiten h_k^* und den Klassenbreiten d_k^*) sind in der letzten Spalte der Arbeitstabelle wiedergegeben. Die Masse der Beobachtungswerte liegt demnach am rechten und vor allem am linken Rand der Altersskala. Der arithmetische Mittelwert befindet sich daher in einem Altersbereich, auf den nur sehr wenige Beobachtungswerte entfallen. Er ist deshalb kaum repräsentativ für die statistische Masse und damit als statistische Maßzahl hier wenig geeignet. Um so bedauerlicher ist es, dass in der Praxis bei ähnlichen Datenlagen der arithmetische Mittelwert als geläufigstes Lagemaß häufig verfälschenderweise Verwendung findet.

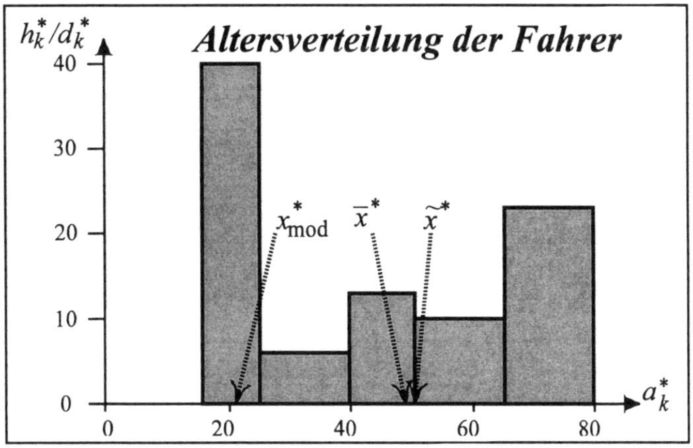

Auch der Median $\tilde{x}^*$ ist hier nicht besser geeignet: Er würde für die gegebenen Daten genau auf die Klassengrenze 50 Jahre fallen, da auf die ersten drei und die letzten zwei Klassen jeweils genau 500 Beobachtungen entfallen. Man beachte, dass aufgrund der sehr geringen Zahl gebildeter Klassen jede Art von Mittelwert nur als grobe Näherung für die Lage der Verteilung aufgefasst werden kann. Die Verteilung lässt sich hier am ehesten charakterisieren, indem man die modale Klasse bestimmt; dies ist diejenige mit dem höchsten Ordinatenwert 40,0, also 18-25 Jahre (mit der Klassenmitte 21,5 Jahre). Noch besser wäre es, zusätzlich auch den Nebenmodus am rechten Rand der Verteilung zu erwähnen. Dies ist die Klasse 65-80 Jahre mit einem Ordinatenwert von 23,3. Erst hierdurch kann der U-förmigen Gestalt dieser Verteilung geeignet Rechnung getragen werden.

Aufgabe 3.2

Das Statistische Jahrbuch 1992 weist die Zahl der Handelsschiffe in Deutschland am 31.12.1990 nach Schiffstonnageklassen (in BRT) zusammengefaßt wie folgt aus:

Schiffstonnage in BRT	Anzahl der Handelsschiffe
100 b.u. 500	310
500 b.u. 1.000	129
1.000 b.u. 10.000	453
10.000 b.u. 100.000	172

(a) Berechnen Sie einen Näherungswert für das arithmetische Mittel der Schiffstonnage.

(b) Schätzen Sie die relative Fehlerspanne Ihres Näherungswertes ab.

(c) Woran liegt es, dass in diesem Fall die Fehlerspanne einen sehr großen Wert aufweist?

Lösung

(a) Aus den klassierten Daten ergibt sich unter Verwendung der Klassenmitten a_k^* und der Klassenhäufigkeiten h_k^* folgender Näherungswert für das arithmetische Mittel $\bar{x}^*$:

$$\bar{x}^* = \frac{\sum_{k=1}^{4} h_k^* \cdot a_k^*}{\sum_{k=1}^{4} h_k^*} = \frac{310 \cdot 300 + 129 \cdot 750 + 453 \cdot 5.500 + 172 \cdot 55.000}{310 + 129 + 453 + 172}$$

$$= \frac{12.141.250}{1.064} = 11.411 \ .$$

Dabei berechnen sich die Klassenmitten a_k^* als Mittelwert der jeweiligen Klassenunter- und obergrenzen u_k^* und o_k^*:

$$a_k^* = \frac{1}{2} \cdot (u_k^* + o_k^*), \qquad \text{also z. B. für die erste Klasse} \quad a_1^* = \frac{1}{2} \cdot (100 + 500) = 300.$$

(b) Zur Berechnung der relativen Fehlerspanne sind zunächst diejenigen Werte $\bar{x}_u^*$ und $\bar{x}_o^*$ für das arithmetische Mittel zu berechnen, die sich bei Verwendung der Klassenunter- bzw. der Klassenobergrenzen u_k^* bzw. o_k^* anstelle der Klassenmitten ergäben. Man erhält folgende Werte:

$$\bar{x}_u^* = \frac{\sum_{k=1}^{4} h_k^* \cdot u_k^*}{\sum_{k=1}^{4} h_k^*} = \frac{310 \cdot 100 + 129 \cdot 500 + 453 \cdot 1.000 + 172 \cdot 10.000}{310 + 129 + 453 + 172}$$

$$= \frac{2.268.500}{1.064} = 2.132;$$

$$\bar{x}_o^* = \frac{\sum_{k=1}^{4} h_k^* \cdot o_k^*}{\sum_{k=1}^{4} h_k^*} = \frac{310 \cdot 500 + 129 \cdot 1.000 + 453 \cdot 10.000 + 172 \cdot 100.000}{310 + 129 + 453 + 172}$$

$$= \frac{22.014.000}{1.064} = 20.690.$$

Setzt man die Differenz dieser beiden minimal bzw. maximal möglichen Werte ins Verhältnis zu dem Näherungswert für das arithmetische Mittel aus (a), so erhält man dessen relative Fehlerspanne *RF*:

$$RF = \frac{\frac{1}{2}\,(\bar{x}_o^* - \bar{x}_u^*)}{\bar{x}^*} = \frac{\frac{1}{2}\,(20.690 - 2.132)}{11.411} = 0{,}813 = 81{,}3\% \ .$$

(c) Der hohe Wert erklärt sich daraus, dass

- die statistische Masse in viel zu wenig Klassen aufgeteilt wurde,
- darüber hinaus die Verteilung extrem schief ist, wobei in dem nach oben hin dünn besetzten Bereich sehr breite Klassen gewählt wurden.

(Nach DIN 55302 liegt der Richtwert der Mindestanzahl von Klassen für etwa 1.000 Beobachtungswerte bei 13 Klassen.)

Aufgabe 3.3

Bestimmen Sie für die klassierten Lebensdauerdaten der Aufgabe 2.1 unter Verwendung der Klasseneinteilung und Klassenhäufigkeiten

(a) den feinberechneten Median;

(b) das arithmetische Mittel.

Lösung

(a) Der Median fällt in die Einfallsklasse

$[u_k^*; o_k^*) = [1; 2)$,

da gemäß Aufgabe 2.1(c) für die empirische Verteilungsfunktion

$F(1) = 0{,}48 < 0{,}5$ und

$F(2) = 0{,}76 > 0{,}5$

gilt. Unter der Annahme der Gleichverteilung in den Klassen lässt sich der Median genauer berechnen, d. h. diejenige Stelle bestimmen, an der die empirische Verteilungsfunktion der Aufgabe 2.1 (c) den Wert 0,5 annimmt.

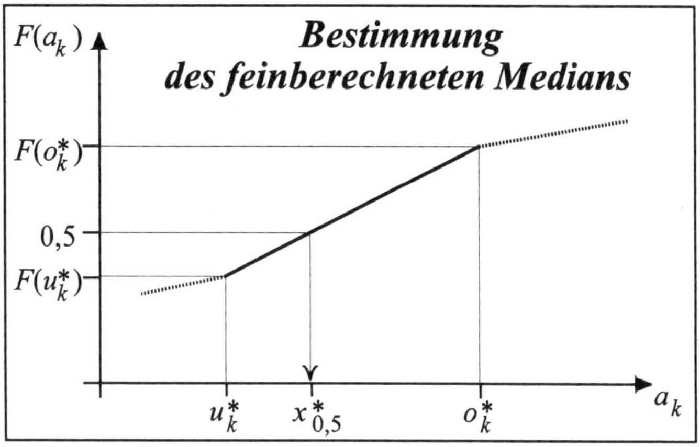

Da die Abstände auf der senkrechten und der waagerechten Achse im gleichen Verhältnis zueinander stehen, berechnet sich der sog. feinberechnete Median folgendermaßen:

$$x_{0,5}^* = u_k^* + \frac{0{,}5 - F(u_k^*)}{F(o_k^*) - F(u_k^*)} \cdot (o_k^* - u_k^*) = 1 + \frac{0{,}5 - 0{,}48}{0{,}76 - 0{,}48} \cdot (2 - 1) = 1{,}07.$$

(Mit den Daten aus Aufgabe 2.1 erhält man für den Median den exakten Wert 1,00.)

(b) Das arithmetische Mittel läßt sich hier nur näherungsweise ermitteln, da nicht die arithmetischen Mittelwerte der Klassen, sondern vereinfachend die Klassenmitten verwendet werden sollen. Es ergibt sich, indem der mit den Klassenhäufigkeiten h_k^* gewogene Durchschnitt der Klassenmitten $a_k^* = \frac{1}{2} \cdot (u_k^* + o_k^*)$ berechnet wird. Die folgende Tabelle gibt die Berechnung dieser Summe wieder:

(1) Klasse	(2) Klassenmitte	(3) Klassenhäufigkeit	(4) Merkmalssumme
$[u_k^*; o_k^*)$	$a_k^* = 0{,}5 \cdot (u_k^* + o_k^*)$	$h_k^* = h([u_k^*; o_k^*))$	$h_k^* \cdot a_k^*$
[0 ; ½)	0,25	7	1,75
[½ ; 1)	0,75	5	3,75
[1 ; 2)	1,50	7	10,50
[2 ; 3)	2,50	3	7,50
[3 ; 5)	4,00	2	8,00
[5 ; 7)	6,00	1	6,00
Σ		25	37,50

Man erhält also

$$\bar{x}^* = \frac{1}{n}\sum_{k=1}^{K} h_k^* \cdot a_k^* = \frac{1}{25} \cdot 37{,}50 = 1{,}50.$$

(Mit den arithmetischen Mitteln der einzelnen Klassen ergäbe sich $\bar{x} = 1{,}41$.) Dass das arithmetische Mittel größer als der Median ist, ist typisch für rechtsschiefe Verteilungen.

Aufgabe 3.4

Ein Investor hat zum 1.1.2000 einen bestimmten Betrag zur Verfügung, den er auf zwei Anlagealternativen aufteilt.
Ein Drittel des Betrages investiert er in festverzinsliche Wertpapiere mit vier Jahren Laufzeit. Zum 31.12. der Jahre 2000, 2001, 2002 und 2003 erhält er 2%, 4%, 8% bzw. 16% Zinsen, die in den folgenden Jahren jeweils mitverzinst werden. Zwei Drittel investiert er bei einer Genossenschaft, wobei er zum jeweiligen Jahresende 7,5% Dividende bekommt; diese Beträge legt er in weiteren Genossenschaftsanteilen an.

(a) Welche der beiden Anlagealternativen besitzt die höhere mittlere Jahresrendite?

(b) Welche mittlere Jahresrendite hat die Gesamtanlage?

(c) Welche mittlere Jahresrendite ergibt sich für die Gesamtanlage in den einzelnen Jahren von 2000 bis 2003?

Lösung

(a) Die mittlere Jahresrendite $\bar{w}_{04}$ (mittlere Wachstumsrate) ergibt sich aus dem geometrischen Mittel der zu den Zinssätzen gehörigen Wachstumsfaktoren $x_{t\,t+1} = w_{t\,t+1} + 1$:

- festverzinsliche Wertpapiere:

$$\begin{aligned}\bar{w}_{04}^{(f)} &= \sqrt[4]{(w_{01}^{(f)}+1)\cdot(w_{12}^{(f)}+1)\cdot(w_{23}^{(f)}+1)\cdot(w_{34}^{(f)}+1)} - 1 \\ &= \sqrt[4]{(\tfrac{2}{100}+1)\cdot(\tfrac{4}{100}+1)\cdot(\tfrac{8}{100}+1)\cdot(\tfrac{16}{100}+1)} - 1 \\ &= \sqrt[4]{1{,}02\cdot 1{,}04\cdot 1{,}08\cdot 1{,}16} - 1 = \sqrt[4]{1{,}3290} - 1 = 1{,}0737 - 1 = 0{,}0737,\end{aligned}$$

d. h. die mittlere Jahresrendite beträgt 7,37%.

- Genossenschaftsanteile:

$$\begin{aligned}w_{04}^{(g)} &= \sqrt[4]{(\tfrac{7{,}5}{100}+1)\cdot(\tfrac{7{,}5}{100}+1)\cdot(\tfrac{7{,}5}{100}+1)\cdot(\tfrac{7{,}5}{100}+1)} - 1 \\ &= \sqrt[4]{1{,}075\cdot 1{,}075\cdot 1{,}075\cdot 1{,}075} - 1 = 1{,}075 - 1 = 0{,}075,\end{aligned}$$

d. h. die mittlere Jahresrendite ist hier mit 7,5% etwas größer.

(b) Die mittlere Jahresrendite für die Gesamtanlage kann nicht als gewogenes arithmetisches Mittel aus den durchschnittlichen Jahresrenditen der Einzelanlagen berechnet werden, da sich

die Anteile der Anlagemöglichkeiten durch die Verzinsung im Zeitablauf ändern. Genaugenommen muss man daher folgendermaßen vorgehen:
Die Wachstumsfaktoren x_{04} der beiden Anlagealternativen bezogen auf den Planungszeitraum von vier Jahren ergeben sich als

$$x_{04}^{(f)} = \left(\bar{w}_{04}^{(f)}+1\right)^4 = (0{,}0737+1)^4 = 1{,}3290 \quad \text{bzw.} \quad x_{04}^{(g)} = (0{,}075+1)^4 = 1{,}3355.$$

Durch die Verwendung des geometrischen Mittels werden Zinseszinseffekte berücksichtigt. Die Wachstumsfaktoren der Gesamtanlage während der vier Jahre insgesamt erhält man damit als gewogenes arithmetisches Mittel aus diesen Wachstumsfaktoren, also

$$x_{04}^{\text{ges}} = \frac{1}{3}\cdot x_{04}^{(f)} + \frac{2}{3}\cdot x_{04}^{(g)} = \frac{1}{3}\cdot 1{,}3290 + \frac{2}{3}\cdot 1{,}3355 = 1{,}3333.$$

Die mittlere Wachstumsrate pro Jahr der Gesamtanlage ergibt sich über die vierte Wurzel aus diesem Wert (und ist damit eine Kombination aus geometrischem und gewogenem arithmetischen Mittel):

$$\bar{w}_{04}^{\text{ges}} = \sqrt[4]{x_{04}^{\text{ges}}} - 1 = \sqrt[4]{1{,}3333} - 1 = 1{,}0746 - 1 = 0{,}0746,$$

d. h. es ergibt sich eine mittlere Rendite von 7,46%. Man beachte, dass sich als gewogenes arithmetisches Mittel ohne Zinseszinseffekte hier (gerundet auf vier Nachkommastellen) derselbe Wert ergeben würde:

$$\frac{1}{3}\cdot\bar{w}_{04}^{(f)} + \frac{2}{3}\cdot\bar{w}_{04}^{(g)} = \frac{1}{3}\cdot 0{,}0737 + \frac{2}{3}\cdot 0{,}0750 = 0{,}0746.$$

Die Ursache für die Gleichheit der Werte liegt in den geringfügigen Unterschieden zwischen den mittleren Renditen der beiden Anlageformen.

(c) In den einzelnen Jahren ist jeweils ein arithmetisches Mittel zu berechnen, gewichtet mit den Anteilen der beiden Anlagemöglichkeiten zu Beginn dieses Jahres:

2000: Die Anlageanteile betragen ein Drittel bzw. zwei Drittel:

$$x_{01}^{\text{ges}} = \frac{1}{3}\cdot x_{01}^{(f)} + \frac{2}{3}\cdot x_{01}^{(g)} = \frac{1}{3}\cdot 0{,}02 + \frac{2}{3}\cdot 0{,}075 = 0{,}0567 \mathrel{\hat{=}} 5{,}67\%.$$

2001: Bei den Anlageanteilen sind nun die wiederangelegten Beträge zu berücksichtigen, sodass die Gewichtungsfaktoren in ihrem Zähler und Nenner um ihre Zuwächse gegenüber 1990 zu modifizieren sind:

$$x_{12}^{\text{ges}} = \frac{1\cdot 1{,}02}{3\cdot 1{,}0567}\cdot x_{12}^{(f)} + \frac{2\cdot 1{,}075}{3\cdot 1{,}0567}\cdot x_{12}^{(g)}$$
$$= 0{,}3218\cdot 0{,}04 + 0{,}6782\cdot 0{,}075 = 0{,}0637 \mathrel{\hat{=}} 6{,}37\%.$$

2002: Analog erhält man

$$x_{23}^{\text{ges}} = \frac{1\cdot 1{,}02\cdot 1{,}04}{3\cdot 1{,}0567\cdot 1{,}0637}\cdot x_{12}^{(f)} + \frac{2\cdot 1{,}075\cdot 1{,}075}{3\cdot 1{,}0567\cdot 1{,}0637}\cdot x_{12}^{(g)}$$
$$= 0{,}3146\cdot 0{,}08 + 0{,}6854\cdot 0{,}075 = 0{,}0766 \mathrel{\hat{=}} 7{,}66\%.$$

2003: Hier ergibt sich schließlich

$$x_{23}^{ges} = \frac{1\cdot 1{,}02\cdot 1{,}04\cdot 1{,}08}{3\cdot 1{,}0567\cdot 1{,}0637\cdot 1{,}0766}\cdot x_{12}^{(f)} + \frac{2\cdot 1{,}075\cdot 1{,}075\cdot 1{,}075}{3\cdot 1{,}0567\cdot 1{,}0637\cdot 1{,}0766}\cdot x_{12}^{(g)}$$
$$= 0{,}3156\cdot 0{,}16 + 0{,}6844\cdot 0{,}075 = 0{,}1018 \mathrel{\hat{=}} 10{,}18\%.$$

Das geometrische Mittel dieser Jahresrenditen der Gesamtanlage ergibt natürlich wiederum den mittleren Wachstumsfaktor der Gesamtanlage:

$$\bar{x}_{04}^{ges} = \sqrt[4]{(0{,}0567+1)\cdot(0{,}0637+1)\cdot(0{,}0766+1)\cdot(0{,}1019+1)} = 1{,}0746.$$

Aufgabe 3.5

An einem Fließband sind sechs Arbeiterinnen acht Stunden am Tag mit der Kontrolle eines elektronischen Bauteils beschäftigt. Um ein Bauteil zu kontrollieren, benötigen sie folgende Zeiten:

Arbeiterin	Stückzeit
Frau Arbeitsam	0,2 min
Frau Beeilung	0,4 min
Frau Chaos	0,8 min
Frau Durchschnitt	0,5 min
Frau Emsig	0,5 min
Frau Faultier	0,8 min

Berechnen Sie einen geeigneten Mittelwert für die Stückzeit an diesem Fließband. Begründen Sie Ihre Vorgehensweise!

Lösung

Hier ist eine Beziehungszahl, nämlich der Quotient aus insgesamt verwendeter Arbeitszeit T_{Xg} (z. B. 480 Minuten für einen 8-Stunden-Tag jeder Arbeiterin) und der produzierten Stückzahl T_{Yg} über G=6 Teilmassen zu mitteln. Hierfür geben wir drei Lösungsvorschläge an:

(1) Die Bestandsmasse, über die zu mitteln ist, sind die produzierten Waren und nicht die Arbeiterinnen. Für die Verwendung des arithmetischen Mittels ist daher eine Umrechnung auf die Stückzahlen für eine gegebene Zeiteinheit, z.B. je 8 Stunden-Tag, notwendig:

Arbeiterin	Stückzeit	Stückzahl/Tag
A	0,2	2.400
B	0,4	1.200
C	0,8	600
D	0,5	960
E	0,5	960
F	0,8	600
Σ		6.720

Damit erhält man für das mit den Nennerwerten (Stückzahlen pro Tag T_{Yg}) gewichtete arithmetische Mittel aus den Stückzeiten (Beziehungszahlen $R_{X/Yg}$ für die einzelnen Arbeiterinnen) folgenden Wert:

$$R_{X/Y} = \sum_{g=1}^{G} \frac{T_{Yg}}{T_Y} \cdot R_{X/Yg} = \frac{2.400}{6.720} \cdot 0{,}2 + \frac{1.200}{6.720} \cdot 0{,}4 + \ldots + \frac{600}{6.720} \cdot 0{,}8$$
$$= 0{,}429.$$

(2) Alternativ kann die mittlere Stückzeit auch als harmonisches Mittel berechnet werden, sofern man sich bei der Gewichtung des Mittelwerts an den Zählerwerten, also den Arbeitszeiten der Arbeiterinnen orientiert (wobei für die Gesamtarbeitszeit aller Arbeiterinnen $T_X = 6 \cdot 480 = 2880$ Minuten gilt):

$$R_{X/Y} = \frac{1}{\sum_{g=1}^{G} \frac{T_{Xg}}{T_X} \cdot \frac{1}{R_{X/Yg}}} = \frac{1}{\frac{480}{2.880} \cdot \frac{1}{0{,}2} + \frac{480}{2.880} \cdot \frac{1}{0{,}4} + \ldots + \frac{480}{2.880} \cdot \frac{1}{0{,}8}}$$
$$= \frac{1}{2{,}331} = 0{,}429.$$

also den gleichen Wert wie mit Lösungsweg (1). Da die Zählerwerte alle mit 480 Minuten identisch sind, kann man hier auch das ungewogene harmonische Mittel verwenden, also

$$R_{X/Y} = \frac{G}{\sum_{g=1}^{G} \frac{1}{R_{X/Yg}}} = \frac{6}{\frac{1}{0{,}2} + \frac{1}{0{,}4} + \frac{1}{0{,}8}} = \frac{6}{14} = \frac{1}{2{,}331} = 0{,}429.$$

(3) Natürlich ist es auch möglich, unmittelbar den Quotienten aus den Totalwerten der Zähler- und Nennerwerte (d. h. der gesamten Arbeitszeit und der Gesamtstückzahl) zu bilden:

$$R_{X/Y} = \frac{\sum_{g=1}^{G} T_{Xg}}{\sum_{g=1}^{G} T_{Yg}} = \frac{6 \cdot 480}{2.400 + 1.200 + 600 + 960 + 960 + 600} = \frac{2.880}{6.720} = 0{,}429.$$

4 Streuungsmaße

Eine Lagemaßzahl allein reicht zur Beschreibung einer empirischen Verteilung natürlich nicht aus. Vor allem für kardinal skalierte Daten, die hier ausschließlich betrachtet werden, sollte immer angegeben werden, wie stark die einzelnen Beobachtungswerte vom Zentrum der Verteilung – charakterisiert durch die Lagemaßzahl – abweichen. Diesem Zweck dienen verschiedene *Streuungsmaßzahlen*. Neben der seltener benutzten *Spannweite* der Daten werden vor allem folgende Streuungsmaße betrachtet:

- der *Quartilsabstand* (→ **Aufgabe 4.2**),
- die *mittlere absolute Abweichung* vom Median oder arithmetischen Mittel,
- die *mittlere quadratische Abweichung*, in der Regel in Bezug auf das arithmetische Mittel berechnet, sowie
- die Wurzel aus der mittleren quadratischen Abweichung, die dann als *Standardabweichung* bezeichnet wird (→ **Aufgaben 4.1 und 4.5**).

Wird ein Merkmal auf verschiedenen Teilgesamtheiten betrachtet, so ist die *Streuungszerlegung* von Bedeutung. Dabei untersucht man, wie sich die Gesamtstreuung auf die Streuungen innerhalb der verschiedenen Teilgesamtheiten und die Unterschiede zwischen den Teilgesamtheiten aufteilen lässt (→ **Aufgabe 4.4**).

Während es sich bei den bisher genannten Streuungsmaßzahlen um *absolute Streuungsmaße* handelt, sind insbesondere für den Vergleich verschiedener Verteilungen auch *relative Streuungsmaße* wichtig. Diese werden stets als Quotienten aus einer absoluten Streuungsmaßzahl und einer passenden Lagemaßzahl definiert. Das wichtigste relative Streuungsmaß ist der *Variationskoeffizient*, der Quotient aus Standardabweichung und arithmetischem Mittelwert (→ **Aufgabe 4.3**).

Eine grafische Verdeutlichung von Lage- und Streuungsmaßen sowie der *Schiefe* einer Verteilung stellt der *Boxplot* dar (→ **Aufgabe 4.6**).

Literaturhinweise

B. Becker (1993), S. 177-198.
P. Bohley (2000), S. 147-165.
H. Degen & P. Lorscheid (2002), S. 44-51.
J. Hartung, B. Elpelt & K.-H. Klösener (2002), S. 40-49.
D. Hochstädter (1996), S. 71-86.
P. v.d.Lippe (1993), S. 79-135.
H.-J. Pinnekamp & F. Siegmann (2001), S. 69-87.
K. Scharnbacher (2004), S.73-86.
J. Schira (2005), S. 51-61.
R. Schlittgen (2003), S. 136-144.
J. Schwarze (2005), S. 88-106.

Aufgabe 4.1

Eine Spedition führt eine Erhebung über das Alter der 300 in ihrem Besitz befindlichen Lastkraftwagen durch. Dabei ergibt sich das im nachstehenden Histogramm dargestellte Bild:

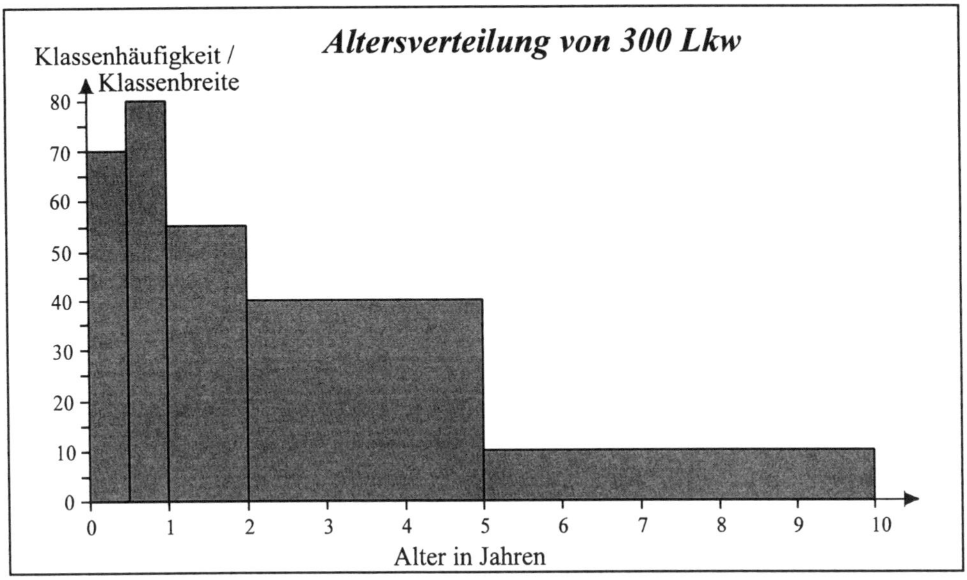

(a) Berechnen Sie näherungsweise das durchschnittliche Alter der Lkw.

(b) Berechnen Sie näherungsweise die Standardabweichung des Alters der Lkw.

Lösung

(a) Zunächst müssen die Klassenhäufigkeiten h_k^* bestimmt werden; diese ergeben sich als Produkte aus den Klassenbreiten d_k^* und den Ordinatenwerten h_k^*/d_k^* des Histogramms. Die Merkmalssummen der einzelnen Klassen bestimmt man dann näherungsweise als Produkte aus Klassenmitten a_k^* und Klassenhäufigkeit. Dieses Vorgehen zeigt die folgende Tabelle:

(1) Klassenmitte	(2) Klassenbreite	(3) Ordinate	(4) = (3) • (2) Häufigkeit	(5) = (4) • (1) Merkmalssumme
a_k^*	d_k^*	h_k^*/d_k^*	h_k^*	$h_k^* \cdot a_k^*$
0,25	0,50	70	35	8,75
0,75	0,50	80	40	30,00
1,50	1,00	55	55	82,50
3,50	3,00	40	120	420,00
7,50	5,00	10	50	375,00
Σ			300	916,25

Der Summenzeile ist zu entnehmen, dass die gesamte Merkmalssumme näherungsweise 916,25 beträgt. Sie ergibt sich, wie oben beschrieben, als Summe der Produkte aus den Klassenmitten a_k^* und den Klassenhäufigkeiten h_k^*. Nach Division durch den Umfang n der erhobenen statistischen Masse ergibt sich für das arithmetische Mittel der folgende Näherungswert $\bar{x}^*$:

$$\bar{x}^* = \frac{\sum_{k=1}^{K} a_k^* \cdot h_k^*}{n} = \frac{916{,}25}{300} = 3{,}05 .$$

(b) Um einen Näherungswert für die mittlere quadratische Abweichung vom Durchschnittswert zu erhalten, sind zunächst die Abweichungen der Klassenmitten von Gesamtmittel zu bestimmen, diese dann zu quadrieren und anschließend mit den Klassenhäufigkeiten zu multiplizieren. Dies zeigt die folgende Fortsetzung der Tabelle aus (a):

(6) = (1) - 3,05 Abweichung der Klassenmitte vom Gesamtmittel	(7) = (6)² quadratische Abweichung der Klassenmitte	(8) = (4) • (7) Summe der quadratischen Abweichungen der Klasse	(9) = (4) • (1)² Merkmalssumme des quadrierten Merkmals
$a_k^* - \bar{x}^*$	$(a_k^* - \bar{x}^*)^2$	$h_k^* \cdot (a_k^* - \bar{x}^*)^2$	$h_k^* \cdot a_k^{*2}$
- 2,80	7,84	274,40	2,19
- 2,30	5,29	211,60	22,50
- 1,55	2,40	132,00	123,75
+ 0,45	0,20	24,00	1.470,00
+ 4,45	19,80	990,00	2.812,50
Σ		1632,00	4.430,94

In der Summenzeile dieser Tabelle steht also in Spalte (8) die Gesamtsumme der quadratischen Abweichungen. Damit ergeben sich Näherungswerte der mittleren quadratischen Abweichung s^{*2} nach Division dieser Größe durch n, also

$$s^{*2} = \frac{1}{n} \sum_{k=1}^{K} h_k^* \cdot (a_k^* - \bar{x}^*)^2 = \frac{1632}{300} = 5{,}44 .$$

Alternativ kann mit der Spalte (9) die Standardabweichung auch mit Hilfe des STEINER'schen Verschiebungssatzes bestimmt werden. Dividiert man den Summenwert dieser Spalte durch n, erhält man den Näherungswert für den Mittelwert des quadrierten Merkmals:

$$\overline{x^2}^* = \frac{1}{n} \sum_{k=1}^{K} h_k^* \cdot a_k^{*2} = \frac{4.430{,}94}{300} = 14{,}77 .$$

Die mittlere quadratische Abweichung ergibt sich dann als Differenz von Mittelwert des quadrierten Merkmals und quadriertem Mittelwert (Abweichungen zu oben sind Rundungsfehler):

$$s^{*2} = \overline{x^2}^* - (\bar{x}^*)^2 = 14{,}77 - 3{,}05^2 = 14{,}07 - 9{,}30 = 5{,}47 .$$

Die Standardabweichung s^* ist die Wurzel aus der mittleren quadratischen Abweichung, also

$$s^* = \sqrt{s^{*2}} = \sqrt{5{,}44} = 2{,}33 .$$

Aufgabe 4.2
Bestimmen Sie aufgrund der Klasseneinteilung und Klassenhäufigkeiten aus Aufgabe 2.1(b) für die Lebensdauern der Kühlaggregate

(a) den (feinberechneten) Quartilsabstand und

(b) näherungsweise die Standardabweichung (mit SHEPPARD-Korrektur).

(c) Was ist beim Vergleich der beiden Streuungsmaße zu beachten?

Lösung
(a) Wie der feinberechnete Median lassen sich auch beliebige α-Punkte, wie z. B. die Quartile, feinberechnen. Zunächst ist die Klasse $[u_k;o_k)$ zu bestimmen, in die der α-Punkt x_α fällt. Auch hier wird wie bei der Ermittlung des feinberechneten Medians in Aufgabe 3.3 die Gleichverteilung der Beobachtungswerte innerhalb der Klassen unterstellt. Der feinberechnete Wert ergibt sich dann auf analoge Weise als

$$x_\alpha^* = x_u + \frac{\alpha - F(x_u)}{F(x_o) - F(x_u)} \cdot (x_o - x_u),$$

wobei F die empirische Verteilungsfunktion für klassierte Daten bezeichnet. Das untere Quartil fällt in die Klasse $[0;½)$, da $F(0) = 0 < 0{,}25$ und $F(½) = 0{,}28 > 0{,}25$ ist. Man erhält

$$x_{0,25}^* = 0 + \frac{0{,}25-0}{0{,}28-0} \cdot (½-0) = 0 + 0{,}89 \cdot 0{,}5 = 0{,}45.$$

Das obere Quartil fällt in die Klasse $[1;2)$, da $F(1) = 0{,}48 < 0{,}75$ und $F(2) = 0{,}76 > 0{,}75$ ist. Man erhält

$$x_{0,75}^* = 1 + \frac{0{,}75-0{,}48}{0{,}76-0{,}48} \cdot (2-1) = 1 + 0{,}96 \cdot 1 = 1{,}96.$$

Damit ergibt sich für den Quartilsabstand

$$q = x_{0,75} - x_{0,25} = 1{,}96 - 0{,}45 = 1{,}51.$$

(b) Die mittlere quadratische Abweichung lässt sich unter Verwendung der Klassenmitten nur näherungsweise berechnen, da Informationen über die quadratischen Abweichungen innerhalb der Klassen fehlen. In der Streuungszerlegungsformel kann also nur die mittlere quadratische Abweichung zwischen den Klassen (näherungsweise unter Verwendung der Klassenmitten anstelle der Klassenmittel) bestimmt werden. Man kann versuchen, die Abweichungen innerhalb der Klassen $(k = 1,\dots,K)$ durch Unterstellung einer Gleichverteilung in den Klassen anzunähern (sogenannte SHEPPARD'sche Korrektur). Die mittlere quadratische Abweichung innerhalb der Klassen ist dann mit $d_k^{*2}/12$ anzusetzen und mit den Klassenhäufigkeiten gewichtet in der Näherungsformel für die mittlere quadratische Abweichung zu ergänzen:

$$s^{*2} = \frac{1}{n}\sum_{k=1}^{K} h_k^* \cdot \left[(a_k^* - \bar{x}^*)^2 + \frac{d_k^{*2}}{12}\right] = \frac{1}{n}\sum_{k=1}^{K} a_k^{*2} \cdot h(a_k^*) - \bar{x}^{*2} + \frac{1}{n}\sum_{k=1}^{K} h_k^* \cdot \frac{d_k^{*2}}{12}.$$

Zur Berechnung kann folgende Tabelle verwendet werden:

(1)	(2)	(3)	(4) = (2)²	(5) = (3) • (4)	(6)	(7)	(8)
$[u_k;o_k)$	a_k^*	h_k^*	a_k^{*2}	$h_k^* \cdot a_k^{*2}$	d_k^*	$d_k^{*2}/12$	$h_k^* \cdot d_k^{*2}/12$
[0;½)	0,25	7	0,06	0,42	0,5	0,021	0,15
[½;1)	0,75	5	0,56	2,80	0,5	0,021	0,11
[1;2)	1,50	7	2,25	15,75	1	0,083	0,58
[2;3)	2,50	3	6,25	18,75	1	0,083	0,25
[3;5)	4,00	2	16,00	32,00	2	0,333	0,67
[5;7)	6,00	1	36,00	36,00	2	0,333	0,33
Σ		25		105,72			2,09

In Verbindung mit dem Näherungswert für das arithmetische Mittel $\bar{x}^* = 1{,}50$ aus Aufgabe 3.3(b) ergibt sich

$$s^{*2} = \frac{105{,}72}{25} - 1{,}50^2 + \frac{2{,}09}{25} = 1{,}98 + 0{,}08 = 2{,}06$$

und hieraus

$$s^* = \sqrt{s^{*2}} = \sqrt{2{,}06} = 1{,}44 \ .$$

Ohne die SHEPPARD'sche Korrektur ergäbe sich $s^* = \sqrt{1{,}98} = 1{,}41$, also eine etwas geringere Standardabweichung.

(c) Zu beachten ist, dass Quartilsabstand und Standardabweichung im Rahmen der Streuungsmaße wesentlich schlechter miteinander vergleichbar sind, als es Median und arithmetischer Mittelwert im Rahmen der Lagemaße sind. Während die beiden letztgenannten Maßzahlen die Lage des Zentrums der Verteilung kennzeichnen und zumindest für symmetrische Verteilungen identische Werte besitzen, sind die beiden oben angeführten Streuungsmaße selbst dann noch verschieden.

Während in das Intervall $[x_{0,25};x_{0,75}]$, das als Breite den Quartilsabstand besitzt, 50% der Beobachtungswerte fallen, liegen im Intervall $[\bar{x}^*-s^*;\bar{x}^*+s^*]$, das als Breite die doppelte Standardabweichung aufweist, (unter der Annahme, dass die Verteilung symmetrisch ist und die einer Normalverteilung entsprechende Wölbung besitzt) ca. 67% der Beobachtungswerte. Dies bedeutet insbesondere, dass auch die aus diesen Maßen gebildeten relativen Streuungsmaße

$$v^* = \frac{s^*}{\bar{x}^*} \cdot 100\% \qquad \text{bzw.} \qquad \tilde{v} = \frac{q}{\tilde{x}} \cdot 100\%$$

nicht ohne Weiteres miteinander vergleichbar sind.

Aufgabe 4.3

Landtagswahlen in 7 Bundesländern brachten den Parteien A und B folgende Resultate:

Wahlergebnisse der Parteien A und B in % der Stimmen							
Bundesland	1	2	3	4	5	6	7
Partei A	5,6	6,3	6,6	6,9	7,1	7,6	6,1
Partei B	40,4	41,9	47,9	40,4	48,9	41,4	42,9

Ein Sprecher der Partei A behauptet:

„Unser Ergebnis ist in allen Ländern ziemlich gleich, während die Wahlergebnisse der Partei B wesentlich weniger stabil sind."

Überprüfen Sie diese Behauptung.

Lösung

In der Sprache der Statistik bedeutet diese Behauptung, dass die Verteilung der Wahlergebnisse von Partei B ‚breiter streut' als diejenige von Partei A. Zu beachten ist jedoch, dass beide Verteilungen völlig verschiedene Lagen (Mittelwerte) haben; daher kann der Streuungsvergleich nur mit Hilfe eines relativen Streuungsmaßes erfolgen. Ein geeignetes Vergleichsmaß zur Überprüfung der Behauptung ist der Variationskoeffizient v, definiert als Quotient aus Standardabweichung s und arithmetischem Mittelwert $\bar{x}$.

Partei A: Hier ergibt sich aus den Prozentwerten x_i, $i = 1,...,7$,

$$\bar{x} = \frac{1}{n} \sum_{i=1}^{n} x_i = \frac{1}{7} \cdot (5{,}6 + ... + 6{,}1) = 6{,}6;$$

$$s^2 = \frac{1}{n} \sum_{i=1}^{n} x_i^2 - \bar{x}^2 = \frac{1}{7} \cdot (5{,}6^2 + ... + 6{,}1^2) - 6{,}6^2 = \frac{307{,}6}{7} - 43{,}56 = 0{,}383;$$

$$s = \sqrt{s^2} = \sqrt{0{,}383} = 0{,}62;$$

$$v = \frac{s}{\bar{x}} \cdot 100\% = \frac{0{,}62}{6{,}6} \cdot 100\% = 9{,}4\%.$$

Partei B: Analog erhält man aus den Prozentwerten y_i, $i = 1,...,7$,

$$\bar{y} = \frac{1}{n} \sum_{i=1}^{n} y_i = \frac{1}{7} \cdot (40{,}4 + ... + 42{,}9) = 43{,}4;$$

$$s_y^2 = \frac{1}{n} \sum_{i=1}^{n} y_i^2 - \bar{y}^2 = \frac{1}{7} \cdot (40{,}4^2 + ... + 42{,}9^2) - 43{,}4^2$$

$$= \frac{13.259{,}92}{7} - 1.883{,}56 = 10{,}71;$$

$$s_y = \sqrt{s_y^2} = \sqrt{10{,}71} = 3{,}27;$$

$$v_y = \frac{s_y}{\bar{y}} \cdot 100\% = \frac{3{,}27}{43{,}4} \cdot 100\% = 7{,}5\%.$$

Die Behauptung ist also falsch.

Aufgabe 4.4

In einer Stadt ist das Körperschaftssteueraufkommen, getrennt nach Rechtsform der körperschaftssteuerpflichtigen Gesellschaften, in einer Statistik zusammengestellt worden. Aus diesen Daten ergaben sich die folgenden Maßzahlen:

Rechtsform	steuerpflichtige Fälle	mittleres Steuer-aufkommen (T€)	Standardab-weichung (T€)
AG, KGaA	100	9.500	1.000
GmbH	9.500	100	80
eG	300	200	100
sonstige	100	400	250

(a) Berechnen Sie das mittlere Körperschaftssteueraufkommen für die Gesamtheit der körperschaftssteuerpflichtigen Gesellschaften.

(b) Berechnen Sie die Standardabweichung des Körperschaftssteueraufkommens für diese Gesamtheit.

(c) Welches Problem entsteht bei der Interpretation der oben berechneten Maßzahlen?

Lösung

(a) Das mittlere Körperschaftssteueraufkommen für die Gesamtheit ergibt sich als gewogenes arithmetisches Mittel der Mittelwerte der vier Teilgesamtheiten:

$$\bar{x} = \sum_{g=1}^{4} \frac{n_g}{n} \cdot \bar{x}_g$$
$$= \frac{100}{10.000} \cdot 9.500 + \frac{9.500}{10.000} \cdot 100 + \frac{300}{10.000} \cdot 200 + \frac{100}{10.000} \cdot 400 = 200.$$

(b) Die mittlere quadratische Abweichung des Körperschaftssteueraufkommens ergibt sich aus den mittleren quadratischen Abweichungen der Teilgesamtheiten (das sind die Quadrate der angegebenen Standardabweichungen) mit Hilfe der Streuungszerlegungsformel:

$$s^2 = \sum_{g=1}^{4} \frac{n_g}{n} \cdot (\bar{x}_g - \bar{x})^2 + \sum_{g=1}^{4} \frac{n_g}{n} \cdot s_g^2$$
$$= \left[\frac{100}{10.000} \cdot (9.500-200)^2 + \frac{9.500}{10.000} \cdot (100-200)^2 + \frac{300}{10.000} \cdot (200-200)^2 + \frac{100}{10.000} \cdot (400-200)^2\right]$$
$$+ \left[\frac{100}{10.000} \cdot 1.000^2 + \frac{9.500}{10.000} \cdot 80^2 + \frac{300}{10.000} \cdot 100^2 + \frac{100}{10.000} \cdot 250^2\right]$$
$$= 874.800 + 17.005 = 891.805\ .$$

Die mittlere quadratische Abweichung entfällt hier also zu 98% auf die Abweichungen zwischen den Rechtsformen. Die Standardabweichung berechnet sich als Wurzel aus diesem Wert, also

$$s = \sqrt{s^2} = \sqrt{891.805} = 944 .$$

(c) Aus den in der Aufgabenstellung angegebenen Mittelwerten bzw. Standardabweichungen der Teilgesamtheiten geht hervor, dass die Gesamtverteilung eine sehr schiefe Form aufweist: 95 % der Fälle (GmbH) streuen relativ eng in einem Bereich um den Gruppenmittelwert 100. Die Gruppe der AG und KGaA stellt mit 1 % der Fälle eine Ausreißergruppe dar, deren Mittelwert sehr viel größer ist. Sowohl der Mittelwert als auch die Standardabweichung der Gesamtheit aller Kapitalgesellschaften werden durch diese Ausreißergruppe stark beeinflusst, sodass ihre Aussagekraft für die Gesamtheit stark eingeschränkt ist.

Aufgabe 4.5

Ein deutsches Unternehmen erzielt in acht Sendungen an britische Kunden während des Monats Februar 2005 die nachfolgend aufgeführten Verkaufserlöse in britischen Pfund (£). Für jede der Sendungen sind unabhängig von ihrem Wert Versandkosten in Höhe von 65 € aufzuwenden.

Das Unternehmen interessiert sich für das arithmetische Mittel, die Standardabweichung und den Variationskoeffizienten der nach Abzug der Versandkosten verbleibenden Nettoerlöse in Euro. Rechnen Sie mit einem Wechselkurs von 1 £ = 1,457 €.

Sendung	1	2	3	4	5	6	7	8
Verkaufserlöse (£)	850	550	600	700	550	650	950	750

Lösung

Wir geben zwei verschiedene Lösungsvorschläge:

(1) Zunächst kann man die einzelnen Verkaufserlöse x_i in €-Nettoerlöse y_i umrechnen und die gesuchten Maßzahlen für diese Werte berechnen.

(2) Es ist aber auch möglich, die Maßzahlen für die Verkaufserlöse x_i zu berechnen und daraus Maßzahlen für die €-Nettoerlöse y_i abzuleiten.

(1) Um die Nettoerlöse in € zu berechnen, sind sämtliche Verkaufserlöse x_i in £ zunächst mit Hilfe der Wechselkurs-Konstanten c in €-Beträge z_i umzurechnen:

$$z_i = c \cdot x_i = 1{,}457 \cdot x_i .$$

Es ergeben sich die folgenden Werte in €:

1.238,45 801,35 874,20 1.019,90 801,35 947,05 1.384,15 1.092,75

Nach Abzug der Versandkosten $a = 65$ verbleiben als Nettoerlöse $y_i = z_i - 65 = -65 + 1{,}457 \cdot x_i$:

$$z_i = y_i - a = y_i - 65 .$$

Man erhält die Werte:

1.173,45 736,35 809,20 954,90 736,35 882,05 1.319,15 1.027,75

Aus diesen Werten ergeben sich die gesuchten Maßzahlen:

$$\bar{y} = \frac{1}{n}\sum_{i=1}^{n} y_i = \frac{1}{8}\cdot(1.173{,}45 + \ldots + 1.027{,}75) = 954{,}90;$$

$$s_y^2 = \frac{1}{n}\sum_{i=1}^{n} y_i^2 - \bar{y}^2 = \frac{1}{8}\cdot(1.173{,}45^2 + \ldots + 1.027{,}75^2) - 954{,}90^2$$
$$= 950.311 - 911.834 = 38.477;$$

$$s_y = \sqrt{s_y^2} = \sqrt{38.477} = 196{,}16;$$

$$v_y = \frac{s_y}{\bar{y}}\cdot 100\% = \frac{196{,}16}{954{,}90}\cdot 100\% = 20{,}54\%.$$

(2) Die €-Nettoerlöse y_i lassen sich als lineare Transformation der £-Verkaufserlöse x_i darstellen:

$$y_i = z_i - a = c\cdot x_i - a = -65 + 1{,}457\cdot x_i.$$

Die Maßzahlen für die €-Nettoerlöse lassen sich somit aus den folgenden Maßzahlen für die £-Verkaufserlöse errechnen:

$$\bar{x} = \frac{1}{n}\sum_{i=1}^{n} x_i = \frac{1}{8}\cdot(850 + \ldots + 750) = 700;$$

$$s_x^2 = \frac{1}{n}\sum_{i=1}^{n} x_i^2 - \bar{x}^2 = \frac{1}{8}\cdot(850^2 + \ldots + 750^2) - 700^2$$
$$= 508.125 - 490.000 = 18.125;$$

$$s_x = \sqrt{s_x^2} = \sqrt{18.125} = 134{,}63.$$

Hieraus ergeben sich die Maßzahlen der €-Nettoerlöse wie folgt:

$$\bar{y} = a + c\cdot\bar{x} = -65 + 1{,}457\cdot 700 = 954{,}90;$$

$$s_y = \sqrt{s_y^2} = \sqrt{c^2\cdot s_x^2} = c\cdot s_x = 1{,}457\cdot 134{,}63 = 196{,}16;$$

$$v_y = \frac{s_y}{\bar{y}} = \frac{196{,}16}{954{,}90}\cdot 100\% = 20{,}54\% .$$

Man erhält also dasselbe Ergbnis wie in (1).

Aufgabe 4.6

Der Verteilung der Bruttogehälter der 1.000 Beschäftigten eines Unternehmens sind die folgenden Maßzahlen zu entnehmen:

Minimalwert	x_{min} =	480 €
unteres Quartil	$x_{0,25}$ =	1.833 €
Median	$x_{0,5}$ =	2.804 €
oberes Quartil	$x_{0,75}$ =	4.609 €
Maximalwert	x_{max} =	12.500 €

(a) Zeichnen Sie den Boxplot dieser Verteilung und machen Sie aufgrund des Boxplots eine Aussage über die Schiefe der Verteilung.

(b) Erläutern Sie, dass die Maßzahl

$$u_Q = \frac{\frac{1}{2}(x_{0,25} + x_{0,75}) - x_{0,5}}{\frac{1}{2}(x_{0,75} - x_{0,25})} = \frac{(x_{0,75} - x_{0,5}) - (x_{0,5} - x_{0,25})}{x_{0,75} - x_{0,25}}.$$

als Maßzahl für die Schiefe einer Verteilung verwendbar ist, indem Sie u_Q für extreme Rechtsschiefe, extreme Linksschiefe und für den Symmetriefall betrachten. Berechnen Sie den Wert von u_Q für die oben angegebenen Daten.

Lösung

(a) Der Boxplot ist eine Grafik zur einfachen Darstellung von Lage, Streuung und Schiefe einer Verteilung. Er besteht aus einer waagerecht gezeichneten Box, dic links und rechts am unteren bzw. oberen Quartil begrenzt ist und an der Stelle des Medians durch eine senkrechte Linie unterteilt ist. Links und rechts an die Box werden waagerechte Linien angefügt, die bis zu den Stellen des Minimal- bzw. Maximalwertes reichen. (In anderen Varianten des Boxplots enden die Linien schon weiter innen und noch weiter außen liegende Werte werden als Ausreißer einzeln dargestellt.)

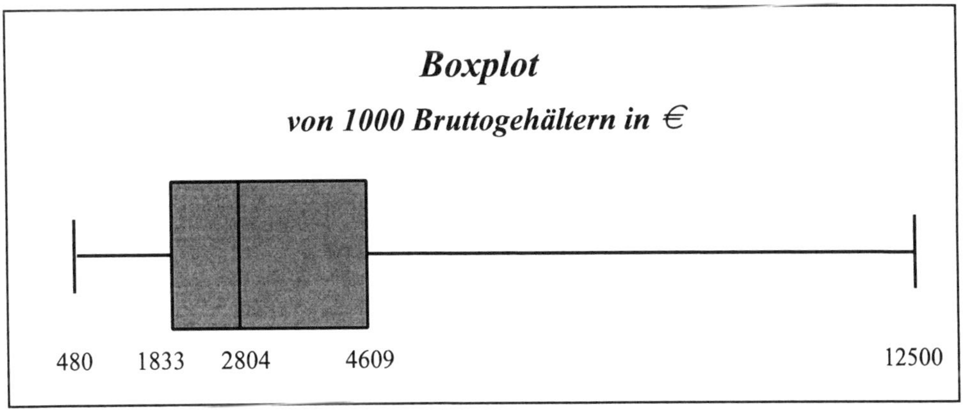

Mit den in der Aufgabenstellung angegebenen Werten erhält man den abgebildeten Boxplot. Die Grafik deutet auf eine rechtsschiefe (d. h. linkssteile) Verteilung hin. Dies äußert sich darin, dass der Median als Zentralwert innerhalb der Box verhältnismäßig weit links liegt, also näher am unteren als am oberen Quartil. Außerdem ist der Maximalwert im Gegensatz zum Minimalwert sehr weit von der Box entfernt, d. h. die Verteilung scheint im Bereich oberhalb von 5.000 € sehr dünn besetzt zu sein.

(b) Die Maßzahl u_Q zeigt die relative Lage des Medians zwischen den beiden Quartilen an. Der Zähler gibt die Differenz zwischen dem tatsächlichen Median [$x_{0,5}$] und dem Median an, der sich bei symmetrischer Verteilung ergeben würde [$\frac{1}{2}(x_{0,25}+x_{0,75})$]. Der Nenner normiert diese Differenz durch den halben Quartilsabstand.
Bei *Rechtsschiefe* fallen im Extremfall unteres Quartil und Median zusammen [$x_{0,25}=x_{0,5}$], und es ergibt sich

$$u_Q = \frac{(x_{0,75}-x_{0,5}) - 0}{x_{0,75}-x_{0,25}} = \frac{x_{0,75}-x_{0,25}}{x_{0,75}-x_{0,25}} = 1.$$

Im *Symmetriefall* liegt der Median genau in der Mitte zwischen den beiden Quartilen, sodass wegen

$$x_{0,5} = \tfrac{1}{2}(x_{0,25}+x_{0,75}) \quad \text{gilt:} \quad u_Q = 0,$$

da der Zähler des Quotienten gleich Null wird.
Bei *Linksschiefe* fallen im Extremfall oberes Quartil und Median zusammen [$x_{0,5}=x_{0,75}$], und es ergibt sich

$$u_Q = \frac{0 - (x_{0,5}-x_{0,25})}{x_{0,75}-x_{0,25}} = -\frac{x_{0,75}-x_{0,25}}{x_{0,75}-x_{0,25}} = -1.$$

Für die Daten der Aufgabenstellung ergibt sich

$$u_Q = \frac{\frac{1}{2}(1.833+4.609) - 2.804}{\frac{1}{2}(4.609-1.833)} = \frac{417}{1.833}$$
$$= \frac{(4.609-2.804) - (2.804-1.833)}{4.609-1.833} = \frac{834}{2.776} = 0{,}300 \ .$$

Dieser Wert deutet also ebenfalls auf einen rechtsschiefen Verteilungstyp hin (wie in Aufgabenteil (a) bereits anhand des Boxplots festgestellt wurde).

5 Konzentration und ihre grafische Darstellung

Unter der *Konzentration* eines Merkmals versteht man das Phänomen, dass sich ein relativ hoher Anteil der Merkmalssumme auf vergleichsweise wenige Merkmalsträger (d. h. statistische Einheiten) konzentriert. Man ordnet daher die statistischen Einheiten der Größe ihrer Merkmalsausprägung nach und betrachtet zwei kumulierte relative Anteile im Vergleich:

- die kumulierten relativen Anteile an der Gesamtzahl der Merkmalsträger und
- die kumulierten relativen Anteile an der Merkmalssumme, d. h. an der Gesamtsumme der Merkmalswerte aller statistischen Einheiten.

Trägt man diese relativen Anteile gegeneinander auf, so erhält man eine grafische Veranschaulichung der *relativen Konzentration*, die LORENZ-Kurve (→ **Aufgaben 5.1 und 5.2**). Aus ihr kann auch eine Maßzahl zur Messung der relativen Konzentration entwickelt werden, der GINI-Koeffizient (→ **Aufgabe 5.1**).
Von der relativen Konzentration zu unterscheiden ist die absolute Konzentration, bei der zusätzlich die Größe der statistischen Masse berücksichtigt werden, indem statt der kumulierten relativen die kumulierten absoluten Anteile der Merkmalsträger verwendet werden.
Eine Variante der Konzentrationskurve ist die in der *ABC-Analyse* verwendete Konzentrationskurve, in der für die statistischen Einheiten und die Merkmalssumme Resthäufigkeiten verwendet werden (→ **Aufgabe 5.3**).

Literaturhinweise

B. BECKER (1993), S. 141-156.
P. BOHLEY (2000), S. 173-195.
H. DEGEN & P. LORSCHEID (2002), S. 54-61.
J. HARTUNG, B. ELPELT & K.-H. KLÖSENER (2002), S. 50-55.
D. HOCHSTÄDTER (1996), S. 87-90.
P. V.D.LIPPE (1993), S. 136-186.
H.-J. PINNEKAMP & F. SIEGMANN (2001), S. 88-100.
J. SCHIRA (2005), S. 62-75.
J. SCHWARZE (1994), S. 269-275.

Aufgabe 5.1

Die monatlichen Nettoeinkünfte der 250 Beschäftigten eines Betriebes sind im nachfolgenden Histogramm dargestellt. Die Ordinatenwerte in der Abbildung berechnen sich dabei aus dem Verhältnis der absoluten Klassenhäufigkeit zur Klassenbreite (gemessen in 1.000 €).

(a) Welche Lohnsummen entfallen auf die einzelnen Klassen?

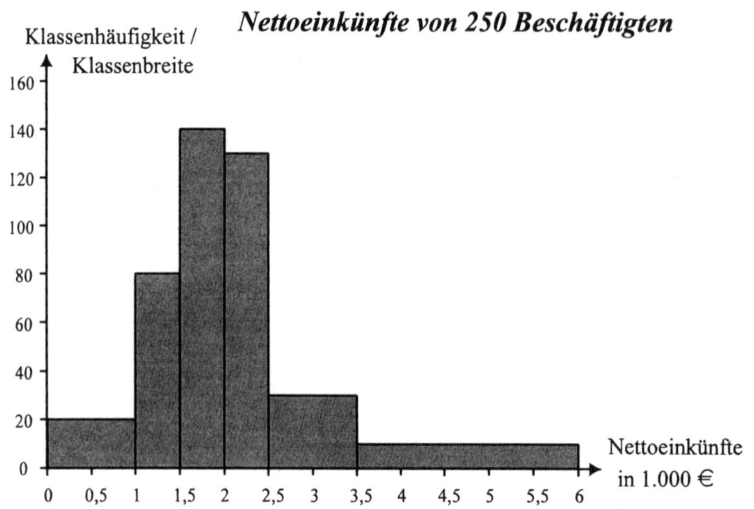

(b) Berechnen und zeichnen Sie eine LORENZ-Kurve für das Merkmal monatliche Nettoeinkünfte.

(c) Wie viel Prozent der Lohnsumme entfällt auf diejenigen zehn Prozent der Beschäftigten, welche die meisten Einkünfte beziehen?

(d) Berechnen Sie den GINI-Koeffizienten.

Lösung

(a) Näherungswerte für die auf die Klassen I_k, $k=1,...,K$ entfallenden Lohnsummen ergeben sich aus den Produkten der absoluten Klassenhäufigkeiten $h_k^* = h(a_k^*)$ mit den Klassenmitten a_k^*; dabei sind die absoluten Klassenhäufigkeiten als Produkt der Ordinatenwerte des Histogramms und der Klassenbreiten d_k^* zu berechnen:

$$\sum_{x_i \in I_k} x_i \approx h(a_k^*) \cdot a_k^* = \left[h(a_k^*)/d_k^*\right] \cdot d_k^* \cdot a_k^* .$$

Die Berechnung der Lohnsummen zeigt die folgende Tabelle:

Klasse (1)	Klassen-breite (2)	Klassenmitte (3)	Ordinaten-wert (4)	absolute Häufigkeit (5)=(4)•(2)	Lohn-summe (6)=(5)•(3)
[0,0;1,0)	1,0	0,50	20	20	10,00
[1,0;1,5)	0,5	1,25	80	40	50,00
[1,5;2,0)	0,5	1,75	140	70	122,50
[2,0;2,5)	0,5	2,25	130	65	146,25
[2,5;3,5)	1,0	3,00	30	30	90,00
[3,5;6,0)	2,5	4,75	10	25	118,75
Summe				250	537,50

(b) Für die Zeichnung der LORENZ-Kurve sind die kumulierten relativen Klassenhäufigkeiten F_k^* gegen die Werte G_k^* der kumulierten relativen Lohnsumme aufzutragen. Bei der Berechnung geht man wie folgt vor (in der letzten Zeile befinden sich, sofern sinnvoll, die Summenwerte):

Beschäftigtenzahl			Lohnsumme		
absolut (5)	relativ (7)=(5)/250	rel. kumuliert (8)	absolut (6)	relativ (9)=(6)/537,5	rel. kumuliert (10)
h_k^*	$f_k^* = h_k^*/n$	$F_k^* = \sum_{j=1}^k f_j^*$	$h_k^* \cdot a_k^*$	$g_k^* = h_k^* \cdot a_k^* / T^*$	$G_k^* = \sum_{j=1}^k g_j^*$
20	0,080	0,080	10,00	0,019	0,019
40	0,160	0,240	50,00	0,093	0,112
70	0,280	0,520	122,50	0,228	0,340
65	0,260	0,780	146,25	0,272	0,612
30	0,120	0,900	90,00	0,167	0,779
25	0,100	1,000	118,75	0,221	1,000
$n = 250$	1		$T^* = 537{,}5$	1	

Trägt man die Werte der Spalten (8) und (10) nun gegeneinander auf, so erhält man die Konzentrationskurve nach LORENZ:

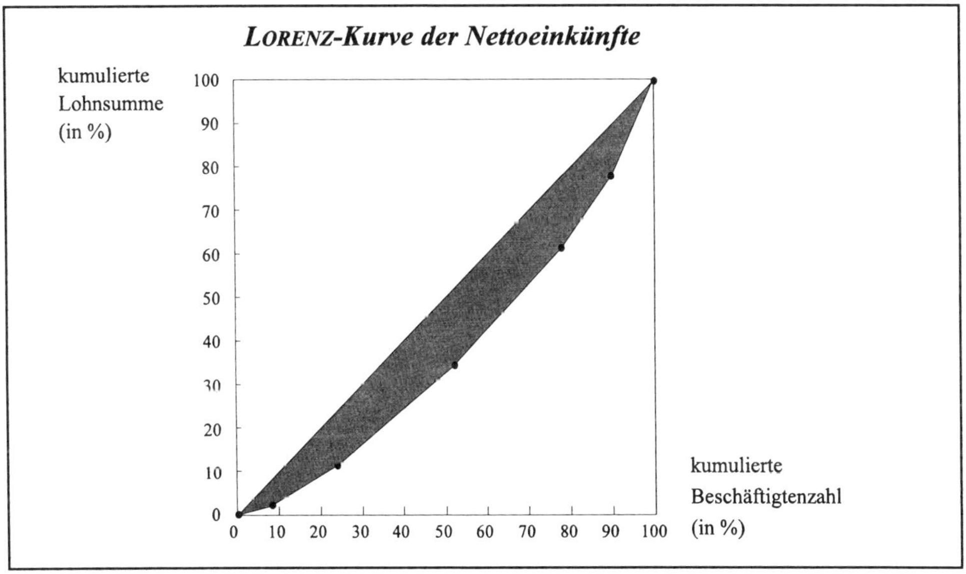

(c) Der Tabelle in Aufgabenteil (b) ist zu entnehmen, dass auf die oberste Klasse mit den Gehältern von 3,5-6,0 T €, zu der 10 % der Beschäftigten gehören, 22,1 % der Lohnsumme entfallen.

(d) Der GINI-Koeffizient ist definiert als das Doppelte der Fläche zwischen der LORENZ-Kurve und der 45°-Diagonalen. Die Fläche unterhalb der Diagonalen hat den Wert ½. Daher kann der Wert des GINI-Koeffizienten auch als das Verhältnis von der Fläche zwischen LORENZ-Kurve und der Diagonalen und der Fläche unter der Diagonalen angesehen werden.

Zur Berechnung des GINI-Koeffizienten c_G ist daher von dem Wert ½ die Fläche unterhalb der Lorenzkurve abzuziehen; letztere ergibt sich als Summe von trapezförmigen Flächen. Diese wiederum errechnen sich als Produkt von Trapezbreite (dies ist die relative Häufigkeit der Klasse) und der mittleren Trapezhöhe (dies ist das arithmetische Mittel der Trapezhöhen am linken und am rechten Rand des Trapezes). Man erhält auf Basis klassierter Daten folgende Formel für die näherungsweise Berechnung des Konzentrationsmaßes c_G^*:

$$c_G^* = 2 \cdot \left(\frac{1}{2} - \sum_{k=1}^{K} (F_k^* - F_{k-1}^*) \cdot \frac{G_k^* + G_{k-1}^*}{2} \right)$$
$$= 1 - 2 \cdot \sum_{k=1}^{K} f_k^* \cdot \frac{G_k^* + G_{k-1}^*}{2}.$$

Die Berechnung der Fläche unter der LORENZ-Kurve, also der Summe in obiger Formel, die sich aus den Trapezflächen ergibt, erfolgt in der nachstehenden Tabelle:

Klassen-index (11)	Trapez-breite (7)	rechte Trapezhöhe (10)	linke Trapezhöhe (12)=(10)$_{-1}$	mittlere Trapezhöhe (13)= [(10)+(12)]/2	Trapezfläche (14)=(7)·(13)
k	$f_k^* = F_k^* - F_{k-1}^*$	G_k^*	G_{k-1}^*	$\frac{1}{2} \cdot (G_k^* + G_{k-1}^*)$	$f_k \cdot \frac{1}{2} \cdot (G_k^* + G_{k-1}^*)$
1	0,080	0,019	0,000	0,0095	0,0008
2	0,160	0,112	0,019	0,0655	0,0105
3	0,280	0,340	0,112	0,2260	0,0633
4	0,260	0,612	0,340	0,4760	0,1238
5	0,120	0,779	0,612	0,6955	0,0835
6	0,100	1,000	0,779	0,8895	0,0890
Summe	1,000				0,3709

Damit ergibt sich als Fläche zwischen der Diagonalen und der LORENZ-Kurve ein Flächeninhalt von 1 - 0,3709. Das Konzentrationsmaß nach GINI hat somit den Wert

$$c_G^* = 2 \cdot (1 - 0{,}3709) = 1 - 2 \cdot 0{,}3709 = 0{,}258 \mathrel{\hat{=}} 25{,}8\%.$$

Innerhalb der Belegschaft liegt also eine mittlere relative Konzentration der Lohnsumme auf wenige Belegschaftsmitglieder vor.

Aufgabe 5.2

Dem Statistischen Jahrbuch 2003 für die Bundesrepublik Deutschland sind die nachstehenden Daten zu entnehmen, welche die Verteilung der landwirtschaftlichen Betriebe auf neun verschiedene Größenklassen für die Jahre 1987 und 2001 bezogen auf das Bundesgebiet vor der Wiedervereinigung angeben:

landwirtschaftlich genutzte Fläche	Zahl der Betriebe	
	1987	2001
1 bis unter 2 ha	82.994	35.415
2 bis unter 5 ha	124.426	74.065
5 bis unter 10 ha	120.247	70.339
10 bis unter 15 ha	83.230	45.528
15 bis unter 20 ha	65.198	38.103
20 bis unter 30 ha	89.086	49.992
30 bis unter 50 ha	76.795	60.629
50 bis unter 100 ha	35.246	51.831
100 und mehr ha	5.662	15.665

(a) Zeichnen Sie zwei LORENZ-Kurven für die Verteilung der landwirtschaftlichen Flächen auf die Betriebe. Verwenden Sie dabei für die letzte Klasse als Klassenmitte 150 ha. Vergleichen Sie beide LORENZ-Kurven.

(b) Berechnen Sie die durchschnittliche landwirtschaftliche Nutzfläche je Betrieb für die Jahre 1987 und 2001. Inwiefern kann aufgrund dieser Zahlen von Konzentration gesprochen werden?

(c) Mit Hilfe welcher Konzentrationsmaßzahl könnte dieser Tatsache Rechnung getragen werden?

Lösung

(a) Für beide statistischen Massen sind die kumulierten relativen Häufigkeiten und die kumulierten relativen Merkmalssummen (also Flächensummen) zu bilden und anhand dieser Werte die beiden LORENZ-Kurven zu zeichnen. Die auf die Klassen entfallenden Flächen ergeben sich näherungsweise als Produkt von Klassenhäufigkeit und Klassenmitte.
Man erhält für 1987:

Klassenmitte (1)	absolute Häufigk. in 1.000 (2)	relative Häufigk. in % (3)	kumul.rel. Häufigk. in % (4)	Fläche in 1.000 ha (5)= (1)•(2)	relative Fläche in % (6)	kum.rel. Fläche in % (7)
1,5	83,0	12,2	12,2	124,5	1,0	1,0
3,5	124,4	18,2	30,4	435,4	3,5	4,5
7,5	120,2	17,6	48,0	901,5	7,2	11,7
12,5	83,2	12,2	60,2	1.040,0	8,4	20,1
17,5	65,2	9,5	69,7	1.141,0	9,2	29,3
25,0	89,1	13,1	82,8	2.227,5	17,9	47,2
40,0	76,8	11,2	94,0	3.072,0	24,7	71,9
75,0	35,2	5,2	99,2	2.640,0	21,2	93,1
150,0	5,7	0,8	100,0	855,0	6,9	100,0
Summe	682,8	100,0		12.436,9	100,0	

Analog ergibt sich für 2001:

Klassen-mitte (1)	absolute Häufigk. in 1.000 (2)	relative Häufigk. in % (3)	kumul.rel. Häufigk. in % (4)	Fläche in 1.000 ha (5)= (1)•(2)	relative Fläche in % (6)	kum.rel. Fläche in % (7)
1,5	35,4	8,0	8,0	53,1	0,4	0,4
3,5	74,1	16,8	24,8	259,4	2,2	2,6
7,5	70,3	15,9	40,7	527,3	4,4	7,0
12,5	45,5	10,3	51,0	568,8	4,8	11,8
17,5	38,1	8,6	59,6	666,8	5,6	17,4
25,0	50,0	11,3	70,9	1.250,0	10,4	27,8
40,0	60,6	13,8	84,7	2.424,0	20,2	48,0
75,0	51,8	11,7	96,4	3.885,0	32,4	80,4
150,0	15,7	3,6	100,0	2.355,0	19,6	100,0
Summe	441,5	100,0		11.989,4	100,0	

Durch das Eintragen der in den Spalten (4) bzw. (7) stehenden Werte in eine Grafik erhält man die in der folgenden Abbildung dargestellten LORENZ-Kurven:

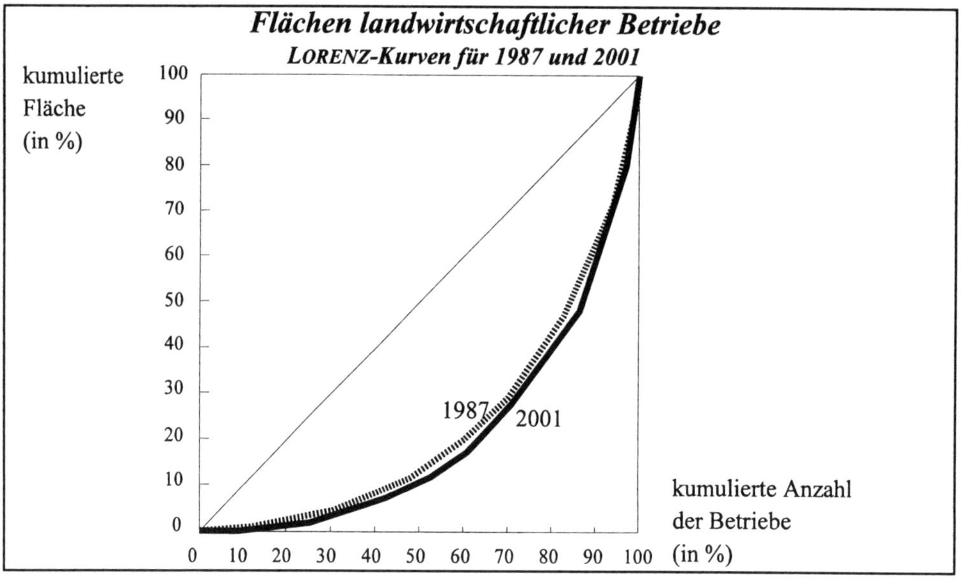

Es fällt auf, dass die LORENZ-Kurve für 2001 etwas unterhalb von derjenigen für 1987 verläuft. Insofern kann von einer geringfügigen Zunahme der relativen Konzentration gesprochen werden. Dies bedeutet, dass in der statistischen Masse von 2001 die großen Betriebe eine größere relative Häufigkeit haben, als dies noch 1987 der Fall war.

(b) Die durchschnittliche Fläche je Betrieb ergibt sich als arithmetischer Mittelwert:

$$\bar{f}^* = \frac{1}{n}\sum_{k=1}^{K} h(f_k^*)\cdot f_k^*,$$

also für 1987:

$$\bar{f}^*_{1987} = \frac{12.436,5}{682,8} = 18,2$$

und für 2001:

$$\bar{f}^*_{2001} = \frac{11.989,4}{441,5} = 27,2.$$

Die durchschnittliche Fläche der Betriebe hat sich also um ca. 50 % vergrößert. Dabei blieb der Zähler, das ist die Größe der insgesamt landwirtschaftlich genutzten Fläche, nahezu konstant. Hingegen nahm der Umfang der statistischen Masse, also die Zahl der landwirtschaftlichen Betriebe, um etwa ein Drittel ab, sodass die Durchschnittsfläche entsprechend ansteigt.
Erst diese Zahlen drücken aus, dass viele (kleine) Betriebe stillgelegt wurden und so die statistische Masse zwischenzeitlich verlassen haben. Die statistische Masse hat sich deutlich verkleinert (kontrahiert). Hierbei handelt es sich um ein Konzentrationsphänomen, das in der LORENZ-Kurve nicht zum Ausdruck kommt, denn die Kurve für 2001 unterscheidet sich nur geringfügig von derjenigen für 1987. Dies liegt daran, dass statistische Einheiten, welche die statistische Masse verlassen, anschließend zur Berechnung der LORENZ-Kurve keinen Beitrag mehr leisten. Eine derartige Konzentration könnte mit Hilfe der LORENZ-Kurve nur dann gemessen werden, wenn die aus der statistischen Masse ausscheidenden Betriebe künstlich als Betriebe ohne Fläche in der statistischen Masse belassen würden. Die absolute Konzentration lässt sich durch eine modifizierte Konzentrationskurve grafisch darstellen, indem auf der horizontalen Achse nicht die kumulierte relative, sondern die kumulierte absolute Anzahl der Betriebe verwendet wird. Die Konzentration ist dann umso größer, je kleiner die Fläche unter der derart modifizierten Konzentrationskurve ist.

Grundsätzlich bestehen hier also zwei Arten von Konzentration:

- Die Konzentration durch Ausscheiden von statistischen Einheiten; man spricht in diesem Fall von absoluter Konzentration.
- Die Konzentration durch Zunahme des Gewichts der Einheiten mit großem Merkmalswert, also Konzentration im Sinne der LORENZ-Kurve. Dieser Konzentrationsvorgang wird auch als relative Konzentration bezeichnet.

Zwischen beiden Arten der Konzentration besteht kein direkter Zusammenhang, sie können unabhängig voneinander auftreten. Es wäre beispielsweise denkbar, dass die Konzentration durch Ausscheiden statistischer Einheiten so weit fortschreitet, dass irgendwann nur noch zwei Betriebe die gesamte Fläche untereinander aufteilen. Die LORENZ-Kurve könnte in dieser Situation trotzdem überhaupt keine Konzentration anzeigen, nämlich für den Fall, dass die beiden verbleibenden Betriebe die Fläche zu gleichen Teilen besitzen.
Bezüglich des Ausmaßes der Konzentrationsphänomene ist zu sagen, dass die statistische Konzentration im Sinne der LORENZ-Kurve nur schwach zunimmt; die LORENZ-Kurve für 2001 verläuft in der Abbildung nur geringfügig unterhalb derjenigen für 2001. Die Konzentration durch Ausscheiden statistischer Einheiten ist demgegenüber wesentlich stärker ausgeprägt, wie die oben berechneten Durchschnittswerte zeigen.

(c) Die Fläche unter der LORENZ-Kurve unterscheidet sich für beide Jahre nur geringfügig, wie die nachfolgende Berechnung zeigt:

1987 Klassen-index (8)	Trapez-breite (3)	rechte Trapezhöhe (7)	linke Trapezhöhe $(9)=(7)_{-1}$	mittlere Trapezhöhe (10)=[(7)+(9)]/2	Trapezfläche (11)=(3)·(10)
1	0,122	0,010	0,000	0,0050	0,0006
2	0,182	0,045	0,010	0,0275	0,0050
3	0,176	0,117	0,045	0,0810	0,0143
4	0,122	0,201	0,117	0,1590	0,0194
5	0,095	0,293	0,201	0,2470	0,0235
6	0,131	0,472	0,293	0,3825	0,0501
7	0,112	0,719	0,472	0,5955	0,0667
8	0,052	0,931	0,719	0,8250	0,0429
9	0,008	1,000	0,931	0,9655	0,0077
Summe	1,000				0,2302

2001 Klassen-index (8)	Trapez-breite (3)	rechte Trapezhöhe (7)	linke Trapezhöhe $(9)=(7)_{-1}$	mittlere Trapezhöhe (10)=[(7)+(9)]/2	Trapezfläche (11)=(3)·(10)
1	0,080	0,004	0,000	0,0020	0,0002
2	0,168	0,026	0,004	0,0150	0,0025
3	0,159	0,070	0,026	0,0480	0,0076
4	0,103	0,118	0,070	0,0940	0,0097
5	0,086	0,174	0,118	0,1460	0,0126
6	0,113	0,278	0,174	0,2260	0,0255
7	0,138	0,480	0,278	0,3790	0,0523
8	0,117	0,804	0,480	0,6420	0,0751
9	0,036	1,000	0,804	0,9020	0,0325
Summe	1,000				0,2180

Der GINI-Koeffizient ist also für beide Jahre nahezu identisch:

$$1987{:}\quad c_G^* = 1 - 2\cdot Fl_r^* = 1 - 2\cdot 0{,}2302 = 0{,}5396;$$

$$2001{:}\quad c_G^* = 1 - 2\cdot Fl_r^* = 1 - 2\cdot 0{,}2180 = 0{,}5640.$$

Deutliche Unterschiede treten hingegen bei der Fläche Fl_a^* unter der absoluten Konzentrationskurve zu Tage. Diese Fläche berechnet sich durch die Multiplikation der Fläche unter der relativen Konzentrationskurve, c_G^*, mit dem jeweiligen Umfang der statistischen Masse: $Fl_a^* = n\cdot Fl_r^*$. Ein hierauf basierendes absolutes Konzentrationsmaß ist der ROSENBLUTH-Index c_R^*, welcher der halbe Kehrwert der Fläche Fl_a^* ist:

$$1987{:}\quad c_R^* = (2Fl_a^*)^{-1} = (2nFl_r^*)^{-1} = (2\cdot 628.800\cdot 0{,}2302)^{-1} = 3{,}454\cdot 10^{-6};$$

$$2001{:}\quad c_R^* = (2Fl_a^*)^{-1} = (2nFl_r^*)^{-1} = (2\cdot 441.500\cdot 0{,}2180)^{-1} = 5{,}194\cdot 10^{-6}.$$

Hieraus wird ersichtlich, dass eine Zunahme der absoluten Konzentration um ca. 50% zu verzeichnen ist, die weitgehend auf die Verkleinerung der statistischen Masse bei nur unwesentlich veränderter relativer Konzentration zurückzuführen ist.

Aufgabe 5.3

Ein Unternehmen hat für das abgelaufene Jahr sämtliche Rechnungsbeträge einer bestimmten Artikelgruppe in Größenklassen eingeteilt. Hinsichtlich Umsatz und Anzahl der Rechnungen ergab sich zum Jahresende folgendes Bild:

Rechnungsbeträge der Größenklasse	Anzahl der Rechnungen in der Klasse	Umsatz in dieser Größenklasse
0 b. u. 500 €	129	42.000 €
500 b. u. 1.000 €	265	191.000 €
1.000 b. u. 1.500 €	92	111.000 €
1.500 b. u. 2.000 €	41	71.000 €
2.000 b. u. 2.500 €	17	39.000 €
2.500 b. u. 3.000 €	6	16.000 €

Ermitteln Sie die erforderlichen Werte zur Konstruktion einer Resthäufigkeitskurve und stellen Sie diese grafisch dar. Wie viel Prozent des Gesamtwertes der Rechnungen entfallen auf diejenigen 10% der Rechnungen mit den größten Beträgen, wie viel auf diejenigen 50% der Rechnungen mit den größten Beträgen?

Lösung

Im Gegensatz zur LORENZ-Kurve sind hier Resthäufigkeiten gegeneinander aufzutragen. Dadurch wird erreicht, dass direkt aus der Grafik abzulesen ist, wie groß der Anteil der Merkmalsträger mit den größten Merkmalsausprägungen an der Merkmalssumme ist. Diese Fragestellungen spielen (z. B. in der Materialwirtschaft) im Rahmen der so genannten ABC-Analyse eine Rolle.

Die Gesamtanzahl der Rechnungen beträgt 550 bei einem Gesamtumsatz von 470.000 €. Damit ergeben sich für die einzelnen Größenklassen die folgenden relativen Häufigkeiten bzw. relativen Umsatzanteile:

Rechnungsbeträge der Größenklasse (in €)	relative Häufigkcit	relative Umsatzanteile
0 b. u. 500	23,5 %	8,9 %
500 b. u. 1.000	48,2 %	40,6 %
1.000 b. u. 1.500	16,7 %	23,6 %
1.500 b. u. 2.000	7,5 %	15,1 %
2.000 b. u. 2.500	3,1 %	8,3 %
2.500 b. u. 3.000	1,1 %	3,4 %

Hieraus ergeben sich nun folgende Resthäufigkeiten:

Rechnungsbeträge der Größenklasse	relative Resthäufigkeit	relative Restumsatzanteile
mehr als 2.500	1,1 %	3,4 %
mehr als 2.000	4,2 %	11,7 %
mehr als 1.500	11,7 %	26,8 %
mehr als 1.000	28,4 %	50,4 %
mehr als 500	76,6 %	91,0 %
mehr als 0	100,0 %	100,0 %

Man erhält folgende grafische Darstellung der Resthäufigkeitskurve:

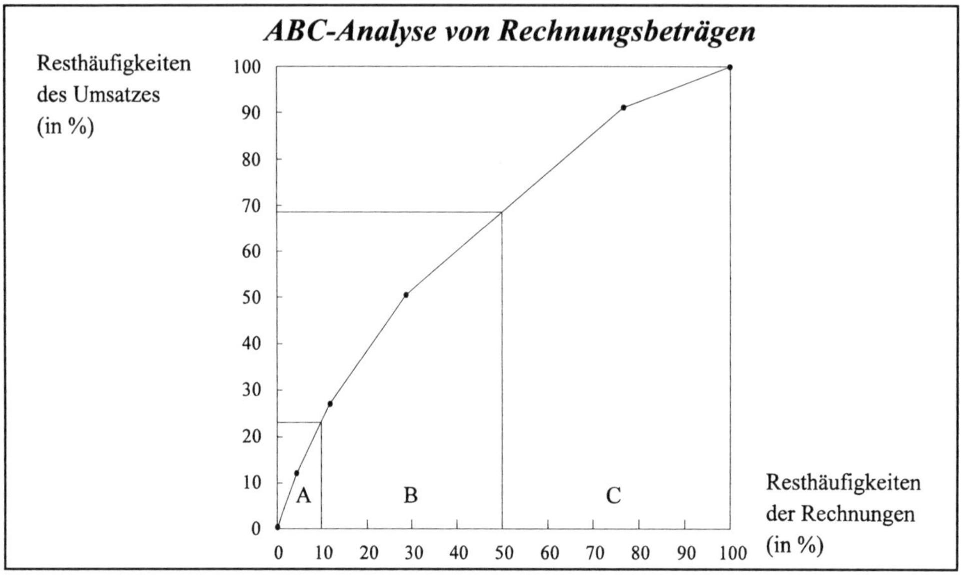

Durch Interpolation ergibt sich, dass auf die 10 % der Rechnungen mit den größten Beträgen

$$0{,}117 + (0{,}268-0{,}117)\cdot\frac{0{,}10-0{,}042}{0{,}117-0{,}042} = 0{,}117 + 0{,}151\cdot 0{,}773$$
$$= 0{,}234 \mathrel{\hat{=}} 23{,}4\%$$

des Umsatzes entfallen, auf die 50 % der Rechnungen mit den größten Beträgen

$$0{,}504 + (0{,}911-0{,}504)\cdot\frac{0{,}50-0{,}284}{0{,}766-0{,}284} = 0{,}504 + 0{,}407\cdot 0{,}448$$
$$= 0{,}686 = 68{,}6\% \;.$$

Im Rahmen der ABC-Analyse bedeutet dies, dass auf die Rechnungen im A-Bereich (10%) bereits fast ein Viertel des Umsatzes entfallen, auf die Rechnungen im A- und B-Bereich (50%) mehr als zwei Drittel.

6 Zweidimensionale Verteilungen und Korrelationsanalyse

Statistische Erhebungen beinhalten in aller Regel Daten mehrerer Merkmale. Neben den eindimensionalen statistischen Verfahren existieren daher Methoden, die es erlauben, den Zusammenhang zweier Merkmale, die *Korrelation*, zu analysieren sowie deren Richtung und Intensität zu messen.
Ausgangspunkt dieser Methoden ist die *gemeinsame Verteilung* beider Merkmale. Für verschiedene Werte des einen Merkmals lassen sich die *bedingten Verteilungen* des anderen Merkmals betrachten und miteinander vergleichen (→ **Aufgabe 6.1**).
Bei *grafischen Darstellungen* zweidimensionaler Verteilungen sind Darstellungsformen zu wählen, die bei beiden Variablen die jeweiligen skalentypischen Erfordernisse beachten (→ **Aufgabe 6.2**). Speziell für zwei kardinalskalierte Variablen eignet sich das *Streudiagramm* (→ **Aufgabe 6.6**).
Zur Messung der Stärke des Zusammenhangs zweier Merkmale gibt es spezielle Maßzahlen, die *Korrelationsmaße*. Je nach Skalenniveau der betrachteten Merkmale werden verschiedene Korrelationsmaße unterschieden:

- Der *PEARSON'sche Kontingenzkoeffizient* kann für alle Merkmale verwendet werden (→ **Aufgabe 6.3**).
- Der *SPEARMAN'sche Rangkorrelationskoeffizient* ist für Merkmale mit mindestens ordinalem Skalenniveau geeignet (→ **Aufgabe 6.4**).
- der *BRAVAIS-PEARSON'sche Korrelationskoeffizient* misst die Richtung und Stärke des linearen Zusammenhangs bei kardinalskalierten Merkmalen (→ **Aufgabe 6.5**).

Literaturhinweise

P. BOHLEY (2000), S. 233-250.
H. DEGEN & P. LORSCHEID (2002), S. 62-81.
D. HOCHSTÄDTER (1996), S. 103-112 und 128-164.
P. V.D.LIPPE (1993), S. 187-250.
H.-J. PINNEKAMP & F. SIEGMANN (2001), S. 101-132.
J. SCHIRA (2005), S. 81-99.
J. SCHWARZE (2005), S. 107-126 und 148-157.

Aufgabe 6.1

Dem Statistischen Jahrbuch für die Bundesrepublik Deutschland des Jahres 2003 (S. 106) ist die folgende Gliederung der Bevölkerung der Bundesrepublik Deutschland nach den beiden Merkmalen ‚Beteiligung am Erwerbsleben' und ‚Geschlecht' zu entnehmen:

Beteiligung am Erwerbsleben	Geschlecht		insgesamt
	männlich	weiblich	
Erwerbstätige	20.336.000	16.200.000	36.536.000
Erwerbslose	2.288.000	1.782.000	4.070.000
Nichterwerbspersonen	17.657.000	24.191.000	41.848.000
insgesamt	40.281.000	42.173.000	82.454.000

(a) Geben Sie die gemeinsame (unbedingte) relative Häufigkeitsverteilung an.

(b) Berechnen Sie bedingte relative Häufigkeitsverteilungen des Geschlechts

- für die Erwerbspersonen (das sind Erwerbstätige und Erwerbslose zusammengenommen) bzw.
- für die Nichterwerbspersonen.

(c) Sind die Merkmale ‚Beteiligung am Erwerbsleben' und ‚Geschlecht' unabhängig ?
Welche absoluten Häufigkeiten für die gemeinsame Verteilung ergäben sich bei Unabhängigkeit der beiden Merkmale?

Lösung

(a) Mit a_j sind im folgenden die Ausprägungen des Merkmals ‚Geschlecht' bezeichnet, mit b_l diejenigen des Merkmals ‚Beteiligung am Erwerbsleben'. Die in der Aufgabenstellung angegebene Tabelle enthält die gemeinsamen absoluten Häufigkeitswerte $h(a_j,b_l)$ sowie die absoluten Randhäufigkeiten $h(a_j)$ bzw. $h(b_l)$. Die entsprechenden relativen Häufigkeiten $f(a_j,b_l)$, $f(a_j)$ und $f(b_l)$ ergeben sich hieraus nach Division durch den Umfang $n = 82.454.000$ der statistischen Masse:

$$f(a_j,b_l) = \frac{h(a_j,b_l)}{n}, \qquad f(a_j) = \frac{h(a_j)}{n}, \qquad f(b_l) = \frac{h(b_l)}{n}.$$

Diese Werte enthält die nachstehende Tabelle:

Beteiligung am Erwerbsleben	Geschlecht		
	männlich	weiblich	Summe
Erwerbstätige	24,66 %	19,65 %	44,31 %
Erwerbslose	2,78 %	2,16 %	4,94 %
Nichterwerbspersonen	21,41 %	29,34 %	50,75 %
Summe	48,85 %	51,15 %	100,00 %

(b) Bei der Untersuchung der Erwerbspersonen sind zunächst die absoluten bzw. relativen Häufigkeiten für Erwerbstätige und Erwerbslose zusammenzufassen, sodass hinsichtlich des Merkmals ‚Beteiligung am Erwerbsleben' nur noch zwischen Erwerbspersonen und Nichterwerbspersonen unterschieden wird. Die absoluten Häufigkeiten dieser Verteilung zeigt die folgende Tabelle (die relativen Häufigkeiten sind in Klammern wiedergegeben):

Beteiligung am Erwerbsleben	Geschlecht		
	männlich	weiblich	Summe
Erwerbspersonen (Erwerbstätige u. Erwerbslose)	22.624.000 (27,44 %)	17.982.000 (21,81 %)	40.606.000 (49,25%)
Nichterwerbspersonen	17.657.000 (21,41 %)	24.191.000 (29,34 %)	41.848.000 (50,75 %)
Summe	40.281.000 (48,85 %)	42.173.000 (51,15 %)	82.454.000 (100,00 %)

Die bedingten relativen Häufigkeitsverteilungen $f(a_j \mid b_l)$ ergeben sich nun durch Division der relativen oder absoluten Häufigkeiten der gemeinsamen Verteilung durch die entsprechenden Randhäufigkeiten:

$$f(a_j \mid b_l) = \frac{f(a_j, b_l)}{f(b_l)} = \frac{h(a_j, b_l)}{h(b_l)}.$$

Man erhält die folgenden bedingten Verteilungen:

Bedingung: Beteiligung am Erwerbsleben	Geschlecht		
	männlich	weiblich	Summe
Erwerbspersonen	55,72 %	44,28 %	100,00 %
Nichterwerbspersonen	42,19 %	57,81 %	100,00 %

(c) Die Merkmale ‚Geschlecht' und ‚Beteiligung am Erwerbsleben' sind <u>nicht</u> unabhängig. Dies lässt sich beispielsweise damit begründen, dass die beiden bedingten Verteilungen des Geschlechts nicht identisch sind. Der Grad der Abhängigkeit ergibt sich aus dem Ausmaß dieser Unterschiedlichkeit und könnte mit einer Korrelationsmaßzahl bestimmt werden.
Unter der Annahme der Unabhängigkeit (gekennzeichnet mit: ^{u}) hingegen ergäbe sich für die bedingten relativen Verteilungen jeweils die Randverteilung des Merkmals Geschlecht in der gemeinsamen Verteilung:

$$\frac{f^u(a_j, b_l)}{f(b_l)} = f^u(a_j \mid b_l) = f(a_j) \quad \text{für alle } j,l.$$

Die gemeinsame Verteilung unter Annahme der Unabhängigkeit ergibt sich damit als Produkt der Randhäufigkeiten:

$$f^u(a_j,b_l) = f(a_j)\cdot f(b_l) \quad \text{bzw.} \quad h^u(a_j,b_l) = n\cdot f(a_j)\cdot f(b_l) = \frac{h(a_j)\cdot h(b_l)}{n} .$$

Man erhält also folgende Verteilung:

Hypothetische gemeinsame Verteilung der absoluten Häufigkeiten unter der Annahme der Unabhängigkeit			
Beteiligung am Erwerbsleben	Geschlecht		
	männlich	weiblich	Summe
Erwerbstätige	17.848.820	18.687.180	36.536.000
Erwerbslose	1.988.305	2.081.395	4.070.000
Nichterwerbspersonen	20.443.875	21.404.125	41.848.000
Summe	40.281.000	42.173.000	82.454.000

Man erkennt, dass in der echten Verteilung die weiblichen Personen unter den Erwerbstätigen deutlich unterrepräsentiert sind; unter den Nichterwerbspersonen sind sie dafür deutlich überrepräsentiert. Für die männliche Bevölkerung gilt dies entsprechend umgekehrt.

Aufgabe 6.2

Die 250 Beschäftigten des Betriebes aus Aufgabe 5.1 teilen sich wie folgt auf die drei Arten von Beschäftigungsverhältnissen auf:

Prozentuale Anteile der Beschäftigungsverhältnisse in den verschiedenen Einkommensklassen			
Einkommensklasse (von .. bis unter .. €)	Arbeiter	Angestellte	leitende Angestellte
0 - 1000	90,0	10,0	0,0
1000 - 1500	87,5	12,5	0,0
1500 - 2000	57,1	42,9	0,0
2000 - 2500	55,4	44,6	0,0
2500 - 3500	33,3	56,7	10,0
3500 - 6000	4,0	8,0	88,0

Berechnen Sie unter Verwendung der Ergebnisse der Aufgabe 5.1 die absoluten Häufigkeiten und stellen Sie diese zweidimensionale Häufigkeitsverteilung grafisch dar. Berücksichtigen Sie dabei das unterschiedliche Skalenniveau der beiden Variablen.

Lösung

Bei der grafischen Darstellung ist darauf zu achten, dass es sich beim Merkmal Beschäftigungsverhältnis um ein nominal skaliertes Merkmal handelt, dessen Randverteilung durch ein Balkendiagramm darzustellen wäre. Das Merkmal Einkommen hingegen ist kardinal messbar und klassiert, sodass hier zur Darstellung der Randhäufigkeiten ein Histogramm geeignet wäre. Die gemeinsame Häufigkeitsverteilung kann durch ein Diagramm dargestellt werden, das eine dreidimensionale Kombination aus Histogramm und Balkendiagramm ist: Für jede der Ausprägungen des Merkmals Beschäftigungsverhältnis wird ein dreidimensionales Histogramm erstellt, dessen Tiefe der gewählten Balkenbreite entspricht. Diese drei Histogramme lassen sich dann in einer Grafik hintereinander anordnen.
Im folgenden sind mit I_k die Klassen des Merkmals Einkommen und mit b_l die Ausprägungen des Merkmals Beschäftigungsverhältnis bezeichnet. Zunächst müssen mit den Werten der Aufgabe 5.1 aus den angegebenen bedingten relativen Verteilungen die gemeinsamen absoluten Häufigkeiten $h(I_k,b_l)$ berechnet werden. Die bedingten relativen Häufigkeiten werden mit der absoluten Häufigkeit der Bedingung multipliziert, also

$$h(I_k,b_l) = f(I_k \mid b_l) \cdot h(b_l).$$

Man erhält folgende gemeinsame Häufigkeitsverteilung:

Einkommens-klasse	Art des Beschäftigungsverhältnisses			
	Summe	Arbeiter	Angestellte	leitende Angestellte
0-1000	20	18	2	0
1000-1500	40	35	5	0
1500-2000	70	40	30	0
2000-2500	65	36	29	0
2500-3500	30	10	17	3
3500-6000	25	1	2	22
Summe	250	140	85	25

Bei der grafischen Darstellung muss berücksichtigt werden, dass beim Einkommen nach Klassen unterschiedlicher Breite unterschieden wird. Die Ordinatenwerte der Histogramme ergeben sich damit als Quotient aus gemeinsamer absoluter Häufigkeit und Klassenbreite d_k^*:

$$\frac{h(I_k,b_l)}{d_k^*}.$$

Man erhält folgende Ordinatenwerte (wobei die Quotienten noch mit dem Faktor 1.000 multipliziert worden sind):

Einkommens-klasse	Art des Beschäftigungsverhältnisses		
	Arbeiter	Angestellte	leitende Angestellte
0-1000	18,0	2,0	0,0
1000-1500	70,0	10,0	0,0
1500-2000	80,0	60,0	0,0
2000-2500	72,0	58,0	0,0
2500-3500	10,0	17,0	3,0
3500-6000	0,4	0,8	8,8

Mit diesen Ordinatenwerten kann man die gemeinsame Häufigkeitsverteilung nun darstellen, wobei die Verteilung mit den kleinsten Ordinatenwerten (leitende Angestellte) im Vordergrund platziert ist:

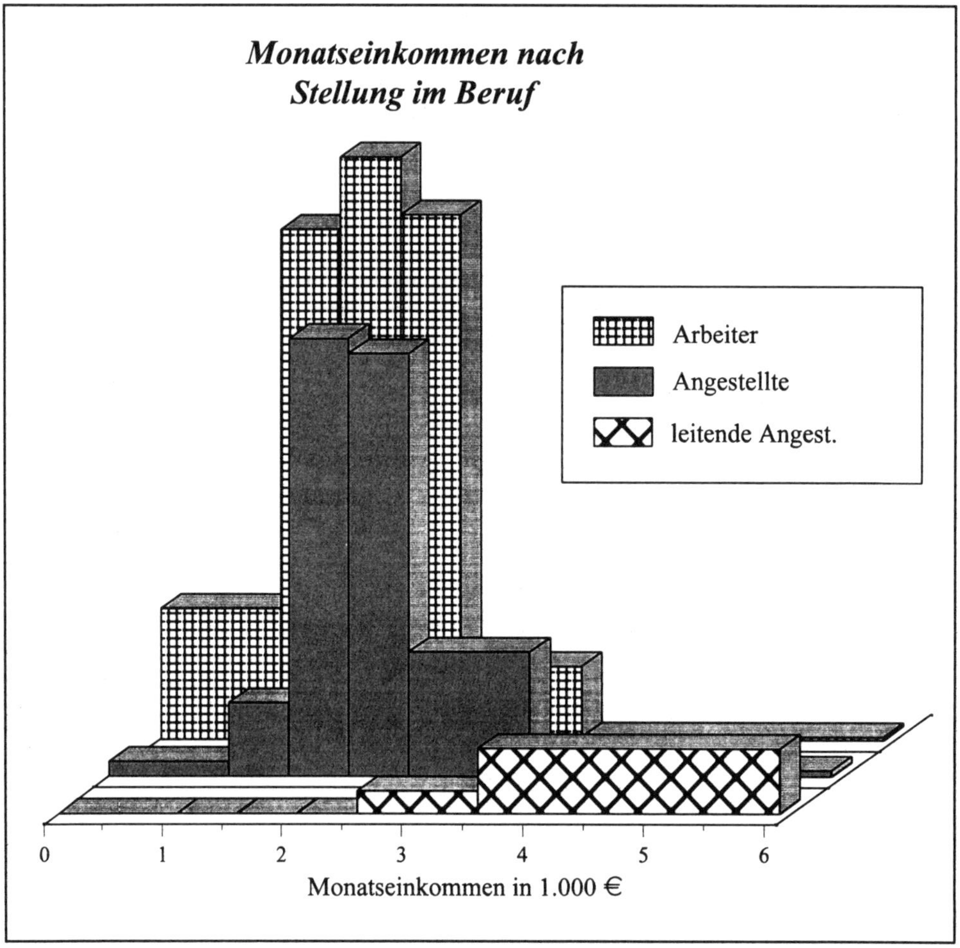

Als nachteilig müssen in dieser Grafik jedoch die durch die dreidimensionale Diagrammform entstehenden perspektivischen Verzerrungen und teilweisen Überdeckungen der Säulen angesehen werden. Man sollte daher versuchen, eine angemessene zweidimensionale Darstellungsform zu finden. Auf den ersten Blick bietet sich die Verwendung eines Histogramms in gestapelter Form an. Diese Form ist zwar gut zur Darstellung der Summe der drei Unterverteilungen geeignet, die Unterschiedlichkeit dieser drei Verteilungen bringt sie allerdings nur mit Einschränkungen zum Ausdruck. Als Alternative zur dreidimensionalen Darstellung wäre es auch möglich, die drei Histogramme in einzelne Grafiken gleichen Maßstabs zu zeichnen und diese bedingten absoluten Häufigkeitsverteilungen einander vergleichend gegenüberzustellen. Die Entscheidung, welche der beiden Grafiken besser geeignet ist, muss letztlich dem subjektiven Abwägen der Vor- und Nachteile beider Darstellungen überlassen werden.

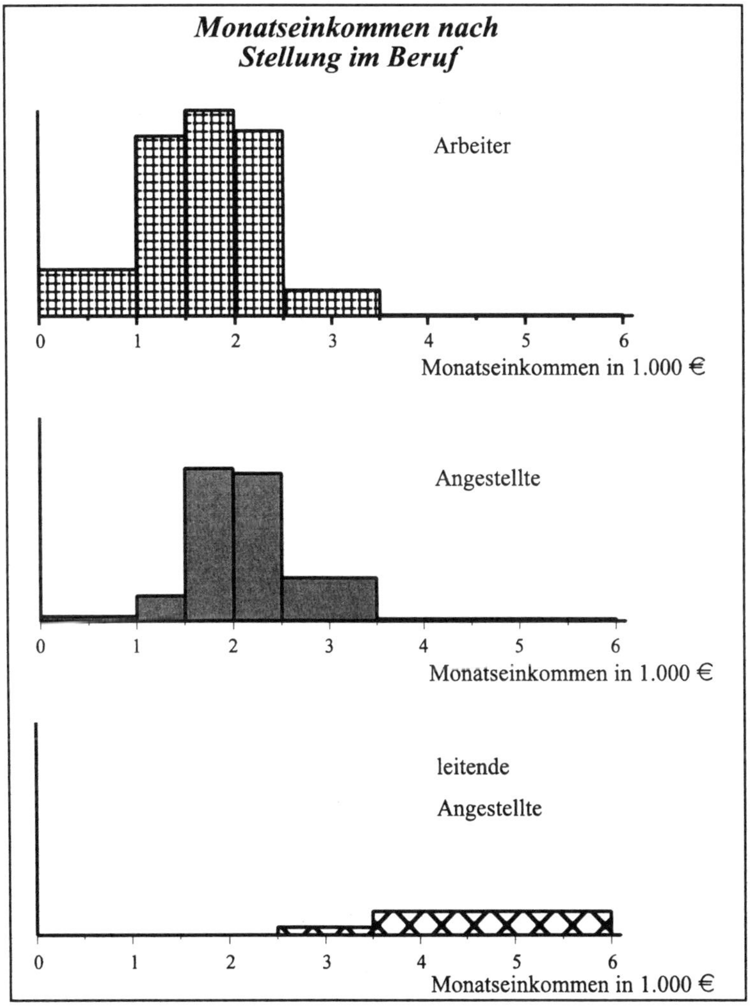

Aufgabe 6.3

Für die Bevölkerung einer kleinen Landgemeinde mit 1.000 Erwerbstätigen sind folgende Daten zur gemeinsamen Verteilung von Stellung im Beruf und monatlichem Nettoeinkommen erhoben worden:

monatliches Nettoeinkommen	Selbständige*	Beamte und Angestellte	Arbeiter
bis unter 1.500 €	1,5 %	14,2 %	10,1 %
1.500 € b.u. 3.000 €	3,2 %	25,4 %	24,1 %
3.000 € und mehr	4,3 %	13,3 %	3,9 %

* inklusive mithelfende Familienangehörige

Geben Sie eine geeignete Maßzahl zur Beschreibung des Zusammenhangs der beiden Merkmale an.

Lösung

Da das Merkmal ‚Stellung im Beruf' nominal skaliert ist, kann der Zusammenhang mit dem Merkmal ‚Nettoeinkommen' (das auf einer kardinalen Skala zu messen ist) nur mit Hilfe eines Korrelationsmaßes gemessen werden, das für Nominalskalen geeignet ist, z. B. durch den Kontingenzkoeffizienten nach PEARSON.

Zunächst müssen für die möglichen Kombinationen der Klassen I_k des Nettoeinkommens mit den Merkmalsausprägungen b_l des Merkmals Stellung im Beruf aus den gemeinsamen relativen Häufigkeiten $f(I_k,b_l)$ die entsprechenden absoluten Häufigkeiten $h(I_k,b_l)$ berechnet werden:

$$h(I_k,b_l) = f(I_k,b_l) \cdot n = f(I_k,b_l) \cdot 1000 \ .$$

Der Kontingenzkoeffizient basiert auf den Abweichungen dieser beobachteten Häufigkeiten $h(I_k,b_j)$ von den unter Unabhängigkeit (gekennzeichnet mit: „u") zu erwartenden Häufigkeiten

$$h^u(I_k,b_l) = \frac{h(I_k) \cdot h(b_l)}{n} .$$

Dabei bezeichnen $h(I_k)$ bzw. $h(b_l)$ die Randhäufigkeiten beider Merkmale. Aus den Abweichungen berechnet man dann die sogenannten χ^2-Größen

$$\chi_{jl}^2 = \frac{[h(I_k,b_l) - h^u(I_k,b_l)]^2}{h^u(I_k,b_l)} .$$

Die Berechnung dieser χ^2-Größen gibt die folgende Tabelle wieder, in deren inneren Feldern nacheinander die beobachtete Häufigkeit, die unter Unabhängigkeit zu erwartende Häufigkeit und darunter die χ^2-Größe stehen; in den Summenfeldern befinden sich die absoluten Randhäufigkeiten:

Felderinhalt: $h(I_k,b_l)$ $h^u(I_k,b_l)$ χ^2_{jl}	Berechnung der χ^2-Größen			
	Selbständige	Beamte und Angestellte	Arbeiter	Summe
[0; 1.500)	15 23,2 2,90	142 136,5 0,22	101 98,3 0,07	258
[1.500; 3.000)	32 47,4 5,00	254 278,8 2,21	241 200,8 8,05	527
[3.000; +∞)	43 19,4 28,71	133 113,7 3,28	39 81,9 22,47	215
Summe	90	529	381	1000

Z. B. gilt für das erste Feld links oben:

$$\chi^2_{11} = \frac{\left[15 - \dfrac{258 \cdot 90}{1000}\right]^2}{\dfrac{258 \cdot 90}{1000}} = \frac{[15 - 23{,}2]^2}{23{,}2} = 2{,}90 \; .$$

Durch Aufsummieren der einzelnen χ^2-Größen erhält man den Wert

$$\chi^2 = \sum_{k=1}^{K} \sum_{l=1}^{m} \chi^2_{kl} = 2{,}90 + 0{,}22 + \ldots + 22{,}47 = 72{,}91$$

(K ist die Anzahl der Klassen I_k, m die Anzahl der Merkmalsausprägungen b_l)

und daraus den PEARSON'schen Kontingenzkoeffizienten

$$k_P = \sqrt{\frac{\chi^2}{n + \chi^2}} = \sqrt{\frac{72{,}91}{1000 + 72{,}91}} = 0{,}261 \; .$$

Da der Wert dieses Koeffizienten jedoch nach oben nicht durch Eins begrenzt ist, sondern durch

$$k_{\max} = \sqrt{\frac{\min\{K,m\} - 1}{\min\{K,m\}}} = \sqrt{\frac{3-1}{3}} = 0{,}816,$$

sollte der Koeffizient k_P auf seinen Maximalwert bezogen zu k_P^{norm} normiert werden:

$$k_P^{\text{norm}} = \frac{k_P}{k_{\max}} = \frac{0{,}261}{0{,}816} = 0{,}320 \; .$$

Dieses Ergebnis bedeutet, dass ein recht schwacher Zusammenhang zwischen den beiden Merkmalen vorliegt.

Aufgabe 6.4

1.000 Erwerbstätige sind nach ihrem Nettoeinkommen und ihrer Berufsausbildung befragt worden, wobei sich folgende Daten ergaben:

Art der Berufsausbildung	Anteil in der Erhebung	davon mit folgenden monatlichen Nettoeinkommen in €:		
		0 bis unter 2.000	2.000 bis unter 3.000	3.000 und mehr
ohne Abschluss	12,4 %	80,7 %	17,7 %	1,6 %
abgeschl. Berufsausbildung	68,0 %	17,6 %	61,5 %	20,9 %
(Fach-) Hochschulausbildung	19,6 %	2,0 %	40,8 %	57,1 %

(a) Erstellen Sie eine zweidimensionale Häufigkeitstabelle für die Merkmale Berufsausbildung und Nettoeinkommen.

(b) Vergeben Sie für die Merkmalsausprägungen beider Merkmale Rangnummern.

(c) Berechnen Sie den Rangkorrelationskoeffizienten nach SPEARMAN. Interpretieren Sie Ihr Ergebnis.

Lösung

(a) Für die zweidimensionale Häufigkeitstabelle sind die angegebenen bedingten Verteilungen des monatlichen Nettoeinkommens mit den relativen Häufigkeiten der jeweiligen Bedingung zu multiplizieren. Die absoluten Häufigkeiten $h(I_k,b_l)$ für die Kombinationen der Einkommensklassen I_k und der Ausbildungsstufen b_l erhält man aus dieser gemeinsamen relativen Häufigkeitsverteilung $h(I_k,b_l)$ durch Multiplikation mit dem Umfang n der Erhebung. Die gemeinsamen relativen Häufigkeiten ergeben sich dabei aus dem Produkt der bedingten relativen Häufigkeiten $f(I_k|b_l)$ des Merkmals Einkommen mit den relativen Häufigkeiten $f(b_l)$ des bedingenden Merkmals ‚Art der Berufsausbildung':

$$h(I_k,b_l) = f(I_k,b_l)\cdot n = f(I_k|b_l)\cdot f(b_l)\cdot n .$$

So erhält man z. B. für die Kombination ‚ohne Abschluss' und ‚0 b. u. 2.000 €' folgenden Wert:

$$h(I_1,b_1) = f(I_1|b_1)\cdot f(b_1)\cdot n = 0{,}807\cdot 0{,}124\cdot 1.000 \approx 100 .$$

Zusammenfassend ergibt sich folgende gemeinsame Verteilung, wobei in der Tabelle neben den absoluten Randhäufigkeiten in Klammern die kumulierten absoluten Randhäufigkeiten der beiden Merkmale angegeben sind.

Art der Berufsausbildung	Nettoeinkommen in €			insgesamt (kumuliert)
	0 b.u. 2.000	2.000 b.u. 3.000	3.000 u. mehr	
ohne Abschluss	100	22	2	124 (124)
abgeschl. Berufsausb.	120	418	142	680 (804)
(Fach-)Hochschulausb.	4	80	112	196 (1.000)
insgesamt (kumuliert)	224 (224)	520 (744)	256 (1.000)	1.000

(b) Bei der Rangbildung ist zu beachten, dass für beide Merkmale nur drei verschiedene Merkmalsausprägungen b_l bzw. Klassen I_k gegeben sind. Anstelle der Rangnummern 1 bis 1.000 können deshalb nur jeweils drei verschiedene Rangnummern vergeben werden. Den Merkmalsausprägungen wird dabei die mittlere der auf sie entfallenden Rangnummern zugeordnet, z. B. für die abgeschlossenen Berufsausbildungen anstelle der Ränge 125, 126, 127,...,803, 804 deren Mittelwert 464,5. Diese mittleren Ränge berechnen sich aus den in der oben angeführten Tabelle kumulierten absoluten Häufigkeiten $H(I_k)$ bzw. $h(b_l)$ wie folgt:

$$R(I_k) = \frac{[H(I_{k-1})+1] + H(I_k)}{2}, \quad k=1,2,3;$$

$$R(b_l) = \frac{[H(b_{l-1})+1] + H(b_l)}{2}, \quad l=1,2,3.$$

Dabei gilt $H(I_0) = H(b_0) = 0$. Man erhält für die Nettoeinkommensklassen I_k und die Arten der Berufsausbildung b_l folgende mittlere Rangnummern:

$$R(I_1) = \frac{[0+1]+224}{2} = 112{,}5\,, \qquad R(b_1) = \frac{[0+1]+124}{2} = 62{,}5\,,$$

$$R(I_2) = \frac{[224+1]+744}{2} = 484{,}5\,, \qquad R(b_2) = \frac{[124+1]+804}{2} = 464{,}5\,,$$

$$R(I_3) = \frac{[744+1]+1000}{2} = 872{,}5\,, \qquad R(b_3) = \frac{[804+1]+1000}{2} = 902{,}5\,.$$

(c) Man beachte, dass die Aussagefähigkeit des Rangkorrelationskoeffizienten nach SPEARMAN hier insofern eingeschränkt ist, als durch die hohe Zahl von Bindungen (jeweils nur drei verschiedene Ausprägungen) der Maximalwert +1 nicht erreicht werden kann. Eine stärkere Differenzierung der Merkmale wäre daher wünschenswert.
Der Rangkorrelationskoeffizient r_{Sp} errechnet sich nun gemäß folgender Formel:

$$r_{Sp} = 1 - \frac{6 \cdot \sum_{i=1}^{n} d_i^2}{(n-1)\, n\, (n+1)} = 1 - \frac{6 \cdot \sum_{l=1}^{3} \sum_{j=1}^{3} [R(I_k) - R(b_l)]^2 \cdot h(I_k, b_l)}{(n-1)\, n\, (n+1)}.$$

In der zweiten Formel erfolgt die Summation über die auftretenden Kombinationen von Klassen und Merkmalsausprägungen, deren quadrierte Rangabweichungen dann mit der Häufigkeit der Kombinationen zu multiplizieren sind. Die Berechnung der Doppelsumme des Zählers zeigt die folgende Tabelle:

k	l	$R(I_k)$	$R(b_l)$	$h(I_k,b_l)$	$[R(I_k)-R(b_l)]^2 \cdot h(I_k,b_l)$
1	1	112,5	62,5	100	250.000
1	2	112,5	464,5	120	14.868.480
1	3	112,5	902,5	4	2.496.400
2	1	484,5	62,5	22	3.917.848
2	2	484,5	464,5	418	167.200
2	3	484,5	902,5	80	13.977.920
3	1	872,5	62,5	2	1.312.200
3	2	872,5	464,5	142	23.637.888
3	3	872,5	902,5	112	100.800
Summe				1.000	60.728.736

Damit ergibt sich für den Rangkorrelationskoeffizienten der Wert

$$r_{SP} = 1 - \frac{6 \cdot 60.728.736}{999 \cdot 1.000 \cdot 1.001} = 1 - 0,36 = 0,64.$$

Es liegt also eine mittelgroße positive Rangkorrelation zwischen den Merkmalen ‚Art der Berufsausbildung' und ‚Nettomonatseinkommen' vor.

Aufgabe 6.5

Die Marketing-Abteilung eines Industriebetriebes hat für die Jahre 1991 bis 2002 die nachstehenden Daten erhoben, die den deflationierten Verkaufspreis eines bestimmten Produkts und die zugehörige abgesetzte Menge im Zeitablauf wiedergeben:

Jahr	Verkaufspreis P (in €, zu Preisen von 2000)	Absatzmenge X (in Mio. Stück)
1991	2,00	70
1992	1,89	77
1993	1,79	85
1994	2,61	49
1995	2,54	49
1996	2,48	50
1997	2,50	50
1998	2,47	52
1999	2,45	54
2000	2,38	54
2001	2,32	56
2002	2,21	60

(a) Zeichnen Sie ein Diagramm, in dem die Beobachtungen der beiden Merkmale gegeneinander abgetragen sind.

(b) Berechnen Sie den Korrelationskoeffizienten nach BRAVAIS-PEARSON für die Merkmale P und X.

(c) Berechnen Sie Werte der Merkmale $Q = \ln(P)$ und $Y = \ln(X)$ und tragen Sie nun diese beiden Merkmale in einem Diagramm gegeneinander ab. Vergleichen Sie Ihr Ergebnis mit demjenigen aus Aufgabenteil (a).

(d) Berechnen Sie den Korrelationskoeffizienten nach BRAVAIS-PEARSON für die logarithmierten Merkmale Q und Y. Vergleichen Sie mit dem Ergebnis aus Aufgabenteil (b).

Lösung

(a) Die Werte der beiden Beobachtungsreihen sind in folgender Grafik gegenübergestellt:

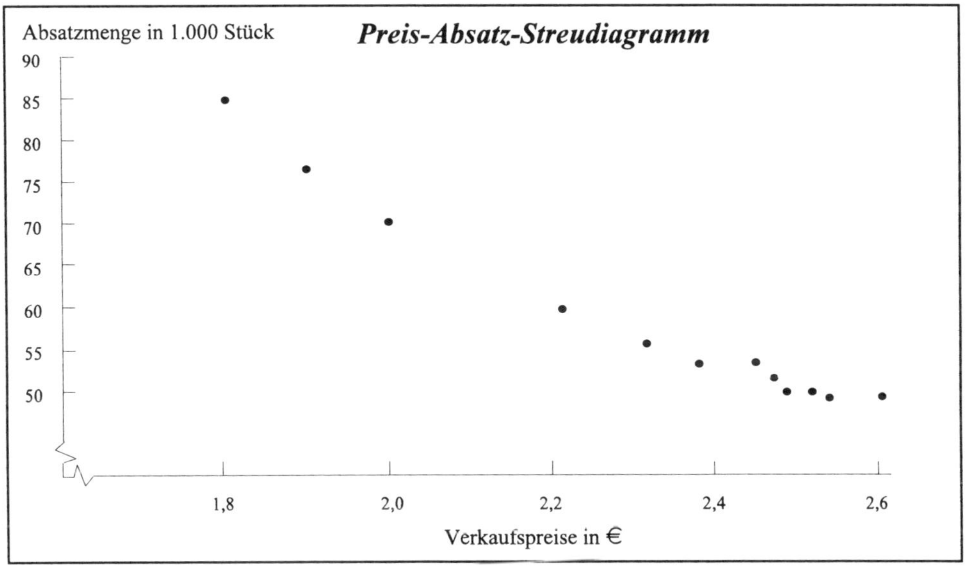

Die Werte stehen durchaus mit einer linearen Beziehung der beiden Merkmale im Einklang. Allerdings hat man den Eindruck, dass den Daten noch eher eine nichtlineare Beziehung zugrunde liegen könnte. Deshalb erscheint es sinnvoll zu überprüfen, ob durch eine logarithmische Variablentransformation Variablen erzeugt werden können, die dann möglicherweise den Eindruck einer linearen Beziehung vermitteln (vgl. die Aufgabenteile (c) und (d)).

(b) Aus den angegebenen Daten errechnen sich für die Preise p_i und Absatzmengen x_i die folgenden Summen (mit $i = 1,2,...,12$) und nach Division durch $n=12$ die jeweils hinten angegebenen Mittelwerte:

$$\sum_{i=1}^{n} p_i = 2{,}00 + 1{,}89 + ... + 2{,}21 = 27{,}64, \quad \bar{p} = \frac{27{,}64}{12} = 2{,}3033;$$

$$\sum_{i=1}^{n} p_i^2 = 2{,}00^2 + 1{,}89^2 + ... + 2{,}21^2 = 64{,}4746, \quad \overline{p^2} = \frac{64{,}4746}{12} = 5{,}3729;$$

$$\sum_{i=1}^{n} x_i = 70 + 77 + ... + 60 = 706, \quad \bar{x} = \frac{706}{12} = 58{,}833;$$

$$\sum_{i=1}^{n} x_i^2 = 70^2 + 77^2 + ... + 60^2 = 43.128, \quad \overline{x^2} = \frac{43.128}{12} = 3.594{,}0;$$

$$\sum_{i=1}^{n} x_i \cdot p_i = 70 \cdot 2{,}00 + 77 \cdot 1{,}89 + ... + 60 \cdot 2{,}21 = 1.590{,}81,$$

$$\overline{xp} = \frac{1.590{,}81}{12} = 132{,}57.$$

Mit Hilfe dieser Mittelwerte lässt sich der Korrelationskoeffizienten nach BRAVAIS-PEARSON nach der folgenden, rechentechnisch vorteilhaften Formel berechnen. Sie beruht auf der Anwendung des STEINER'schen Verschiebungssatzes und benötigt statt quadratischer Abweichungen und Abweichungsprodukte nur die angegebenen Mittelwerte:

$$r_{\text{BP}} = \frac{s_{XP}}{s_X \cdot s_P} = \frac{\overline{xp} - \bar{x} \cdot \bar{p}}{\sqrt{\overline{x^2} - \bar{x}^2} \cdot \sqrt{\overline{p^2} - \bar{p}^2}}$$

$$= \frac{132{,}57 - 58{,}833 \cdot 2{,}3033}{\sqrt{3.594{,}0 - 58{,}833^2} \cdot \sqrt{5{,}3729 - 2{,}3033^2}} = \frac{-2{,}9400}{11{,}519 \cdot 0{,}26021}$$

$$= \frac{-2{,}9400}{2{,}9974} = -0{,}981.$$

Es scheint also ein sehr starker linearer Zusammenhang vorzuliegen.

(c) Durch Logarithmieren der Werte der Variablen P und X erhält man die folgenden Werte für die Variablen $Q = \ln(P)$ und $Y = \ln(X)$:

Jahr	Q	Y
1991	0,6932	4,2585
1992	0,6366	4,3438
1993	0,5822	4,4427
1994	0,9594	3,8918
1995	0,9322	3,8918
1996	0,9083	3,9120
1997	0,9163	3,9120
1998	0,9042	3,9512
1999	0,8961	3,9890
2000	0,8671	3,9890
2001	0,8416	4,0254
2002	0,7930	4,0943

Die Werte dieser Variablen zeigt die folgende Abbildung:

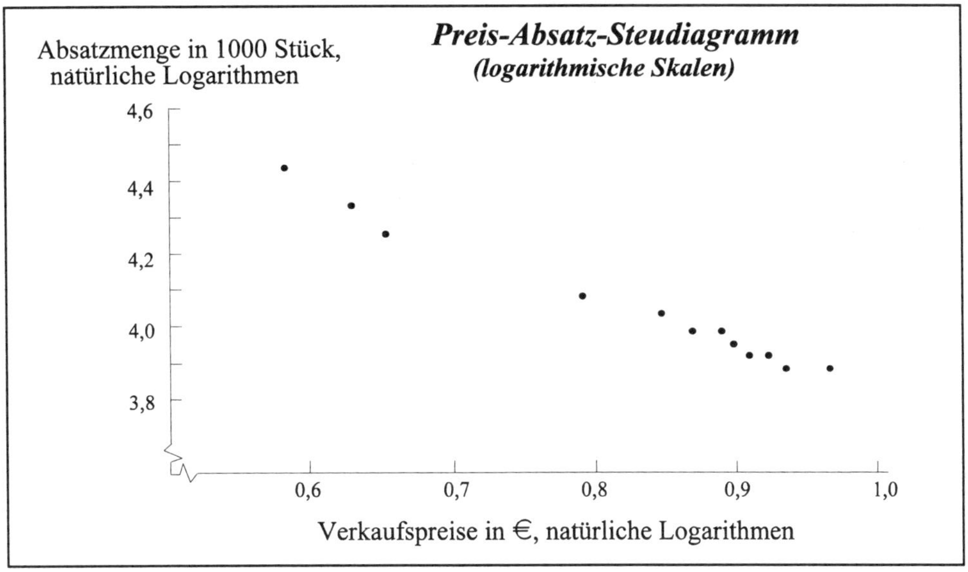

Die Abbildung deutet darauf hin, dass eher zwischen den logarithmierten Datenreihen als zwischen den Ursprungsvariablen ein linearer Zusammenhang besteht. Zwischen den beiden Ursprungsvariablen läge demzufolge ein nichtlinearer Zusammenhang vor, der für die vorliegenden Daten jedoch noch gut durch einen linearen Zusammenhang approximiert werden kann, wie der sehr hohe Wert des in Aufgabenteil (b) berechneten Korrelationskoeffizienten zeigt.

(d) Für die logarithmierten Variablen erhält man folgende Summenwerte und Mittelwerte.

$$\sum_{i=1}^{n} q_i = 0{,}6932 + 0{,}6366 + \ldots + 0{,}7930 = 9{,}9302, \quad \bar{q} = 0{,}82752;$$

$$\sum_{i=1}^{n} q_i^2 = 0{,}6932^2 + 0{,}6366^2 + \ldots + 0{,}7930^2 = 8{,}3884, \quad \overline{q^2} = 0{,}69903;$$

$$\sum_{i=1}^{n} y_i = 4{,}2585 + 4{,}3438 + \ldots + 4{,}0943 = 48{,}6915, \quad \bar{y} = 4{,}0576;$$

$$\sum_{i=1}^{n} y_i^2 = 4{,}2585^2 + 4{,}3438^2 + \ldots + 4{,}0943^2 = 197{,}9592, \quad \overline{y^2} = 16{,}4966;$$

$$\sum_{i=1}^{n} q_i y_i = 0{,}6932 \cdot 4{,}2585 + 0{,}6366 \cdot 4{,}3438 + \ldots + 0{,}7930 \cdot 4{,}0943 = 40{,}0362;$$

$$\overline{qy} = 3{,}3364.$$

Analog wie in Aufgabenteil (b) ergibt sich nun

$$r_{BP} = \frac{s_{YQ}}{s_Y \cdot s_Q} = \frac{\overline{yq} - \bar{y} \cdot \bar{q}}{\sqrt{\overline{y^2} - \bar{y}^2} \cdot \sqrt{\overline{q^2} - \bar{q}^2}} = \frac{3{,}3364 - 0{,}82752 \cdot 4{,}0576}{\sqrt{0{,}69903 - 0{,}82752^2} \cdot \sqrt{16{,}4966 - 4{,}0576^2}}$$

$$= \frac{-0{,}02135}{0{,}1193 \cdot 0{,}1802} = \frac{-0{,}02135}{0{,}02150} = -0{,}993 .$$

Wie sich bereits anhand der beiden Grafiken andeutet, fällt der lineare Zusammenhang zwischen den logarithmierten Variablen Q und Y noch etwas deutlicher aus als derjenige zwischen den Ursprungsvariablen P und X.

Aufgabe 6.6

Betrachten Sie die unten abgebildeten Streudiagramme für zwei metrische Variablen. Diese enthalten neben den Datenpunkten auch die zugehörigen Werte für den Korrelationskoeffizienten r_{BP} nach BRAVAIS-PEARSON. Es sind Beispiele dafür, dass in den Daten vorhandene Zusammenhänge nicht mit hohen Werten des Korrelationskoeffizienten einherzugehen brauchen und umgekehrt. Erläutern Sie jeweils, aus welchen Gründen es zu derartigen scheinbaren Widersprüchlichkeiten kommt.

Vier Streudiagramme

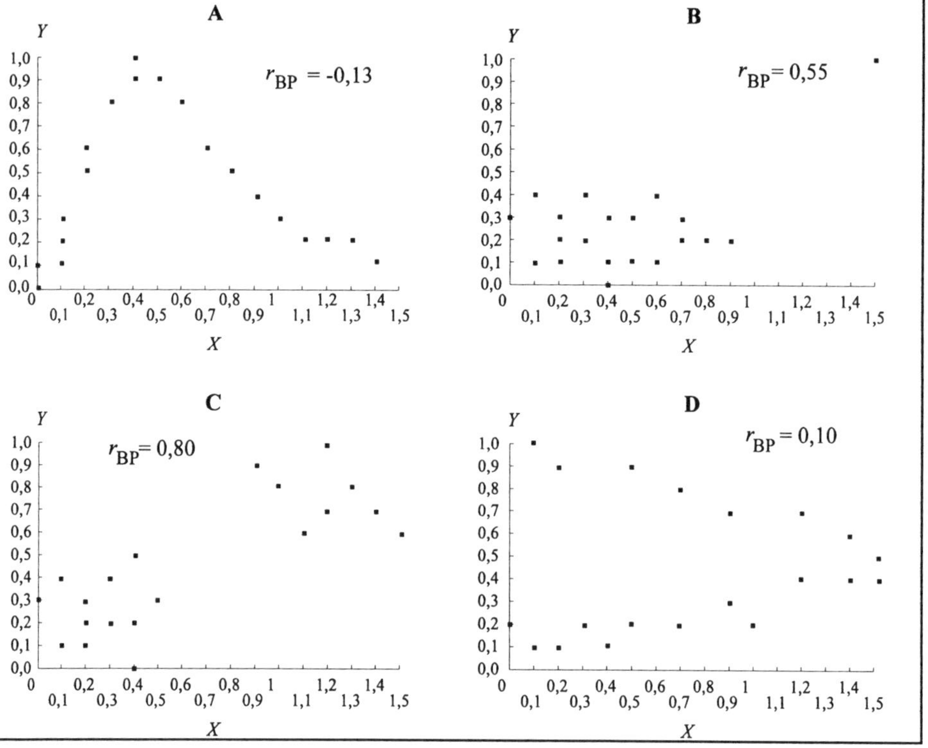

Lösung

Abb. A: Hier liegt offensichtlich ein nichtlinearer Zusammenhang vor: Für steigende Werte der x-Variablen steigen die Werte der y-Variablen zunächst sehr schnell an, ab einem x-Wert von 0,5 beginnen die y-Werte jedoch wieder zu fallen. Da der Korrelationskoeffizient nach BRAVAIS-PEARSON aber nur lineare Zusammenhänge misst, wird dieser Zusammenhang durch den Koeffizienten nicht zum Ausdruck gebracht.

Abb. B: Hier wird bei einem eigentlich unkorrelierten Datenmaterial durch eine einzige Ausreißer-Beobachtung eine mittelgroße positive Korrelation erzeugt. Es zeigt sich, daß auf das Korrelationsmaß insbesondere die weit außerhalb des Zentrums des Streudiagramms liegenden Beobachtungen (die Ausreißer) den größten Einfluß ausüben.
Berechnet man den Koeffizienten ohne diese Ausreißer-Beobachtung, so erhält man aus den verbleibenden 19 Beobachtungen sogar eine leicht negative Korrelation von $r_{BP} = -0{,}09$.

Abb. C: Dieses Datenmaterial zerfällt offensichtlich in zwei Teilgruppen, die jeweils für sich genommen weit schwächer korreliert zu sein scheinen. Die aus zwölf Beobachtungen bestehende Gruppe mit den kleineren x- und y-Werten ist nahezu unkorreliert ($r_{BP} = -0{,}02$); die andere Datengruppe ist sogar negativ korreliert ($r_{BP} = -0{,}46$). Die recht hohe positive Korrelation entsteht erst durch die Zusammenfassung dieser beiden Gruppen unterschiedlicher Lage zu einer gemeinsamen statistischen Masse.

Abb. D: Auch diese Daten zerfallen in zwei Teilgruppen, die für sich genommen jeweils korreliert sind, allerdings mit gegenläufigen, sich aufeinander zu bewegenden Verläufen. In der Gruppe der weiter unten liegenden 12 Datenpunkte steigen die y-Werte für steigende x-Werte an ($r_{BP} = -0{,}87$), die darüber liegenden 8 Datenpunkte haben für steigende x-Werte deutlich fallende y-Werte ($r_{BP} = -0{,}97$). Zusammengefasst heben sich diese gegenläufigen Bewegungen weitgehend auf, sodass der Korrelationskoeffizient nur eine sehr schwache Korrelation anzeigt.

7 Regressionsanalyse

Während in der Korrelationsanalyse zwei Merkmale gleichberechtigt betrachtet werden, untersucht die Regressionsanalyse den *Einfluss* eines kardinalen Merkmals auf die Ausprägungen eines zweiten kardinalen Merkmals. Dieser Einfluss wird durch eine *Regressionsgerade* beschrieben, die z. B. mit Hilfe der Methode der kleinsten Quadrate ermittelt werden kann.
Der Zusammenhang mit der Korrelationsanalyse ist allerdings eng. Das Quadrat des Korrelationskoeffizienten nach BRAVAIS-PEARSON beider Variablen wird auch als *Bestimmtheitsmaß* oder *Determinationskoeffizient* bezeichnet; dieses Maß gibt an, wie gut das unabhängige Merkmal die Variabilität des abhängigen Merkmals erklärt (→ **Aufgaben 7.1 und 7.2**).
Rein formal kann auch eine *Umkehrregression* betrachtet werden, in der die Rollen von unabhängigem und abhängigem Merkmal vertauscht sind. Dies bedeutet, dass stets im vorhinein zu klären ist, welches Merkmal das andere beeinflußt bzw. ob überhaupt keine direkte Wirkungsbeziehung zwischen beiden Merkmalen besteht (→ **Aufgabe 7.4**).
Unter Umständen muss von einer *nichtlinearen Regressionsbeziehung* ausgegangen werden. Manchmal lassen sich derartige Beziehungen jedoch durch eine geeignete Variablentransformationen linearisieren und so mit den Methoden der linearen Regression behandeln (→ **Aufgabe 7.3**).

Literaturhinweise

B. BECKER (1993), S. 211-227.
P. BOHLEY (2000), S. 205-227.
H. DEGEN & P. LORSCHEID (2002), S. 81-86.
J. HARTUNG & B. ELPELT & K.-H. KLÖSENER (1995), S. 569-580.
D. HOCHSTÄDTER (1996), S. 112-127.
P. V.D.LIPPE (1993), S. 251-274.
H.-J. PINNEKAMP & F. SIEGMANN (2001), S. 133-153.
J. SCHIRA (2005), S. 105-122.
J. SCHWARZE (2005), S. 127-146.

Aufgabe 7.1

Für das Land Statistizien sind 20 Jahre lang die Höhe des jährlichen Zigarettenkonsums X (in Mio. Stat$) und die jährlichen Werte des PKW-Absatzes Y (in Mio. Stat$) ermittelt worden. Folgende statistische Größen liegen vor:

(1) mittlerer PKW-Absatz während der 20 Jahre:	74,55
(2) mittlerer Zigarettenkonsum während der 20 Jahre:	19,78
(3) Summe der quadratischen Abweichungen des PKW-Absatzes:	16,90
(4) Summe der quadratischen Abweichungen des Zigarettenkonsums:	6,46
(5) Summe der Abweichungsprodukte für die beiden Variablen:	9,88

(a) Berechnen Sie den Korrelationskoeffizienten nach BRAVAIS-PEARSON.

(b) Berechnen Sie die Regressionskoeffizienten einer linearen Regression des PKW-Absatzes auf den Zigarettenkonsum. Wie groß ist das Bestimmtheitsmaß?

(c) Liegt Ihrer Ansicht nach ein kausaler Zusammenhang zwischen den beiden Variablen vor?

Lösung

(a) Der Korrelationskoeffizient nach BRAVAIS-PEARSON lässt sich mit Hilfe der in der Aufgabenstellung mit (3), (4) und (5) bezeichneten Größen berechnen. Diese sind:

$$(3) \quad \sum_{i=1}^{n} (y_i - \bar{y})^2 = ns_Y^2 = 16{,}90,$$

$$(4) \quad \sum_{i=1}^{n} (x_i - \bar{x})^2 = ns_X^2 = 6{,}46,$$

$$(5) \quad \sum_{i=1}^{n} (x_i - \bar{x})(y_i - \bar{y}) = ns_{XY} = 9{,}88.$$

Dividiert man diese Werte noch durch n, so erhält man die beiden mittleren quadratischen Abweichungen s_X^2 und s_Y^2 sowie die empirische Kovarianz (d. i. das mittlere Abweichungsprodukt) s_{XY}. Der gesuchte Korrelationskoeffizient ist nun definiert als Quotient aus der empirischen Kovarianz und dem Produkt der beiden Standardabweichungen. Nach Erweitern mit n können die in der Aufgabenstellung angegebenen Summen der Abweichungsquadrate und Abweichungsprodukte eingesetzt werden:

$$r_{\mathrm{BP}} = \frac{s_{xy}}{s_x\, s_y} = \frac{s_{xy}}{\sqrt{s_x^2}\,\sqrt{s_y^2}} = \frac{ns_{xy}}{\sqrt{ns_x^2}\,\sqrt{ns_y^2}} = \frac{9{,}88}{\sqrt{16{,}90}\,\sqrt{6{,}46}} = 0{,}946.$$

Es ergibt sich ein recht hoher formaler Zusammenhang.

(b) Der Steigungsparameter b der Regression ergibt sich in der Kleinst-Quadrate-Methode aus dem Verhältnis der empirischen Kovarianz s_{XY} zur mittleren quadratischen Abweichung s_X^2 der unabhängigen Variablen; auch hier ist mit n zu erweitern:

$$\hat{b} = \frac{s_{XY}}{s_X^2} = \frac{ns_{XY}}{ns_X^2} = \frac{9{,}88}{6{,}46} = 1{,}529.$$

Einen Wert für den Achsenabschnitt a bestimmt man nach der Kleinst-Quadrate-Methode nun folgendermaßen:

$$\hat{a} = \bar{y} - b\,\bar{x} = 74{,}55 - 1{,}529 \cdot 19{,}78 = 44{,}306.$$

Somit ergibt sich folgende Regressionsgleichung:

$$\hat{y}(x) = 44{,}306 + 1{,}529 \cdot x.$$

Das Bestimmtheitsmaß R^2 der Regression ist gleich dem Quadrat des BRAVAIS-PEARSONschen Korrelationskoeffizienten r_{BP}, also

$$R^2 = r_{BP}^2 = 0{,}946^2 = 0{,}895 .$$

(c) Obwohl mit $R^2 = 0{,}895$ ein hoher Grad an Bestimmtheit angezeigt wird, haben die beiden Reihen sachlogisch wohl nichts miteinander zu tun; vielmehr steht hinter beiden eine gemeinsame, übergeordnete Erklärungsgröße, nämlich das Bruttoinlandsprodukt bzw. das (Volks-)Einkommen. Ein solches Phänomen bezeichnet man als Scheinkorrelation.

Aufgabe 7.2

Der Schweizer Pralinenhersteller ‚Figour' verkauft seine Produkte über sechs firmeneigene Filialen, die im Jahr 1990 über unterschiedliche Werbeetats verfügen konnten und dementsprechend unterschiedliche Warenumsätze erreichten:

Nr. der Filiale	Werbeetat (in 1.000 SFr)	Umsatz (in 1.000 SFr)
1	240	3.500
2	320	3.800
3	80	2.700
4	400	4.000
5	200	3.250
6	140	3.100

(a) Berechnen Sie die Regressionskoeffizienten und das Bestimmtheitsmaß einer einfachen linearen Regression des Umsatzes auf den Werbeetat.

(b) Welchen Umsatz könnte eine Filiale bei grundsätzlicher Gültigkeit der in (a) berechneten Regressionsgeraden mit einem Werbeetat von 1.500 SFr erzielen? Nehmen Sie Stellung zur Verlässlichkeit dieses Ergebnisses.

Lösung

(a) Bezeichnet W das Merkmal Werbeetat und U das Merkmal Umsatz, so sind die Koeffizienten folgender Regressionsbeziehung zu bestimmen:

$$\hat{u}(w) = a + b \cdot w .$$

Diese berechnen sich (bei Verzicht auf die Verwendung des Verschiebungssatzes) nach der Methode der kleinsten Quadrate wie folgt:

$$\hat{b} = \frac{\sum_{i=1}^{n} (u_i - \bar{u})(w_i - \bar{w})}{\sum_{i=1}^{n} (w_i - \bar{w})^2} ; \qquad \hat{a} = \bar{u} - \hat{b} \cdot \bar{w} .$$

Man beachte, dass bei dieser in der folgenden Arbeitstabelle dargestellten Berechnungsmethode – im Gegensatz zu der Berechnungsvariante unter Anwendung des Verschiebungssatzes – die Merkmalssummen und die daraus resultierenden Mittelwerte zunächst berechnet werden müssen, bevor die Abweichungen von den Mittelwerten ermittelt werden können.

i	u_i	w_i	$u_i-\bar{u}$	$w_i-\bar{w}$	$(u_i-\bar{u})(w_i-\bar{w})$	$(u_i-\bar{u})^2$	$(w_i-\bar{w})^2$
1	3.500	240	108,33	10	1.083,3	11.735,39	100
2	3.800	320	408,33	90	36.749,7	166.733,39	8.100
3	2.700	80	- 691,67	- 150	103.750,5	478.407,39	22.500
4	4.000	400	608,33	170	103.416,1	370.065,39	28.900
5	3.250	200	- 141,67	- 30	4.250,1	20.070,39	900
6	3.100	140	- 291,67	- 90	26.250,3	85.071,39	8.100
a	20.350	1.380	- 0,02	0	275.500,0	1.132.083,34	68.600

Nach Division durch n ergeben sich aus der Summenzeile die Mittelwerte $\bar{u} = 3.391{,}67$ und $\bar{w} = 230$. Damit erhält man die Regressionskoeffizienten:

$$\hat{b} = \frac{\sum_{i=1}^{n}(w_i-\bar{w})(u_i-\bar{u})}{\sum_{i=1}^{n}(w_i-\bar{w})^2} = \frac{275.500}{68.600} = 4{,}02 \quad \text{und}$$

$$\hat{a} = \bar{u} - b\cdot\bar{w} = 3.391{,}67 - 4{,}02\cdot 230 = 2.467{,}07.$$

Als Regressionsbeziehung erhält man somit

$$\hat{u}(w) = 2.467{,}07 + 4{,}02\cdot w.$$

Das Bestimmtheitsmaß dieser Regressionsgeraden berechnet sich wie folgt:

$$R^2 = r_{BP}^2 = \frac{\left(\sum_{i=1}^{n}(u_i-\bar{u})(w_i-\bar{w})\right)^2}{\sum_{i=1}^{n}(u_i-\bar{u})^2\sum_{i=1}^{n}(w_i-\bar{w})^2}$$

$$= \frac{275.500^2}{1.132.083{,}34\cdot 68.600} = 0{,}977.$$

(b) Das Einsetzen des Wertes $w = 1.500$ in die Regressionsgleichung liefert als Prognose

$$\hat{u}(1.500) = 2.467{,}07 + 4{,}02\cdot 1.500 = 8.497{,}07.$$

Trotz des hohen Bestimmtheitsmaßes von $R^2 = 0{,}977$ ist die Verlässlichkeit dieser Prognose als sehr gering einzustufen, da der Wert $w = 1.500$ weit außerhalb des als Stützbereich verwendeten Datenmaterials liegt. Eine Regressionsgleichung besitzt grundsätzlich nur Gültigkeit innerhalb des zu ihrer Berechnung verwendeten Datenbereichs.

Aufgabe 7.3
Betrachten Sie nochmals die Situation der Aufgabe 6.5, in welcher Sie nun vor dem Problem stehen, eine Preis-Absatz-Funktion zu bestimmen.

(a) Berechnen Sie die Regressionskoeffizienten a und b für den linearen Regressionsansatz

$$\hat{x}(p) = a + b \cdot p.$$

(b) Betrachten Sie nun den nichtlinearen Regressionsansatz

$$\hat{x}(p) = a \cdot p^{b}.$$

Linearisieren Sie diesen Regressionsansatz und geben Sie wiederum Werte für die Regressionskoeffizienten a und b an.

(c) Tragen Sie in ein Diagramm die Punktwolke der Beobachtungswerte und die beiden in den Aufgabenteilen (a) und (b) ermittelten Regressionsfunktionen ein. Interpretieren Sie Ihre Abbildung.

Lösung
(a) Für den Steigungsparameter b der linearen Regressionsfunktion erhält man nach der Methode der kleinsten Quadrate:

$$\hat{b} = \frac{s_{XP}}{s_P} = \frac{\overline{xp} - \bar{x} \cdot \bar{p}}{\overline{p^2} - \bar{p}^2} = \frac{132{,}57 - 58{,}833 \cdot 2{,}3033}{5{,}3729 - 2{,}3033^2} = \frac{-2{,}9400}{0{,}06771} = -43{,}42.$$

Die Werte in Zähler und Nenner sind dabei direkt den Berechnungen in Aufgabe 6.5 (b) zu entnehmen.
Der Wert für den Achsenabschnitt a ergibt mit der gleichen Methode sich aus der Beziehung

$$\hat{a} = \bar{x} - \hat{b}\,\bar{p} = 58{,}833 - (-43{,}42) \cdot 2{,}3033 = 58{,}83 + 100{,}01 = 158{,}84.$$

Es ergibt sich also die Regressionsfunktion

$$\hat{x}(p) = 158{,}84 - 43{,}42 \cdot p.$$

(b) Die exponentielle Regressionsbeziehung kann zunächst durch Logarithmieren linearisiert werden (hierbei bezeichne a' den Wert $\ln(a)$):

$$\ln(\hat{x}(p)) = \ln(a) + b \cdot \ln(p)$$

$$\Leftrightarrow \quad \hat{y}(q) = a' + b \cdot q.$$

Mit den Resultaten der Aufgabe 6.5(d) ergeben sich für die Regressionsparameter nach der Variablentransformation folgende Werte:

$$\hat{b} = \frac{s_{QY}}{s_Q^2} = \frac{\overline{yq} - \bar{y}\cdot\bar{q}}{\overline{q^2} - \bar{q}^2} = \frac{3{,}3364 - 0{,}82752\cdot 4{,}0576}{0{,}69903 - 0{,}82752^2} = \frac{-0{,}02135}{0{,}01424} = -1{,}4993;$$

$$\hat{a}' = \bar{y} - \hat{b}\cdot\bar{q} = 4{,}0576 - (-1{,}4993)\cdot 0{,}82572 = 5{,}2956.$$

Aus der logarithmierten Regressionsfunktion

$$\hat{y}(q) = 5{,}2956 - 1{,}4993\cdot q$$

erhält man durch Delogarithmieren die Parameterwerte der ursprünglich gesuchten, nichtlinearen Regressionsfunktion:

$$\hat{x}(p) = \exp\big(5{,}2956 - 1{,}4993\cdot\ln(p)\big) = \exp(5{,}2956)\cdot p^{-1{,}4993} = 199{,}46\cdot p^{-1{,}4993}.$$

(c) Zur Zeichnung der beiden Regressionsfunktionen benötigt man eine Wertetabelle wie die folgende:

p	1,75	2,00	2,25	2,50	2,75
$\hat{x}(p) = 158{,}84 - 43{,}42\cdot p$	82,86	72,00	61,15	50,29	39,44
$\hat{x}(p) = 199{,}46\cdot p^{-1{,}4993}$	86,19	70,55	59,13	50,49	43,77

Damit lassen sich in das nachfolgend abgebildete Streudiagramm der Merkmale die beiden Regressionsfunktionen einzeichnen. Die zweite Regressionsfunktion weist eine etwas bessere Anpassung als die erste Regressiongerade auf, sodass man eher von diesem nichtlinearen Zusammenhang ausgehen sollte. Hinzu kommt, dass diese Form des Zusammenhangs ökonomisch sinnvoller ist, da hier weder negative Absatzmengen für große p-Werte noch eine beschränkte absetzbare Menge für $p = 0$ resultieren. Innerhalb des Stützbereichs der Regression ist die Ap-

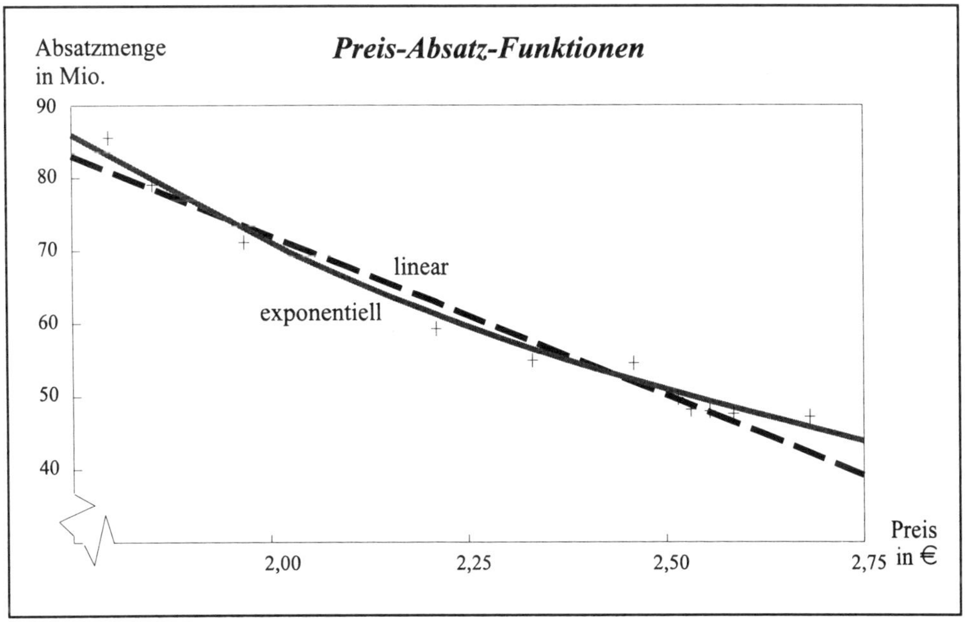

proximation durch die lineare Preis-Absatz-Funktion jedoch recht gut, sodass auch die lineare Beziehung durchaus verwendet werden kann.

Außerhalb des Stützbereichs (d. h. des Datenbereichs, der zur Bestimmung der Parameter verwendet wurde) laufen die beiden Regressionsfunktionen recht schnell auseinander. Dabei ist allerdings zu beachten, dass keine empirischen Informationen darüber vorliegen, wie die Preis-Absatz-Funktion außerhalb des Stützbereichs von $p = 1{,}8$ bis $p = 2{,}6$ wirklich verläuft. Aussagen hierüber sind auf Basis des gegebenen Datenmaterials in jedem Fall problematisch.

Aufgabe 7.4

In einer Studie sind über 25 Jahre für ein bestimmtes Gebiet die Weizenpreise auf dem Getreidemarkt (W, in GE/kg) und der Absatz antiallergischer Medikamente in Apotheken (A, in 1000 ME) erhoben worden. Aus den Daten errechnen sich folgende empirische Regressionsfunktionen nach der Methode der kleinsten Quadrate:

$$\begin{aligned} \hat{w}(a) &= 0{,}438 - 0{,}012 \cdot a, \\ \hat{a}(w) &= 32{,}7 - 70{,}8 \cdot w. \end{aligned}$$

(a) Zeichnen Sie beide Regressionsfunktionen in eine Grafik.

(b) Berechnen Sie den Korrelationskoeffizienten nach BRAVAIS-PEARSON zwischen den beiden Variablen.

(c) Wie ist die Korrelation sachwissenschaftlich zu beurteilen? Was bedeutet dies für die Interpretation der beiden Regressionsfunktionen?

Lösung

(a) Um die Regressionsgeraden zu zeichnen, müssen jeweils mindestens zwei Wertepaare bekannt sein. Durch Einsetzen von jeweils zwei Werten für die unabhängige Variable erhält man die zugehörigen Prognosewerte für die abhängige Variable, z. B. die folgenden:

$$\begin{aligned} a &= 0 \;\Rightarrow\; \hat{w}(a) = 0{,}438, \\ a &= 30 \;\Rightarrow\; \hat{w}(a) = 0{,}078, \end{aligned}$$

$$\begin{aligned} w &= 0 \;\Rightarrow\; \hat{a}(w) = 32{,}7, \\ w &= 0{,}4 \;\Rightarrow\; \hat{a}(w) = 4{,}38\,. \end{aligned}$$

Die beiden Geraden lassen sich nun wie nachfolgend abgebildet in einem Koordinatensystem darstellen.

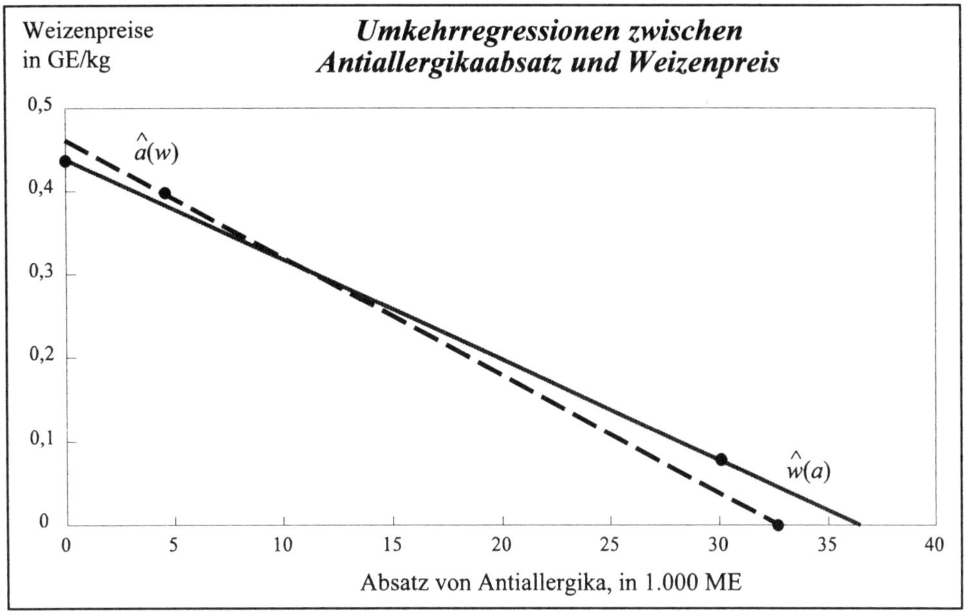

Umkehrregressionen zwischen Antiallergikaabsatz und Weizenpreis

Aus der Tatsache, dass der Winkel zwischen den beiden Umkehr-Regressionsgeraden klein ist, lässt sich bereits schließen, dass zwischen beiden Variablen eine recht hohe Korrelation vorliegt.

(b) Das Bestimmtheitsmaß der beiden Regressionen ergibt sich als Produkt der beiden Steigungsparameter $\hat{b}_{\hat{w}(A)} = -0{,}012$ bzw. $\hat{b}_{\hat{a}(w)} = -70{,}8$ der Umkehr-Regressionsgeraden, wie die nachfolgende Berechnung zeigt:

$$R^2 = (r_{BP})^2 = \left(\frac{s_{AW}}{s_A \cdot s_W}\right)^2 = \frac{s_{AW}}{s_A} \cdot \frac{s_{AW}}{s_W} = \hat{b}_{\hat{w}(a)} \cdot \hat{b}_{\hat{w}(a)} = (-0{,}012)\cdot(-70{,}8) = 0{,}8496.$$

Durch Wurzelziehen erhält man den Wert des Korrelationskoeffizienten nach BRAVAIS-PEARSON:

$$r_{BP} = -\sqrt{R^2} = -\sqrt{0{,}8496} = -0{,}922\ .$$

Dabei ist die negative Wurzel zu ziehen, da die Steigungsparameter der beiden Regressionsgeraden negativ sind und somit ein negativer Korrelationszusammenhang vorliegt.

Je größer das Bestimmtheitsmaß ausfällt, desto kleiner ist der Winkel zwischen den Regressionsgeraden. In den Extremfällen $R^2 = 0$ bzw. $R^2 = 1$ gilt Folgendes:

- $R^2 = 0$: Hieraus folgt $s_{AW} = 0$ und damit $\hat{b}_{\hat{w}(a)} = \hat{b}_{\hat{a}(w)} = 0$. Die Geraden verlaufen also parallel zur Achse der jeweils unabhängigen Gerade, d. h. die Regressionsgerade $\hat{a}(w)$ in der Grafik senkrecht und die Regressionsgerade $\hat{w}(a)$ waagerecht. Die Geraden stehen senkrecht aufeinander (d. h. sie bilden einen rechten Winkel).
- $R^2 = 1$: Hieraus folgt $\hat{b}_{\hat{w}(a)} = (\hat{b}_{\hat{a}(w)})^{-1}$. Alle Beobachtungswertpaare liegen auf einer Geraden, die mit den beiden Regressionsgeraden zusammenfällt.

(c) Man beachte, dass eine Entscheidung darüber, welche der beiden Regressionsgeraden die Beziehung zwischen den Variablen korrekt wiedergibt, nicht anhand der empirischen Daten getroffen werden kann, da beide Geraden das gleiche Bestimmtheitsmaß aufweisen. Für die Entscheidung müssen also allein sachlogische Erwägungen herangezogen werden, deren Ergebnis auch sein kann, dass keine der beiden Regressiosbeziehungen als plausibel angesehen werden kann. Dies ist auch in diesem Beispiel der Fall. Es liegt ein starker negativer Zusammenhang vor, der vermutlich durch die gemeinsame Beeinflussung durch das Wetter zu erklären ist. Gutes Wetter führt zu steigenden Weizenerträgen und damit zu sinkenden Preisen am Getreidemarkt, andererseits lässt gutes Wetter den Bedarf an Antiallergika steigen. Es handelt sich also um eine Scheinkorrelation. Ein direkter Einfluss der Variable W auf die Variable A ist hingegen ebensowenig plausibel wie der umgekehrte Einfluss von A auf W. Somit ist keine der beiden Regressionsfunktionen von der Sache her sinnvoll, da keine entsprechende Kausalbeziehung besteht, wie sie die Regressionsanalyse implizit unterstellt.

8 Zeitreihenanalyse

Unter *Längsschnittdaten* oder *Zeitreihen* versteht man Merkmalsausprägungen, die zu verschiedenen aufeinanderfolgenden Zeitpunkten (oder Zeiträumen) an ein und derselben Untersuchungseinheit bzw. in Form von Maßzahlen für ein und dieselbe statistische Masse erhoben worden sind. Die Analyse derartigen Datenmaterials bezeichnet man als Zeitreihenanalyse.

Zur grafischen Darstellung von Zeitreihen benutzt man in aller Regel die so genannte *Liniengrafik*, die deswegen auch als *Zeitreihendiagramm* bezeichnet wird (→ **Aufgaben 8.1 und 8.2**).

Die eigentliche Analyse der Zeitreihe besteht vor allem in dem Versuch, die Zeitreihe additiv oder multiplikativ in verschiedene Bestandteile zu zerlegen; meist betrachtet man dabei die folgenden vier Komponenten:

- *Trendkomponente*,
- *zyklische Komponente*,
- *Saisonkomponente* und
- *Restkomponente* (→ **Aufgaben 8.5 und 8.6**).

Der Bestimmung der Trendkomponente dient u. a. die *Methode der kleinsten Quadrate* (→ **Aufgabe 8.5**).

Als glatte Komponente bezeichnet man die Trend- und die zyklische Komponente zusammen genommen. Zu ihrer Ermittlung wird die *Methode der gleitenden Durchschnitte* verwendet (→ **Aufgabe 8.3**).

Für Zeitreihen mit stark ausgeprägter Saisonkomponente ist die Ermittlung dieser Komponente interessant, um den Saisoneinfluss mit Hilfe der *Saisonbereinigung* eliminieren zu können (→ **Aufgabe 8.5**).

Neben der Komponentenzerlegung ist die *Prognose* der Zeitreihe ein weiteres Ziel der Zeitreihenanalyse. Dabei wird einerseits wiederum die Methode der kleinsten Quadrate benutzt, aber andererseits auch das hier speziell geeignete Verfahren der *Exponentiellen Glättung* (→ **Aufgabe 8.4**).

Literaturhinweise

P. BOHLEY (2000), S. 255-291.
H. DEGEN & P. LORSCHEID (2002), S. 87-98.
J. HARTUNG & B. ELPELT & K.-H. KLÖSENER (2002), S. 637-673.
D. HOCHSTÄDTER (1996), S. 285-330.
P. V.D.LIPPE (1993), S. 379-420.
H.-J. PINNEKAMP & F. SIEGMANN (2001), S. 154-230.
K. SCHARNBACHER (2004), S. 123-158.
J. SCHIRA (2005), S. 129-163.
J. SCHWARZE (2005), S. 187-234.

Aufgabe 8.1
Die nachstehende Tabelle gibt die Zahl der Beschäftigten im öffentlichen Dienst der Bundesrepublik Deutschland (alte Bundesländer) für ausgewählte Jahre wieder:

Jahr	1970	1975	1980	1985	1987	1988	1989	1990
Beschäftigte (in 1000)	3642	4184	4420	4594	4634	4626	4617	4676

Mit diesen Werten ist die nachstehende Grafik angefertigt worden:

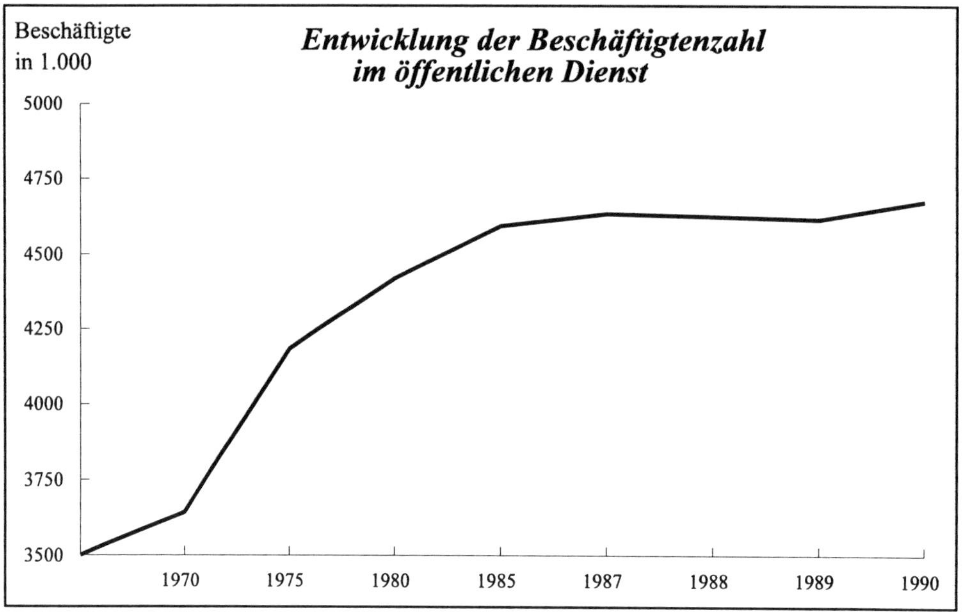

(a) Welche grundsätzlichen Fehler sind bei der Konstruktion dieses Diagramms begangen worden?

(b) Fertigen Sie ein korrekt konstruiertes Diagramm an.

Lösung

(a) Das Diagramm enthält folgende Fehler:

- Liegen unterschiedliche zeitliche Abstände zwischen den einzelnen Beobachtungszeitpunkten vor, so ist dies in jedem Fall bei der Einteilung der waagerechten (Zeit-) Achse des Koordinatensystems zu berücksichtigen.
- Die Skala auf der senkrechten Achse des Diagramms sollte nicht abgeschnitten werden, sondern im Koordinatenursprung bei Null beginnen. Eine Ausnahme von dieser Regel ist zu machen, wenn sonst die zur Verfügung stehende Fläche des Koordinatensystems nur teilweise ausgenutzt würde. Im vorliegenden Beispiel ist daher durchaus zu

überlegen, ob eine geeignete Kürzung der senkrechten Achse vorgenommen werden sollte. In jedem Fall muss eine solche Kürzung geeignet gekennzeichnet werden, etwa durch Anbringen einer ‚Schlange‘ an den Nullpunkt der betroffenen Achse.

- Das Zeitreihendiagramm beginnt beim Beobachtungswert für 1970 (d. h. 3.642 Beschäftigte) und keinesfalls im Koordinatenursprung, dem hier weder ein Zeitpunkt noch eine Beschäftigtenzahl entspricht.

(b) Ein korrekt gezeichnetes Diagramm könnte z. B. folgendes Aussehen haben:

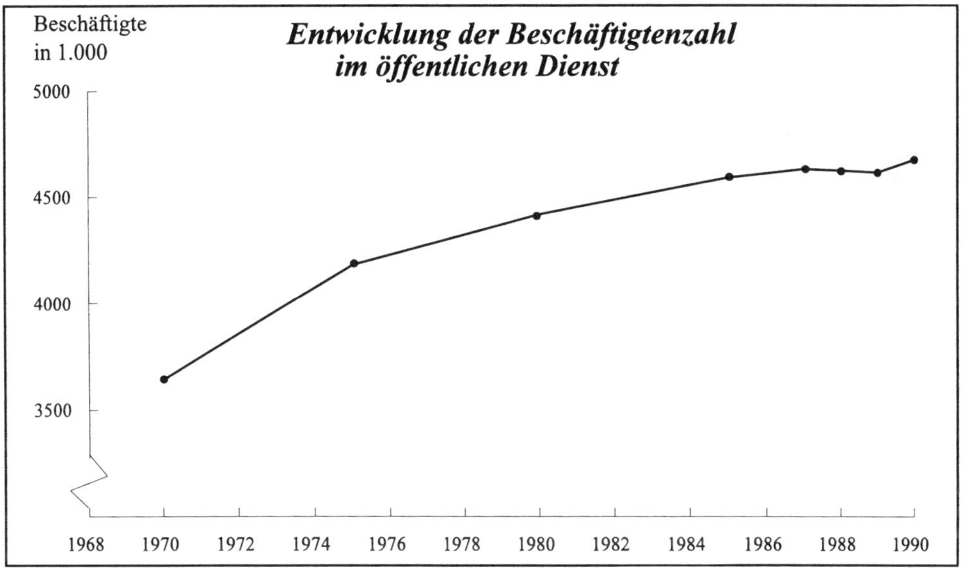

Aufgabe 8.2

Die nachstehenden Tabellen geben zeilenweise die börsentägliche Kursentwicklung (in € pro Aktie) zweier Aktien über einen Zeitraum von 5 Wochen wieder.

Aktie 1:	108	110	111	104	100
	94	95	99	100	96
	90	85	88	95	103
	101	98	96	99	102
	105	103	101	101	104
Aktie 2:	33	34	35	31	29
	26	27	29	30	28
	25	22	24	28	32
	31	29	28	30	32
	34	33	32	33	34

(a) Stellen Sie die beiden Kursentwicklungen grafisch dar. Vergleichen Sie die beiden Verläufe.

(b) Stellen Sie die beiden Kursentwicklungen nun auf einer logarithmischen Skala dar (d. h. auf der senkrechten Achse wird nicht der Aktienkurs selbst, sondern z. B. der Zehnerlogarithmus des Aktienkurses aufgetragen). Welche Vor- und Nachteile hat diese Darstellungsweise gegenüber der herkömmlichen Vorgehensweise in Aufgabenteil (a)?

(c) Stellen Sie die beiden Kursentwicklungen durch Messzahlen dar, indem Sie die Kurswerte durch die jeweiligen Anfangswerte dividieren und mit 100 multiplizieren. Welche Vor- und Nachteile hat diese Darstellungsweise?

Lösung

(a) Die Zeitreihenwerte der Kurse der beiden Aktien sind in der nachfolgenden Abbildung abgetragen:

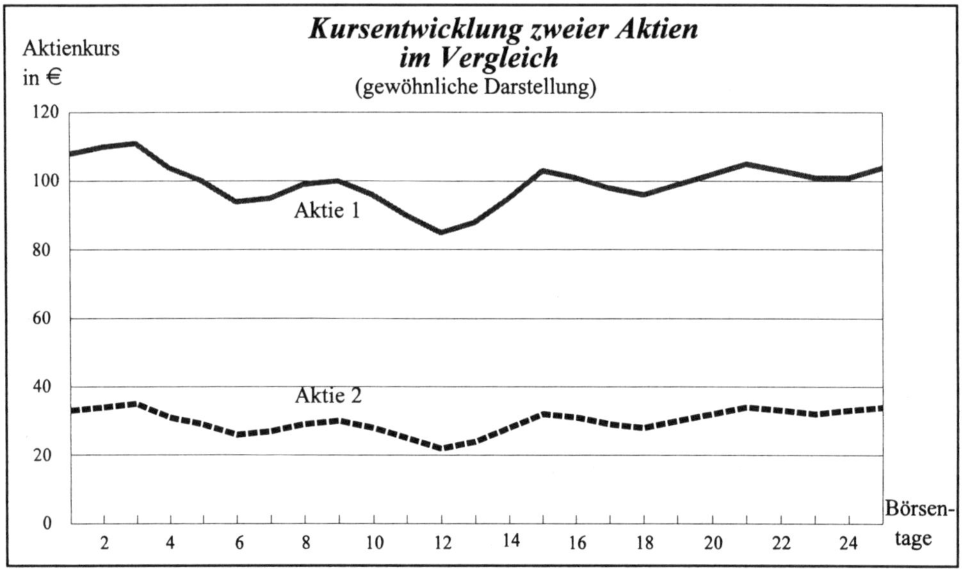

Man erhält zwei im wesentlichen parallel verlaufende Polygonzüge auf unterschiedlichem Niveau. Die Schwankungen der Aktie 1, die auf einem höheren Niveau verläuft, fallen jedoch stärker aus als bei Aktie 2. Hierbei handelt es sich um absolute Schwankungen.

(b) Hier sind zunächst zu den Kurswerten der Aktien 1, $x_t^{(1)}$, und der Aktie 2, $x_t^{(2)}$, (mit $t = 1,\dots,25$) die zugehörigen Zehnerlogarithmen der Kurse $\log(x_t^{(i)})$ zu bilden. Es ergeben sich für die beiden Aktien folgende Werte:

Aktie 1:	2,03	2,04	2,05	2,02	2,00
	1,97	1,98	2,00	2,00	1,98
	1,95	1,93	1,94	1,98	2,01
	2,00	1,99	1,98	2,00	2,01
	2,02	2,01	2,00	2,00	2,02

Aktie 2:	1,52	1,53	1,54	1,49	1,46
	1,41	1,43	1,46	1,48	1,45
	1,40	1,34	1,38	1,45	1,51
	1,49	1,46	1,45	1,48	1,51
	1,53	1,52	1,51	1,52	1,53

Zur Darstellung dieser Werte ist es zweckmäßig, auf der Ordinate sowohl die logarithmierten Kurswerte $\log(x_t^{(i)})$ als auch die Originalwerte $x_t^{(i)}$ abzutragen. Daher enthält die folgende Abbildung für die Ordinate zwei Skalen; links sind die Zehnerlogarithmen der Kurse abgetragen, rechts lassen sich die zugehörigen Originalwerte ablesen:

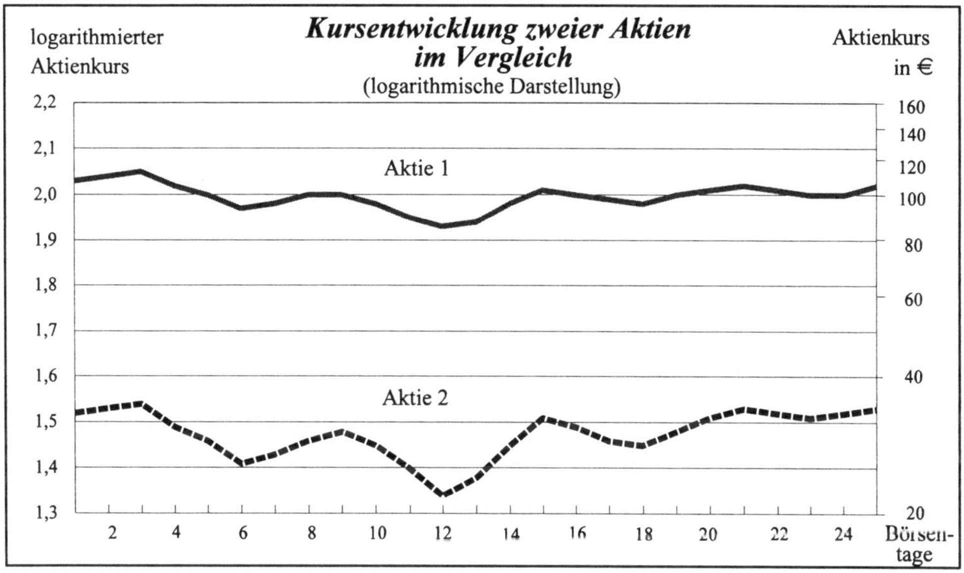

Auf dieser logarithmischen Skala weist nun die Aktie 2 die größeren Schwankungen auf. Die logarithmische Skala stellt im Gegensatz zur gewöhnlichen Skala statt der absoluten die relativen Veränderungen der Kurse dar. Stehen die Kurse der Aktie i zum Zeitpunkt t und zum Zeitpunkt s (mit $s \neq t$) in der Beziehung

$$\frac{x_t^{(i)}}{x_i^{(s)}} = q,$$

so folgt hieraus für die logarithmierten Werte

$$\log(x_i^{(t)}) - \log(x_i^{(s)}) = \log(q),$$

d. h. alle Werte, die in diesem Verhältnis q zueinander stehen, haben auf der logarithmischen Skala denselben Abstand $\log(q)$.

Bei Aktienkursen ist man in der Regel eher an den Kursschwankungen relativ zum Wert der Aktien (d. h. relativ zum eingesetzten Kapital) interessiert, da meist das einzusetzende Kapital und nicht die Zahl der zu erwerbenden Wertpapiere fest vorgegeben ist. Für denselben Betrag könnte man im vorliegenden Beispiel von Aktie 2 etwa dreimal so viele Papiere erwerben.

Insofern ist hier die Darstellung relativer statt absoluter Kursschwankungen von der Sache her angemessener.

Im Vergleich zur gewöhnlichen Darstellung lassen sich damit folgende Vor- und Nachteile des Übergangs zu einer logarithmischen Skala feststellen:

Vorteile:
- Darstellung relativer statt absoluter Schwankungen,
- Darstellbarkeit großer und kleiner Werte in einer Grafik,
- die Darstellung der absoluten Werte ist (zwar verzerrt) möglich,
- keine Abhängigkeit vom Anfangswert.

Nachteile:
- große Werte werden gestaucht,
- kleine Werte werden gestreckt (d. h. auseinander gezogen),
- aufgrund der verzerrten Skala ist die Grafik schwierig abzulesen und zu interpretieren.

(c) Für die Messzahlendarstellung sind die Aktienkurse $x_t^{(i)}$ zu ihren jeweiligen Anfangswerten $x_1^{(i)}$ ins Verhältnis zu setzen, wobei eine prozentuale Darstellung durch Multiplikation mit 100 erreicht wird:

$$x_{1t}^{(i)} = \frac{x_t^{(i)}}{x_1^{(i)}} \cdot 100\%.$$

Es ergeben sich folgende Messzahlen der Aktienkurse bezogen auf die zugehörigen Anfangskurse (in %):

Aktie 1:	100	102	103	96	93
	87	88	92	93	89
	83	79	81	88	95
	94	91	89	92	95
	97	95	94	94	96
Aktie 2:	100	103	106	94	88
	79	82	88	91	85
	76	67	73	85	97
	94	88	85	91	97
	103	100	97	100	103

Diese Werte sind in der folgenden Abbildung dargestellt.

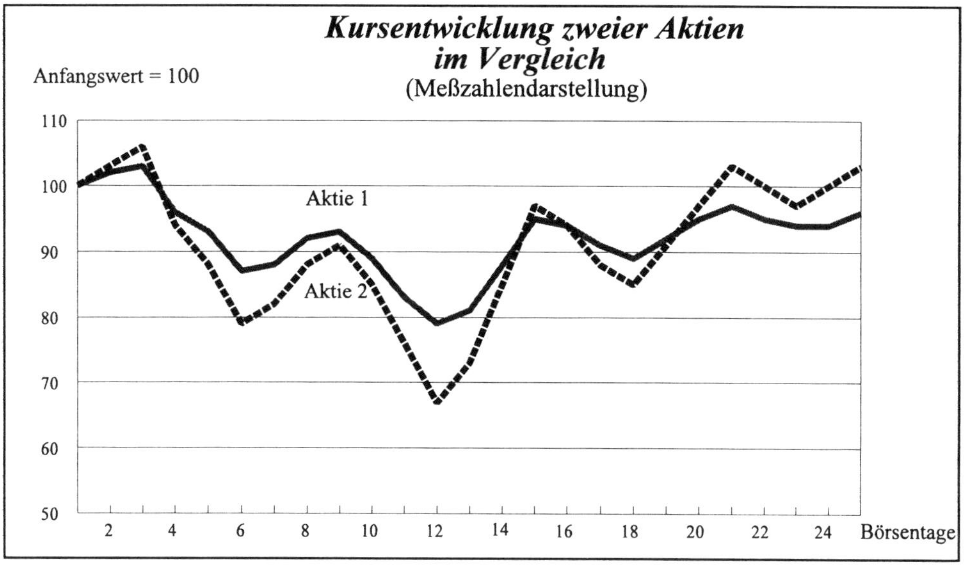

Auch in dieser Darstellungsweise werden relative Kursänderungen wiedergegeben, allerdings jeweils gegenüber dem Anfangswert $x_1^{(i)}$. Wiederum wird deutlich, dass die relativen Kursschwankungen bei Aktie 2 wesentlich größer ausfallen. Bei der Darstellung von Messzahlen lassen sich folgende Vor- und Nachteile feststellen:

Vorteile:

- Darstellung relativer Variationen,
- gute Darstellbarkeit kleiner und großer Werte in einer Grafik,
- keine Verzerrung der Skala.

Nachteile:

- Abhängigkeit vom Anfangswert,
- Verlust der absoluten Werte.

Aufgabe 8.3

Die nachstehende Tabelle enthält für die fünf aufeinanderfolgenden Jahre 1986 bis 1990 die Zahl der Arbeitslosen in der Bundesrepublik Deutschland jeweils zu Quartalsbeginn.

Zahl der Arbeitslosen in 1.000 (Quelle: Wirtschaft und Statistik, verschiedene Jahrgänge)				
Jahr	Januar	April	Juli	Oktober
2000	4.293	3.986	3.804	3.611
2001	4.093	3.868	3.799	3.725
2002	4.290	4.024	4.047	3.930
2003	4.623	4.495	4.352	4.152
2004	4.597	4.443	4.360	4.207

(a) Ermitteln Sie die glatte Komponente mit Hilfe zentrierter gleitender 4er-Durchschnitte.

(b) Bestimmen Sie für die Zeitreihe eine additive Saisonkomponente.

(c) Führen Sie für die Arbeitslosenzahlen eine Saisonbereinigung durch.

Lösung

(a) Im Rahmen der additiven Zeitreihenverknüpfung wird unterstellt, dass gilt:

$$x_t = T_t + Z_t + S_t + R_t.$$

Hierbei bezeichnen T_t, Z_t, S_t, R_t die Trend-, Zyklus-, Saison- bzw. Restkomponente der Zeitreihenwerte x_t. Die zentrierten gleitenden 4er-Durchschnitte der logarithmierten Werte liefern die aus Trend und Zyklus bestehende glatte Komponente für die transformierte Reihe:

$$G_t = T_t + Z_t = \tilde{x}_t^{(4)} = \frac{1}{4} \cdot \left(\frac{1}{2}x_{t-2} + x_{t-1} + x_t + x_{t+1} + \frac{1}{2}x_{t+2}\right) \quad \text{für } t = 3,4,\ldots,18.$$

Man erhält die folgenden Werte:

Jahr	Quartal I	Quartal II	Quartal III	Quartal IV
2000	×	×	3.899	3.859
2001	3.846	3.857	3.896	3.940
2002	3.991	4.047	4.114	4.215
2003	4.312	4.378	4.402	4.392
2004	4.387	4.395	×	×

Man erkennt nun deutlicher als an der Originalreihe, dass der zur Jahrtausendwende zunächst fallende Verlauf sich im Laufe des Jahres 2001 umkehrt und schließlich ab Mitte 2003 in einen um das Niveau von 4,4 Mio. Arbeitslosen schwankenden Verlauf mündet.

(b) Die Saison-Rest-Komponente der Zeitreihe erhält man, indem man die Differenz aus der Originakreihe und der glatten Komponente bildet:

$$x_t - G_t = S_t + R_t.$$

Dabei wird unterstellt, dass die Saisonkomponente nur vom jeweiligen Quartal abhängt, d. h. verwendet man statt der fortlaufenden Indizierung x_t eine Doppelindizierung mit Jahr und Quartal, x_{jq}, so gilt

$$S_t + R_t = S_q + R_{jq} \quad \text{für } j = 1,\ldots,5,\ q = 1,\ldots,4.$$

Hierfür erhält man folgende Werte:

Jahr	Quartal			
	I	II	III	IV
2000	×	×	-95	-248
2001	250	11	-97	-215
2002	299	-23	-67	-285
2003	311	117	-50	-240
2004	210	48	×	×
Durchschnitt	268	38	-77	-247

Die Summe dieser Saisonkomponente ist über das Jahr hinweg allerdings nicht null, sondern $268+38-77-247=-18$, sodass sie einen geringen Teil der glatten Komponente enthält. Um dies auszugleichen, sollte man in jedem Quartal $18/4 \approx 5$ hinzuaddieren, sodass man folgende endgültige Saisonfigur erhält:

$$S_1 = 273, \quad S_2 = 43, \quad S_3 = -72, \quad S_4 = -242.$$

Die Arbeitslosenzahlen liegen also zu Beginn des Jahres immer niedriger, zum Jahresende höher als sie ohne den Saisoneinfluss lägen.

(c) Zieht man die Saisonkomponente von den Zeitreihenwerten ab, so ergeben sich die saisonbereinigten Werte:

$$T_t + Z_t + R_t = x_t - S_t = x_{jq} - S_q.$$

Hierfür erhält man folgende Werte:

Jahr	Quartal			
	I	II	III	IV
2000	4.020	3.943	3.876	3.853
2001	3.820	3.825	3.871	3.967
2002	4.017	3.981	4.119	4.172
2003	4.350	4.425	4.424	4.394
2004	4.324	4.352	4.432	4.449

Im Vergleich zur glatten Komponente fallen vor allem der deutlich niedrigere Wert im 2. Quartal 2002 und der deutlich höhere Wert im 1. Quartal 2004 auf, was auf entsprechend ausgeprägte Werte der irregulären Restkomponente zu diesen Zeitpunkten schließen lässt.

Aufgabe 8.4

Die Lohn- und Gehaltssumme je Beschäftigten betrug im produzierenden Gewerbe der Bundesrepublik Deutschland (in 1000 DM):

1979	1980	1981	1982	1983	1984	1985	1986	1987	1988	1989
29	31	32	34	34	36	34	35	36	38	40

(a) Geben Sie für die Jahre 1980 bis 1990 mittels exponentieller Glättung 1. Ordnung mit $\alpha = 0{,}5$ berechnete Prognosewerte aufgrund der jeweils vorangegangenen Zeitreihenwerte an. Verwenden Sie als Prognosewert für 1979 den Wert 28,2.

(b) Vergleichen Sie die Prognosewerte mit den Zeitreihenwerten. Wie ist die Verlässlichkeit der Prognose zu beurteilen, und wie könnte sie verbessert werden?

Lösung

(a) Die exponentielle Glättung ist ein Ausgleichsverfahren, mit dem der aktuelle geglättete Wert einer trend- und saisonfreien Zeitreihe sich als gewogenes arithmetisches Mittel aus dem aktuellen Wert und dem vorangehenden geglätteten Wert errechnet:

$$\tilde{x}_t = \alpha \cdot x_t + (1-\alpha) \cdot \tilde{x}_{t-1}.$$

Der jeweils letzte geglättete Wert wird als Prognosewert für die folgende Beobachtung benutzt:

$$\hat{x}_{t+1} = \tilde{x}_t = \alpha \cdot x_t + (1-\alpha) \cdot \tilde{x}_{t-1} = \alpha \cdot x_t + (1-\alpha) \cdot \hat{x}_t$$

$$\text{bzw. } \hat{x}_t = \alpha \cdot x_{t-1} + (1-\alpha) \cdot \hat{x}_{t-1}.$$

Unter Verwendung des Glättungsparameters $\alpha = 0{,}5$ und des Startwertes $\hat{x}_{79} = 28{,}2$ erhält man folgende Prognosewerte:

t	x_t	$\hat{x}_t$	$\hat{x}_{t+1}$	x_{t+1}	$\hat{e}_t$
1979	29	28,2	28,6	31	−2,8
1980	31	28,6	29,8	32	−2,2
1981	32	29,8	30,9	34	−3,1
1982	34	30,9	32,5	34	−1,5
1983	34	32,5	33,2	36	−2,8
1984	36	33,2	34,6	34	+0,6
1985	34	34,6	34,3	35	−0,7
1986	35	34,3	34,7	36	−1,3
1987	36	34,7	35,3	38	−2,7
1988	38	35,3	36,7	40	−3,3
1989	40	36,7	38,3	?	?

(b) Die exponentiell geglätteten Prognosewerte sind gegenüber der Zeitreihe verzögert und daher bis auf die Prognose für 985 stets kleiner als die Zeitreihenwerte. Der durchschnittliche Prognosefehler beträgt −2,0. Die Verlässlichkeit der Prognose ist hier gering, da der wahre Wert systematisch unterschätzt wird. Die Begründung ist darin zu sehen, dass ein exponentielles Glättungsverfahren angewendet wurde, das eine Zeitreihe ohne Trend voraussetzt. Die vorliegende, deutlich trendbehaftete Reihe sollte daher mit einem Verfahren für Zeitreihen mit Trend, z. B. exponentieller Glättung 2. Ordnung, prognostiziert werden.

Hierfür ist die einfach geglättete Reihe $s_t^{(1)} = \tilde{x}_t$ erneut zu glätten, sodass man für die zweifach geglättete Reihe

$$s_t^{(2)} = \alpha \cdot s_t^{(1)} + (1-\alpha) \cdot s_{t-1}^{(2)}$$

erhält. Diese Reihe würde allerdings noch weiter als die einfache exponentielle Glättung hinter den Trend zurückfallen, sodass sie selbst zur Bestimmung der glatten Komponente nicht geeignet ist. Allerdings kann diese mit ihrer Hilfe nach folgender Formel bestimmt werden:

$$\tilde{\tilde{x}}_t = 2 \cdot s_t^{(1)} - s_t^{(2)}.$$

Einen Prognosewert für den nächsten Zeitpunkt erhält man dann wie folgt:

$$\hat{x}_{t+1} = 2 \cdot s_t^{(1)} - s_t^{(2)} + \frac{\alpha}{1-\alpha} \cdot (s_t^{(1)} - s_t^{(2)}).$$

Die Berechnung der Prognosewerte zeigt die nachfolgende Tabelle:

t	x_t	$s_t^{(1)}$	$s_t^{(2)}$	$\tilde{\tilde{x}}_t$	$\hat{x}_{t+1}$	x_{t+1}	$\hat{e}_{t+1}$
1979	29	28,2	28,2	28,2	28,2	31	-2,8
1980	31	28,6	28,4	28,8	29,0	32	-3,0
1981	32	29,8	29,1	30,5	31,2	34	-2,8
1982	34	30,9	30,0	31,8	32,7	34	-1,3
1983	34	32,5	31,2	33,8	34,5	36	-1,5
1984	36	33,2	32,2	34,2	35,2	34	+1,2
1985	34	34,6	33,4	35,8	37,0	35	+2,0
1986	35	34,3	33,9	34,7	35,1	36	-0,9
1987	36	34,7	34,3	35,1	35,5	38	-2,5
1988	38	35,3	34,8	35,8	36,3	40	-3,7
1989	40	36,7	35,7	37,7	38,7	?	?

Der durchschnittliche Prognosefehler beträgt hier nur noch −1,5. Allerdings ist festzustellen, dass das Verfahren einige Zeit benötigt, bis der Trend zum Tragen kommt, und gerade zu dieser Zeit bewirkt die kurzzeitige Unterbrechung der Trendentwicklung, dass sich die Trendentwicklung stabilisieren kann.

Aufgabe 8.5

Für die Jahre 1999 bis 2004 liegen die jeweiligen Quartalsendstände des harmonisierten Verbraucherpreisindex in Deutschland zur Basis 1996=100 vor:

Jahr	Quartal			
	I	II	III	IV
1999	102,1	102,7	103,2	103,1
2000	103,7	103,8	104,5	104,8
2001	105,4	106,4	106,7	106,4
2002	107,5	107,6	107,8	107,6
2003	108,7	108,6	108,9	108,9
2004	109,8	110,6	111,1	111,2

(a) Gehen Sie davon aus, dass diese Zeitreihe multiplikative Verknüpfung von Trend, Saison und Rest aufweist, wähend das Auftreten einer zyklischen Komponente zu vernachlässigen ist. Wie kann diese Verknüpfung in eine additive transformiert werden?

(b) Bestimmen Sie für die transformierte Reihe einen linearen Trend mit der Methode der Reihenhälften. Welche Trendfunktion ergibt sich hiermit für die Originalreihe?

(c) Ermitteln Sie für die transformierte Reihe eine additive Saisonkomponente und interpretieren Sie Ihr Ergebnis.

(d) Geben Sie auf Basis Ihres Ergebnisses in (c) Prognosen für das Jahr 2005 der saisonbereinigten Werte und der Beobachtungswerte der Originalreihe an.

Lösung

(a) Im Rahmen der multiplikativen Zeitreihenverknüpfung wird unterstellt, dass gilt:

$$x_t = T_t \cdot S_t \cdot R_t,$$

wobei T_t, S_t, R_t die Trend-, Saison- bzw. Restkomponente der Zeitreihenwerte x_t bezeichnen und eine zyklische Komponente annahmegemäß nicht auftritt. Durch Logarithmieren der Zeitreihe, beispielsweise mit dem Logarithmus zur Basis 10, wird diese in eine additiv verknüpfte überführt:

$$x_t' = \log(x_t) = \log(T_t \cdot S_t \cdot R_t) = \log(T_t) + \log(S_t) + \log(R_t) = T_t' + S_t' + R_t'.$$

Die Logarithmen zur Basis 10 der Zeitreihe und ihrer Komponenten sind dabei mit x_t', T_t', S_t', R_t' bezeichnet.
Man erhält die folgenden transformierten Werte für die transformierte Zeitreihe:

Jahr	Quartal			
	I	II	III	IV
1999	2,0090	2,0116	2,0137	2,0133
2000	2,0158	2,0162	2,0191	2,0204
2001	2,0228	2,0269	2,0282	2,0269
2002	2,0314	2,0318	2,0326	2,0318
2003	2,0362	2,0358	2,0370	2,0370
2004	2,0406	2,0438	2,0457	2,0461

(b) Für die logarithmierte Zeitreihe wird ein linearer Trend unterstellt, d. h.

$$T_t' = a + b \cdot t.$$

Neben der Kleinst-Quadrate-Methode kann die rechentechnisch einfachere Methode der Reihenhälften benutzt werden, um die Trendgerade zu bestimmen. Hierbei wird die Zeitreihe in zwei Hälften unterteilt (1999-2001, $t = 1,2,...,12$, und 2002-2004, $t = 13,14,...,24$). Sodann wird jeweils von der linken und rechten Hälfte der Mittelwert gebildet:

$$\bar{t}_l' = \frac{1}{12}\sum_{t=1}^{12} t = \frac{1+2+...+12}{12} = 6{,}5,$$

$$\bar{x}_l' = \frac{1}{12}\sum_{t=1}^{2} x_t' = \frac{2{,}0090+2{,}0116+...+2{,}0269}{12} = 2{,}0187,$$

$$\bar{t}_r' = \frac{1}{12}\sum_{t=13}^{24} t = \frac{13+14+...+24}{12} = 18{,}5,$$

$$\bar{x}_r' = \frac{1}{12}\sum_{t=13}^{24} x_t' = \frac{2{,}0314+2{,}0318+...+2{,}0461}{12} = 2{,}0375.$$

Hieraus erhält man folgende Werte für die Parameter der Trendgerade:

$$\hat{b} = \frac{\bar{x}_r' - \bar{x}_l'}{\bar{t}_r - \bar{t}_l} = \frac{2{,}0375 - 2{,}0187}{18{,}5 - 6{,}5} = 0{,}00157,$$

$$\hat{a} = \bar{x}_l' - \hat{b} \cdot \bar{t}_l = 2{,}0187 - 0{,}00157 \cdot 6{,}5 = 2{,}0085.$$

Für die Originalreihe ergibt sich damit die folgende exponentielle Trendfunktion:

$$T_t = 10^{T_t'} = 10^{\hat{a}+\hat{b}\cdot t} = 10^{2{,}0085+0{,}00157\cdot t} = 10^{2{,}0085} \cdot (10^{0{,}00157})^t = 101{,}98 \cdot 1{,}00362^t,$$

d. h. ausgehend vom Trendwert 101,98 Ende 1998 steigt der Index pro Quartal um durchschnittlich 0,362% an. Die Inflationsrate pro Jahr liegt damit bei $1{,}00362^4 = 1{,}0146$, also bei 1,46%.

(d) Die Saison-Rest-Komponente der transformierten Reihe erhält man, indem man die Differenz aus logarithmierter Zeitreihe und der zugehörigen glatten Komponente bildet:

$$S_t' + R_t' = x_t' - T_t' = x_t' - 2{,}0085 - 0{,}00157 \cdot t.$$

Dabei wird unterstellt, dass die Saisonkomponente nur vom Jahr abhängt, d. h. verwendet man statt der fortlaufenden Indizierung x_t eine Doppelindizierung mit Jahr und Quartal, x_{jq}, so gilt

$$S_t' + R_t' = S_q' + R_{jq}' \quad \text{für } j = 1,...,6,\ q = 1,...,4.$$

Für die Differenzen von logarithmierter Reihe und Trendgerade erhält man folgende Werte:

Jahr	Quartal			
	I	II	III	IV
1999	-0,0010	-0,0001	0,0005	-0,0015
2000	-0,0006	-0,0017	-0,0004	-0,0007
2001	0,0002	0,0027	0,0024	-0,0004
2002	0,0025	0,0013	0,0006	-0,0018
2003	0,0010	-0,0009	-0,0013	-0,0029
2004	-0,0009	0,0007	0,0011	-0,0001

Die quartalsweisen Durchschnittswerte dienen damit als Saisonfigur, d. h.

Die quartalsweisen Durchschnittswerte dienen damit als Saisonfigur, d. h.

$$S'_1 = 0{,}0002, \quad S'_2 = 0{,}0003, \quad S'_3 = 0{,}0005, \quad S'_4 = -0{,}0012.$$

Eine weitere Korrektur auf den Mittelwert 0 ist hier nicht erforderlich.
Nach Delogarithmierung ergibt sich für die Saisonfaktoren $S_q = 10^{S'_q}$:

$$S'_1 = 1{,}0005, \quad S'_2 = 1{,}0007, \quad S'_3 = 1{,}0012, \quad S'_4 = 0{,}9972.$$

Im ersten bis dritten Quartal liegen die Preise also etwas höher, im vierten Quartal etwas niedriger als sie ohne Saisonfigur wären. Besonders schnell steigen die Preise daher über den Jahreswechsel vom vierten zum ersten Quartal, besonders langsam in der zweiten Jahreshälfte.

(d) Prognosewerte der Zeitreihe erhält man aus der regulären Komponente der Zeitreihe, die sich hier bei fehlendem Zyklus aus Trend und Saison zusammensetzt:

$$\hat{x}_t = T_t \cdot S_t = 10^{T'_t} \cdot 10^{S'_t} = 10^{T'_t + S'_T}.$$

Für das Jahr 2005 erhält man folgende Werte:

$$\text{I/2005:} \quad \hat{x}_t = 10^{2{,}0085 + 25 \cdot 0{,}0157} \cdot 10^{0{,}0002} = 10^{2{,}0480} = 111{,}7;$$
$$\text{II/2005:} \quad \hat{x}_t = 10^{2{,}0085 + 26 \cdot 0{,}0157} \cdot 10^{0{,}0003} = 10^{2{,}0480} = 112{,}1;$$
$$\text{III/2005:} \quad \hat{x}_t = 10^{2{,}0085 + 27 \cdot 0{,}0157} \cdot 10^{0{,}0002} = 10^{2{,}0480} = 112{,}6;$$
$$\text{IV/2005:} \quad \hat{x}_t = 10^{2{,}0085 + 28 \cdot 0{,}0157} \cdot 10^{0{,}0002} = 10^{2{,}0480} = 112{,}5.$$

Die nachfolgende Grafik enthält die beobachtete Zeitreihe, die exponentielle Trendfunktion sowie die reguläre Komponente für den Beobachtungszeitraum 1999-2004 sowie für den Prognosezeitraum 2005:

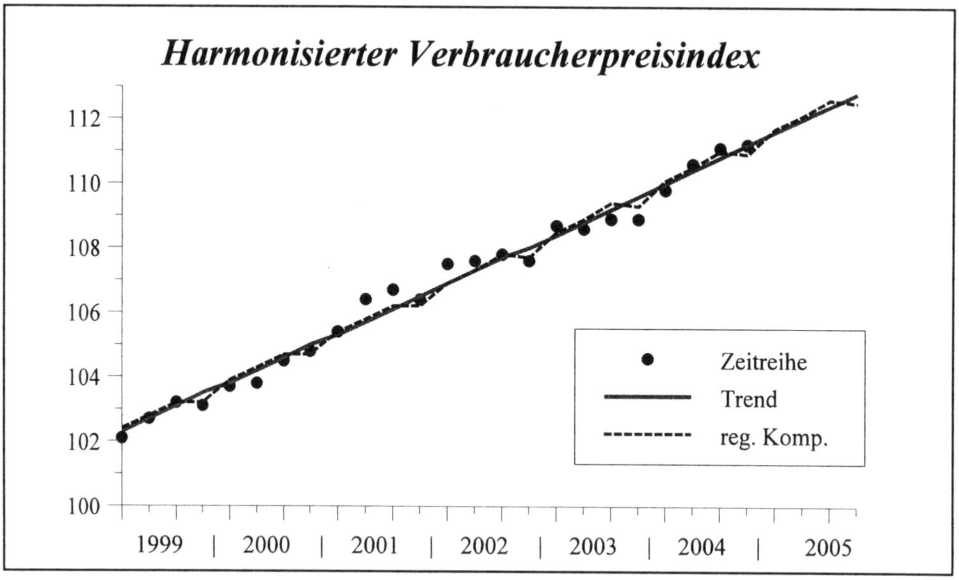

Teil B:

Wirtschafts- und Bevölkerungsstatistik

Die "Wirtschafts- und Bevölkerungsstatistik" ist hier schwerpunktmäßig auf diejenigen Bereiche der amtlichen Statistik in der Bundesrepublik Deutschland bezogen, die der Darstellung des ökonomischen, sozialen und demographischen Zustandes dienen. Die nichtamtliche Statistik hingegen, wie sie beispielsweise von Meinungsforschungsinstituten oder als unternehmensinterne Betriebsstatistik betrieben wird, bleibt weitgehend ausgeklammert. Doch auch aus dem Bereich der amtlichen Statistik musste eine (subjektive) Auswahl an wirtschaftsstatistischen Sachgebieten getroffen werden. So wird beispielsweise auf die Behandlung der Einkommensstatistik oder der Bankenstatistik verzichtet.
Im Anschluss an Betrachtungen zu den rechtlichen Grundlagen und zur grundsätzlichen Organisationsstruktur der amtlichen Statistik werden die folgenden Gebiete behandelt: Bevölkerungsstatistik, Erwerbsstatistik, Preisstatistik, Außen- und Binnenhandelsstatistik, Produktionsstatistik und volkswirtschaftliche Gesamtrechnung. Neben der Erhebungsproblematik der verwendeten Daten werden insbesondere spezielle Methoden vorgestellt, die in den jeweiligen Sachgebieten Verwendung finden. Selbstverständlich ist gerade die Wirtschafts- und Bevölkerungsstatistik im Gegensatz zu den methodischen Bereichen der Statistik ein Gebiet, in dem sich relativ schnell Veränderungen in den Erhebungsformen und Darstellungsmethoden ergeben. Ein Beispiel hierfür sind die Auswirkungen der sog. 'Hartz IV'-Reform zum 1.1.2005 auf den Begriff des Arbeitslosen in der Arbeitsmarktstatistik.

Inhalt:

1 Prinzipien der amtlichen Statistik

Unter der amtlichen Statistik versteht man die Erhebung und Veröffentlichung statistischer Daten durch staatliche Behörden, insbesondere durch das Statistische Bundesamt, die Statistischen Landesämter und die statistischen Ämter der Gemeinden. Im Gegensatz zur nichtamtlichen Statistik ist die amtliche Statistik nicht nur an die allgemeinen Bestimmungen des Bundesdatenschutzgesetzes (BDSG), sondern auch an den im Bundesstatistikgesetz (BStG) gesteckten Rahmen gebunden. Dieses beinhaltet spezielle Regelungen der *Legalisierungspflicht* amtlicher Statistiken sowie der damit verbundenen *Auskunfts-* und *Geheimhaltungspflicht* (→ **Aufgaben 1.2 bis 1.4**)

Innerhalb dieses rechtlichen Rahmens haben sich in Bezug auf die Ausgestaltung der amtlichen Statistik bestimmte Prinzipien etabliert, wie z. B. die Prinzipien der *fachlichen Zentralisierung* und der *regionalen Dezentralisierung* oder das *Rotationsprinzip* bei der Erhebung des jährlich stattfindenden Mikrozensus (→ **Aufgaben 1.2, 1.3 und 1.5**).

Bereits bei der Planung amtlicher Statistiken sollte die spätere Verwendung der Daten berücksichtigt werden. Besteht eine weitgehende sachliche Übereinstimmung zwischen einem realen wirtschaftlichen Sachverhalt und seiner Beschreibung durch eine aus den Daten der amtlichen Statistik konstruierten statistischen Maßzahl, so spricht man auch von der *Adäquatheit* dieser Maßzahl für den zu beschreibenden Sachverhalt. Vor dem Hintergrund beschränkter Erhebungsmöglichkeiten stellt die Konstruktion geeigneter (d. h. adäquater) Maßzahlen eines der Hauptprobleme in der amtlichen Statistik dar (→ **Aufgabe 1.1**).

Literaturhinweise

B. BECKER (1993), S. 39-62.
H. DEGEN & P. LORSCHEID (2002), S. 116-125.
P. V.D.LIPPE (1996), S. 1-51.
H. RINNE (1996), S. 5-18.

Aufgabe 1.1

Von einem Politiker der Partei A wird die folgende Behauptung aufgestellt:

> "Trotz der gestiegenen Kosten im Gesundheitswesen ist die Bevölkerung Deutschlands nicht gesunder geworden. Aufgrund des Auftretens typischer Zivilisationskrankheiten wie Übergewicht, Karies, Allergien usw. ist die Bevölkerung heute (2003) sogar kränker als vor 60 Jahren."

Ein politischer Gegner der Partei B hält ihm entgegen, diese Aussage sei vollkommen pauschaliert. Im übrigen sei es äußerst schwierig, eine geeignete statistische Maßzahl zur Klärung dieses Sachverhalts zu definieren und die hierfür benötigten Daten bei der Bevölkerung zu erheben.
Erläutern Sie kurz einige Probleme, die bei der Konstruktion einer derartigen Maßzahl auftreten.

Lösung

Gesucht ist die Definition einer statistischen Maßzahl, die geeignet ist, den Grad der Krankheit der Bevölkerung mit demjenigen von vor 60 Jahren zu vergleichen. Das alleinige Gegenüberstellen der Gesundheitskosten pro Kopf wäre sicherlich kein geeigneter Vergleichsmaßstab. Folgende Punkte müssten für die Konstruktion einer Maßzahl des Gesundheitszustands der Bevölkerung geklärt werden:

- Die Bevölkerung bezieht sich 2003 auf einen anderen Gebietsstand als vor 60 Jahren (1943). Außerdem ist das Kriegsjahr 1943 als Vergleichsmaßstab sehr ungeeignet.
- Aufgrund der gestiegenen Lebenserwartung und gesunkener Geburtenzahlen ist der Altersaufbau der Bevölkerung heute ein anderer. Eine Maßzahl des Gesundheitszustands müsste also in jedem Fall altersstandardisiert betrachtet werden, um eine Vergleichsmöglichkeit über die Zeit zu gestatten.
- Der Begriff 'Krankheit' ist genau zu definieren.
  Ein weiteres Problem ist die Frage, wie erfasst werden kann, ob eine Person krank ist. Ein einigermaßen objektives Kriterium könnte z. B. die Arbeitsunfähigkeit sein. Dabei ist allerdings zu beachten, dass z. B. Rentner i. d. R. nicht krankgeschrieben werden müssen und so gerade diese im Hinblick auf die Fragestellung besonders interessante Altersgruppe nicht erfasst werden kann.
- Vollkommen ungeklärt ist, was unter 'kränker als' zu verstehen sein soll. Geht es hier etwa nur um die durchschnittliche Anzahl von Krankheiten pro Jahr, oder spielen auch Dauer und Schwere der Krankheit eine Rolle? Die Dauer der Krankheit wäre dabei noch vergleichsweise einfach über die Dauer der Arbeitsunfähigkeit zu erfassen. Die Schwere der Krankheit ist demgegenüber sehr schwierig erfassbar. Die Möglichkeit, hierfür die aufgewendeten Krankheitskosten heranzuziehen, muss insbesondere für einen zeitlichenVergleich als sehr problematisch bezeichnet werden.
- Gerade die aufgeführten Zivilisationskrankheiten führen i. d. R. zunächst nicht direkt zur Arbeitsunfähigkeit und sind daher so nicht erfassbar. Hierfür wäre eine repräsentative Erhebung in der Bevölkerung notwendig.
- Durch die Erfordernis, die zu konstruierende Maßzahl mit historischen Daten zu vergleichen, werden die Möglichkeiten, diese zu konstruieren, äußerst stark eingeschränkt. Denn es stehen nur verhältnismäßig wenige historische Daten zur Verfügung, deren Erhebung nicht auf den hier verfolgten Zweck ausgerichtet war, und die aktuellere Aspekte wie die erwähnten Zivilisationskrankheiten nicht abdecken.

Aufgabe 1.2

Welche Vor- und Nachteile sprechen für bzw. gegen die folgenden Prinzipien der amtlichen Statistik?

(a) Legalisierung

(b) Fachliche Zentralisierung

(c) Regionale Dezentralisierung

Lösung

(a) Unter dem Legalisierungsprinzip ist zu verstehen, dass jede Bundesstatistik durch ein Gesetz (in durch das Bundesstatistikgesetz klar vorgegebenen Ausnahmefällen durch eine Rechtsverordnung) angeordnet werden muss.

Vorteil:
- Hierdurch entsteht ein Schutz der Befragten gegen unberechtigte Eingriffe in ihr Grundrecht auf 'informationelle Selbstbestimmung', der nur durch eine gesetzliche Grundlage (bzw. in Ausnahmefällen durch eine Rechtsverordnung) beeinträchtigt werden darf.

Nachteile:
- Die Belastung des Gesetzgebers wird entsprechend größer.
- Durch die frühzeitige Festlegung wesentlicher Aspekte der Erhebung wird die amtliche Statistik unflexibel, d. h. sie kann nur durch Änderung der Rechtsgrundlage an geänderte Bedingungen angepasst werden.
- Neuartige Statistiken können erst mit einer gewissen Verzögerung eingeführt werden.

(b) Unter dem Prinzip der fachlichen Zentralisierung ist zu verstehen, dass bei den nicht vom Statistischen Bundesamt zentral durchgeführten Statistiken dennoch die fachliche Vorbereitung, die methodische Konzeption, die benötigten Systematiken, die Kostenkalkulation usw. beim Statistischen Bundesamt verbleiben.

Vorteile:
- Durch zentralen Einsatz von fachwissenschaftlich geschultem Personal und methodischem Wissen ist rationelleres Arbeiten möglich.
- Die angewandte Methodik wird vereinheitlicht.
- Da die Daten unterschiedlicher Erhebungen bereits an einer Stelle vorliegen, lassen sie sich leichter zusammenfassen.
- Doppelarbeit wird vermieden.

Nachteil:
- Aufgrund der Trennung von methodisch-technischen Fragen und praktischer Durchführung der Erhebung kann es bei den beteiligten Personenkreisen leicht zu informationellen Defiziten kommen.

(c) Unter dem Prinzip der regionalen Dezentralisierung ist die Tatsache zu verstehen, dass die eigentliche Erhebungsarbeit der meisten Erhebungen der amtlichen Statistik von regionalen statistischen Ämtern (statistische Landesämter, statistische Ämter der Gemeinden) durchgeführt wird.

Vorteil:
- Die regionalen statistischen Ämter sind mit den örtlichen Gegebenheiten besser vertraut.

Nachteile:
- Durch ungenügende Koordination der Zusammenarbeit der verschiedenen statistischen Ämter kann die methodische Einheitlichkeit verloren gehen.
- Es kann zu zeitlichen Verzögerungen kommen.
- Erhöhte Kosten fallen an.

Aufgabe 1.3

Skizzieren Sie die Unterschiede zwischen der amtlichen Statistik und der nichtamtlichen Statistik bezüglich der

(a) Ausgestaltungsmöglichkeiten einer Erhebung durch ihren Träger.

(b) Auskunfts- und Geheimhaltungspflicht.

Lösung

(a) Unter den *Ausgestaltungsmöglichkeiten* sind die dem Träger der Erhebung zur Verfügung stehenden Möglichkeiten zu verstehen, die betreffende Erhebung an seinen speziellen Bedürfnissen auszurichten:

Amtliche Statistik: Gemäß dem der amtlichen Statistik zugrundeliegenden Legalitätsprinzip muss jede amtliche Statistik durch ein Gesetz (§ 5 (1) BStatG) bzw. in besonderen Fällen durch eine Rechtsverordnung (§ 5 (2) BStatG) angeordnet werden. Gemäß § 9 (1) BStatG sind dabei mindestens die folgenden Aspekte festzulegen:

- Erhebungsmerkmale
- Hilfsmerkmale
- Art der Erhebung
- Berichtszeitraum
- Periodizität
- Kreis der zu Befragenden
- Umfang der Auskunftspflicht (§ 15 (1) BStatG)

Nur folgende amtliche Statistiken sind hiervon ausgenommen und anordnungsfrei:

- Statistiken aus allgemein zugänglichen Quellen (§ 5 (5) BStatG)
- Statistiken aus öffentlichen Registern, soweit das Statistische Bundesamt hierzu besonderes Zugangsrecht hat (§ 5 (5) BStatG)
- vorbereitende Erhebungen (§ 6 BStatG)
- Erhebungen zur Erfüllung eines kurzfristig auftretenden Datenbedarfs (§ 7 (1)BStatG)
- Erhebungen zur Klärung methodischer Fragen (§ 7 (2) BStatG).

Nichtamtliche Statistik: In der nichtamtlichen Statistik sind die Ausgestaltungsmöglichkeiten hingegen keinerlei gesetzlichen Beschränkungen unterworfen.

(b) Unter der *Auskunftspflicht* ist die Möglichkeit zu verstehen, die zu Befragenden zur Teilnahme an der Erhebung zu zwingen.

Amtliche Statistik: Hier besteht grundsätzlich die Möglichkeit, eine Erhebung mit Auskunftspflicht zu belegen und so die Beantwortung der Fragen zu erzwingen. Gemäß § 15 (1) BStatG ist jedoch für jede Erhebung im einzelnen festzulegen, ob und in welchem Umfang die Erhebung mit oder ohne Auskunftspflicht erfolgen soll. Die Auskunftspflicht soll den Bürgern damit nur dort auferlegt werden, wo dies unbedingt notwendig erscheint. Bei auskunftspflichtigen Fragen ist von den Befragten wahrheitsgemäß, vollständig und fristgerecht zu antworten (§ 15 (3) BStatG). Gemäß § 23 (1) BStatG ist eine Zuwiderhandlung ordnungswidrig.

Man beachte, dass gewisse Arten von Erhebungen nur ohne Auskunftspflicht zulässig sind, insbesondere bei Statistiken aufgrund von Rechtsverordnungen (§ 5 (2) BStatG) und bei den Erhebungsarten, die aufgrund besonderer Bestimmungen ohne Rechtsgrundlage durchgeführt werden (vgl. Aufgabenteil (a)).
Nichtamtliche Statistik: Hier besteht grundsätzlich keine Auskunftspflicht.

Unter der *Geheimhaltungspflicht* sind Verpflichtungen an die Träger der Erhebung zu verstehen, die sich auf Einschränkungen der Möglichkeiten beziehen, die erhobenen Daten weiterzugeben.
Amtliche Statistik: Geheimhaltungspflicht besteht – unabhängig davon, ob Auskunftspflicht besteht oder nicht – für sämtliche Einzelangaben, die den Befragten oder Betroffenen zuzuordnen sind (§ 16 (1) BStatG). Gemäß § 16 (6) BStatG dürfen anonymisierte Einzelangaben an Forschungseinrichtungen zweckgebunden weitergegeben werden. Reidentifizierung ist verboten und ein Straftatbestand (§§ 21, 22 BstatG). Aggregierte Daten aus mindestens drei Erhebungseinheiten dürfen veröffentlicht werden, wenn Rückschlüsse auf die Merkmalsträger ausgeschlossen sind.
Nichtamtliche Statistik: Die nichtamtliche Statistik unterliegt nicht dem Bundesstatistikgesetz (BStatG), sondern nur den Bestimmungen des Bundesdatenschutzgesetzes (BDSG). Letzteres kennt eine Geheimhaltungspflicht nur gegenüber natürlichen Personen (§ 2 (1) BDSG). Personenbezogene Daten sind zu anonymisieren (§ 36 (1) BDSG), die anonymisierten Daten dürfen ebenso wie aggregierte Daten weitergegeben werden (in beiden Fällen handelt es sich nicht um personenbezogene Daten in Sinne des § 2 (1) BDSG).

Aufgabe 1.4

Gemäß § 5 Abs.(2) des Gesetzes über die Statistik für Bundeszwecke (BStatG) vom 22.1.1987 ist die Anordnung von Statistiken mit Auskunftspflicht durch Rechtsverordnung nur noch für Wirtschafts- und Umweltstatistiken bei Unternehmen, Betrieben und Arbeitsstätten möglich. Erläutern Sie, inwiefern diese Regelung den unten abgedruckten Leitsätzen (1) und (2) des Bundesverfassungsgerichts zu seinem Volkszählungsurteil gerecht wird. Wodurch erklärt sich die abweichende Regelung für Unternehmen, Betriebe und Arbeitsstätten?

Bundesverfassungsgericht

Leitsätze zum Urteil vom 15.12.1983 zum Volkszählungsgesetz 1983

(1) Unter den Bedingungen der modernen Datenverarbeitung wird der Schutz des einzelnen gegen unbegrenzte Erhebung, Speicherung, Verwendung und Weitergabe seiner persönlichen Daten von dem allgemeinen Persönlichkeitsrecht des Art. 2 Abs. 1 in Verbindung mit Art. 1 GG umfaßt. Das Grundrecht gewährleistet insofern die Befugnis des einzelnen, grundsätzlich selbst über die Preisgabe und Verwendung seiner persönlichen Daten zu bestimmen.
(2) Einschränkungen dieses Rechts auf “informationelle Selbstbestimmung” sind nur im überwiegenden Allgemeininteresse zulässig. Sie bedürfen einer verfassungsgemäßen gesetzlichen Grundlage, die dem rechtsstaatlichen Gebot der Normenklarheit entsprechen muß. Bei seinen Regelungen hat der Gesetzgeber ferner den Grundsatz der Verhältnismäßigkeit zu beachten. Auch hat er organisatorische und verfahrensrechtliche Vorkehrungen zu treffen, welche der Gefahr

einer Verletzung des Persönlichkeitsrechts entgegenwirken.

...

Auszug zitiert nach: M.-TH. TINNEFELD & H. TUBIES: Datenschutzrecht. 2. Aufl., Oldenbourg, München, 1989, S.10.

Lösung

Aus Art. 2 (1) GG (allgemeines Persönlichkeitsrecht) i. V. m. Art. 1 GG (Menschenwürde) leitet das Bundesverfassungsgericht ein Persönlichkeitsrecht auf "informationelle Selbstbestimmung" her, d. h. der Einzelne kann grundsätzlich selbst über die Preisgabe und Verwendung seiner personenbezogenen Daten bestimmen. Gemäß Art. 2 (2) GG bedarf eine Einschränkung dieses Grundrechts einer Gesetzesgrundlage und muss zudem dem Prinzip der Verhältnismäßigkeit genügen. Die Neufassung des BStatG trägt dem insofern Rechnung, als nun die Auskunftspflicht (d. h. die Einschränkung des Grundrechts informationeller Selbstbestimmung) in jedem Einzelfall der gesetzlichen Anordnung bedarf (§ 5 (2) BStatG); die Verhältnismäßigkeit ist im Einzelfall zu überprüfen. Insbesondere schreibt § 15 (1) BStatG vor, jeweils zu prüfen, inwieweit eine Auskunftspflicht notwendig (und zweckmäßig) ist.

Für Wirtschafts- und Umweltstatistiken bei Unternehmen, Betrieben und Arbeitsstätten kann auch eine durch Rechtsverordnung veranlaßte Erhebung auskunftspflichtig sein (§ 5 (2) BStatG). Die Begründung hierfür ist darin zu sehen, dass das Grundrecht "informationeller Selbstbestimmung", hergeleitet aus Art. 2 (1) und Art. 1 GG, nur natürlichen und nicht juristischen Personen zukommen kann. (Man beachte, dass auch gemäß § 2 (1) BDSG nur natürliche Personen Datenschutz genießen.)

Aufgabe 1.5

Erläutern Sie das Rotationsprinzip in der amtlichen Statistik am Beispiel der Erhebung des Mikrozensus und stellen Sie die Vor- und Nachteile dieses Prinzips dar.

Lösung

Zur Überbrückung der Volkszählungstermine, die mit einem angestrebten Zeitabstand von etwa 10 Jahren stattfinden sollen, wird in der Bundesstatistik seit 1957 regelmäßig eine Stichprobenerhebung (Auswahlsatz: 1% der Bevölkerung) in Form des Mikrozensus durchgeführt. Im Jahre 1962 wurde für die Erhebung des Mikrozensus das sogenannte partielle Rotationsprinzip eingeführt. Dies bedeutet, dass in jedem Jahr 75 % der zu erhebenden Haushalte aus der Stichprobe des Vorjahres übernommen werden, während die übrigen 25 % neu ausgewählt werden. Auf diese Weise sind die neu in die Stichprobe gelangenden Haushalte in der Regel für vier aufeinanderfolgende Jahre auskunftspflichtig, bevor sie durch andere Haushalte abgelöst werden.

<u>Vorteile:</u>

- Gegenüber der jährlichen Zufallsauswahl aller Haushalte in der Stichprobe hat dieses Verfahren den Vorteil, dass eine gewisse Kontinuität der Merkmalsträger über die Zeit gewährleistet ist. Neben organisatorischen Vorteilen ermöglicht dieses Verfahren auch, zeitliche Entwicklungen zu beobachten.
- Durch den Austausch eines Viertels der Befragten ist gegenüber einer Panel-Erhebung mit festen Merkmalsträgern über den gesamten Zeitraum dafür gesorgt, dass sich die

Stichprobe stets aktualisiert und somit repräsentativ für die Bevölkerung bleibt. Dies ist zumindest dann der Fall, wenn sich die Struktur der Bevölkerung nicht allzu schnell ändert.

- Durch die Befragungsdauer von insgesamt vier Jahren wird die Auskunftsbereitschaft der Haushalte gegenüber einer Stichprobe mit noch längerer Verweildauer gefördert.

Nachteile:

- Zur Beobachtung von Strukturveränderungen in der Grundgesamtheit wäre allerdings eine längere Verweildauer in der Stichprobe wünschenswert, da hier die Konstanz der Merkmalsträger über die Zeit von besonderer Bedeutung ist.
- Durch das Verbleiben in der Erhebung über mehrere Jahre können die Ergebnisse der Befragung verfälscht werden, da sich nicht ausschließen läßt, dass die Haushalte aufgrund der Kenntnis ihrer Befragungsergebnisse aus den Vorjahren ihr Verhalten ändern.
- Im Gegensatz zum vollständigen Austausch der Erhebungseinheiten bleiben beim partiellen Rotationsverfahren systematische Fehler in der Erhebungstechnik über vier Jahre in der Stichprobe erhalten. Der Frage, mit welchen Zufallsauswahlverfahren die neu in die Stichprobe aufzunehmenden Haushalte ausgewählt werden, kommt daher besondere Bedeutung zu.

Zusammenfassend stellt das partielle Rotationsverfahren einen Kompromiss zwischen dem vollständigen Austausch aller Befragten einerseits und einer über viele Jahre konstant bleibenden Stichprobe (Panel-Erhebung) andererseits dar.

2 Bevölkerungsstatistik

Im Rahmen der Bevölkerungsstatistik werden Bestands- und Veränderungsgrößen der Bevölkerung betrachtet, wobei der Begriff der *Bevölkerung* über die Anzahl der Personen definiert wird, die in dem betreffenden Gebiet ihren (Haupt-) Wohnsitz haben. Die Erhebung der Bestandsgrößen erfolgt durch die *Volkszählungen* und deren *Fortschreibung* aufgrund der Veränderungsgrößen, welche bei den Standes- und Einwohnermeldeämtern erhoben werden (→ **Aufgabe 2.5**).
Die Bestandsanalyse beinhaltet zunächst einmal die grafische Darstellung des Bevölkerungsaufbaus, differenziert nach Lebensalter und Geschlecht. Hier findet die so genannte *Bevölkerungspyramide* Verwendung (→ **Aufgabe 2.1**). Darüber hinaus wird versucht, den Altersaufbau der Bevölkerung mit Hilfe verschiedener *Maßzahlen des Altersaufbaus* zu charakterisieren (→ **Aufgabe 2.2**).
In der Veränderungsanalyse betrachtet man einerseits die natürlichen Veränderungen der Bevölkerung, d. h. *Geburts-* und *Sterbefälle*, und andererseits die Veränderungen durch *Migration*, d. h. Zu- und Fortzüge. Von besonderem Interesse sind *Geburten- und Sterbeziffern*, in denen die Veränderungsgrößen auf die korrespondierenden Bestandsgrößen bezogen werden (→ **Aufgabe 2.3**). Die so genannten *Sterbetafeln* benötigt man hauptsächlich zur Ermittlung der *ferneren Lebenserwartung*, d. h. der den Menschen eines bestimmten Geschlechts und Alters durchschnittlich verbleibenden Lebenszeit (→ **Aufgabe 2.4**).

Literaturhinweise

P. BOHLEY (2000), S. 97-105.
H. DEGEN & P. LORSCHEID (2002), S. 126-145.
D. HOCHSTÄDTER (1996), S. 249-274.
P. V.D.LIPPE (1996), S. 52-123.
U. MÜLLER, B. NAUCK & A. DIEKMANN (Hrsg., 2000).
H. RINNE (1996), S. 41-160.

Aufgabe 2.1
Die nachstehende Tabelle enthält Angaben über die Bevölkerung der Bundesrepublik Deutschland in den Jahren 1990 und 2002, wobei für beide Jahre eine Gliederung nach Geschlecht und in 10-Jahres-Altersklassen vorliegt.

Zeichnen Sie für beide Jahre eine Bevölkerungspyramide. Welche Auffälligkeiten lassen sich in den beiden Grafiken feststellen, und welche Gründe lassen sich hierfür anführen?

Wohnbevölkerung in der Bundesrepublik Deutschland (1990 und 2002 in Mio. zum Jahresende)				
m 1990	w	Altersklasse	m 2002	w
4,51	4,28	0 b. u. 10	4,01	3,80
4,37	4,15	10 b. u. 20	4,76	4,52
6,86	6,47	20 b. u. 30	4,84	4,68
6,09	5,81	30 b. u. 40	6,84	6,47
5,18	4,98	40 b. u. 50	6,45	6,22
5,43	5,37	50 b. u. 60	4,93	4,92
3,51	4,69	60 b. u. 70	4,98	5,32
1,71	3,35	70 b. u. 80	2,62	3,82
0,78	1,96	80 b. u. 90	0,78	2,00
0,06	0,22	90 u. älter	0,13	0,45

Quelle: Statistische Jahrbücher 1992, S.64 und 2004, S.42.

Lösung

Für die Bevölkerungspyramiden sind auf der Ordinaten die einzelnen Altersklassen abzutragen, auf der Abszisse nach links bzw. nach rechts die absoluten Häufigkeiten der verschiedenen Altersklassen für Männer bzw. Frauen.

Für 1990 erhält man die nachfolgende Grafik. Im Jahre 1990 ist noch deutlich der Geburtenausfall gegen Ende des 2. Weltkriegs (40-50 Jahre) zu erkennen. Bei den älteren Jahrgängen (ab 60 Jahre) liegt ein Frauenüberschuss aufgrund der höheren Lebenserwartung vor (aber auch durch die große Anzahl von Gefallenen im 2. Weltkrieg). Die geburtenschwachen Jahrgänge sind bereits gut erkennbar (0-20 Jahre), sodass die Grafik bereits die Gestalt einer Urne annimmt.

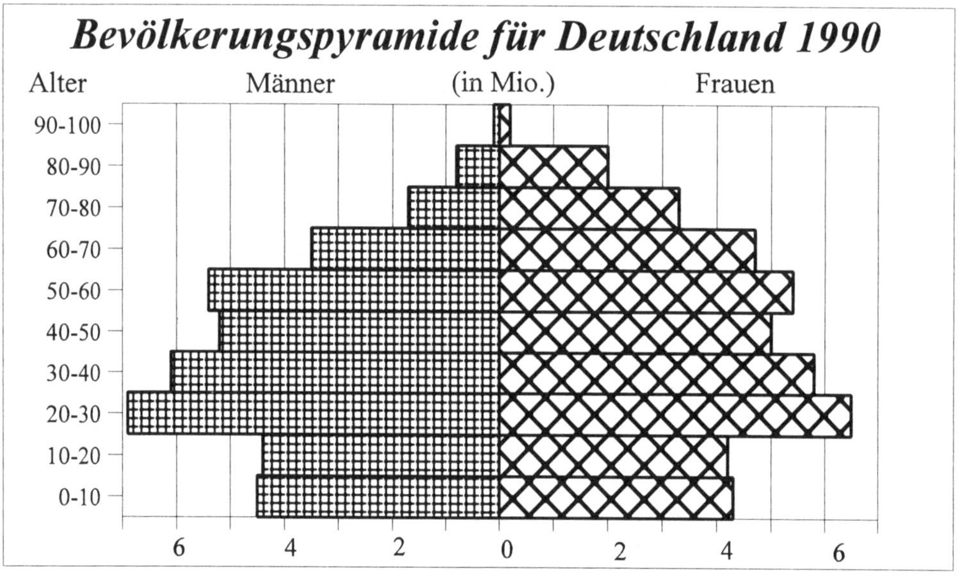

Demgegenüber ergibt sich für 2002 die folgende Grafik. Die bereits 1990 feststellbare Überalterung ist hier weiter fortgeschritten:

- Alle Altersklassen unter 30 Jahre sind geburtenschwache Jahrgänge, wobei insbesondere die jüngsten Jahrgänge besonders schwach besetzt sind, sodass sich das Problem in Zukunft noch verschärfen dürfte.
- Die geburtenstarken Jahrgänge sind in den Bereich von 30-50 Jahre vorgerückt und werden etwa 15 Jahre später das Rentenalter erreichen.
- Der Frauenüberschuss ist erst für über 60jährige ausgeprägt.
- Der Anteil der alten Personen insgesamt (insbesondere ab 70 Jahren) hat deutlich zugenommen.

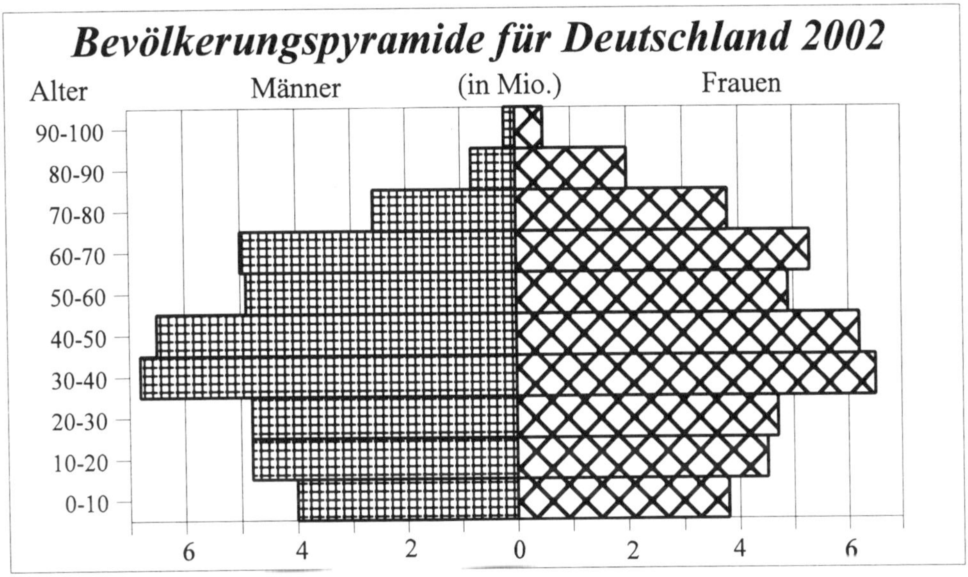

Aufgabe 2.2

Berechnen Sie für die in Aufgabe 2.1 angegebenen Daten folgende Maßzahlen:

(a) Durchschnittsalter

(b) Alterslastquote.

(c) Altersbelastung.

(d) Greis-Kind-Relation.

Unterstellen Sie für die Berechnung eine gleichmäßige Altersverteilung innerhalb der Altersklassen.

Lösung

(a) Das Durchschnittsalter errechnet sich aus dem Quotienten von (approximativer) Merkmalssumme (unter Verwendung der jeweiligen Klassenmitten) und Umfang der statistischen Masse:

$$\bar{A} = \frac{5 \cdot N_{0-10} + 15 \cdot N_{10-20} + \ldots + 95 \cdot N_{90+}}{N_{0-10} + N_{10-20} + \ldots + N_{90+}}.$$

Man erhält für 1990

$$\bar{A} = \frac{5 \cdot (4{,}51 + 4{,}28) + 15 \cdot (4{,}37 + 4{,}15) + \ldots + 95 \cdot (0{,}06 + 0{,}22)}{(4{,}51 + 4{,}28) + (4{,}37 + 4{,}15) + \ldots + (0{,}06 + 0{,}22)} = \frac{3.145}{79{,}78} = 39{,}42$$

und für 2002

$$\bar{A} = \frac{5 \cdot (4{,}01 + 3{,}80) + 15 \cdot (4{,}76 + 4{,}52) + \ldots + 95 \cdot (0{,}13 + 0{,}45)}{(4{,}01 + 3{,}80) + (4{,}76 + 4{,}52) + \ldots + (0{,}13 + 0{,}45)} = \frac{3.438}{82{,}54} = 41{,}65,$$

d. h. das Durchschnittsalter ist innerhalb von 12 Jahren um mehr als 2 Jahre angestiegen.

(b) Die Alterslastquote ALQ ist definiert als Anteil der über 65jährigen an der Gesamtbevölkerung:

$$ALQ = \frac{\frac{1}{2}N_{60-70} + N_{70-80} + N_{80-90} + N_{90+}}{N}.$$

Es ergibt sich für 1990

$$ALQ = \frac{\frac{1}{2}(3{,}51 + 4{,}69) + (1{,}71 + 3{,}35) + (0{,}78 + 1{,}96) + (0{,}06 + 0{,}22)}{79{,}78}$$
$$= \frac{12{,}18}{79{,}78} = 15{,}3\%$$

und für 2002

$$ALQ = \frac{\frac{1}{2}(4{,}98 + 5{,}32) + (2{,}62 + 3{,}82) + (0{,}78 + 2{,}00) + (0{,}13 + 0{,}45)}{82{,}54}$$
$$= \frac{14{,}95}{82{,}54} = 18{,}1\%.$$

Die Alterslastquote ist also innerhalb von 12 Jahren um nahezu 3 Prozentpunkte angewachsen.

(c) Die Altersbelastung ABL ist das Verhältnis der über 65-jährigen zu der arbeitsfähigen Bevölkerung, die hier zwischen 20 und unter 65 Jahren angesetzt wird. Es gilt also:

$$ABL = \frac{\frac{1}{2}N_{60-70} + N_{70-80} + N_{80-90} + N_{90+}}{N_{20-30} + N_{30-40} + N_{40-50} + N_{50-60} + \frac{1}{2}N_{60-70}}.$$

Man erhält somit für 1990

$$ABL = \frac{\frac{1}{2}(3{,}51 + 4{,}69) + (1{,}71 + 3{,}35) + (0{,}78 + 1{,}96) + (0{,}06 + 0{,}22)}{(6{,}86 + 6{,}47) + (6{,}09 + 5{,}81) + (5{,}18 + 4{,}98) + (5{,}43 + 5{,}37) + \frac{1}{2}(3{,}51 + 4{,}69)}$$
$$= \frac{12{,}18}{50{,}35} = 24{,}2\%$$

und für 2002

$$ABL = \frac{\frac{1}{2}(4{,}98+5{,}32)+(2{,}62+3{,}82)+(0{,}78+2{,}00)+(0{,}13+0{,}45)}{(4{,}84+4{,}68)+(6{,}84+6{,}47)+(6{,}45+6{,}22)+(4{,}93+4{,}92)+\frac{1}{2}(4{,}98+5{,}32)}$$

$$= \frac{14{,}95}{50{,}50} = 29{,}6\%.$$

Für die Interpretation ist nicht zuletzt der Kehrwert dieser Maßzahl interessant. Er gibt jeweils an, wie vielen Personen im erwerbsfähigen Alter eine Person im Rentenalter gegenübersteht; dieser Wert fällt innerhalb der 12 Jahre von 4,13 auf 3,39 erwerbsfähigen Personen je Rentner.

(d) Die Greis-Kind-Relation *GKR* (Age-Child-Ratio) gibt die Anzahl der über 65jährigen Personen im Verhältnis zur Zahl der unter 15jährigen Kinder an:

$$GKR = \frac{\frac{1}{2}N_{60-70}+N_{70-80}+N_{80-90}+N_{90+}}{N_{0-10}+\frac{1}{2}N_{10-20}} .$$

Im Jahr 1990 ist dieser Wert

$$GKR = \frac{\frac{1}{2}(3{,}51+4{,}69)+(1{,}71+3{,}35)+(0{,}78+1{,}96)+(0{,}06+0{,}22)}{(4{,}51+4{,}28)+\frac{1}{2}(4{,}37+4{,}15)}$$

$$= \frac{12{,}18}{13{,}05} = 0{,}933$$

und im Jahr 2002

$$GKR = \frac{\frac{1}{2}(4{,}98+5{,}32)+(2{,}62+3{,}82)+(0{,}78+2{,}00)+(0{,}13+0{,}45)}{(4{,}01+3{,}80)+\frac{1}{2}(4{,}76+4{,}52)}$$

$$= \frac{14{,}95}{12{,}45} = 1{,}201 .$$

Die Greis-Kind-Relation macht die zunehmende Überalterung besonders deutlich, da sie die dafür wesentlichen Bevölkerungsanteile zueinander in Beziehung setzt: die durch die steigende Lebenserwartung beeinflusste Zahl der Personen im Rentenalter und die von sinkenden Geburtenzahlen beeinflusste Zahl der Kinder. Innerhalb des betrachteten 12-Jahres-Abstandes steigt diese Relation von knapp unter einem Rentner je Kind auf 1,2 Rentner je Kind.

Aufgabe 2.3

Die nachstehende Tabelle enthält die Anzahl der Gestorbenen in der Bundesrepublik Deutschland für die Jahre 1990 und 2002, aufgegliedert nach Altersgruppen und Geschlecht. Angaben über den jeweiligen Bevölkerungsaufbau findet man in Aufgabe 2.1.

Sterbefälle 1990 und 2002 in der Bundesrepublik Deutschland (in 1000)				
m 1990	w	Altersklassen	m 2000	w
5,17	4,13	0 b.u. 10	2,26	1,90
2,19	0,95	10 b.u. 20	1,75	0,79
7,36	2,66	20 b.u. 30	3,69	1,34
9,87	4,66	30 b.u. 40	7,64	3,55
19,64	12,55	40 b.u. 50	19,16	9,77
50,45	23,68	50 b.u. 60	36,03	18,17
82,92	58,00	60 b.u. 70	85,91	44,02
110,12	127,85	70 b.u. 80	115,63	101,70
116,43	209,56	80 b.u. 90	88,32	170,34
17,39	56,75	90 u. älter	28,75	100,99

Quelle: Statistische Jahrbücher 1992, S. 82-83 und 2002, S. 73.

(a) Ermitteln Sie für beide Jahre alters- und geschlechtsspezifische Sterbeziffern. Stellen Sie die Sterbeziffern beider Jahre in geeigneter Form grafisch dar, und interpretieren Sie diese Grafik.

(b) Berechnen Sie für beide Jahre jeweils die allgemeine Sterbeziffer. Welches Problem tritt beim Vergleich dieser Sterbeziffern für die Jahre 1990 und 2002 auf?

(c) Eine bessere Vergleichbarkeit erreicht man mit standardisierten Sterbeziffern, bei denen ein konstanter Bevölkerungsaufbau unterstellt wird. Berechnen Sie standardisierte Sterbeziffern unter Zugrundelegung des Bevölkerungsaufbaus von 1990, indem Sie die spezifischen Sterbeziffern für beide Jahre mit den Bevölkerungsanteilen des Jahres 1990 gewichten.

Lösung

(a) Die spezifischen Sterbeziffern $m^{\mathrm{m}}_{[u_k;o_k)}$ bzw. $m^{\mathrm{w}}_{[u_k;o_k)}$ ergeben sich (näherungsweise, da Angaben zum Durchschnittsbestand im Jahresverlauf fehlen) für das Jahr t, die Altersklasse $[u_k;o_k)$ und das Geschlecht m bzw. w als Quotienten der oben angegebenen Sterbehäufigkeiten $M^{\mathrm{m}}_{[u_k;o_k)}$ bzw. $M^{\mathrm{w}}_{[u_k;o_k)}$ und der entsprechenden Bevölkerungszahl $N^{\mathrm{m}}_{[u_k;o_k)}$ bzw. $N^{\mathrm{w}}_{[u_k;o_k)}$ aus Aufgabe 2.1:

$$m^{m}_{[u_k;o_k)}(t) = \frac{M^{m}_{[u_k;o_k)}(t)}{N^{m}_{[u_k;o_k)}(t)} \quad \text{bzw.} \quad m^{w}_{[u_k;o_k)}(t) = \frac{M^{w}_{[u_k;o_k)}(t)}{N^{w}_{[u_k;o_k)}(t)}.$$

Man erhält folgende Werte:

Alters- und geschlechtsspezifische Sterbeziffern (Gestorbene je 1000 Einwohner)				
m 1990	w	Altersklasse	m 2002	w
1,15	0,96	0 b.u. 10	0,56	0,50
0,50	0,23	10 b.u. 20	0,37	0,17
1,07	0,41	20 b.u. 30	0,76	0,29
1,62	0,80	30 b.u. 40	1,12	0,55
3,79	2,52	40 b.u. 50	2,97	1,57
9,29	4,41	50 b.u. 60	7,31	3,69
23,62	12,37	60 b.u. 70	17,25	8,27
64,40	38,16	70 b.u. 80	44,13	26,62
149,27	106,92	80 b.u. 90	113,23	85,17
289,83	257,95	90 u. älter	221,15	224,42

Zur grafischen Darstellung der Sterbeziffern eignet sich der logarithmische Maßstab,

- da Zahlenwerte von ca. 0,30 bis 300 darzustellen sind,
- da es auf die relative Veränderung der Sterbeziffern im Zeitablauf ankommt.

Man erhält folgende Grafik:

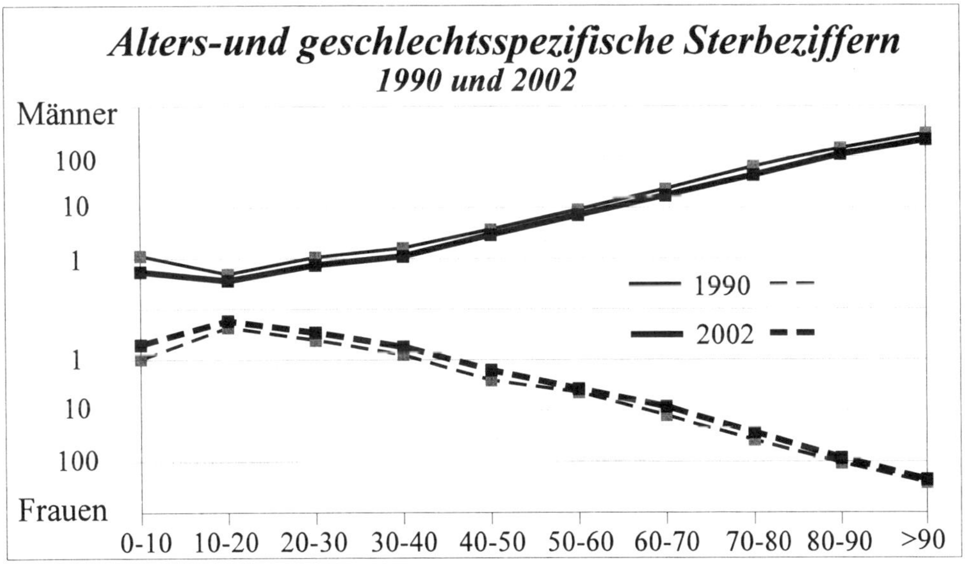

Für alle Altersgruppen und beide Geschlechter ist die Sterblichkeit innerhalb der 15 Jahre zurückgegangen, je nach Geschlecht und Altersklasse zwischen ca. 13% und 51%, in den meisten Bevölkerungsklassen um rund 30 %. Am stärksten verminderte sich die Sterblichkeit bei Kindern unter 10 Jahren. Bei Älteren liegt eine vergleichsweise geringe Reduktion vor, die bei Frauen geringer ausfällt als bei Männern.

(b) Die allgemeine Sterbeziffer eines Jahres ergibt sich als Quotient der insgesamt Verstorbenen und der Bevölkerung in dem betreffenden Jahr, d. h.

$$m(t) = \frac{\sum_{k=1}^{10} \left(M^{\mathrm{m}}_{[u_k;o_k)}(t) + M^{\mathrm{w}}_{[u_k;o_k)}(t)\right)}{\sum_{k=1}^{10} \left(N^{\mathrm{m}}_{[u_k;o_k)}(t) + N^{\mathrm{w}}_{[u_k;o_k)}(t)\right)} = \frac{M(t)}{N(t)}.$$

Man erhält folgende Werte:

$$1990: \quad \frac{922.330}{79.780.000} = 0{,}011.56 = 11{,}56‰ ,$$

$$2002: \quad \frac{841.710}{82.540.000} = 0{,}010.20 = 10{,}20‰ .$$

Dies entspricht einem Rückgang der relativen Sterbehäufigkeit um 11,8%.
Dieser Rückgang ist niedriger als der Rückgang sämtlicher spezifischer Sterbeziffern in Aufgabenteil (a). Die Ursache dafür ist die Überalterung der Bevölkerung 2002 durch die hohe Besetzung der alten Jahrgänge. Da diese Jahrgänge die meisten Sterbefälle aufweisen, wird der Rückgang der Sterblichkeit unterschätzt. Der Altersaufbau sollte daher standardisiert werden, um diesen Einfluss herauszurechnen.

(c) Man beachte, dass sich die allgemeinen Sterbeziffern auch wie folgt berechnen lassen:

$$m(t) = \sum_{k=1}^{10} \frac{N^{\mathrm{m}}_{u_k;o_k}(t)}{N(t)} \cdot m^{\mathrm{m}}_{[u_k;o_k)}(t) + \sum_{k=1}^{10} \frac{N^{\mathrm{w}}_{u_k;o_k}(t)}{N(t)} \cdot m^{\mathrm{w}}_{[u_k;o_k)}(t).$$

Die allgemeine Sterbeziffer ist also nichts anderes als der mit den relativen Bevölkerungsanteilen gewichtete Durchschnitt der spezifischen Sterbeziffern. Eine Standardisierung auf das Standardjahr $s=1990$ erreicht man, indem man die Bevölkerungsanteile von 1990 auch 2002 verwendet, d. h.

$$m^{s}(t) = \sum_{k=1}^{10} \frac{N^{\mathrm{m}}_{u_k;o_k}(s)}{N(s)} \cdot m^{\mathrm{m}}_{[u_k;o_k)}(t) + \sum_{k=1}^{10} \frac{N^{\mathrm{w}}_{u_k;o_k}(s)}{N(s)} \cdot m^{\mathrm{w}}_{[u_k;o_k)}(t).$$

Es ergeben sich folgende Werte:

$$1990: \quad \frac{4{,}51}{79{,}78} \cdot 1{,}15‰ + \ldots + \frac{0{,}22}{79{,}78} \cdot 257{,}95‰ = 11{,}56‰,$$

$$2002: \quad \frac{4{,}51}{79{,}78} \cdot 0{,}56‰ + \ldots + \frac{0{,}22}{79{,}78} \cdot 224{,}42‰ = 8{,}63‰.$$

Für 1990 erhält man (bis auf Rundungsfehler) den gleichen Wert wie in Aufgabenteil (b). Die standardisierte Sterbeziffer für 2002 ist jedoch nun um 25,3% niedriger als 1990; dies entspricht einer Verringerung der Sterblichkeit um etwa ein Viertel und liegt innerhalb des durch die spezifischen Sterbeziffern angezeigten Rahmens.

Aufgabe 2.4

In der nachstehenden Tabelle sind für die über 65jährigen die altersbezogenen relativen Sterbehäufigkeiten im Land Statistizien innerhalb eines Jahres, jeweils bezogen auf 1000 Einwohner des betreffenden Alters, wiedergegeben:

Alter	Sterbefälle auf 1000 EW	Alter	Sterbefälle auf 1000 EW	Alter	Sterbefälle auf 1000 EW
65	24	77	78	89	212
66	27	78	85	90	227
67	29	79	94	91	243
68	32	80	103	92	259
69	35	81	112	93	276
70	39	82	122	94	293
71	43	83	133	95	348
72	47	84	145	96	389
73	52	85	157	97	455
74	58	86	170	98	543
75	64	87	183	99	649
76	70	88	197	100	1000

(a) Berechnen Sie, ausgehend von einem Anfangsbestand von 100.000 Personen des Alters 65, wie viele dieser Personen unter Zugrundelegung der oben angegebenen relativen Sterbehäufigkeiten die einzelnen Altersstufen von 65 bis 100 erreichen würden.

(b) Berechnen Sie die durchschnittliche fernere Lebenserwartung für Personen der Altersstufen 65 bis 100. Vernachlässigen Sie dabei die Möglichkeit, älter als 101 Jahre zu werden.

Lösung

(a) Die Anzahl l_x der Überlebenden im Alter x kann mit folgender Formel berechnet werden:

$$l_x = l_{x-1} \cdot (1 - m_{x-1}),$$

wobei m_x die relative Sterbehäufigkeit für Personen des Alters x innerhalb eines Jahres bedeutet. Diese Werte sind in der Tabelle der Aufgabenstellung angegeben. Bei der Berechnung der Zahl der Überlebenden geht man also folgendermaßen vor:

$$l_{66} = l_{65} \cdot (1 - m_{65}) = 100.000 \cdot \left(1 - \frac{24}{1000}\right) = 97.600 \ ,$$

$$l_{67} = l_{66} \cdot (1 - m_{66}) = 97.600 \cdot \left(1 - \frac{27}{1000}\right) = 94.965 \ ,$$

$$l_{68} = l_{67} \cdot (1 - m_{67}) = 94.965 \cdot \left(1 - \frac{29}{1000}\right) = 92.211 \ ,$$

$$\vdots$$

Die nachfolgende Tabelle gibt die erwartete Zahl derjenigen wieder, welche die entsprechenden Altersstufen von 65 - 100 erreichen:

Alter	Überlebende	Alter	Überlebende	Alter	Überlebende
65	100.000	77	58.686	89	10.674
66	97.600	78	54.108	90	8.411
67	94.965	79	49.509	91	6.502
68	92.211	80	44.855	92	4.922
69	89.260	81	40.235	93	3.647
70	86.136	82	35.728	94	2.641
71	82.777	83	31.370	95	1.867
72	79.218	84	27.197	96	1.217
73	75.495	85	23.254	97	744
74	71.569	86	19.603	98	405
75	67.418	87	16.270	99	185
76	63.102	88	13.293	100	65

(b) Bezeichnet e_x die mittlere fernere Lebenserwartung einer Person des Alters x, so ergibt diese sich als Summe der Überlebensjahre $(\tau+0{,}5)$, gewichtet mit der relativen Häufigkeit der Sterbefälle nach τ Jahren und bezogen auf die Gesamtheit der heute x-jährigen. Dabei wird unterstellt, dass Personen, die τ Jahre überleben, nach $(\tau+1)$ Jahren aber verstorben sind, durchschnittlich $(\tau+0{,}5)$ Jahre weiterleben. Diese Summe lässt sich darstellen als

$$e_x = \sum_{\tau=0}^{\infty} (\tau+0{,}5) \cdot \frac{l_{x+\tau} - l_{x+\tau+1}}{l_x} .$$

Aufgrund der Aufgabenstellung ist – wie in der Bevölkerungsstatistik üblich – zu unterstellen, dass keine Person das Alter 101 erreicht. Da die Summe am kürzesten ist, wenn nur noch wenige mögliche Überlebensjahre zu berücksichtigen sind, geben wir zunächst nur die ferneren Lebenserwartungen für die letzten Altersjahrgänge an:

$$e_{100} = 0{,}5 \cdot \frac{65-0}{65} = 0{,}5 \; ,$$

$$e_{99} = 0{,}5 \cdot \frac{185-65}{185} + 1{,}5 \cdot \frac{65-0}{185} = 0{,}851 \; ,$$

$$e_{98} = 0{,}5 \cdot \frac{405-185}{405} + 1{,}5 \cdot \frac{185-65}{405} + 2{,}5 \cdot \frac{65-0}{405} = 1{,}117 \; ,$$

$$\vdots$$

Man erkennt, dass der Rechenaufwand mit der Entfernung vom Alter 100 immer weiter ansteigt. Darüber hinaus wird deutlich, dass der für einen bestimmten Altersjahrgang durchgeführte Rechenaufwand bei der Berechnung der Lebenserwartung für eine ein Jahr jüngere Person weiter verwendet werden kann. Beispielsweise gilt:

$$\begin{aligned} e_{98} &= 0{,}5 \cdot \frac{405-185}{405} + \frac{185}{405} \cdot \left(1{,}5 \cdot \frac{185-65}{185} + 2{,}5 \cdot \frac{65-0}{185}\right) \\ &= 0{,}5 \cdot \frac{405-185}{405} + \frac{185}{405} \cdot \left(0{,}5 \cdot \frac{185-65}{185} + 1{,}5 \cdot \frac{65-0}{185} + 1\right) \\ &= 0{,}5 \cdot \frac{405-185}{405} + \frac{185}{405} \cdot (e_{99} + 1) \; . \end{aligned}$$

Aus diesem Zusammenhang ergibt sich, dass zur Rechenerleichterung folgende Rekursionsformel verwendet werden kann:

$$e_x = 0{,}5 \cdot \frac{l_x - l_{x+1}}{l_x} + \frac{l_{x+1}}{l_x} \cdot (e_{x+1} + 1)$$
$$= 0{,}5 \cdot m_x + (1 - m_x) \cdot (e_{x+1} + 1) \, .$$

Mit der Rekursionsformel berechnen sich unter Verwendung der Voraussetzung, dass $e_{101} = 0$ gilt, die ferneren Lebenserwartungen wie folgt:

$$e_{101} = 0 \, ,$$
$$e_{100} = 0{,}5 \cdot m_{100} + (1 - m_{100}) \cdot (e_{101} + 1) = 0{,}5 \cdot 1 + (1-1) \cdot (0+1) = 0{,}5 \, ,$$
$$e_{99} = 0{,}5 \cdot m_{99} + (1 - m_{99}) \cdot (e_{100} + 1) = 0{,}5 \cdot 0{,}649 + (1-0{,}649) \cdot (0{,}5+1) = 0{,}851 \, ,$$
$$e_{98} = 0{,}5 \cdot m_{98} + (1 - m_{98}) \cdot (e_{99} + 1) = 0{,}5 \cdot 0{,}543 + (1-0{,}543) \cdot (0{,}851+1) = 1{,}117 \, ,$$
$$\vdots$$

Man erhält damit die in der nachstehenden Tabelle angegebenen ferneren Lebenserwartungen der 65-100jährigen:

Alter	f. Lebenserw.	Alter	f. Lebenserw.	Alter	f. Lebenserw.
65	14,050	77	7,260	89	3,367
66	13,383	78	6,832	90	3,138
67	12,741	79	6,420	91	2,913
68	12,107	80	6,034	92	2,688
69	11,491	81	5,670	93	2,453
70	10,890	82	5,322	94	2,198
71	10,312	83	4,992	95	1,901
72	9,753	84	4,681	96	1,649
73	9,209	85	4,390	97	1,381
74	8,687	86	4,114	98	1,117
75	8,191	87	3,854	99	0,851
76	7,717	88	3,605	100	0,500

Aufgabe 2.5

Geben Sie für jede der folgenden acht Thesen zur Bevölkerungsstatistik an, ob Sie die jeweilige Behauptung für richtig (R) oder falsch (F) halten.

(a) In der Bevölkerungsstatistik versteht man unter dem Begriff ‚Übersiedler' deutsche Staatsangehörige und deutsche Volkszugehörige, die nach Abschluss der allgemeinen Vertreibungsmaßnahmen ihre angestammte Heimat in den Staaten Ost- und Südosteuropas verlassen und ihren neuen Wohnsitz im Geltungsbereich des Grundgesetzes begründet haben.

(b) Die Fortschreibung der Bevölkerungszahlen ist stark fehlerbehaftet, da insbesondere Fortzüge ins Ausland häufig nicht erfasst werden können.

(c) Die Erhebungseinheiten des Mikrozensus sind Haushalte bzw. Anstalten.

(d) Da der Mikrozensus zur Überbrückung zwischen den Volkszählungsterminen dient, wird er oft als ‚kleine Volkszählung' bezeichnet.

(e) Urnenförmige Bevölkerungspyramiden deuten auf eine hohe Alterslastquote hin.

(f) Die Altersbelastung ist der reziproke Wert der Alterslastquote.

(g) Geburten von Frauen, die nicht zwischen 15 und 45 Jahre alt sind, werden in der speziellen Geburtenziffer nicht erfasst.

(h) Wegen medizinischer Fortschritte fällt die aufgrund von Sterbetafeln berechnete Lebenserwartung für Neugeborene tendenziell zu hoch aus.

Lösung

(a) Falsch. Die hier beschriebenen Eigenschaften definieren nicht einen ‚Übersiedler', sondern einen ‚Aussiedler'.

(b) Richtig. Gerade bei Fortzügen ins Ausland benötigen die ‚Auswandernden' oft keine Abmeldebescheinigungen des alten Wohnsitzes. Dies ist eine der Fehlerarten, die bei der Fortschreibung der Bevölkerung auftreten und die eine regelmäßige Bestandsaufnahme durch eine Volkszählung notwendig machen.

(c) Richtig. Dabei werden jeweils mehrere Nachbarhaushalte zu räumlichen Klumpen zusammengefasst. Ein Prozent dieser Klumpen wird dann ausgewählt und vollständig erhoben.

(d) Richtig. Bestimmte Fragestellungen der Volkszählung können durch die Ergebnisse des Mikrozensus in hinreichender Genauigkeit fortgeschrieben werden, zumindest für größere räumliche Einheiten.

(e) Richtig. Eine urnenförmige Bevölkerungspyramide entsteht durch geringe Geburtenziffern und eine vergleichsweise hohe Lebenserwartung. Dadurch sind die jungen Jahrgänge relativ schwach besetzt, die mittleren Jahrgänge (30-70 Jahre) hingegen wesentlich stärker. Erst im Alter beginnt durch die dann nennenswert einsetzende Sterblichkeit die Stärke der Jahrgänge wieder merklich abzunehmen. Dadurch, dass in dieser Situation ein hoher Prozentsatz der Bevölkerung das Rentenalter erreicht, ergibt sich ein recht hoher Wert der Alterslastquote.

(f) Falsch. Die Alterslastquote ist definiert als Verhältnis der Zahl der über 65jährigen zur Gesamtbevölkerungszahl, beschreibt also den Anteil der über 65jährigen an der Gesamtbevölkerung. Die Altersbelastung hingegen gibt an, wie viele Personen über 65 Jahre auf jeweils eine Person im erwerbsfähigen Alter (20-65 Jahre) entfallen.

(g) Falsch. Die spezielle Geburtenziffer ist das Verhältnis der Zahl der Lebendgeboren zur Zahl der Frauen im Alter zwischen 15 und 45 Jahren. Neugeborene von Frauen jünger als 15 oder älter als 45 Jahre werden also im Zähler der speziellen Geburtenziffer erfasst, nicht jedoch ihre Mütter im Nenner.

(h) Falsch. Medizinische Fortschritte verringern die Sterblichkeit, sodass die wahre Lebenserwartung aufgrund historischer Daten unterschätzt wird.

3 Erwerbsstatistik

Die Erwerbsstatistik betrachtet die Beteiligung der Bevölkerung am Erwerbsleben nach zwei unterschiedlichen Konzepten: dem *Erwerbs-* und dem *Unterhaltskonzept.* Die im Rahmen der Erwerbs- bzw. Arbeitsmarktstatistik betrachteten Begriffe *Erwerbsloser* bzw. *Arbeitsloser* beinhalten demgemäß zwei unterschiedliche Sachverhalte, die ohne weiteres nicht miteinander vergleichbar sind (→ **Aufgaben 3.1, 3.2 und 3.5**).
Ähnlich wie in der Bevölkerungsstatistik werden auch hier alters- und geschlechtsspezifische Maßzahlen betrachtet, beispielsweise *spezifische Erwerbsquoten* (→ **Aufgabe 3.3**). Interessant ist darüber hinaus nicht nur die Zahl der Erwerbs- und Arbeitslosen, sondern auch die *Dauer* der Erwerbs- bzw. Arbeitslosigkeit (→ **Aufgabe 3.4**).

Literaturhinweise

H. DEGEN & P. LORSCHEID (2002), S. 146-156.
P. V.D.LIPPE (1996), S. 74-79 und 89-102.
H. RINNE (1996), S. 179-216.

Aufgabe 3.1

Die nachstehende Tabelle zeigt eine Aufgliederung der Wohnbevölkerung der Bundesrepublik Deutschland.

Wohnbevölkerung im Mai 2003 in 1000	Personen mit überwiegendem Lebensunterhalt aus			
	Erwerbs-tätigkeit	Arbeitslosen-geld/ -hilfe	Rente und dergleichen	Unterstützung d. Angehörige
Erwerbstätige	32.879	226	923	2.145
Erwerbslose	×	3.346	542	732
Nichterwerbspers.	×	×	20.454	21.444

Quelle: Statistisches Jahrbuch 2004.

(a) Begründen Sie, warum die drei Felder unten links in der Tabelle unbesetzt sind.

(b) Stellen Sie eine Untergliederung der Bevölkerung auf
(i) nach dem Erwerbskonzept,
(ii) nach dem Unterhaltskonzept.

(c) Wie groß sind Erwerbsquote und Abhängigkeitsrate?

Lösung

(a) Erwerbslose können ihren Lebensunterhalt nicht aus Erwerbstätigkeit bestreiten. Nichterwerbspersonen sind definitionsgemäß weder erwerbstätig noch beschäftigungssuchend, können also ihren Lebensunterhalt nicht aus Erwerbstätigkeit oder Arbeitslosengeld bzw. Arbeitslosenhilfe bestreiten.

(b) Die Aufteilung der Bevölkerung nach dem Erwerbskonzept ergibt sich aus den Zeilensummen der angegebenen Tabelle. Man erhält (in 1.000):

Erwerbspersonen		40.793
davon Erwerbstätige	36.173	
Erwerbslose	4.620	
Nichterwerbspersonen		41.898
Summe		82.691

Die Aufteilung nach dem Unterhaltskonzept ergibt sich aus den Spaltensummen der Tabelle:

Personen mit überwiegendem Unterhalt aus	
- Erwerbstätigkeit	32.879
- Arbeitslosengeld / -hilfe	3.572
- Rente, Zinsen, Vermögen, Vermietung, Sozialhilfe usw.	21.919
- Unterstützung durch Angehörige	24.321
Summe	82.691

Man beachte, dass mit der sog. ‚Hartz IV'-Arbeitsmarktreform die Sozialhilfe (für erwerbsfähige Sozialhilfeempfänger) und die Arbeitslosenhilfe zum 1.1.2005 zur 'Grundsicherung für Arbeitssuchende' (Arbeitslosengeld II) zusammengelegt wurden. Dadurch ändert sich künftig die Aufgliederung der Bevölkerung nach dem Unterhaltskonzept entsprechend.

(c) Die Erwerbsquote e ergibt sich als

$$e = \frac{E}{N} = \frac{40.793 \cdot 10^3}{82.691 \cdot 10^3} = 0{,}493 = 49{,}3\,\%;$$

dabei bezeichnet E die Zahl der Erwerbspersonen und N die Bevölkerungszahl.
Die Abhängigkeitsrate (Kehrwert der Erwerbstätigenquote et) berechnet sich als

$$\frac{1}{et} = \frac{N}{ET} = \frac{82.691}{36.173} = 2{,}29,$$

d. h. auf jeden der Erwerbstätigen (ET) kommen etwa 2,3 Personen der Bevölkerung.
Stellt man zur Berechnung der Abhängigkeitsrate allerdings auf die Zahl der Erwerbstätigen nach dem Unterhaltskonzept (ET_U) ab, so ergibt sich

$$\frac{1}{et_U} = \frac{N}{ET_U} = \frac{82.691}{32.879} = 2{,}52,$$

d. h. auf eine Person, die ihren Lebensunterhalt überwiegend aus Erwerbstätigkeit bestreitet, kommen rund 2,5 anderweitig zu versorgende Personen.

Aufgabe 3.2

Vergleichen Sie die Definitionen eines ‚Erwerbslosen' bzw. ‚Arbeitslosen', und nehmen Sie Stellung zu folgender These:

> „Aufgrund der Terminologie der Amtlichen Statistik der Bundesrepublik Deutschland ist die Zahl der Erwerbslosen stets höher als die Zahl der Arbeitslosen."

Lösung

Ein Erwerbsloser ist im Rahmen des Erwerbskonzeptes definiert als eine Person, die eine abhängige oder selbständige Beschäftigung sucht. Eine Person, die eine (auch nur geringfügige) Beschäftigung ausübt, gilt stets als Erwerbstätiger, ungeachtet der Möglichkeit, dass sie derzeit eine andere (evtl. nicht geringfügige) Beschäftigung sucht.
Der Begriff des Arbeitslosen im Rahmen der Arbeitsmarktstatistik umfasst die registrierten Arbeitslosen. Für eine Registrierung als Arbeitsloser ist Voraussetzung, dass die betreffende Person

- hauptsächlich als Arbeitnehmer tätig sein will,
- vorübergehend ohne Beschäftigung ist oder derzeit nur eine geringfügige Beschäftigung ausübt (weniger als 15 Wochenstunden),
- nicht jünger als 15 Jahre ist und das Alter 65 nicht überschritten hat,
- eine Beschäftigung von mindestens 15 Stunden wöchentlich sucht,
- nicht Rente, Pension o. Ä. bezieht,
- nicht in einem Ausbildungsverhältnis steht, an einer staatlich geförderten Fortbildungsmaßnahme teilnimmt oder Kurzarbeiter ist,
- eine Beschäftigung für einen Zeitraum von mindestens drei Monaten im In- oder Ausland sucht,
- dem Arbeitsmarkt sofort zur Verfügung steht (d. h. nicht arbeitsunfähig erkrankt ist),
- nicht nur innerhalb eines bestimmten Betriebes eine Beschäftigung sucht.

Die ‚Hartz IV'-Arbeitsmarktreform hat an diesem Anforderungskatalog nichts geändert. Bereits nach der zuvor geltenden Rechtslage mussten sich arbeitsfähige Sozialhilfeempfänger als arbeitslos melden. Dies geschah allerdings häufig nicht, weil die Entscheidung über die Arbeitsfähigkeit in das Ermessen der städtischen Sozialämter fiel oder gar der Selbsteinschätzung unterlag.

Aufgrund dieser Definitionen gibt es

(1) Arbeitslose, die keine Erwerbslosen sind. Hierzu zählen insbesondere diejenigen Arbeitslosen, die einer geringfügigen Erwerbstätigkeit (weniger als 15 Stunden wöchentlich) nachgehen.

(2) Erwerbslose, die keine Arbeitslosen sind. Hierzu zählen diejenigen Erwerbslosen, welche die oben genannten Kriterien für eine Registrierung als Arbeitslose nicht erfüllen, etwa weil sie älter als 65 Jahre sind oder nur eine geringfügige Beschäftigung suchen. Darüber hinaus lassen sich manche Erwerbslose nicht als arbeitslos registrieren, da sie (davon ausgehen, dass sie) keinen Anspruch auf Arbeitslosengeld I/II haben und sich deshalb eine Registrierung für sie nicht lohnt.

Im Gegensatz zu der in der Aufgabenstellung formulierten These kann also prinzipiell die Zahl der Erwerbslosen größer sein als die der Arbeitslosen, aber auch die Zahl der Arbeitslosen größer als die der Erwerbslosen sein. Tendenziell übersteigt in der Bundesrepublik Deutschland jedoch die Zahl der Erwerbslosen die Zahl der Arbeitslosen, da in der Regel nur etwas mehr als die Hälfte der Erwerbslosen ihren Lebensunterhalt aus einem Anspruch aus Arbeitslosengeld bzw. -hilfe bestreitet.

Aufgabe 3.3

Interpretieren Sie die beiden nachfolgend wiedergegebenen Schaubilder, in denen altersspezifische Erwerbsquoten für Männer und Frauen bzw. für ledige und verheiratete Frauen dargestellt sind.
Betrachten Sie insbesondere, wie sich die alters- und geschlechtsspezifischen Unterschiede im Zeitablauf verändert haben.

Lösung

Bei der Erwerbsquote handelt es sich um den Anteil der Erwerbspersonen (d. h. Erwerbstätige und Erwerbslose zusammengenommen) an der Bevölkerung. Die dargestellten spezifischen Erwerbsquoten beziehen die Erwerbspersonen eines bestimmten Alters und Geschlechts (und hier auch Familienstands) auf die Bevölkerungszahl mit diesem Alter, Geschlecht und Familienstand. Bei hinreichend feiner Gliederung der Bevölkerung sind dann Aussagen über die Veränderung des Erwerbsverhaltens möglich, da hierdurch im Gegensatz zur Betrachtung der allgemeinen Erwerbsquote die Einflüsse demographischer Veränderungen auf die Erwerbsquote ausgeschaltet werden.
Im Schaubild sind folgende Gesichtpunkte bemerkenswert:

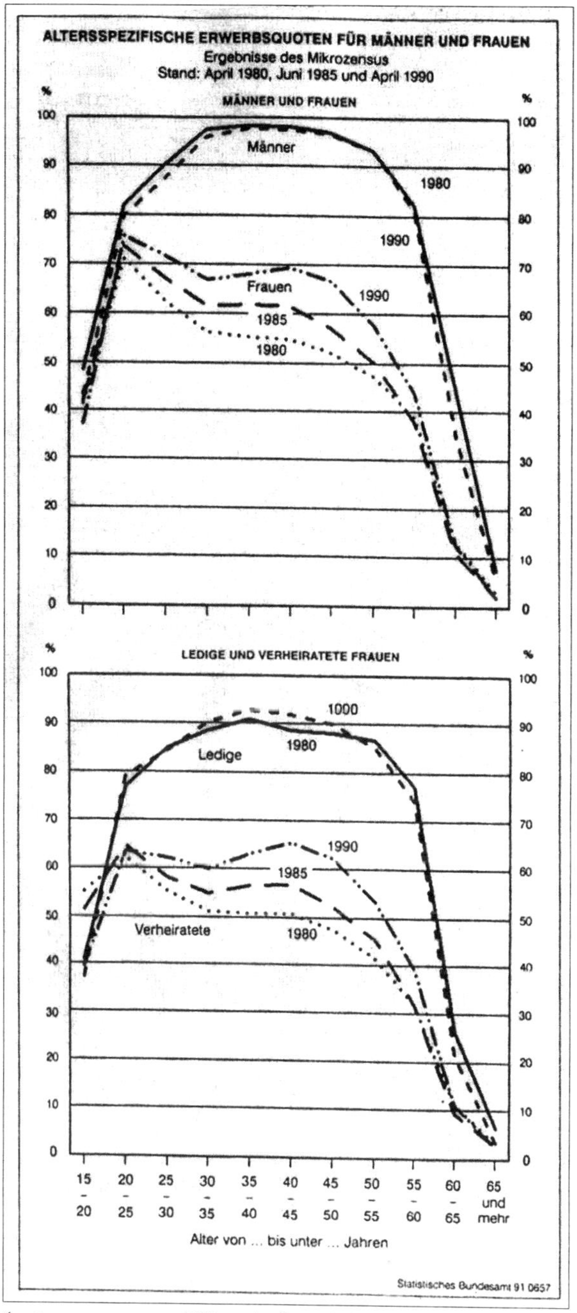

(entnommen aus: Wirtschaft und Statik 12/1991)

- Bei Frauen ist ab einem Alter von etwa 20 Jahren eine wesentlich geringere Erwerbstätigkeit als bei Männern festzustellen. Während die Erwerbsquote bei Männern mittleren Alters nahezu 100% erreicht, liegt die Erwerbsquote für Frauen im Alter von 20-25 Jahren höchstens bei etwa 80%. In den mittleren Altersklassen befindet sich bei Frauen ein ‚Zwischental', da besonders viele Frauen ihre Berufstätigkeit wegen Heirat und/oder Kinderbetreuung unterbrechen und erst nach einer gewissen Zeit wieder ins Erwerbsleben zurückkehren.
  In den letzten Jahren ist der Unterschied der Erwerbsquoten zwischen Frauen und Männern jedoch wesentlich geringer geworden. Dies könnte auf zunehmende Möglichkeiten der Teilzeitarbeit zurückzuführen sein, aber auch auf den steigenden Anteil unverheirateter und kinderloser Frauen (vgl. den nächsten Punkt).
- Die Unterschiede der spezifischen Erwerbsquoten beider Geschlechter sind weitgehend auf das ‚typische' Erwerbsverhalten verheirateter Frauen zurückzuführen:
  Während sich das Erwerbsverhalten unverheirateter Frauen nur geringfügig von demjenigen der Männer unterscheidet (etwas niedrigere Erwerbsquoten ohne ‚Zwischental'), haben verheiratete Frauen eine recht geringe Erwerbsquote mit einem deutlichen ‚Zwischental'.
- Im Alter unter 30 Jahren ist die Ausbildung für eine vergleichsweise niedrige Erwerbsquote verantwortlich. Durch längere durchschnittliche Ausbildungszeiten ist die Erwerbsquote in diesem Bereich in den letzten Jahren weiter gesunken.
- Oberhalb des Alters 50 Jahre nimmt die Erwerbstätigkeit deutlich ab. Mit Ausnahme bei den verheirateten Frauen hat die Erwerbsquote im hohen Alter in den letzten Jahren weiter abgenommen. Dies könnte auf flexiblere Möglichkeiten für den Wechsel in den Altersruhestand zurückzuführen sein.

Aufgabe 3.4

Bei der Analyse der Dauer der Arbeitslosigkeit können zwei unterschiedliche Konzepte verfolgt werden:

(1) bisherige Dauer der Arbeitslosigkeit (B):
Für den aktuellen Bestand an Arbeitslosen wird jeweils die Zeit seit Beginn der Arbeitslosigkeit ermittelt.

(2) vollendete Dauer der Arbeitslosigkeit (V):
Für einen bestimmten Zeitraum wird für diejenigen Personen, welche ihre Arbeitslosigkeit beenden, die bereits vergangene Zeit seit Beginn ihrer Arbeitslosigkeit ermittelt.

(a) Erläutern Sie die Analogie, die zwischen den oben beschriebenen Konzepten und den bevölkerungsstatistischen Maßzahlen ‚Durchschnittsalter der Bevölkerung' und ‚durchschnittliches Sterbealter' besteht. Welche Gründe könnten für oder gegen die beiden Konzepte sprechen?

(b) Welche Beziehung gilt für die individuellen Dauern der Arbeitslosigkeit B_i und V_i einer bestimmten Person?

(c) Warum gilt diese Beziehung nicht mehr für die Durchschnittswerte $\bar{B}$ und $\bar{V}$ der Gesamtheit der Arbeitslosen bzw. ehemaligen Arbeitslosen?

(d) Was spricht dafür, dass in der Regel sogar $\bar{B} > \bar{V}$ gilt?
(z. B. in 1984: $\bar{B}$ = 11,6 Monate, $\bar{V}$ = 7,9 Monate nach P. v.d.Lippe (1996), S. 99.)

Lösung

(a) Die bisherige Dauer der Arbeitslosigkeit B bezieht sich auf die aktuelle Bestandsmasse der Arbeitslosen, ähnlich wie sich das Durchschnittsalter der Bevölkerung auf eine Bevölkerungsbestandsmasse bezieht.
Die vollendete Dauer der Arbeitslosigkeit V bezieht sich dagegen auf eine Bewegungsmasse, nämlich die Bewegungsmasse der Personen, die den Zustand der Arbeitslosigkeit während einer Zeitspanne von z. B. einem Jahr verlassen. Das gleiche ist auch beim durchschnittlichen Sterbealter einer Bevölkerung der Fall: Hier wird das durchschnittliche Alter der Sterbefälle z. B. während eines Jahres (einer Bewegungsmasse) betrachtet. Unter der Annahme konstanter Geburts- und Sterebziffern wäre das durchschnittliche Sterbealter mit der Lebenserwartung identisch.

Entsprechend würde unter gleichbleibenden Bedingungen, d. h. einer im Zeitablauf konstant bleibenden Verteilung der Dauer der Arbeitslosigkeit, der Durchschnittswert $\bar{V}$ genau die Dauer der Arbeitslosigkeit angeben, mit der eine sich neu arbeitslos meldende Person im Mittel zu rechnen hat. Da diese Verteilung jedoch in der Regel nicht konstant ist, gibt $\bar{V}$ die Verhältnisse retrospektiv und damit verzögert wieder. Diese Maßzahl ist damit in ihrer Aussagekraft für neue Arbeitslose eingeschränkt.

Die Maßzahl $\bar{B}$ ist demgegenüber nicht verzögert, hat aber zwei Nachteile:

- Langzeitarbeitslose verbleiben länger in der Bestandsmasse der Arbeitslosen als Kurzzeitarbeitslose und sind daher überrepräsentiert.
- Die bisherige Dauer der Arbeitslosigkeit ist vom sachlogischen Standpunkt her weniger interessant. Insbesondere muss davor gewarnt werden, einen Durchschnittswert für die bisherige Dauer fälschlicherweise als Maßzahl für die (sachlogisch interessantere) vollendete Dauer zu verwenden.

(b) Für jede arbeitslose Person ist natürlich ihre individuelle bisherige Dauer der Arbeitslosigkeit kleiner bzw. gleich ihrer individuellen vollendeten Dauer der Arbeitslosigkeit, d. h. es gilt:

$$B_i \leq V_i \ .$$

(c) Weil diesen Durchschnittswerten ganz verschiedene statistische Massen zu Grunde liegen, nämlich eine Bestands- und eine Bewegungsmasse, gilt die Beziehung aus (b) nicht für die Durchschnittswerte $\bar{B}$ und $\bar{V}$ der Gesamtheit der Arbeitslosen.

(d) Die Tatsache, dass in der Bestandsmasse Langzeitarbeitslose im Vergleich zur Bewegungsmasse überrepräsentiert sind, spricht dafür, dass in der Regel $\bar{B} > \bar{V}$ gilt.

Eine vereinfachte Modellrechnung kann dies verdeutlichen. Betrachtet wird die folgende Situation:

- 4/5 Kurzzeitarbeitslose, Dauer der Arbeitslosigkeit 0,2 Jahre,
- 1/5 Langzeitarbeitslose, Dauer der Arbeitslosigkeit 4,2 Jahre.

In jedem Jahr werden 5 Personen arbeitslos (d. h. alle 0,2 Jahre), die mittlere hiervon soll annahmegemäß von Langzeitarbeitslosigkeit betroffen sein. Die bisherige Dauer wird über die Bestandsmasse zum Zeitpunkt $t=5$ gemittelt, die vollendete Dauer über die Bewegungsmasse, die zwischen den Zeitpunkten $t=4$ und $t=5$ die Bestandsmasse verlässt. Es ergibt sich damit die folgende Datenkonstellation:

t_{Beg}	0,1	0,3	0,5	0,7	0,9	1,1	1,3	1,5	1,7	1,9	2,1	2,3	2,5
t_{End}	0,3	0,5	4,7	0,9	1,1	1,3	1,5	5,7	1,9	2,1	2,3	2,5	6,7
$B_i(t=5)$								3,5					2,5
$V_i(4 \leq t < 5)$			4,2										

t_{Beg}	2,7	2,9	3,1	3,3	3,5	3,7	3,9	4,1	4,3	4,5	4,7	4,9	Durch-schnitt
t_{End}	2,9	3,1	3,3	3,5	7,7	3,9	4,1	4,3	4,5	8,7	4,9	5,1	
$B_i(t=5)$					1,5					0,5		0,1	1,62
$V_i(4 \leq t < 5)$							0,2	0,2	0,2		0,2		1,00

Der Durchschnitt der bisherigen Dauer ist hier also um zwei Drittel größer als derjenige der vollendeten Dauer, der bei den hier unterstellten konstanten Bedingungen auch der erwarteten Dauer für neu hinzukommende Arbeitslose entspricht.

Aufgabe 3.5

Geben Sie für jede der folgenden acht Thesen zur Erwerbsstatistik an, ob Sie die jeweilige Behauptung für richtig (R) oder falsch (F) halten.

(a) Nach dem Erwerbskonzept gehören zur Erwerbsbevölkerung alle Personen, die eine unmittelbar oder mittelbar auf Erwerb ausgerichtete Tätigkeit ausüben, außer den mithelfenden Familienangehörigen, die weniger als 15 Stunden in der Woche arbeiten.

(b) Im Mikrozensus wird beim statistischen Nachweis der Erwerbstätigkeit in erster Linie auf das Unterhaltskonzept abgestellt.

(c) Bei der Ermittlung der Erwerbsquote wird in der Regel vom Erwerbskonzept ausgegangen.

(d) Mit dem Begriff ‚offene Stellen' werden in der Amtlichen Statistik ausschließlich diejenigen offenen Stellen erfasst, die von den Arbeitgebern den Arbeitsämtern als zu besetzende Arbeitsplätze gemeldet sind.

(e) Die ‚abhängig Erwerbstätigen' setzen sich aus den Arbeitern und den Angestellten zusammen.

(f) Teilnehmer an Arbeitsbeschaffungsmaßnahmen zählen in der Bundesrepublik Deutschland zu den registrierten Arbeitslosen.

(g) Das Labour-Force-Konzept der Internationalen Arbeitsorganisation (ILO) wird in der Bundesrepublik Deutschland nur auf Jahresbasis umgesetzt, d. h. es existieren hierfür keine Monatswerte.

(h) Studierende zählen im Rahmen des Erwerbskonzeptes zu den Erwerbstätigen.

Lösung

(a) Falsch. Auch die mithelfenden Familienangehörigen zählen, unabhängig von ihrer wöchentlichen Arbeitszeit, zur Erwerbsbevölkerung.

(b) Falsch. Der Mikrozensus stellt primär auf das Erwerbskonzept ab.

(c) Richtig.

(d) Richtig. Daten über die übrigen zu besetzenden Stellen sind den Arbeitsämtern nicht verfügbar. Die offenen Stellen der Arbeitsmarktstatistik sind daher nur bedingt als Indikator für die aktuelle Lage des Arbeitsmarktes brauchbar.

(e) Falsch. Zu den ‚abhängig Erwerbstätigen' zählen neben den Arbeitern und Angestellten auch Beamte und Auszubildende.

(f) Falsch. Teilnehmer an Arbeitsbeschaffungsmaßnahmen gehören gemäß der Definition von ‚Arbeitslosen' in der Arbeitsmarktstatistik nicht zum einbezogenen Personenkreis.

(g) Falsch. Seit März 2005 stellt das Statistische Bundesamt im Rahmen seiner neuen ILO-Arbeitsmarktstatistik monatlich aktuelle Ergebnisse für Erwerbstätige und Erwerbslose nach dem Labour-Force-Konzept zur Verfügung.

(h) Richtig. Studierende zählen im Rahmen des Erwerbskonzeptes zu den Erwerbstätigen, und zwar auch dann, wenn sie in keinem (evtl. geringfügigen) Beschäftigungsverhältnis stehen.

4 Indizes in der Preisstatistik

Aufgabe der Preisstatistik ist es, Informationen über die Entwicklung des Preisniveaus zu liefern. Dazu benutzt die Statistik verschiedene *Preisindizes*, die als gewogene arithmetische Mittel von Preismesszahlen für die einzelnen Güter (in bezug auf eine bestimmte Basisperiode) aufgefasst werden können. Je nach den verwendeten Gewichten unterscheidet man zwei Hauptformen der Preisindizes:

- den *Preisindex nach PAASCHE*, der als Gewichte die Umsatzanteile der jeweiligen Berichtsperiode verwendet (→ **Aufgabe 4.2**), und
- den *Preisindex nach LASPEYRES*, der als Gewichte die Umsatzanteile der Basisperiode benutzt (→ **Aufgabe 4.1**). Die Amtliche Statistik bevorzugt überwiegend diese Form des Preisindex, wobei die Gewichte alle fünf Jahre an aktuelle Entwicklungen angepasst werden. Je nach Verwendung des Preisindex (z. B. Erzeugerpreisindizes, Einzelhandelspreisindizes, verschiedene Preisindizes der Lebenshaltung) werden verschiedene Gewichtungsgerüste betrachtet, die auch als *Warenkörbe* bezeichnet werden. Durch *Verkettung* der Indizes vor und nach der Anpassung des Warenkorbs lässt sich eine durchlaufende Indexzeitreihe erstellen, der allerdings dann kein einheitlicher Warenkorb mehr zugrundeliegt (→ **Aufgabe 4.4**).

Die praktische Berechnung der Indizes erfolgt meist auf der Grundlage von *Subindizes*, indem Preisindizes verschiedener untergeordneter Warengruppen zu einem übergeordneten Index zusammengefasst werden (→ **Aufgaben 4.1 und 4.4**).

Analog zu den Preisindizes können auch *Mengenindizes* definiert werden, welche die mengenmäßige (d. h. preisbereinigte) Entwicklung innerhalb eines bestimmten Warenkorbes aufzeigen sollen. Gewichte sind auch hier die Umsätze der Berichts- oder Basisperiode. Die Multiplikation eines Preis- mit einem Mengenindex liefert eine Messzahl des Umsatzes, den *Wertindex* (→ **Aufgabe 4.2**).

Bei der praktischen Berechnung von Preisindizes besteht stets das Problem, dass reine Preisveränderungen getrennt werden müssen von solchen Preisentwicklungen, die aus anderen Einflüssen resultieren, insbesondere aus Qualitätsverbesserungen an den Produkten (→ **Aufgabe 4.3**). Gemeinsam mit anderen Faktoren kann dies dazu führen, dass die Preisindizes der Lebenshaltung nur bedingt das Preisempfinden der Verbraucher widerspiegeln (→ **Aufgabe 4.6**).

Eine Bedeutung der Preisindizes liegt ihrer Verwendung zur *Deflationierung* wertmäßiger Daten (Umrechnung nominaler in reale Größen) (→ **Aufgabe 4.5**).

Literaturhinweise

P. BOHLEY (2000), S. 5-62.
H. DEGEN & P. LORSCHEID (2001), S. 108-114 und 157-164
D. HOCHSTÄDTER (1996), S. 191-224.

P. V.D.LIPPE (1996), S. 401-447.
P. V.D.LIPPE (1993), S.343-378.
H.-J. PINNEKAMP & F. SIEGMANN (2001), S. 231-293.
H. RINNE (1996), S. 313-342.
K. SCHARNBACHER (2004), S. 95-122.
J. SCHIRA (2005), S. 171-189.

Aufgabe 4.1

Die Bananenrepublik Bananien exportiert Bananen sowie Produkte der bananenverarbeitenden Industrie. Der Exportindex (2000=100) gliedert sich in zwei Subindizes, nämlich für Bananen und Bananenerzeugnisse. Es liegen folgende Daten vor (Daten in Ban$):

Produktgruppe Preisrepräsentant	Indexgewicht	Preise 2000	Preise 2005
Bananen	75 %		
Bananen, Hkl. A	45 %	1,15	1,25
Bananen, Hkl. B	30 %	0,90	0,90
Bananenerzeugnisse	25 %		
Bananenkonfitüre	10 %	1,85	2,05
Bananennektar	5 %	1,50	1,65
Bananenchips	10 %	1,00	1,15

Außerdem ist bekannt, dass das gesamte Exportvolumen von 1,0 Mrd. Ban$ im Jahr 2000 auf 1,5 Mrd. Ban$ im Jahr 2005 angestiegen ist, wobei 2005 bereits 35% des Gesamtexportvolumens auf Produkte der bananenverarbeitenden Industrie entfielen.

(b) Berechnen Sie zur Basis 2000 Preisindizes nach LASPEYRES für den Gesamtexport sowie für die beiden Produktgruppen im Jahre 2005.

(b) Berechnen Sie zur Basis 2000 Mengenindizes nach PAASCHE für den Gesamtexport sowie für die beiden Produktgruppen im Jahre 2005.

Lösung

(a) Zur Verdeutlichung der Subindex-Struktur werden die 5 Produkte wie folgt indiziert: Bananen, Hkl. A: $i=1, j=1$; Bananen, Hkl. B: $i=1, j=2$; Bananenkonfitüre: $i=2, j=1$; Bananennektar: $i=2, j=2$; Bananenchips: $i=2, j=3$. Da Umsatzanteile angegeben sind, empfiehlt sich zur Berechnung der Indizes die Mittelwertformel, bei der die Preismesszahlen mit den Umsatzanteilen der Basisperiode gewichtet arithmetisch zu mitteln sind.

Der Preisindex nach Laspeyres für die Gütergruppe Bananen berechnet sich als mit den Umsatzanteilen in der betreffenden Produktgruppe gewichtetes arithmetisches Mittel der Preismesszahlen für die Produkte dieser Gütergruppe:

$$P^{L}_{00\,05}(1) = \sum_{j=1}^{2} \frac{u_{1j\,00}}{U_{00}(1)} \cdot \frac{p_{1j\,05}}{p_{1j\,00}} = \sum_{j=1}^{2} \frac{u_{1j\,00}/U_{00}}{U_{00}(1)/U_{00}} \cdot \frac{p_{1j\,05}}{p_{1j\,00}}$$
$$= \frac{0{,}45}{0{,}75} \cdot \frac{1{,}25}{1{,}15} + \frac{0{,}30}{0{,}75} \cdot \frac{0{,}90}{0{,}90} = 1{,}052.$$

Entsprechend erhält man für die Produkte der bananenverarbeitenden Industrie:

$$P^{L}_{00\,05}(2) = \sum_{j=1}^{3} \frac{u_{2j\,00}}{U_{00}(2)} \cdot \frac{p_{2j\,05}}{p_{2j\,00}} = \sum_{j=1}^{2} \frac{u_{2j\,00}/U_{00}}{U_{00}(2)/U_{00}} \cdot \frac{p_{2j\,05}}{p_{2j\,00}}$$
$$= \frac{0{,}10}{0{,}25} \cdot \frac{2{,}05}{1{,}85} + \frac{0{,}05}{0{,}25} \cdot \frac{1{,}65}{1{,}50} + \frac{0{,}10}{0{,}25} \cdot \frac{1{,}15}{1{,}00} = 1{,}123.$$

Den Gesamtindex errechnet man analog durch Doppelsummation über beide Gütergruppen:

$$P^{L}_{00\,05} = \sum_{i=1}^{2} \sum_{j=1}^{J_i} \frac{u_{ij\,00}}{U_{00}} \cdot \frac{p_{ij\,05}}{p_{ij\,00}} =$$
$$= 0{,}45 \cdot \frac{1{,}25}{1{,}15} + 0{,}30 \cdot \frac{0{,}90}{0{,}90} + 0{,}10 \cdot \frac{2{,}05}{1{,}85} + 0{,}05 \cdot \frac{1{,}65}{1{,}50} + 0{,}10 \cdot \frac{1{,}15}{1{,}00} = 1{,}0710.$$

Vergleicht man diese Berechnung mit den Einzelberechnungen oben, sieht man, dass man sich die Rechenarbeit erleichtern kann, indem man den Gesamtindex unmittelbar aus den Subindizes ermittelt:

$$P^{L}_{00\,05} = \sum_{i=1}^{2} \frac{U_{00}(i)}{U_{00}} \cdot P^{L}_{00\,05}(i) = 0{,}75 \cdot 1{,}052 + 0{,}25 \cdot 1{,}123 = 1{,}070.$$

Bei der Berechnung auf Basis der Subindizes wird also wiederum die Mittelwertformel angewendet, wobei die Umsatzanteile der Gütergruppen an die Stelle der Umsatzanteile der Einzelgüter und die Preisindizes der Gütergruppen (Subindizes) an die Stelle der Preismesszahlen der Einzelgüter treten.

(b) Sind die Preisindizes nach LASPEYRES bereits bekannt, berechnet man wegen des Zusammenhangs $W = P^{L} \cdot Q^{P}$ die Mengenindizes nach PAASCHE am leichtesten über die entsprechenden Wertindizes. Für die Warengruppen Bananen und Bananenerzeugnisse sowie den Gesamtexport ergibt sich:

$$W_{00\,05}(1) = \frac{0{,}65 \cdot 1{,}5 \cdot 10^9}{0{,}75 \cdot 1{,}0 \cdot 10^9} = 1{,}300,$$
$$\Rightarrow \quad Q^{P}_{00\,05}(1) = \frac{W_{00\,05}(1)}{P^{L}_{00\,05}(1)} = \frac{1{,}300}{1{,}052} = 1{,}235;$$

$$W_{00\,05}(2) = \frac{0{,}35 \cdot 1{,}5 \cdot 10^9}{0{,}25 \cdot 1{,}0 \cdot 10^9} = 2{,}100,$$

$$\Rightarrow \quad Q^{\mathrm{P}}_{00\,05}(2) = \frac{W_{00\,05}(2)}{P^{\mathrm{L}}_{00\,05}(2)} = \frac{2{,}100}{1{,}123} = 1{,}870;$$

$$W_{00\,05} = \frac{1{,}5 \cdot 10^9}{1{,}0 \cdot 10^9} = 1{,}500,$$

$$\Rightarrow \quad Q^{\mathrm{P}}_{00\,05} = \frac{W_{00\,05}}{P^{\mathrm{L}}_{00\,05}} = \frac{1{,}500}{1{,}070} = 1{,}402.$$

Aufgabe 4.2

Ein Unternehmen stellt ein Produkt in drei verschiedenen Ausführungen A, B, C her. Für die Geschäftsjahre 2000 bis 2003 liegen folgende Umsatzzahlen vor (in Mio. €), wobei die teilweise drastischen Änderungen der Umsätze u. a. durch die angegebenen Preisänderungen im Vergleich zum Vorjahr zu erklären sind.

Produktausführung	A	B	C
Umsatz 2000	10,3	4,0	1,2
Preisänderung 2001	+50 %	+ 20 %	+ 20 %
Umsatz 2001	6,5	10,5	1,4
Preisänderung 2002	+5 %	+ 2 %	+ 10 %
Umsatz 2002	2,2	18,4	1,5
Preisänderung 2003	−30 %	+30 %	+ 30 %
Umsatz 2003	4,1	19,8	0,9

(a) Berechnen Sie Wertindizes des Umsatzes zum Basisjahr 2000.

(b) Berechnen Sie Messzahlenreihen für die Preisentwicklung der einzelnen Produktausführungen zum Basisjahr 2000.

(c) Benutzen Sie die Messzahlen aus (b) zur Berechnung von Preisindizes nach PAASCHE zum Basisjahr 2000.

(d) Wie ist zu erklären, daß der Preisindex im Jahr 2002 fällt, obwohl alle Einzelpreise zugenommen haben?

Lösung

(a) Die Wertindizes des Umsatzes der Jahre 2001 bis 2003 berechnen sich wie folgt:

$$W_{00\,t} = \frac{\sum_{i=1}^{3} p_{i\,t}\, q_{i\,t}}{\sum_{i=1}^{3} p_{i\,00}\, q_{i\,00}} = \frac{\sum_{i=1}^{3} u_{i\,t}}{\sum_{i=1}^{3} u_{i\,00}},$$

$$2001:\quad W_{00\,01} = \frac{6{,}5 + 10{,}5 + 1{,}4}{10{,}3 + 4{,}0 + 1{,}2} = \frac{18{,}4}{15{,}5} = 1{,}187,$$

$$2002:\quad W_{00\,02} = \frac{2{,}2 + 18{,}4 + 1{,}5}{15{,}5} = \frac{22{,}1}{15{,}5} = 1{,}426,$$

$$2003:\quad W_{00\,03} = \frac{4{,}1 + 19{,}8 + 0{,}9}{15{,}5} = \frac{24{,}8}{15{,}5} = 1{,}600.$$

(b) Da in der Aufgabenstellung Angaben zu den absoluten Preisen der Produkte A, B und C fehlen, muss man die gesuchten Messzahlen mit Hilfe der relativen Preisänderungen berechnen:

$$p_{i\,00\,t} = \frac{p_{i\,t}}{p_{i\,00}} = \frac{p_{i\,01}}{p_{i\,00}} \cdot \ldots \cdot \frac{p_{i\,t}}{p_{i\,t-1}} = p_{i\,00\,01} \cdot \ldots \cdot p_{i\,t-1\,t}.$$

Die einjährigen relativen Preisänderungen sind in der Aufgabenstellung angegeben (in Prozent). Beispielsweise gilt:

$$p_{A\,00\,03} = \frac{p_{A\,03}}{p_{A\,00}} = p_{A\,00\,01} \cdot p_{A\,01\,02} \cdot p_{A\,02\,03} = 1{,}50 \cdot 1{,}05 \cdot 0{,}70 = 1{,}103.$$

Somit ergeben sich folgende Preismesszahlenreihen zur Basis 2000=1:

2000 = 100	A	B	C
2000	1,000	1,000	1,000
2001	1,500	1,200	1,200
2002	1,575	1,224	1,320
2003	1,103	1,591	1,716

(c) Da Umsätze und Preismesszahlen vorliegen, sollte die Berechnung des Preisindex nach PAASCHE mit Hilfe der Mittelwertformel erfolgen. Dabei sind die Preismesszahlen gewichtet mit den Umsatzanteilen der Berichtsperiode harmonisch zu mitteln:

$$P_{00\,t}^{\mathrm{P}} = \frac{1}{\sum_{i=1}^{3} \frac{u_{i\,t}}{U(t)} \cdot \frac{1}{p_{i\,00\,t}}} = \frac{U(t)}{\sum_{i=1}^{3} \frac{u_{i\,t}}{p_{i\,00\,t}}}.$$

Man erhält somit folgende Indexwerte:

$$P_{00\,01}^{P} = \frac{18{,}4}{\frac{6{,}5}{1{,}500}+\frac{10{,}5}{1{,}200}+\frac{1{,}4}{1{,}200}} = \frac{18{,}4}{14{,}25} = 1{,}291,$$

$$P_{00\,02}^{P} = \frac{22{,}1}{\frac{2{,}2}{1{,}575}+\frac{18{,}4}{1{,}224}+\frac{1{,}5}{1{,}320}} = \frac{22{,}1}{17{,}57} = 1{,}258,$$

$$P_{00\,03}^{P} = \frac{24{,}8}{\frac{4{,}1}{1{,}103}+\frac{19{,}8}{1{,}591}+\frac{0{,}9}{1{,}716}} = \frac{24{,}8}{16{,}69} = 1{,}486.$$

(d) Der Preisindex nach PAASCHE fällt 2002 gegenüber 2001, obwohl alle Einzelpreise gegenüber dem Vorjahr angestiegen sind. Dies ist durch das geänderte Gewichtungsschema zu erklären, in dem jeweils das aktuelle Jahr herangezogen wird. 2001 findet eine deutliche Mengenverschiebung von Produktausführung A zur preisstabileren Ausführung B statt. Ausführung B hatte einen wesentlich langsameren Preisanstieg zu verzeichnen als Ausführung A, sodass durch ihr nun stark angestiegenes Gewicht der Preisindex fällt.

Aufgabe 4.3

Ein PKW-Hersteller vertreibt drei PKW-Typen "A", "B" und "C". Im Jahr 2001 wird dabei das Modell "B1" durch ein verbessertes Nachfolge-Modell "B2" ersetzt.

Modell	2000		2001		2002	
	Preis	Menge	Preis	Menge	Preis	Menge
"A"	18.000	40.000	20.000	38.000	21.000	35.000
"B1"	25.000	25.000				
"B2"			30.000	30.000	32.500	28.000
"C"	35.000	12.000	38.000	11.000	40.000	10.000

(a) Welches Problem entsteht 2002 bei der Berechnung eines Preisindexes nach LASPEYRES zum Basisjahr 2000?

(b) Welcher Preis ergäbe sich für Modell "B1" im Jahr 2001 bei einer Preisentwicklung, die der durchschnittlichen Preisentwicklung der übrigen Modelle entspricht?

(c) Nehmen Sie an, dass der Preisunterschied 2001 zwischen dem Modell "B2" und dem in (b) berechneten Preis für "B1" auf die Qualitätsunterschiede zurückzuführen ist. Berechnen Sie für das Modell "B2" für 2002 einen von diesen Qualitätsunterschieden bereinigten Preis.

(d) Berechnen Sie für 2002 einen von Qualitätsunterschieden bereinigten Preisindex nach LASPEYRES zur Basis 2000.

Lösung

(a) Durch die Einführung des qualitativ verbesserten Nachfolgemodells "B2" für "B1" ab dem Jahr 2001 fehlt zur Berechnung des Preisindexes nach LASPEYRES die Kontinuität des Warenkorbs. Würde man die Zeitreihe der Preise für "B1" ohne weitere Überlegungen durch die Preise des Nachfolgemodells "B2" fortsetzen, dann würden sich die Qualitätsverbesserungen im Preisindex niederschlagen, sodass dieser zu hoch ausfiele. Zur Berechnung eines Preisindexes wäre es also notwendig, den auf die Qualitätsverbesserung zurückzuführenden Anteil der Preiserhöhung 2001 zu bestimmen und aus dem Preisindex herauszurechnen.

(b) Die durchschnittliche Preisentwicklung der übrigen Modelle (also der Modelle "A" und "C") lässt sich mit Hilfe eines Preisindexes nach LASPEYRES bestimmen, in den nur die Preise der Modelle "A" und "C" eingehen:

$$P_{00\,01}^{L\,*} = \frac{\sum\limits_{i=A,C} q_{90,i} \cdot p_{91,i}}{\sum\limits_{i=A,C} q_{i\,00} \cdot p_{i\,00}}$$

$$= \frac{40.000 \cdot 20.000 + 38.000 \cdot 12.000}{18.000 \cdot 40.000 + 35.000 \cdot 12.000} = \frac{1.256\,\text{Mio.}}{1.140\,\text{Mio.}} = 1{,}102.$$

Unter der Annahme, dass die Preisentwicklung von "B1" dieser durchschnittlichen Preissteigerung um 10,2 % entspricht, erhält man für dieses Modell einen Preis von

$$p_{B\,01}^{*} = 25.000 \cdot 1{,}102 = 27.550.$$

(c) Fasst man den Preisunterschied im Jahr 2001 zwischen

$$p_{B\,01}^{*} = 27.550 \quad \text{und} \quad p_{B\,01} = 30.000$$

als Preisunterschied auf, der auf den Qualitätsunterschied zwischen "B1" und "B2" zurückzuführen ist, so macht dies einen qualitätsbedingten Preissteigerungsfaktor von

$$\frac{p_{B\,01}}{p_{B\,01}^{*}} = \frac{30.000}{27.550} = 1{,}089$$

aus. Bereinigt man den Preis von "B2" im Jahr 2002 um diesen Faktor, so erhält man:

$$p_{B\,02}^{*} = p_{B\,02} \cdot \frac{p_{B\,01}^{*}}{p_{B\,01}} = 32.500 \cdot \frac{1}{1{,}089} = 29.844.$$

(d) Mit dem in Aufgabenteil (c) berechneten Wert kann nun ein Preisindex nach LASPEYRES für das Jahr 2002 zur Basis 2000 errechnet werden, der um die zwischenzeitlichen Qualitätsverbesserungen bereinigt ist:

$$P_{00\,02}^{L\,*} = \frac{\sum\limits_{i=A,C} q_{i\,00} \cdot p_{i\,02} + q_{B\,00} \cdot p_{B\,02}^{*}}{\sum\limits_{i=A,B,C} q_{i\,00} \cdot p_{i\,00}}$$

$$= \frac{40.000 \cdot 21.000 + 25.000 \cdot 29.844 + 12.000 \cdot 40.000}{40.000 \cdot 18.000 + 25.000 \cdot 25.000 + 12.000 \cdot 35.000}$$

$$= \frac{2{,}066\,\text{Mrd.}}{1{,}765\,\text{Mrd.}} = 1{,}117.$$

Zum Vergleich: Ohne die Bereinigung um Qualitätsverbesserungen (bei Verwendung des Preises von 32.500 für Modell "B") würde im Jahr 2002 ein Indexwert von 1,208 ausgewiesen. Es ist jedoch zu beachten, dass die Eignung des qualitätsbereinigten Index wesentlich davon abhängt, inwieweit die bei seiner Berechnung unterstellte Annahme zutrifft, nämlich dass die reine Preissteigerung des den Qualitätssprung aufweisenden Produktes der durchschnittlichen Preissteigerung der übrigen Produkte entspricht. I. d. R. ist davon auszugehen, dass der so berechnete Index zwar besser als der unbereinigte ist, aber nach wie vor erhebliche qualitätsbedingte Fehlerquellen aufweist.

Aufgabe 4.4

Der Index für die Erzeugerpreise gewerblicher Produkte (Inlandsabsatz) setzt sich als nach LASPEYRES berechneter Index aus den Preisen für Erzeugnisse der Vorleistungsgüterproduzenten sowie Energie (VorGE), der Investitionsgüterproduzenten (InvG) und der Gebrauchs- (GebrG) und Verbrauchsgüterproduzenten (VerbG) zusammen. Die nachstehende Tabelle gibt für diese Güterarten die zugehörigen Subindizes und die Umsatzanteile im Basisjahr an. Dabei wurde bis 2000 das Basisjahr 1995, ab 2001 das Basisjahr 2000 verwendet.

Gruppe gewerbl. Erzeugnisse		VorGE	InvG	GebrG	VerbG
Basisjahr	Anteil	51,5 %	21,6 %	4,3 %	22,6 %
1995 = 100	1996	96,6	101,1	101,0	100,9
	1997	98,1	101,8	101,4	102,0
	1998	96,6	102,7	101,7	102,5
	1999	94,9	103,0	102,2	101,5
	2000	100,6	103,4	103,3	102,2
Basisjahr	Anteil	50,3 %	24,4 %	3,9 %	21,4 %
2000 = 100	2001	105,0	100,1	102,0	103,2
	2002	102,6	101,8	103,4	103,7
	2003	106,5	101,9	103,7	104,3

Quellen: Statistisches Jahrbuch 2001, S. 618 ff., Statistisches Jahrbuch 2003, S. 621 ff.; Statistisches Jahrbuch 2004, S. 560 ff.; Institut der Deutschen Wirtschaft: Deutschland in Zahlen, Ausgabe 2004.

Berechnen Sie Indexreihen für die Jahre 1995 bis 2003 der Erzeugerpreise gewerblicher Produkte zum Basisjahr 1995 = 100, und zwar

(a) unter Zugrundelegung der Umsatzanteile des Jahres 1995 für alle Jahre,

(b) unter Zugrundelegung der Umsatzanteile des Jahres 1995 für 1995 bis 1999 bzw. des Jahres 2000 für 2000 bis 2003 und Verknüpfung der beiden Indexreihen im Jahre 2000.

Vergleichen Sie beide Indexreihen miteinander.

Lösung

(a) Zunächst sollen die Preisindizes nach LASPEYRES für alle Jahre aus den Subindizes berechnet werden, indem das Gewichtungsschema der Umsatzanteile von 1995 für alle Jahre unterstellt wird. Zur Berechnung muss der Preisindex nach LASPEYRES in seiner Form als gewichtete Summe von Preismesszahlen dargestellt werden, wobei bei der Berechnung aus Subindizes die K=4 Gütergruppen an die Stelle der n Einzelgüter treten:

$$P_{95\,t}^{\mathrm{L}} = \sum_{i=1}^{n} \frac{p_{i\,95}}{p_{i\,t}} \cdot \frac{u_{i\,95}}{U_{95}} = \sum_{k=1}^{K} P_{95\,t}^{\mathrm{L}}(k) \cdot \frac{U_{95}(k)}{U_{95}}.$$

Dabei bezeichnet $P_{95\,t}^{\mathrm{L}}(k)$ den Subindex der k-ten Warengruppe zur Basis 1995. Während diese Werte für die Jahre 1995 bis 2000 als LASPEYRES-Indizes vorliegen, müssen sie für die Jahre 2001 bis 2003 zunächst durch Verknüpfung auf die Basis 1995=100 umbasiert werden:

$$P_{95\,t}^{\mathrm{L}*}(k) = P_{95\,00}^{\mathrm{L}}(k) \cdot P_{00\,t}^{\mathrm{L}}(k), \quad t=01,02,03.$$

Dabei ist zu beachten, dass diese Beziehung für Subindizes im Gegensatz zu Messzahlenreihen einzelner Güter nur näherungsweise gilt, da den Subindizes vor und nach dem Jahr 2000 eine unterschiedliche innere Gewichtung zu Grunde liegt.
Die folgende Tabelle enthält für die vier Gütergruppen zunächst die durch Verknüpfung berechneten Werte der Subindizes mit der Basis 1995=100. In der letzten Spalte stehen die Preisindizes nach LASPEYRES, die sich als mit den 1995er Umsatzanteilen gewichtete Summe der Subindizes ergeben:

Gütergruppe	VorGE	InvG	GebrG	VerbG	Gesamt
Jahr \ Anteil	51,1 %	21,6 %	4,3 %	22,6 %	100,0 %
1995	100,0	100,0	100,0	100,0	100,0
1996	96,6	101,1	101,0	100,9	98,7
1997	98,1	101,8	101,4	102,0	99,9
1998	96,6	102,7	101,7	102,5	99,5
1999	94,4	103,0	102,2	101,5	98,5
2000	100,6	103,4	103,3	102,2	101,7
2001	105,6	103,5	105,4	105,5	105,1
2002	103,2	105,3	106,8	106,0	104,4
2003	107,1	105,4	107,1	106,6	106,6

(b) Hier sind für die Jahre 2001 bis 2003 Preisindizes nach LASPEYRES zum Basisjahr 2000 zu bilden:

$$P^{L}_{00\,t} = \sum_{k=1}^{K} P^{L}_{00\,t}(k) \cdot \frac{U_{00}(k)}{U_{00}}, \quad t = 01,02,03.$$

Diese ergeben sich also wiederum als gewichtete Summe der Subindizes, diesmal zum Basisjahr 2000 und gewichtet mit den Umsatzanteilen von 2000.

Die derart berechneten Preisindizes sind dann mit den zur Basis 1995 berechneten Preisindizes für die Jahre 1995 bis 2000 zu verknüpfen:

$$P^{L*}_{95\,t} = P^{L}_{95\,00} \cdot P^{L}_{95\,t}, \quad t = 01,02,03.$$

Die nachfolgende Tabelle enthält die Preisindexreihen für die Jahre 1995 bis 2000 bzw. 2000 bis 2003 sowie den daraus verknüpften Index:

Jahr	Index 1995 = 100 (Anteile aus 1995)	Index 2000 = 100 (Anteile aus 2000)	verketteter Index 1995 = 100
1995	100,0	×	100,0
1996	98,7	×	98,7
1997	99,9	×	99,9
1998	99,5	×	99,5
1999	98,5	×	98,5
2000	101,7	100,0	101,7
2001	×	103,3	105,1
2002	×	102,7	104,4
2003	×	104,8	106,6

Für die Jahre 1995 bis 2000 ergeben sich natürlich dieselben Indexwerte wie bei (a). Für die Jahre 2001 bis 2003 liegt der Rechnung in (a) die Gewichtung des Jahres 1995 zu Grunde, in (b) jedoch die des Jahres 2000. Aufgrund des etwas anderen Gewichtungsschemas können die Ergebnisse in (a) und (b) geringfügig voneinander abweichen, was sich jedoch im Rahmen der Messgenauigkeit von einer Nachkommastelle hier nicht auswirkt.

Aufgabe 4.5

Die nachstehende Tabelle zeigt die jährlichen Veränderungsraten des nominalen Nettoeinkommens je Beschäftigten aus Lohn und Gehalt sowie des Preisindex für die Lebenshaltung aller privaten Haushalte:

Veränderungen gegenüber dem Vorjahr in %		
Jahr	Nettoeinkommen	Preise der Lebenshaltung
1994	0,1	2,7
1995	0,7	1,7
1996	-0,2	1,5
1997	-1,2	1,9
1998	1,2	0,9
1999	1,9	0,6
2000	2,3	1,4
2001	3,4	2,0
2002	0,9	1,4
2003	0,5	1,1

(Quelle: Institut der Deutschen Wirtschaft, Deutschland in Zahlen 2004)

Berechnen Sie zum Basisjahr 1993 folgende Größen:

(a) Messzahlen des nominalen Nettoeinkommens,

(b) den Preisindex der Lebenshaltung,

(c) Messzahlen des realen Nettoeinkommens (deflationiert mit dem Preisindex der Lebenshaltung).

Lösung

(a) Die Messzahlen $x_{0\,t}$ des nominalen Nettoeinkommens berechnen sich aus den angegebenen Wachstumsraten $w_{t-1\,t}$ (Prozentwerte sind in Dezimalzahlen umzurechnen) sukzessive wie folgt:

$$x_{0\,t} = x_{0\,t-1} \cdot (1 + w_{t-1\,t}).$$

Damit erhält man folgende Werte:

1993	1994	1995	1996	1997	1998	1999	2000	2001	2002	2003
1,000	1,001	1,008	1,006	0,994	1,006	1,025	1,049	1,085	1,095	1,100

(b) Die Indexwerte $p_{0\,t}$ der Preise der Lebenshaltung berechnen sich entsprechend:

1993	1994	1995	1996	1997	1998	1999	2000	2001	2002	2003
1,000	1,027	1,044	1,060	1,080	1,090	1,097	1,112	1,134	1,150	1,163

(c) Die Messzahlen $x_{0\,t}^{\mathrm{r}}$ des realen Nettoeinkommens erhält man als Quotient aus den Messzahlen des nominalem Nettoeinkommens $x_{0\,t}$ und den Preisindizes der Lebenshaltung $p_{0\,t}$:

$$x_{0\,t}^{\mathrm{r}} = \frac{X_{0t}}{p_{0\,t}}.$$

Es ergeben sich folgende Werte:

1993	1994	1995	1996	1997	1998	1999	2000	2001	2002	2003
1,000	0,975	0,966	0,949	0,920	0,923	0,934	0,943	0,957	0,952	0,946

Aufgabe 4.6

(a) Welche Argumente sprechen dafür, dass die mit den amtlichen Verbraucherpreisindizes berechneten ‚Inflationsraten' die Verbraucherpreisentwicklung überzeichnen?

(b) Was spricht dafür, dass trotzdem viele Verbraucher die durch die Preisindizes ausgewiesenen Preissteigerungen eher als zu niedrig empfinden?

Lösung

(a) Bei den vom Statistischen Bundesamt veröffentlichen Verbraucherpreisindizes handelt es sich um Preisindizes nach LASPEYRES, für welche die Mengengewichte der jeweiligen Basisperiode verwendet werden. Folgende Argumente sprechen dafür, dass diese Indizes die Preisentwicklung eher überzeichnen:

- LASPEYRES-Effekt: Bei steigenden Preisen kann davon ausgegangen werden, dass die Verbraucher dazu tendieren, Güter mit hoher Teuerung durch Güter geringerer Teuerung zu substituieren. Diese Änderungen der Verbrauchsmengen bleiben im Preisindex nach LASPEYRES unberücksichtigt, sodass die Güter geringerer Teuerung mit zunehmender Entfernung vom Basisjahr immer weiter unterrepräsentiert sind.
- Qualitätseffekt: Mit Qualitätssteigerungen einhergehende Preiserhöhungen schlagen sich in Preisindizes nieder, wenn sie nicht ausgeschaltet werden. Eine derartige Ausschaltung verlangt die Aufteilung dieser Preiserhöhungen in einen durch die Qualitätsverbesserung begründeten Anteil und einen der eigentlichen Preiserhöhung entsprechenden Anteil. Nur dieser letztgenannte Anteil der Preiserhöhungen sollte dann in den Preisindex eingehen. Eine exakte Aufteilung ist jedoch schwierig. In der Regel kann die Qualitätsverbesserung nicht vollständig erfasst werden, sodass der Preisindex die Teuerung überschätzt.

(b) Die folgenden Argumente sprechen im Gegensatz zu dem in (a) Gesagten jedoch dafür, dass die Verbraucher den Eindruck haben, die für die Lebenshaltungskosten ausgewiesenen Preissteigerungen seien zu niedrig:

- Mengensteigerungen: Steigender Wohlstand lässt mehr Konsum zu, der Preisindex spiegelt jedoch nicht die Zunahme der Ausgaben wider, sondern nur die der Preise der Lebenshaltung. Dieser Unterschied zwischen dem Verbraucherpreisindex der Lebenshaltung und dem Index der Lebenshaltungskosten (hierbei handelt es sich um einen Wertindex) ist den Verbrauchern jedoch oft nicht bewusst.
- Qualitätssteigerungen: Höhere Qualitäten haben höhere Preise. Solche Preissteigerungen versucht man für die Berechnung des Preisindexes weitgehend auszuschalten, indem die auf die Qualitätsverbesserung zurückzuführenden Anteile der Preiserhöhungen herausgerechnet werden (vgl. Aufgabenteil (a)). Vom Verbraucher wird aber oft die gesamte mit der Qualitätsverbesserung einhergehende Preiserhöhung als Verteuerung empfunden.
- Selektives Erinnerungsvermögen: Starke Preissteigerungen sind unter psychologischen Gesichtspunkten dem Verbraucher stärker in Erinnerung als geringe Preiserhöhungen oder gar konstante Preise. In einem Pilotprojekt hat sich das Statistische Bundesamt mit dem Problem der Messung der gefühlten Inflation befasst (vgl. W. BACHINGER: *Der Euro als Teuro? Die wahrgenommene Inflation in Deutschland*, Wirtschaft und Statistik 9/2005, S. 999 ff.).

5 Außen- und Binnenhandelsstatistik

Seit der Einführung des Binnenmarktes in der Europäischen Union zum 1.1.1993 bezieht sich der Begriff des *Außenhandels* nur noch auf den Handel mit Nicht-EU-Mitgliedsstaaten. Die hierauf bezogene *Extrahandelsstatistik* wird nach wie vor sekundärstatistisch aus den Zollausfuhr- bzw. Zolleinfuhrerklärungen ermittelt (→ **Aufgabe 5.1**).
Der Handel mit den anderen Mitgliedsstaaaten der EU wird seit dem 1.1.1993 im Rahmen der so genannten *Intra-* oder *Binnenhandelsstatistik* erfasst. Da hier keine Zollpapiere mehr existieren, muss dieser Warenverkehr primärstatistisch bei den handelnden Unternehmen erhoben werden. Hierzu dienen die von den Unternehmen auszufüllenden *Intrastat-Meldungen* (→ **Aufgaben 5.3 und 5.4**).
Die preis- und mengenmäßige Entwicklung des Außen- und/oder Binnenhandels versucht man durch verschiedene Formen von *Terms of Trade (ToT)* zu beschreiben. Dabei handelt es sich um Quotienten aus Indizes, die auf die Ausfuhr bzw. die Einfuhr bezogen sind (→ **Aufgabe 5.2**).

Literaturhinweise

P. V.D.LIPPE (1996), S. 448-471.
H. DEGEN & P. LORSCHEID (2002), S. 164-171.
H. RINNE (1996), S. 381-406 und S. 422-433.

Aufgabe 5.1

Geben Sie bezüglich der nachfolgenden Thesen zur Außenhandelsstatistik an, ob Sie sie für richtig oder falsch halten.

(a) Gegenstand der Extrahandelsstatistik ist der grenzüberschreitende Warenhandel mit Drittländern (Nicht-EU-Ländern).

(b) Gegenstand der Außenhandelsstatistik sind u. a. der Dienstleistungs- und Kapitalverkehr, jedoch nicht Schenkungen aller Art.

(c) Die Extrahandelsstatistik ist an das Zollverfahren gekoppelt und insofern eine Sekundärstatistik.

(d) Die Abgrenzung des grenzüberschreitenden Warenverkehrs mit Drittländern (Nicht-EU-Ländern) in Form von Export und Import erfolgt an der Grenze des Erhebungsgebietes und nicht an den Zollgrenzen.

(e) Der Generalhandel umfasst sämtliche ein- und ausgehenden Waren an der Grenze des Erhebungsgebietes.

(f) Der Zwischenauslandsverkehr wird in der Extrahandelsstatistik nicht nachgewiesen.

(g) Die Bewertung von ein- und ausgeführten Waren erfolgt grundsätzlich zu Grenzübergangswerten.

(h) Aufgrund der in (g) beschriebenen Regelung enthalten die Ausfuhrwerte mehr Dienstleistungsanteile (Transportkosten und Versicherungen) als die Einfuhrwerte.

Lösung

(a) Falsch. Warenverkehr wäre richtig, denn es muss nicht unbedingt stets ein Handelsgeschäft vorliegen.

(b) Falsch. Dienstleistungs- (inkl. Kapitalerträge) und Kapitalverkehr werden in der Außenhandelsstatistik nicht wiedergegeben. Schenkungen jedoch, wenn sie in Form von Waren erfolgen, sind in der Außenhandelsstatistik berücksichtigt.

(c) Falsch. Die Extrahandelsstatistik ist zwar eng mit dem Zollverfahren verbunden, jedoch keine reine Sekundärstatistik. Sie basiert auf Meldungen der Exporteure und Importeure von Waren. Diese Meldungen erfolgen mit Hilfe des so genannten Einheitspapiers, das im Rahmen der Abwicklung der Zollformalitäten von den Zollämtern an das statistische Bundesamt weitergeleitet wird.

(d) Richtig. Das Erhebungsgebiet ist definiert als das Staatsgebiet zuzüglich Zollenklaven abzüglich Zollexklaven und Zollfreigebiete (z. B. Freihäfen und Zollläger).

(e) Richtig. Der Generalhandel umfasst die direkte Ein- und Ausfuhr, die Einfuhr auf Lager und die Ausfuhr aus Lager. Der Spezialhandel umfasst neben der direkten Ein- und Ausfuhr nur die Einfuhr aus Lager.

(f) Richtig. Da er nur eine Art Durchfuhr durch fremde Erhebungsgebiete darstellt.
Beachte: Nicht jeder Wareneingang aus Drittländern ist Einfuhr, und nicht jeder Warenausgang an Drittländer ist Ausfuhr!

(g) Richtig. Die Warenwerte in der Außenhandelsstatistik werden ‚frei Grenze' ermittelt (unabhängig von den vereinbarten Lieferbedingungen).

(h) Falsch. Die Aussage gilt umgekehrt, da grundsätzlich bei der Einfuhr cif (‚cost, insurance, freight') und bei der Ausfuhr fob (‚free on board') gerechnet wird.

Aufgabe 5.2

Nehmen Sie an, ein Land exportiere nur die beiden Warengruppen P1 und P2, zu deren Herstellung es die Warengruppen R1 und R2 importieren muss. Für die Jahre 1990 und 2000 mögen die folgenden Import- und Exportmengen und

Durchschnittspreise vorliegen:

Import- und Exportmengen und Durchschnittspreise		1990		2000	
		[ME]	[GE/ME]	[ME]	[GE/ME]
Importe:	R1	1.000	100	3.000	150
	R2	2.000	50	3.000	100
Exporte:	P1	100	1.000	100	2.000
	P2	500	250	750	500

Berechnen und interpretieren Sie die folgenden Austauschverhältnisse:

(1) reales Austauschverhältnis (real ToT)
(2) Bruttoaustauschverhältnis (gross barter ToT)
(3) Einkommensaustauschverhältnis (income ToT)

Verwenden Sie zur Berechnung dieser Austauschverhältnisse Mengenindizes nach LASPEYRES als Volumenindizes und Preisindizes nach PAASCHE als Durchschnittswertindizes.

Lösung

(1) Das reale Austauschverhältnis (net barter terms of trade) ist definiert als Quotient der Durchschnittswertindizes (DWI) für den Export bzw. den Import:

$$ToT_{90\,00}^{\text{net b.}} = \frac{DWI_{90\,00}^{\text{Exp}}}{DWI_{90\,00}^{\text{Imp}}}.$$

Die Durchschnittswertindizes für den Import bzw. Export berechnen sich als Index nach PAASCHE zu

$$DWI_{90\,00} = \frac{\sum_i q_{i00} \cdot p_{i00}}{\sum_i q_{i00} \cdot p_{i90}},$$

$$\text{also} \quad DWI_{90\,00}^{\text{Exp}} = \frac{100 \cdot 2.000 + 750 \cdot 500}{100 \cdot 1.000 + 750 \cdot 250} = \frac{575.000}{287.500} = 2{,}000 \mathrel{\hat{=}} 200{,}0\,\%,$$

$$DWI_{90\,00}^{\text{Imp}} = \frac{3.000 \cdot 150 + 3.000 \cdot 100}{3.000 \cdot 100 + 3.000 \cdot 50} = \frac{750.000}{450.000} = 1{,}667 \mathrel{\hat{=}} 166{,}7\,\%.$$

Für das reale Austauschverhältnis ergibt sich damit

$$ToT_{90\,00}^{\text{net b.}} = \frac{2{,}000}{1{,}667} = 1{,}200 \mathrel{\hat{=}} 120{,}0\,\%.$$

Dies bedeutet, dass die Exportpreise während des Zeitraums von 1970 bis 1990 stärker gestiegen sind als die Importpreise: Das Preisverhältnis von Export und Import hat sich um 20 % zugunsten des Exports verbessert.

(2) Das Bruttoaustauschverhältnis (gross barter terms of trade) ist definiert als Quotient der Volumenindizes (VI) für den Export bzw. den Import:

$$ToT_{90\,00}^{\text{gross b.}} = \frac{VI_{90\,00}^{\text{Exp}}}{VI_{90\,00}^{\text{Imp}}}.$$

Die Volumenindizes für den Import bzw. Export berechnen sich als LASPEYRES-Index zu

$$VI_{90\,00} = \frac{\sum_i q_{i00} \cdot p_{i90}}{\sum_i q_{i90} \cdot p_{i90}},$$

also

$$VI_{90\,00}^{\text{Exp}} = \frac{100 \cdot 1.000 + 750 \cdot 250}{100 \cdot 1.000 + 500 \cdot 250} = \frac{287.500}{225.000} = 1{,}278 \mathrel{\hat{=}} 127{,}8\%,$$

$$VI_{90\,00}^{\text{Imp}} = \frac{3.000 \cdot 100 + 3.000 \cdot 50}{1.000 \cdot 100 + 2.000 \cdot 50} = \frac{450.000}{200.000} = 2{,}250 \mathrel{\hat{=}} 225{,}0\%.$$

Für das Bruttoaustauschverhältnis ergibt sich damit

$$ToT_{90\,00}^{\text{gross b.}} = \frac{1{,}278}{2{,}250} = 0{,}568 \mathrel{\hat{=}} 56{,}8\%.$$

Dies bedeutet, dass die Importmengen während des Zeitraums von 1990 bis 2000 wesentlich stärker gestiegen sind als die Exportmengen. Das mengenmäßige Verhältnis von Export und Import hat sich um ca. 45 % verschlechtert.

(3) Das Einkommensaustauschverhältnis (income terms of trade) entsteht durch die Deflationierung des Wertindex der Exporte durch den Durchschnittswertindex der Importe:

$$ToT_{90\,00}^{\text{inc.}} = \frac{ItW_{90\,00}^{\text{Exp}}}{DWI_{90\,00}^{\text{Imp}}} = \frac{DWI_{90\,00}^{\text{Exp}} \cdot VI_{90\,00}^{\text{Exp}}}{DWI_{90\,00}^{\text{Imp}}}$$

$$= \frac{2{,}000 \cdot 1{,}278}{1{,}667} = \frac{2{,}556}{1{,}667} = 1{,}533 \mathrel{\hat{=}} 153{,}3\%.$$

Die Exporterlöse sind also um ca. 50 % stärker gestiegen als die durchschnittlichen Importpreise, sodass für die gesamten Exporterlöse 2000 ca. 50 % mehr Ware importiert werden konnte als 1990.

Man beachte, dass, sofern für Ausfuhr und Einfuhr statt der Durchschnittswertindizes warenkorbbasierte Preisindizes zur Verfügung stehen (PI^{Exp} bzw. PI^{Imp}), alternativ auch mit folgender Formel gerechnet wird:

$$ToT_{90\,00}^{\text{inc.}} = \frac{PI_{90\,00}^{\text{Exp}} \cdot VI_{90\,00}^{\text{Exp}}}{PI_{90\,00}^{\text{Imp}}}.$$

Aufgabe 5.3

Geben Sie für die folgenden Aussagen zur Intrahandelsstatistik jeweils an, ob Sie diese für richtig oder falsch halten.

(a) Mit der Einführung des Binnenhandels zum 1.1.1993 ist in der Außenhandelsstatistik der Begriff ‚Einfuhr' durch die neue Bezeichnung ‚Eingang' ersetzt worden.

(b) Eine Warenlieferung aus Übersee, die über ein anderes EU-Land nach Deutschland geliefert wird, wird vom Statistischen Bundesamt doppelt erfasst: im Rahmen der Außenhandels- und der Intrahandelsstatistik.

(c) In der Intrahandelsstatistik werden nur Warenlieferungen mit einem Wert von mehr als 100.000 € erfasst.

(d) Mit der Intrahandelsstatistik werden auch die Handelsbeziehungen zwischen den deutschen Bundesländern erfasst.

(e) Bei der Erfassung des Intrahandels ist EU-einheitlich eine bestimmte Gruppe von Merkmalen festgelegt, die mindestens zu erfassen ist.

(f) In der Intrahandelsstatistik werden auch Dienstleistungen erfasst, die von einem Unternehmen eines EU-Staates in einem anderen EU-Staat erbracht werden.

(g) Auch eine geringwertige Warenlieferung aus einem anderen EU-Land ist im Rahmen der Intrastat-Meldungen zu berücksichtigen, sofern der Empfänger zum Kreis der Auskunftspflichtigen gehört.

(h) Das Statistische Bundesamt ist für die Erfassung der Intrastat-Meldungen zuständig.

Lösung

(a) Falsch. Der Begriff ‚Eingang' hat den Begriff ‚Einfuhr' der Außenhandelsstatistik nicht abgelöst, sondern er wird nun auf den Warenhandel mit anderen EU-Staaten (Binnenhandel) angewendet.

(b) Falsch. Derartige Warenlieferungen werden nur im Rahmen der Binnenhandelsstatistik erfasst, es sei denn, das andere Land fungiert als reines Transitland. Dann wird die Warensendung nur in der Außenhandelsstatistik (Extrahandelsstatistik) erfasst.

(c) Falsch. Erfasst werden Wareneingänge und Versendungen an bzw. von Firmen, wenn das jährliche Handelsvolumen den Wert von 200.000 € überschreitet.

(d) Falsch. Die Intrahandelsstatistik bezieht sich nur auf den Handel zwischen den EU-Staaten.

(e) Richtig. Hierbei handelt es sich um die Merkmale Warenart, Warennummer, Versendungsstaat, Bestimmungsstaat, Warenmenge, Warenwert, Art des Geschäfts, Lieferbedingung, Verkehrszweig.

(f) Falsch. Es wird nur der Warenverkehr (keine Dienstleistungen) erfasst.

(g) Richtig. Es gibt nur eine Abschneidegrenze bezüglich des jährlichen Handelsvolumens, jedoch keine für den Wert der einzelnen Warensendungen.

(h) Richtig. Dies kann entweder direkt geschehen oder indirekt unter Einbeziehung der Zollämter.

Aufgabe 5.4

Seit dem 1.1.1993 ist bei der Erfassung des grenzüberschreitenden Warenverkehrs neben der bisherigen ‚Einfuhr' und ‚Ausfuhr' auch noch zwischen ‚Eingang' und ‚Versendung' zu unterscheiden.

(a) Wie setzt sich der Kreis der Anmeldepflichtigen für die neuen Warenverkehrsarten ‚Eingang' und ‚Versendung' zusammen?

(b) Beschreiben Sie den Ablauf eines solchen Meldevorgangs.

Lösung

(a) Anmeldepflichtig ist jede natürliche und juristische Person, die eine vom zuständigen Finanzamt zugewiesene Umsatzsteuernummer hat und eine Warenlieferung in ein anderes Land der Europäischen Union vornimmt oder von dort eine Warenlieferung erhält. Diese Anmeldepflichtigen sind verpflichtet, statistische Angaben über den sie betreffenden innergemeinschaftlichen Warenverkehr zu machen.
Ausgenommen hiervon sind nur folgende Fälle:

(1) Privatpersonen sind grundsätzlich befreit.

(2) Auskunftspflichtige, wenn der Wert des sie betreffenden Handels mit anderen Mitgliedsstaaten der Europäischen Union 200.000 € nicht überschritten hat. Diese Befreiung erlischt, sobald das Handelsvolumen im laufenden Jahr den Wert von 200.000 € erreicht.

(b) Bei der Zuordnung der Warenlieferungen zu den monatlichen Berichtszeiträumen ist der Kalendermonat maßgeblich, in dem der Umsatzsteueranspruch für den Warenverkehr mit einem anderen EU-Land entsteht, d. h. der Monat, in dem die Rechnung ausgestellt wird.
Die monatlichen Intrastat-Meldungen sind direkt dem statistischen Bundesamt zuzuleiten, und zwar auf den so genannten Intrastat-Vordrucken. Den Meldepflichtigen wird vom Statistischen Bundesamt eine Kennummer zugeteilt, über welche die Meldungen EDV-mäßig aufbereitet werden können.

6 Produktionsstatistik

Die Erfassung der Produktionsleistung von Unternehmen erfolgt mit Hilfe von *Produktionskonten*, die für jedes einzelne Unternehmen aufgestellt werden müssen (→ **Aufgabe 6.1**). Durch *Konsolidierung* dieser Konten entsteht ein gesamtwirtschaftliches Produktionskonto, das den Gesamtwert der Produktionsleistung zu ermitteln gestattet (→ **Aufgabe 6.2**).
Aufbauend auf dem Produktionskonto lassen sich verschiedene *Produktions-* und *Produktivitätsindizes* ermitteln, welche die Beurteilung der zeitlichen Entwicklung der Produktion erlauben (→ **Aufgabe 6.3**). Problematisch ist bei diesen Indizes die Berücksichtigung von *Kalendereffekten* auf das Produktionsvolumen (→ **Aufgabe 6.4**).

Literaturhinweise

H. Degen & P. Lorscheid (2002), S. 172-180.
D. Hochstädter (1996), S. 208-224.
P. v.d.Lippe (1996), S. 280-325.
H. Rinne (1996), S. 239-265.
K. Scharnbacher (2004), S. 249-260.

Aufgabe 6.1

Bei einem Unternehmen liegen für das zurückliegende Geschäftsjahr die nachstehenden Daten vor (in GE):

(1)	Anfangsbestand an Materialien (RHB-Stoffe)	1.000
(2)	Materialkäufe	7.000
(3)	Endbestand an Materialien	500
(4)	Anfangsbestand an Halbfertigerzeugnissen	2.000
(5)	Endbestand an Halbfertigerzeugnissen	3.000
(6)	Anfangsbestand an Fertigerzeugnissen	1.000
(7)	Verkäufe von Fertigerzeugnissen	9.000
(8)	Endbestand an Fertigerzeugnissen	1.800
(9)	selbst erstellte Anlagen	3.000
(10)	Anfangsbestand an Handelsware	1.000
(11)	Käufe von Handelsware	5.000
(12)	Verkäufe von Handelsware	6.500
(13)	Endbestand an Handelsware	1.300
(14)	Abschreibungen	1.700
(15)	Verbrauchssteuern	600
(16)	Kosten für Lohnarbeiten	400
(17)	Mietzahlungen	500
(18)	Subventionen	100
(19)	Löhne und Gehälter	6.000
(20)	ausgeschüttete Gewinne	1.100
(21)	sonstige Kosten	100

(22)	geleistete Dienstleistungen	2.800
(23)	einbehaltene Gewinne	400
(24)	sonstige indirekte Steuern	200

(a) Stellen Sie ein Produktionskonto des Unternehmens auf.

(b) Berechnen Sie für das Unternehmen die folgenden Maßzahlen:
- Nettoquote
- Bruttowertschöpfungsrate
- Nettowertschöpfungsrate
- Lohnquote

Lösung

(a) Aus den angegebenen Daten ergibt sich das folgende Produktionskonto:

Produktionsaufwand		Produktionsertrag	
I.1 Einsatz an Handelsware:		A.a Umsatz aus eigenen Erzeugnissen	
(11) + [(10) - (13)] =	4.700	und Dienstleistungen	
I.2 Verbrauch an RHB-Stoffen:		(7) + (22) =	11.800
(2) + [(1) - (3)] =	7.500	A.b Umsatz aus Handelsware	
I.3 Kosten für Lohnarbeiten:		(12) =	6.500
(16) =	400	(beachte: (11), (13) irrelevant !)	
II.1 Kosten für Dienstleistungen	0		
II.2 Mieten und Pachten:		A.c Umsatz aus sonstigen Tätigkeiten	0
(17) =	500		
II.3 Sonstige Kosten:		B Bestandsveränderungen an fertigen	
(21) =	100	und unfertigen Erzeugnissen:	
III.1 Verbrauchssteuern		[(5) - (4)] + [(8) - (6)] =	1.800
(15) =	600		
III.2 sonstige indirekte Steuern		C selbst erstellte Anlagen:	
abzüglich Subventionen:		(9) =	3.000
(23) - (18) =	100		
IV Abschreibungen:			
(14) =	1.700		
V Nettowertschöpfung zu			
Faktorkosten	7.500		
darunter:			
(19) Löhne und Gehälter 6.000			
(20) ausgeschüttete Gewinne 1.100			
(23) einbehaltene Gewinne 400			
Bruttoproduktionswert	23.100	Bruttoproduktionswert	23.100

(b) Die Nettoquote *NQ* ergibt sich als Quotient aus dem Nettoproduktionswert *NPW* (d.h. dem Bruttoproduktionswert *BPW* minus Vorleistungen *V*) und dem Bruttoproduktionswert:

$$NQ = \frac{NPW}{BPW} = \frac{BPW-V}{BPW} = \frac{23.100-(4.700+7.500+400)}{23.100} = \frac{10.500}{23.500} = 0{,}45\,.$$

Die Bruttowertschöpfungsrate *BWR* ist das Verhältnis der Bruttowertschöpfung *BWS* (dies ist der Nettoproduktionswert *NPW* abzüglich der sonstigen Vorleistungen *SV*) zum Bruttoproduktionswert *BPW*:

$$\begin{aligned} BWR &= \frac{BWS}{BPW} = \frac{NPW - SV}{BPW} \\ &= \frac{10.500-(500+100)}{23.100} = \frac{9.900}{23.100} = 0{,}43\,. \end{aligned}$$

Die Nettowertschöpfungsrate *NWR* berechnet sich als Quotient aus Nettowertschöpfung *NWS* (diese unterscheidet sich von der Bruttowertschöpfung um die Abschreibungen *AB* und den Saldo T_{IND} aus Verbrauchssteuern plus sonstige indirekte Steuern und Subventionen; man rechnet also zu Faktorkosten statt zu Marktpreisen) und Bruttoproduktionswert *BPW*:

$$\begin{aligned} NWR &= \frac{NWS}{BPW} = \frac{BWS-AB-T_{IND}}{BPW} \\ &= \frac{9.900-1.700-700}{23.100} = \frac{7.500}{23.100} = 0{,}32\,. \end{aligned}$$

Die Lohnquote *LQ* schließlich ist als Verhältnis der Löhne und Gehälter *LuG* zur Nettowertschöpfung *NWS* definiert:

$$LQ = \frac{LuG}{NWS} = \frac{6.000}{7.500} = 0{,}80\,.$$

Aufgabe 6.2

Nehmen Sie an, eine Industriebranche bestehe nur aus den beiden Unternehmen U1 und U2 mit den nachstehenden wiedergegebenen Produktionskonten.

Aufwendungen	Produktionskonto U1		Erträge
I Vorleistungen (davon 80 von U2)	200	A Wirtschaftlicher Umsatz (davon 130 Vorleist. an U2 und 20 Anlagen an U2)	400
II sonstige Vorleistungen	10	B Bestandsänderungen an Halbfertig- und Fertigerzeugnissen	60
III Verbrauchssteuern − Subventionen	30	C selbst erstellte Anlagen	40
IV Abschreibungen	60		
V Nettowertschöpfung	200		
Bruttoproduktionswert	500	Bruttoproduktionswert	500

Aufwendungen		Produktionskonto U2	Erträge
I Vorleistungen (davon 130 von U1)	630	A Wirtschaftlicher Umsatz (davon 80 Vorleist. an U1 und 20 Anlagen an U1)	980
II sonstige Vorleistungen	40		
III Verbrauchssteuern - Subventionen	60	B Bestandsänderungen an Halbfertig- und Fertigerzeugnissen	-30
IV Abschreibungen	120		
V Nettowertschöpfung	150	C selbst erstellte Anlagen	50
Bruttoproduktionswert	1.000	Bruttoproduktionswert	1.000

(a) Stellen Sie das Produktionskonto der Branche auf. Wie groß sind Bruttoproduktionswert, Nettoproduktionswert und Nettowertschöpfung?

(b) Was würde sich ändern, wenn U1 und U2 nur zwei Abteilungen des einzigen Unternehmens U der Branche wären?

Lösung

(a) Durch Konsolidierung der beiden Produktionskonten (d. h. Addition der an den entsprechenden Positionen stehenden Werte) erhält man das folgende Branchenkonto:

konsolidiertes Branchenkonto			
I Vorleistungen	830	A Wirtschaftlicher Umsatz	1.380
II sonstige Vorleistungen	50	B Bestandsänderungen an Halbfertig und Fertigerzeugnissen	30
III Verbrauchssteuern - Subventionen	90		
IV Abschreibungen	180	C selbst erstellte Anlagen	90
V Nettowertschöpfung	350		
Bruttoproduktionswert	1.500	Bruttoproduktionswert	1.500

Es ergeben sich also die folgenden Maßzahlen:

- Bruttoproduktionswert: 1.500
- Nettoproduktionswert: 670 = 1.500 - 830
- (Netto-)Wertschöpfung: 350

(b) In der Produktionsstatistik ist die kleinste Erhebungseinheit das selbständig buchführende und bilanzierende Unternehmen. Handelt es sich also um zwei Abteilungen eines einzigen Unternehmens, so werden die gegenseitig geleisteten Vorleistungen nicht zum Posten Vorleistungen gerechnet. Die an die jeweils andere Abteilung gelieferten Anlagen gelten nun als selbst erstellt. Entsprechend zählen diese Leistungen nun nicht mehr zum wirtschaftlichen Umsatz. Damit hat das Produktionskonto nun folgendes Aussehen:

Unternehmenskonto U			
I Vorleistungen (200 − 80)+(630 − 130)=620		A Wirtschaftlicher Umsatz (400 − 130 − 20) + (980 − 80 − 20) = 1.130	
II sonst. Vorleistungen	50	B Bestandsänderungen an Halbfertig- und Fertigerzeugnissen	30
III Verbrauchssteuern - Subventionen	90	C selbst erstellte Anlagen	130
IV Abschreibungen	180		
V Nettowertschöpfung	350		
Bruttoproduktionswert	1.290	Bruttoproduktionswert	1.290

Aufgrund dieser Änderung ergeben sich nun folgende Kenngrößen:

- Bruttoproduktionswert: 1.290
- Nettoproduktionswert: 670 = 1290 − 620
- Wertschöpfung: 350

Es ändert sich also nur der Bruttoproduktionswert (in den die Vorleistungen eingehen). Nettoproduktionswert, Wertschöpfungsgrößen sowie weitere hieraus abgeleitete Größen bleiben von den Änderungen unberührt.

Aufgabe 6.3

Die Indizes der Statistik des Produzierenden Gewerbes dienen insbesondere als Indikatoren der Konjunkturbeobachtung. Welche wichtigen Indizes kennen Sie?

Lösung

(1) Der Index des Auftragseingangs im verarbeitenden Gewerbe wird sowohl in jeweiligen Preisen (Wertindex) als auch unter Ausschaltung der Preisveränderungen (Volumenindex) monatlich berechnet. Der Auftragseingang wird für ausgewählte Wirtschaftszweige bei Betrieben von Unternehmen mit 20 Beschäftigten und mehr erfasst. Da es sich um einen Index zu erwartender Bruttoproduktionswerte handelt, ist dieser nur als kurzfristiger Konjunkturindikator verwendbar.

(2) Der Index der Produktion für das produzierende Gewerbe wird unter Ausschaltung von Preisänderungen in Form eines Mengenindex monatlich berechnet. Grundlage für die Fortschreibung der Entwicklung der Wirtschaftszweige sind die Ergebnisse der monatlichen Produktionserhebung. Hierbei werden grundsätzlich Nettoproduktionswerte verwendet.

(4) Die Produktivitätsindizes werden für Deutschland einmal jährlich in der vollständigen Gliederung des verarbeitenden Gewerbes berechnet; vierteljährlich stehen die Ergebnisse der wichtigsten Hauptgruppen zur Verfügung. Der Index wird als Verhältnis von Nettoproduktionsindex und einer Messzahl des Arbeitsvolumens gebildet. Dabei werden drei verschiedene Ausprägungen des Arbeitsvolumens für die Indexberechnung herangezogen: Anzahl der Arbeiter, Anzahl der Beschäftigten und Anzahl der geleisteten Arbeitsstunden.

Aufgabe 6.4

Nehmen Sie Stellung zur Frage der Kalenderbereinigung von Produktionsindizes.

Lösung

Unter Kalenderunregelmäßigkeiten versteht man die Effekte, die sich allein aus folgenden kalendarischen Gegebenheiten herleiten:

- Unterschiede zwischen Normaljahren und Schaltjahren,
- Unterschiede in der Länge der Monate,
- Unterschiede in der Zahl der Arbeitstage je Monat (bedingt durch die Anzahl von Wochenenden im Monat),
- Zahl der Feiertage (je Bundesland unterschiedlich),
- Feiertage, die auf Dienstage oder Donnerstage fallen, führen zu sog. ‚Brückentagen' am Montag bzw. am Freitag.

Für viele Zeitreihen – vor allem Bestandsgrößen – spielen diese kalendarischen Unregelmäßigkeiten keine Rolle, jedoch in der Produktionsstatistik sind sie äußerst bedeutungsvoll. Der Grund hierfür liegt vor allem in der Tatsache, dass die Produktionsindizes als wichtige kurzfristige Konjunkturindikatoren Verwendung finden. Alle monatlichen Produktionsindizes werden daher sowohl ‚kalendermonatlich' unbereinigt als auch ‚arbeitstäglich bereinigt' ermittelt. Dabei ist man auf Schätzungen bzw. auf Modellrechnungen angewiesen, da aufgrund des herrschenden Rechts die effektiven Produktionszeiten nicht regelmäßig erhoben werden können. Auch ist die Ermittlung der tatsächlichen Produktionszeiten wegen der zunehmenden Automatisierung, Flexibilisierung und Individualisierung der Arbeitszeiten (z. B. Mehrarbeitszeit mit Freizeitausgleich) recht schwierig.

Hinzu kommen Abgrenzungsprobleme zwischen Kalender- und Saisoneinflüssen. Es ist vom Begriff her schon schwierig, diese beiden Komponenten exakt voneinander zu trennen.

7 Volkswirtschaftliche Gesamtrechnung

Die volkswirtschaftliche Gesamtrechnung (VGR) dient der Ermittlung der Produktionsleistung einer Volkswirtschaft. Ihr liegt jedoch ein anderer *Produktionsbegriff* zugrunde als der Produktionsstatistik, die sich nur auf das produzierende Gewerbe bezieht (→ **Aufgabe 7.2**). Der Ermittlung der Größen der volkswirtschaftlichen Gesamtrechnung dient ein umfassendes *Kontenschema*, welches mit der Einführung des Europäischen Systems Volkswirtschaftlicher Gesamtrechnungen (ESVG 1995) im Jahre 1999 vollständig revidiert wurde und von früher verwendeten Kontenschemata deutlich abweicht (→ **Aufgabe 7.1**). Das Kontenschema kann u. a. verwendet werden, um zahlreiche gesamtwirtschaftliche Aggregatgrößen zu berechnen, welche die Leistungsfähigkeit der gesamten Volkswirtschaft beschreiben (→ **Aufgabe 7.3**).
Neben den unterschiedlichen Kontenarten unterscheidet das Kontenschema fünf volkswirtschaftliche Sektoren, zwischen denen wirtschaftliche Transaktionen stattfinden, sodass auch sektorspezifische Aggregate berechnet werden können (→ **Aufgabe 7.4**). Eine besondere Rolle unter diesen Sektoren spielt naturgemäß der Sektor Staat, dessen wirtschaftliche Situation mit Hilfe besonderer Kennzahlen beschrieben werden kann (→ **Aufgabe 7.5**).
Ein weiterer Bereich der Volkswirtschaftlichen Gesamtrechnung ist die *Input-Output-Analyse*, die u.a. Vorleistungsverflechtungen zwischen den einzelnen Branchen des Sektors Unternehmen aufzeigt (→ **Aufgabe 7.6**).

Literaturhinweise

H. DEGEN & P. LORSCHEID (2002), S. 181-208.
P. V.D.LIPPE (1996), S. 124-220.
H. RINNE (1996), S. 417-470.

Aufgabe 7.1

Geben Sie zu den nachfolgenden Transaktionen an, in welcher Position Sie im Rahmen des Kontenschemas nach ESVG 95 der volkswirtschaftlichen Gesamtrechnung auftreten (vgl. hierzu z. B. DEGEN / LORSCHEID (2002), S. 191 f.). Nennen Sie dazu für jede der Transaktionen (1) bis (8)

- die Positionsbezeichnung, unter der die Transaktion im Kontenschema geführt wird,
- für die Soll- und Habenseite das jeweils betroffene Konto,
- für die Soll- und Habenseite die Bezeichnung des jeweils betroffenen Sektors.

(1) Die Motorenwerke Stotter GmbH verkaufen Dieselmotoren für Traktoren an den Landmaschinenhersteller LAMAG für 100.000 €.
(2) Facharbeiter Jupp Schmitz aus Köln erhält von der Motorenwerke Stotter GmbH Arbeitslohn in Höhe von 55.000 €.
(3) Facharbeiter Jupp Schmitz erhält auf seine Aktie des Landmaschinenherstellers LAMAG eine Dividende in Höhe von 25 €.
(4) Facharbeiter Jupp Schmitz kauft bei der Brotbrennerei Dunkelback (Inhaber: Rolf Dunkelback) ein Schwarzbrot für 2,50 €.
(5) Facharbeiter Jupp Schmitz zahlt an die politische Partei Just Party (JP) Mitgliedsbeiträge in Höhe von 150 €.
(6) Facharbeiter Jupp Schmitz zahlt an erbt von seiner Düsseldorfer Erbtante einen gebrauchten Porsche im Wert von 12.000 €.
(7) Facharbeiter Jupp Schmitz zahlt an sein zuständiges Finanzamt eine Einkommmensteuernachzahlung in Höhe von 555 €.
(8) Die Motorenwerke Stotter GmbH überweisen für ihre Beschäftigten als Arbeitgeber- und Arbeitnehmerbeiträge zur gesetzlichen Rentenversicherung jeweils 125.000 €.

Lösung

Die volkswirtschaftliche Gesamtrechnung der Bundesrepublik Deutschland teilt die Wirtschaftssubjekte seit der Umstellung auf das ESVG 95 in die folgenden fünf Sektoren ein:

1 nichtfinanzielle Kapitalgesellschaften,
2 finanzielle Kapitalgesellschaften,
3 Staat (einschl. Sozialversicherungsträger),
4 private Haushalte (einschl. nicht-kapitalgesellschaftlicher Unternehmungen),
5 private Organisationen ohne Erwerbszweck.

Das Kontensystem besteht (etwas vereinfacht, d. h. insbesondere ohne Konten der Vermögensbilanzen (Gruppe IV) sowie mit zusammengefasstem Außenkonto) aus den folgenden Konten:

0	Güterkonto
I	Produktionskonto
II.1.1	Einkommensentstehungskonto
II.1.2	primäres Einkommensverteilungskonto
II.2	Konto der sekundären Einkommensverteilung (Ausgabenkonzept)
II.4.1	Einkommensverwendungskonto (Ausgabenkonzept)
III.1.1	Konto der Reinvermögensänderung durch Sparen und Vermögenstransfers
III.1.2	Sachvermögensbildungskonto
V	Auslandskonto

Mit diesen Nummerierungen für Sektoren und Konten lassen sich die Lösungen zu den Transaktionen (1) bis (8) wie folgt tabellarisch zusammenfassen:

Transaktion	Positionsbezeichnung	Sollseite		Habenseite	
		Konto	Sektor	Konto	Sektor
(1) Motorenkauf	Vorleistungen	0	1	I	1
(2) Arbeitslohn	geleistete / empfangene Arbeitnehmerentgelte	II.1.1	1	II.1.2	4
(3) Dividende	geleistete / empfangene Vermögenseinkommen	II.1.2	1	II.1.2	4
(4) Kauf eines Brotes	Konsumausgaben	II.4.1	4	0	4
(5) Parteimitgliedsbeitrag	geleistete / empfangene sonst. laufende Transfers	II.2	4	II.2	5
(6) Erbschaft	geleistete / empfangene Vermögensübertragung	III.1.1	4	III.1.1	4
(7) Einkommensteuer	gel. / empf. Einkommen- und Vermögensteuern	II.2	4	II.2	3
(8) Rentenversicherungsbeiträge	geleistete / empfangene Sozialbeiträge	II.2	1 + 4 hälftig	II.2	3

Erläuterungen:

zu (1) Als GmbH bzw. AG sind beide Unternehmen Kapitalgesellschaften und gehören daher dem Sektor 1 an. Die Lieferung erfolgt vom Hersteller an den Abnehmer zu Zwecken der Weiterverarbeitung, es handelt sich daher um Vorleistungen.

zu (2) Jupp Schmitz gehört als Privatperson dem Sektor 4 an. Bei dem zu verbuchenden Betrag handelt es sich um den Bruttolohn; die Abzüge (Steuern, Arbeitnehmerbeiträge zur Sozialversicherung) werden in Konto II.2 vom Arbeitnehmer an den Staat gebucht.

zu (3) Bei einer Dividende handelt es sich um einen Kapitalertrag und damit um eine Vermögenseinkommen.

zu (4) Der Kauf eines Brotes durch eine Privatperson erfolgt zu privaten Konsumzwecken. Der Verkäufer ist hier ein Inhaberunternehmen und gehört daher ebenso wie der Käufer dem Sektor 4 an.

zu (5) Mitgliedsbeiträge sind laufende (d. h. regelmäßig stattfindende) Transfers, die im Rahmen der sekundären Einkommensverteilung von den Mitgliedern gezahlt werden.

zu (6) Bei der Erbschaft handelt es sich um eine einmalige Übertragung eines größeren Wertgegenstandes, mithin also nicht um einen laufenden Transfer, sondern um eine Vermögensübertragung.

zu (7) Einkommensteuern werden vom Einkommensempfänger (privater Haushalt) an den Staat gebucht. Auch hierbei handelt es sich um sekundäre Einkommensverteilung. Dies gilt nicht nur für den Fall der direkten Einkommensteuernachzahlung des Steuerzahlers an das Finanzamt, sondern auch im Fall der unmittelbaren Überweisung der Lohnsteuer durch den Arbeitgeber.

zu (8) Bei den Beiträgen zur gesetzlichen Rentenversicherung handelt es sich um Sozialbeiträge. Im Gegensatz zur Einkommensteuer werden diese jeweils hälftig von Arbeitnehmern und Arbeitgebern geleistet, unabhängig davon, dass der Arbeitgeber den gesamten Betrag an den Sozialversicherungsträger überweist.

Aufgabe 7.2
Geben Sie zu den folgenden acht Aussagen zur volkswirtschaftlichen Gesamtrechnung jeweils an, ob Sie diese für richtig oder falsch halten.

(a) Der Produktionsbegriff der volkswirtschaftlichen Gesamtrechnung entspricht exakt demjenigen der Produktionsstatistik.

(b) Seit der Umstellung auf das ESVG 1995 in Deutschland gehören auch Bildungsausgaben zu den Investititionen

(c) Bei der Bewertung inländischer Güter zu Herstellpreisen sind sämtliche Gütersteuern (abzüglich Gütersubventionen) enthalten.

(d) Zu den Gütersteuern zählen u. a. die Mehrwert-, die Tabak- und die Ökosteuer.

(e) Die Bruttowertschöpfung ergibt sich aus dem gesamtwirtschaftlichen Produktionswert durch Abzug der Nettogütersteuern.

(f) Der Saldo des Sachvermögensbildungskontos wird als Finanzierungssaldo bezeichnet.

(g) Das gesamtwirtschaftliche Güterkonto ist die Schnittstelle der volkswirtschaftlichen Gesamtrechnung zur Input-Output-Analyse.

(h) Hausfrauentätigkeit gehört zur Produktion im Sinne der volkswirtschaftlichen Gesamtrechnung.

Lösung

(a) Falsch. Im Gegensatz zur Produktionsstatistik umfasst der Produktionsbegriff der volkswirtschaftlichen Gesamtrechnung auch die Erbringung von Dienstleistungen, die Produktion immaterieller Güter u. Ä.

(b) Falsch. Aufwendungen zur Verbesserung des Humanvermögens (wie Bildungsausgaben) zählten trotz ihres durchaus investiven Charakters weder vor noch nach der Einführung des ESVG 1995 zu den Investitionen, es handelt sich vielmehr um (i. d. R. staatliche) Konsumausgaben.

(c) Falsch. Herstellpreise sind die beim Hersteller bei der Herstellung anfallenden Kosten der Produktionsfaktoren (wie Material-, Personal- und Kapitalkosten). Die Kosten indirekter staatlicher Besteuerung in Form von Gütersteuern (abzüglich eventueller Gütersubventionen) sind hierin nicht enthalten.

(d) Richtig. Die genannten Steuerarten lassen sich den produzierten Gütern unmittelbar zuordnen, sodass es sich um Gütersteuern handelt.

(e) Falsch. Die Bruttowertschöpfung entsteht aus dem gesamtwirtschaftlichen, zu Herstellkosten bewerteten Produktionswert (der damit die Nettogütersteuern ohnenhin nicht beinhaltet) durch den Abzug der Vorleistungen.

(f) Richtig.

(g) Richtig. Die Input-Output-Tabelle entsteht, indem für die einzelnen Wirtschaftsbereiche ein aus Güter- und Produktionskonto zusammengefasstes Konto erstellt wird. Dabei wird für die Vorleistungen dargestellt, aus welchem Wirtschaftsbereich sie stammen bzw. in welchen Wirtschaftsbereich sie geliefert wurden. Stellt man diese Konten dann in tabellarischer Form zusammen, entsteht die für die Input-Output-Tabelle typische zentrale Matrix, welche die von einem Wirtschaftsbereich an einen anderen gelieferten Vorleistungen enthält.

(h) Falsch. Obwohl dies häufig Gegenstand der Kritik an der volkswirtschaftlichen Gesamtrechnung ist, zählen sämtliche im Rahmen der privaten Haushalte erbrachten Arbeitsleistungen (mit Ausnahme der Erstellung von Wohngebäuden) nicht zur Produktion im Sinne der volkswirtschaftlichen Gesamtrechnung. Damit zählen etwa hauswirtschaftliche Tätigkeiten, Kindererziehung und Heimwerken nicht zur Produktion.

Aufgabe 7.3

Der volkswirtschaftlichen Gesamtrechnung der Sonneninsel Statistizien sind den Konten II.1.1 (Einkommensentstehungskonto) und II.1.2 (Einkommensverwendungskonto) für das Jahr 2005 die nachfolgend dargestellten Angaben (in Mio. Stat$) zu entnehmen. Die in den Tabellen verwendeten Sektorbezeichnungen sind S1 nichtfinanzielle Kapitalgesellschaften, S2 finanzielle Kapitalgesellschaften, S3 Staat (einschl. Sozialversicherungsträger), S4 private Haushalte (einschl. nichtkapitalgesellschaftlicher Unternehmungen), S5 private Organisationen ohne Erwerbszweck sowie A für das Ausland. Aus Vereinfachungsgründen sind die Sektoren S1 und S2 sowie S4 und S5 jeweils zusammengefasst wiedergegeben.

Die Aufteilung der Nettowertschöpfung (NWS) auf die inländischen Sektoren ist die folgende:

Sektor	S1/S2	S3	S4/S5
NWS	891,6	122,3	316,8

Der Austausch von Arbeitnehmerentgelten zwischen den Sektoren ist in folgender Tabelle dargestellt:

empfangender Sektor	leistender Sektor			
	S1/S2	S3	S4/S5	A
S4/5	323,1	88,6	153,8	22,4
A	14,9	3,0	6,6	×

Der Austausch von sonstigen Produktionsabgaben und Subventionen ist in folgender Tabelle dargestellt:

empfangender Sektor	leistender Sektor			
	S1/S2	S3	S4/S5	A
S3	127,6	2,4	50,3	2,9
A	11,5	1,4	1,1	×

Den Austausch von Vermögenseinkommen zwischen den Sektoren gibt die folgende Tabelle wieder:

epfangender Sektor	leistender Sektor			
	S1/S2	S3	S4/S5	A
S1/2	67,6	45,7	14,2	18,2
S3	13,6	0,5	10,4	5,9
S4/S5	62,1	21,7	32,9	12,1
A	22,9	13,0	8,6	×

(a) Ermitteln Sie den Betriebsüberschuss / das Selbständigeneinkommen Statistizien und die Aufteilung dieser Größe auf die inländischen Sektoren.

(b) Ermitteln Sie das Nettonationaleinkommen Statistiziens und seine Aufteilung auf die inländischen Sektoren.

Lösung

(a) Der Betriebsüberschuss bzw. das Selbständigeneinkommen ergibt sich nach dem Einkommensentstehungskonto II.1.1, indem von der Nettowertschöpfung die geleisteten Arbeitnehmerentgelte sowie der Saldo aus geleisteten sonstigen Produktionsabgaben und empfangenen sonstigen Subventionen abgezogen wird:

Position	S1/S2	S3	S4/S5	Summe
Nettowertschöpfung (NWS)	891,6	122,3	316,8	1.330,7
– geleistete Arbeitnehmerentgelte	323,1+14,9	88,6+3,0	153,8+6,6	588,0
– geleist. sonst. Produktionsabgaben abzügl. empf. sonst. Subventionen	127,6+11,5	2,4+1,4	50,3+1,1	194,3
= Betriebsüberschuss / Selbständigeneinkommen	414,5	26,9	105,0	546,4

Die Berechnung des Saldos des Kontos II.1.1 dient der Darstellung, in welcher Höhe Einkommen aus Unternehmertätigkeit entsteht. Dies ist erforderlich, da in der VGR nach ESVG 1995 in Sektor 4 private Haushalte und Nichtkapitalgesellschaften gemeinsam dargestellt werden.

(b) Im Einkommensverteilungskonto II.1.2 werden zum Einkommen aus Unternehmertätigkeit die empfangenen Einkommen aus anderen Einkunftsarten hinzuaddiert und die geleisteten Vermögenseinkommen zum Abzug gebracht, sodass sich als Saldo das Nettonationaleinkommen ergibt:

Position	S1/S2	S3	S4/S5	Summe
Betriebsüberschuss / Selbständigeneinkommen	414,5	26,9	105,0	546,4
+ empfangene Arbeitnehmerentgelte	×	×	323,1+88,6 253,8+22,4	687,9
+ empfangene sonst. Produktionsabg. abzgl. geleist. sonst. Subventionen	×	127,6+2,4 50,3+ 2,9	×	183,2
+ empfangene Vermögenseinkommen	67,6+45,7 14,2+18,2	13,6+0,5 10,4+5,9	62,1+21,7 32,9+12,1	304,9
– geleistete Vermögenseinkommen	67,6+13,6 62,1+22,9	45,7+0,5 21,7+13,0	14,2+10,4 32,9+8,6	313,2
= Nettonationaleinkommen	394,0	159,6	855,6	1.409,2

Während die Wertschöpfung zu etwa zwei Dritteln in den Unternehmen der Sektoren S1 und S2 stattfindet (Einkommensentstehungsort), entfallen beim Nettonationaleinkommen zwei Drittel auf die Sektoren 4 und 5.

Aufgabe 7.4

Der volkswirtschaftlichen Gesamtrechnung der Bundesrepublik Deutschland für das Jahr 2003 sind die folgenden Positionen zu entnehmen (in Mrd. €, vgl. Statistisches Jahrbuch 2004, S. 730):

Abschreibungen	319,68
Bruttoinvestitionen	380,65
Bruttowertschöpfung	1.915,52
Exporte	760,98
Importe	670,45
Konsumausgaben des Staates	410,91
Nettogütersteuern	213,68
private Konsumausgaben	1.247,11
Produktions- und Importabgaben abzgl. Subventionen	225,84
Saldo der Primäreinkommen aus der übrigen Welt	-11,05

Berechnen Sie mit Hilfe dieser Angaben die folgenden Größen:

(1) Außenbeitrag
(2) Konsumausgaben
(3) Nettoinvestitionen
(4) Bruttoinlandsprodukt
(5) Bruttonationaleinkommen
(6) Nettonationaleinkommen
(7) Volkseinkommen
(8) Nettowertschöpfung

Lösung

(1)

Exporte	760,98
- Importe	670,45
= Außenbeitrag	90,53

(2)

Konsumausgaben des Staates	410,91
+ private Konsumausgaben	1.247,11
= Konsumausgaben	1.658,02

(3)

Bruttoinvestitionen	380,65
- Abschreibungen	319,68
= Nettoinvestitionen	60,97

(4)

Bruttowertschöpfung	1.915,52
+ Nettogütersteuern	213,68
= Bruttoinlandsprodukt	2.129,20

oder

Konsumausgaben	1.658,02
+ Bruttoinvestitionen	380,65
+ Außenbeitrag	90,53
= Bruttoinlandsprodukt	2.129,20

(5)

Bruttoinlandsprodukt	2.129,20
+ Saldo der Primäreinkommen aus der übrigen Welt	-11,05
= Bruttonationaleinkommen	2.118,15

(6)

Bruttonationaleinkommen	2.1218,15
- Abschreibungen	319,68
= Nettonationaleinkommen	1.798,47

(7)

Nettonationaleinkommen	1.798,47
- Produktions- und Importabgaben abzgl. Subventionen	225,84
= Volkseinkommen	1.572,63

(8)

Bruttowertschöpfung	1.915,52
- Abschreibungen	319,68
= Nettowertschöpfung	1.595,84

Aufgabe 7.5

Für den Sektor Staat sind der volkswirtschaftlichen Gesamtrechnung der Bundesrepublik Deutschland für das Jahr 2004 folgende Angaben zu entnehmen (in Mrd. €):

Einnahmen des Staates		Ausgaben des Staates	
Verkäufe aus Markt- und Nichtmarktproduktion	41,29	Vorleistungen	89,45
		Arbeitnehmerentgelte	168,68
sonstige Subventionen	0,49	sonstige Produktionsabgaben	0,05
Vermögenseinkommen	12,02	Vermögenseinkommen	62,91
Steuern	481,23	Subventionen	28,95
Sozialbeiträge	395,26	monetäre Sozialleistungen	422,87
sonstige laufende Transfers	16,89	soziale Sachleistungen	163,71
Vermögenstransfers	9,66	sonstige laufende Transfers	38,25
		Vermögenstransfers	33,84
		Bruttoinvestitionen	30,76
		Netttozugang an nichtproduzierten Vermögensgütern	-1,43
Gesamteinnahmen:	956,84	Gesamtausgaben:	1.038,04
nachrichtl.: Abschreibungen	31,77	nachrichtl.: Konsumausgaben	412,76

Das gesamtwirtschaftliche Bruttoinlandsprodukt des Jahres 2001 betrug 2.215,65 Mrd. €.

(a) Berechnen Sie die Sparquote des staatlichen Sektors.

(b) Berechnen Sie die Staatsquote.

(c) Berechnen Sie die staatliche Defizitquote.

Lösung

(a) Das Sparen – hier des Sektors Staat – ergibt sich aus dem Überschuss der laufenden Einnahmen über die laufenden Ausgaben. Zu den laufenden Einnahmen bzw. Ausgaben zählen solche, die in den Einkommenskonten der Kontengruppe II der VGR gebucht werden – im Gegensatz zu den vermögenswirksamen Einnahmen und Ausgaben, welche in den Vermögenskonten der Gruppe III gebucht werden. Zu den laufenden Einnahmen zählen damit sämtliche aufgeführten Einnahmen außer den Einnahmen aus Vermögenstransfers; zu den laufenden Ausgaben gehören alle aufgeführten Ausgaben außer den geleisteten Vermögenstransfers, den Bruttoinvestitionen und dem Nettozugang an nichtproduzierten Vermögensgütern. Anstelle der Bruttoinvestitionen sind bei den laufenden Ausgaben allerdings die Abschreibungen zu berücksichtigen, welche die in laufende Beträge umgewandelten Bruttoinvestitionen der vorhergehenden Jahre und damit die bewertete laufende Abnutzung der Investitionsgüter darstellen. Man erhält also:

laufende Staatseinnahmen: 956,84 - 9,66	947,18
- laufende Staatsausgaben: 1.038,04 - (33,84 + 30,76 + (-1,43)) + 31,77	1.006,64
= Sparen des Sektors Staat:	-59,46

Für die staatliche Sparquote ist diese Größe ins Verhältnis zu den Konsumausgaben des Staates zu setzen, welche sich gemäß Aufgabenstellung auf 412,76 Mrd. € belaufen. Die Sparquote beträgt damit -14,4 %.

(b) Die so genannte Staatsquote ist das Verhältnis der gesamten Staatsausgaben zum gesamtwirtschaftlichen Bruttoinlandsprodukt:

gesamte Staatsausgaben	1.038,04
gesamtwirtschaftliches Bruttoinlandsprodukt	2.215,65
Staatsquote	46,85 %

Diese Größe wird benutzt, um zu beurteilen, welches Ausmaß die staatlichen Aktivitäten im Vergleich zum Bruttoinlandsprodukt ausmachen. Dabei wird allerdings nur die Ausgabenseite betrachtet, ohne zu berücksichtigen, inwieweit die Staatsaktivitäten zu Gewinnen führen und ob es sich um investive oder konsumptive Ausgaben handelt.

(c) Der Finanzierungssaldo des Staates errechnet sich aus der Differenz von Gesamteinnahmen und Gesamtausgaben des Staates:

gesamte Staatseinnahmen	956,84
- gesamte Staatsausgaben	1.038,04
= Finanzierungssaldo des Staates	-81,20

Die Defizitquote des Staates (auch bekannt als eines der so genannten Maastrichtkriterien des Euro-Stabilitätspaktes) errechnet sich dann, indem der (negative) Finanzierungssaldo ins Verhältnis zum gesamtwirtschaftlichen Bruttoinlandsprodukt gesetzt wird:

Finanzierungssaldo des Staates	-81,20
gesamtwirtschaftliches Bruttoinlandsprodukt	2.215,65
Defizitquote des Staates	-3,66 %

Das Defizit überschreitet damit die von der EU für die Eurozone gesetzte Grenze von -3%. Zu berücksichtigen ist allerdings, dass auch bei diesem Kriterium lediglich betrachtet wird, inwieweit bei der Finanzierung der Ausgaben durch die Ausgaben eine Lücke auftreten, ohne zwischen investiven und konsumptiven Ausgaben einen Unterschied zu machen.

Aufgabe 7.6

Auf der Sonneninsel Statistizien wird die Wirtschaft in fünf Sektoren gegliedert, zwischen denen im Jahre 2005 folgende Vorleistungsverflechtungen vorlagen (in Mio. Stat$):

Vorleistungen	an S1	an S2	an S3	an S4	an S5
von Sektor S1	88	0	0	501	0
von Sektor S2	29	79	406	0	80
von Sektor S3	0	0	111	0	430
von Sektor S4	0	0	0	229	0
von Sektor S5	470	0	0	119	303
Importe	205	544	0	0	123
Bruttoproduktionswert	1.522	1.050	1.205	1.790	1.444

(a) Ist es möglich, die Vorleistungsverflechtungsmatrix zu triangularisieren? Interpretieren Sie Ihr Ergebnis.

(b) Berechnen Sie für die einzelnen Sektoren sowie für die Volkswirtschaft insgesamt die Inputquotienten sowie die Nettoquoten.

Lösung

(a) Bei der Triangularisierung einer Vorleistungsverflechtungsmatrix geht es darum, die Reihenfolge der Sektoren in Zeilen und Spalten derart zu verändern, dass die Matrix eine obere Dreiecksgestalt annimmt. Dazu ist zunächst nach einer Zeile mit vier nullen außerhalb der Diagonalen zu suchen; dies erfüllt hier die Zeile des Sektors S4. Rückt man diesen Sektor an das Ende der Sektorenreihenfolge, so entsteht die neue Reihenfolge S1 - S2 - S3 - S5 - S4 und folgende Matrix:

von \ an	S1	S2	S3	S5	S4
S1	88	0	0	0	501
S2	29	79	406	80	0
S3	0	0	111	430	0
S5	570	0	0	303	119
S4	0	0	0	0	229

Im nächsten Schritt ist in der 4×4-Matrix oben links nach einer Zeile zu suchen, die drei nullen außerhalb der Diagonalen enthält. Dies wird durch die Zeile des Sektors S1 erfüllt, der damit an die vorletzte Stelle zu rücken ist:

von \ an	S2	S3	S5	S1	S4
S2	79	406	80	29	0
S3	0	111	430	0	0
S5	0	0	303	470	119
S1	0	0	0	88	501
S4	0	0	0	0	229

Hiermit ist in diesem Fall bereits die vollständige Dreiecksgestalt erreicht, sodass weitere Schritte der Umsortierung nicht erforderlich sind. Die endgültige Sektorenreihe ist so zu interpretieren, dass die weiter unten bzw. rechts stehenden Sektoren von den weiter oben bzw. links stehenden Vorleistungen erhalten, nicht aber umgekehrt. Die oben / links stehenden Sektoren befinden sich damit am Beginn der Produktionskette, die rechts / unten stehenden an deren Ende.

(b) Inputkoeffizienten geben an, wie sich der zur Erstellung des Bruttoproduktionswerts eines Sektors erforderliche Input aufteilt. Hierzu werden die Vorleistungsverflechtungswerte durch die zugehörige Spaltensumme, den Bruttoproduktionswert des belieferten Sektors, dividiert. Dividiert man auch die Importe der Sektoren durch ihre Bruttoproduktionswerte, so ergeben sich entsprechend Importkoeffizienten für den Import. Der Bruttoproduktionswert eines Sektors übersteigt die Summe aus erhaltenen Vorleistungen und Importen (die im Grunde Vorleistungsbezug aus dem Ausland darstellen) um einen bestimmten Betrag, den Nettoproduktionswert (im Wesentlichen die Wertschöpfung) des betreffenden Sektors. Dividiert man den Nettoproduktionswert durch den Bruttoproduktionswert, erhält man die Nettoquote. Nettoquote und Inputkoeffizienten addieren sich stets zu 1 (bzw. 100 %). Die nachfolgende Tabelle gibt die Inputkoeffizienten und Nettoquoten der Sektoren an:

beziehender Sektor		S2	S3	S5	S1	S4	Summe
Inputkoeffizient des beliefernden Sektors	S2	7,5 %	33,7 %	5,5 %	1,9 %	0,0 %	8,5 %
	S3	0 %	9,2 %	29,8 %	0,0 %	0,0 %	7,7 %
	S5	0 %	0	21,0 %	30,9 %	6,6 %	12,7 %
	S1	0 %	0	0	5,8 %	28,0 %	8,4 %
	S4	0 %	0	0	0	12,8 %	3,3 %
Inputkoeffizient Importe		51,8 %	0 %	8,5 %	13,5 %	6,6 %	12,4 %
Nettoquote		40,7 %	57,1 %	35,2 %	48,0 %	52,6 %	47,0 %

Die Summenspalte entsteht dabei, indem jeweils zeilenweise Summen gebildet werden und die betrachteten Anteilswerte sodann für diese Summenspalte berechnet werden.

Teil C:

Wahrscheinlichkeitsrechnung

Hier werden die wahrscheinlichkeitstheoretischen Grundlagen ausführlich behandelt, wie sie insbesondere für die schließende Statistik benötigt werden. Dabei sollen zunächst die unmittelbar ökonomischen Anwendungen der Wahrscheinlichkeitsrechnung im Vordergrund stehen.
Im Gegensatz zu anderen Gebieten der Statistik fällt es dem Lernenden gerade in der Wahrscheinlichkeitsrechnung vielfach schwer, die verbal gestellte Aufgabe einem bestimmten Sachgebiet zuzuordnen. Das Aufstellen des Lösungsansatzes scheint ein gewisses Maß an ‚Kreativität' zu erfordern. Demgemäß erweist sich dies auch in vielen Aufgaben als Hauptschwierigkeit.
Ausgangspunkt ist die Darstellung der Elemente der klassischen und axiomatischen Wahrscheinlichkeitsdefinitionen und der aus ihnen abgeleiteten Rechenregeln. Aufbauend hierauf werden Zufallsvariablen unter verschiedenen Aspekten betrachtet. Spezielle Wahrscheinlichkeitsverteilungen stellt das Kapitel 4 vor: Binomialverteilung, Poissonverteilung, Normalverteilung und Exponentialverteilung. Während auf eine Tabellierung der Binomial- und Exponentialverteilung verzichtet wurde, da die meisten Taschenrechner eine schnelle Ermittlung der benötigten Werte erlauben, enthält Anhang C Tabellen der Verteilungsfunktionen von Poissonverteilung und Standardnormalverteilung. Die Kapitel 5 und 6 erläutern ausführlich die Berechnung und den Umgang mit Verteilungsparametern sowie einige Approximationsmöglichkeiten.

Inhalt:

1 Klassischer und axiomatischer Wahrscheinlichkeitsbegriff

Auf LAPLACE geht die klassische Definition der Wahrscheinlichkeit zurück, bei der alle *Elementarereignisse* der *Grundmenge* gleich wahrscheinlich sind. Jedem Elementarereignis wird als Wahrscheinlichkeit der Kehrwert der Anzahl der Elementarereignisse zugeordnet. Für kompliziertere, aus mehreren Elementarereignissen zusammengesetzte *Ereignisse* ist es damit erforderlich, kombinatorisch den Anteil der im betrachteten Ereignis enthaltenen Elementarereignisse (die so genannten ‚günstigen Fälle') an den Elementarereignissen insgesamt (die so genannten ‚möglichen Fälle') zu bestimmen (→ **Aufgaben 1.1 und 1.2**).
Die Anwendungsmöglichkeiten der klassischen Wahrscheinlichkeitsdefinition sind allerdings beschränkt, da sie gleich wahrscheinliche Elementarereignisse voraussetzt. Der entscheidende Schritt in Richtung einer allgemein gültigen Wahrscheinlichkeitsdefinition gelang erst zu Beginn des 20. Jahrhunderts KOLMOGOROFF, der durch seine *Axiome der Wahrscheinlichkeitsrechnung* die Frage „Was ist Wahrscheinlichkeit und welche Eigenschaften hat sie?" von der Frage „Wie misst man Wahrscheinlichkeiten in der Praxis?" trennte. Aufbauend auf einem Mengenring möglicher Ereignisse, dem *Ereignisring*, ordnet ein *Wahrscheinlichkeitsfunktional* den Ereignissen Wahrscheinlichkeiten zu, wobei bestimmte Bedingungen (die Axiome) zu erfüllen sind (→ **Aufgaben 1.3 bis 1.5**). Aus diesen Axiomen können weitere Rechenregeln, wie z.B. der Additions- und der Multiplikationssatz, abgeleitet werden (→ **Aufgaben 1.6 und 1.7**).

Literaturhinweise:

G. BAMBERG & F. BAUR (2002), S. 75-85.
P. BOHLEY (2000), S. 299-316.
H. DEGEN & P. LORSCHEID (2002), S. 209-223.
D. HOCHSTÄDTER (1996), S. 353-380.
K. SCHARNBACHER (2004), S. 171-189.
J. SCHIRA (2005), S. 211-229.
J. SCHWARZE (2001), S. 11-31.

Aufgabe 1.1

Ein Einzelhändler erhält eine Lieferung von drei Farbfernsehern. Bevor er die Geräte seinen Kunden zum Verkauf anbietet, überprüft er ihre Funktionstüchtigkeit. Es seien A, B, C die drei Ereignisse, dass das erste, zweite bzw. dritte Gerät defekt ist. Beschreiben Sie mit Hilfe dieser Ereignisse und geeigneter Mengenoperationen die nachstehenden Ereignisse. Verdeutlichen Sie die folgenden Ereignisse jeweils durch ein Mengendiagramm.

(1) Alle Geräte sind intakt.
(2) Alle Geräte sind defekt.

(3) Genau zwei Geräte sind defekt.
(4) Mindestens ein Gerät ist defekt.
(5) Höchstens ein Gerät ist defekt.
(6) Das erste Gerät ist defekt und von den beiden übrigen wenigstens eins.

Lösung

Die gesuchten Ereignisse werden jeweils in einem Mengendiagramm durch die grau unterlegte Fläche verdeutlicht:

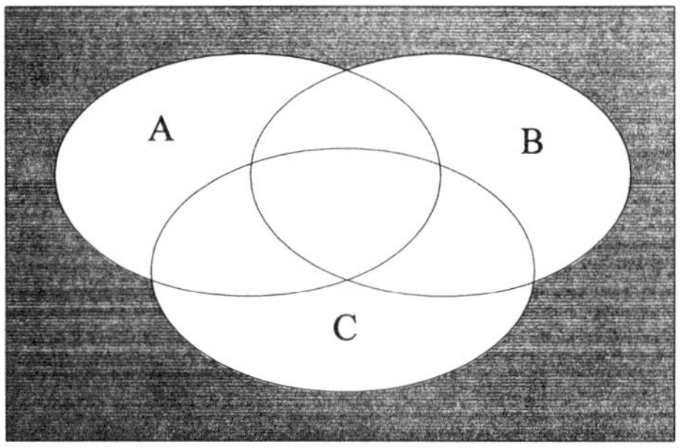

(1) Dieses Ereignis ist das Komplement zur Vereinigung der drei Ereignisse A, B und C, gegeben durch

$$E_1 = \overline{A \cup B \cup C} = \overline{A} \cap \overline{B} \cap \overline{C}.$$

Im Mengendiagramm handelt es sich um den Bereich außerhalb der drei Mengenkreise.

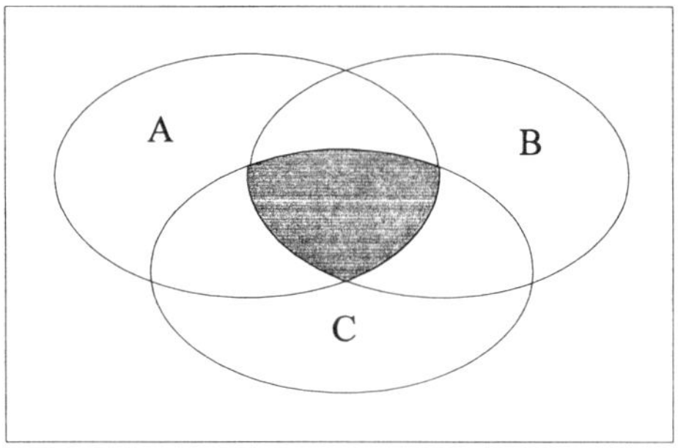

(2) Dieses Ereignis ist gegeben durch die Schnittmenge

$$E_2 = A \cap B \cap C.$$

Im Mengendiagramm handelt es sich also um den in allen drei Mengenkreisen enthaltenen Bereich.

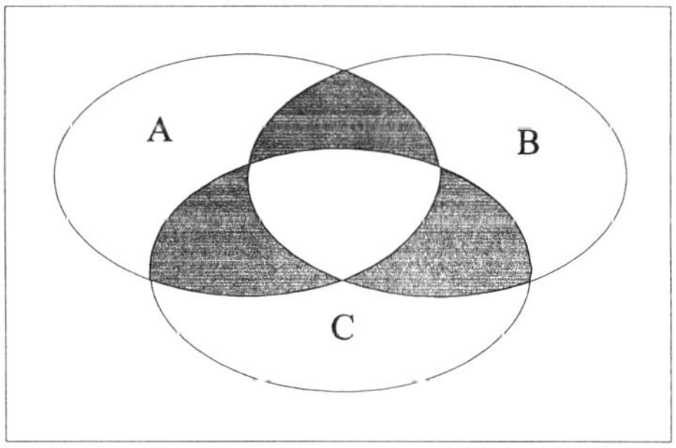

(3) Dieses Ereignis lässt sich wie folgt darstellen:

$$E_3 = (A \cap B \cap \overline{C}) \cup (A \cap \overline{B} \cap C) \cup (\overline{A} \cap B \cap C).$$

Es handelt sich also um die Durchschnitte jeweils zweier Ereignisse mit dem Komplement des dritten und schließlich um die Vereinigung dieser drei Mengen.

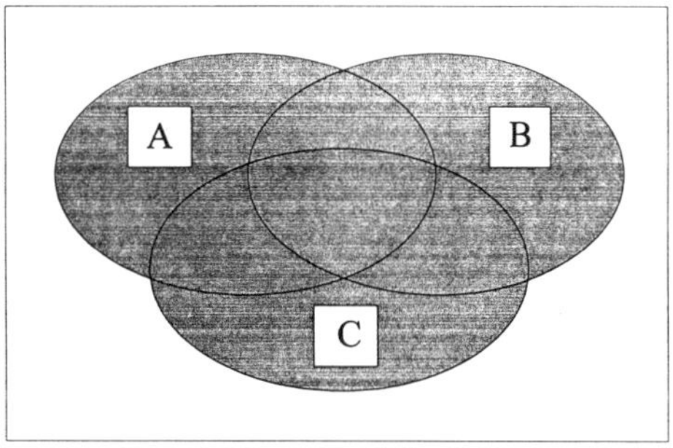

(4) Dieses Ereignis ist die Vereinigung der drei Ereignisse, also

$$E_4 = A \cup B \cup C.$$

Im Mengendiagramm entspricht dies dem innerhalb des gemeinsamen Umrisses liegenden Bereich. Das Ereignis ist daher das Komplement zu dem Ereignis E_1 in Aufgabenteil (1).

(5) Dieses Ereignis ist gegeben durch folgenden Ausdruck:

$$E_5 = (\bar{A}\cap\bar{B}\cap\bar{C}) \cup (A\cap\bar{B}\cap\bar{C}) \cup (\bar{A}\cap B\cap\bar{C}) \cup (\bar{A}\cap\bar{B}\cap C).$$

Dabei handelt es sich im Mengendiagramm um den außerhalb der Schnittmengen in der Mitte liegenden Bereich.

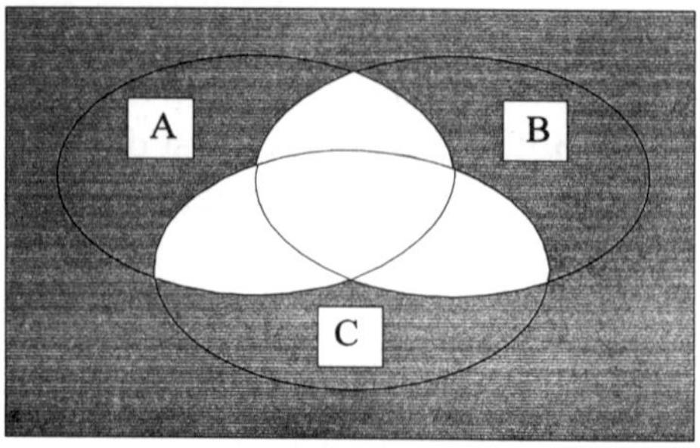

(6) Dieses Ereignis ist der Durchschnitt von A mit der Vereinigung der beiden übrigen Ereignisse, also

$$E_6 = A \cap (B\cup C) = (A\cap B) \cup (A\cap C).$$

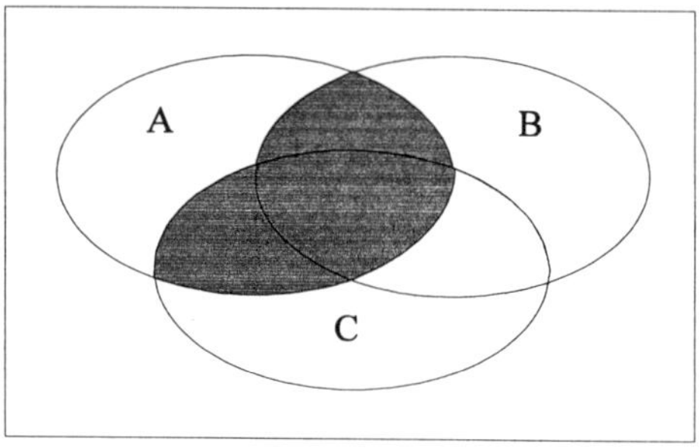

Aufgabe 1.2

Jede Packung des Waschmittels ‚1000SASSA' enthält während einer genau ein Jahr laufenden Werbemaßnahme zwei Coupons: einen Coupon mit einem der Buchstaben ‚A' oder ‚S' und einen Coupon mit einer der Ziffern ‚1' oder ‚0'. Dabei sind die Buchstaben ‚A' bzw. ‚S' und die Ziffern ‚1' bzw. ‚0' jeweils gleich wahrscheinlich, also mit der Wahrscheinlichkeit ½ in jeder der Packungen enthalten.

Ein Kunde erhält eine Packung des Waschmittels kostenlos, wenn er den Produktnamen ‚1000SASSA' aus seinen gesammelten Coupons bilden kann und diese an das Unternehmen einschickt. Ein markentreuer Kunde kauft während des betreffenden Jahres acht Packungen des Waschmittels ‚1000SASSA'.

(a) Mit welchen Wahrscheinlichkeiten kann der Kunde wie oft die Teile ‚1000' bzw. ‚SASSA' des Waschmittelnamens bilden?

(b) Mit welcher Wahrscheinlichkeit erhält der Kunde eine Packung des Waschmittels kostenlos?

Lösung

(a) Die zufällig in einer Waschmittelpackung enthaltene Zahl ‚1' oder ‚0' lässt sich als Zufallsvorgang deuten, bei dem eine Kugel einer Urne mit $N=2$ zwei Kugeln entnommen wird. Dabei trägt eine Kugel die Aufschrift ‚1', die andere die Aufschrift ‚0' ($K=1, N-K=1$). Bei $n=8$ während der Werbeaktion gekauften Packungen wiederholt sich dieses Zufallsexperiment unverändert achtmal, d. h. es befinden sich vor jedem Zug die beiden Kugeln wieder in der Urne, sodass es sich um Ziehen mit Zurücklegen handelt. Als Ergebnis dieses Zufallsexperi-

ments erhält man also ein geordnetes 8-Tupel (eine sog. Variation mit Wiederholung der Zahlen 1 und 0), bei dem die erste Stelle die Zahl aus der ersten Packung repräsentiert, die zweite Stelle diejenige aus der zweiten Packung usw. Das Ergebnis (1,1,1,0,1,0,1,1) bedeutet also beispielsweise, dass in der vierten und sechsten Packung die ‚0' auftrat, ansonsten stets die ‚1'. Insgesamt gibt es genau $N^n = 2^8 = 256$ derartige 8-Tupel, die alle gleich wahrscheinlich sind, da in jedem Zug die Chancen für eine ‚1' oder ‚0' gleich groß sind.
Für die Fragestellung interessiert hier nur die Anzahl k der Coupons mit Aufschrift ‚1' (diejenigen mit einer ‚0' haben dann die Anzahl $8-k$). In Abhängigkeit vom Wert der Zahl k besitzen diese Eigenschaft genau

$$\binom{n}{k} \cdot K^k \cdot (N-K)^{n-k} = \binom{8}{k} \cdot 1^k \cdot (2-1)^{8-k} = \binom{8}{k} = \frac{8!}{k! \cdot (8-k)!}$$

der 8-Tupel, von denen es insgesamt 256 gibt. Die Wahrscheinlichkeit für genau k Coupons mit Aufschrift ‚1' berechnet sich daher als

$$W(k\text{-mal ‚1'}) = \frac{\text{Anzahl der 8-Tupel mit } k\text{-mal ‚1'}}{\text{Anzahl der 8-Tupel insgesamt}} = \frac{8! \,/\, k! \cdot (8-k)!}{2^8}$$

$$= \frac{8!}{k! \cdot (8-k)!} \cdot \left(\frac{1}{2}\right)^8 .$$

Die nachfolgende Tabelle enthält diese Wahrscheinlichkeiten in Abhängigkeit von k. In der letzten Spalte befindet sich die Anzahl der Wortteile ‚1000', die gebildet werden können. Man beachte, dass sich die ‚1000' zweimal bilden lässt, wenn $k=2$ ist (und damit $8-k=6$). Einmal lässt sich die ‚1000' bilden, wenn entweder k gleich 1 oder 3, 4, 5 ist (ab sechsmal ‚1' verbleiben weniger als 3 Coupons mit ‚0').

Anzahl ‚1' (k)	Wahrscheinlichkeit	Anzahl ‚0' ($8-k$)	Anzahl ‚1000' $l = l(k)$
0	0,0039	8	0
1	0,0313	7	1
2	0,1094	6	2
3	0,2188	5	1
4	0,2734	4	1
5	0,2188	3	1
6	0,1094	2	0
7	0,0313	1	0
8	0,0039	0	0

Fasst man die Wahrscheinlichkeiten gleicher Anzahl des Wortteils ‚1000' zusammen, so erhält man:

Anzahl ‚1000' (l)	Wahrscheinlichkeit
0	0,1484
1	0,7423
2	0,1094

Analog kann man für den Wortteil ‚SASSA' vorgehen, wobei zu beachten ist, dass dieser bei 8 Zügen höchstens einmal gebildet werden kann, und zwar dann, wenn die Anzahl m der ‚S' mindestens 3 und höchstens 6 beträgt. Man erhält also folgende Wahrscheinlichkeiten:

Anzahl ‚S' (m)	Wahrschein-lichkeit	Anzahl ‚A' ($8-m$)	Anzahl ‚SASSA' $z=z(m)$
0	0,0039	8	0
1	0,0313	7	0
2	0,1094	6	0
3	0,2188	5	1
4	0,2734	4	1
5	0,2188	3	1
6	0,1094	2	1
7	0,0313	1	0
8	0,0039	0	0

Nach der entsprechenden Zusammenfassung wie oben ergibt sich:

Anzahl ‚SASSA' (z)	Wahrscheinlichkeit
0	0,1798
1	0,8203

(b) Da sich der Wortteil ‚SASSA' beim Kauf von 8 Packungen höchstens einmal bilden lässt, kann der Kunde höchstens eine Packung kostenlos erhalten. Die Wahrscheinlichkeit hierfür ergibt sich mit dem Additions- und Multiplikationssatz für Wahrscheinlichkeiten als

$$\begin{aligned} W(\text{‚1000SASSA'}) &= W(l \geq 1) \cdot W(z \geq 1) \\ &= [W(l=1) + W(l=2)] \cdot W(z=1) \\ &= [0{,}7423 + 0{,}1094] \cdot 0{,}8203 = 0{,}6986. \end{aligned}$$

Aufgabe 1.3

Ein Unternehmen stellt in einem dreistufigen Produktionsprozess mit Hilfe von vier Maschinen zwei Produkte *P1* und *P2* her. Beide Produkte werden zunächst auf den Maschinen *M1* und *M2* nacheinander bearbeitet, die abschließende Bearbeitung erfolgt für das Produkt *P1* auf der Maschine *M3* und für das Produkt *P2* auf *M4*. Der Produktionsprozess wird von Zeit zu Zeit durch Maschinenausfälle gestört, wobei das Ausfallen einzelner oder mehrerer Maschinen als Zufallsereignis aufgefasst werden kann.

(a) Geben Sie die Grundmenge Ω der möglichen Elementarereignisse dieses Zufallsprozesses an.

(b) Wie viele Ereignisse umfasst die Potenzmenge von Ω?

(c) Insbesondere interessiert sich die Produktionsplanung für die beiden Ereignisse, dass die Produktion von *P1* bzw. von *P2* ohne Ausfallzeit möglich ist. Welche Elementarereignisse umfassen diese Ereignisse?

(d) Geben Sie zur Grundmenge Ω den kleinstmöglichen Ereignisring an, der die beiden in Aufgabenteil (c) genannten Ereignisse enthält.

Lösung

(a) Jede einzelne Maschine kann aufgrund des Zufallsprozesses entweder intakt oder defekt sein. Die Grundmenge Ω enthält damit sämtliche Kombinationen der Zustände ‚intakt' oder ‚defekt' der vier Maschinen. Diese Zustände lassen sich beispielsweise durch eine ‚1' für ‚intakt' und eine ‚0' für ‚defekt' darstellen, sodass die Elementarereignisse vierdimensionale Vektoren bilden, in deren Komponenten jeweils entweder die Zahl ‚0' oder die Zahl ‚1' steht. Die erste Komponente beschreibt den Zustand von *M1*, die zweite denjenigen von *M2*, usw. Damit erhält man folgende $2^4 = 16$ Elementarereignisse als Elemente von Ω:

(1111) (1110) (1101) (1100)
(1011) (1010) (1001) (1000)
(0111) (0110) (0101) (0100)
(0011) (0010) (0001) (0000)

(b) Die Potenzmenge von Ω, also die Menge aller möglichen Teilmengen der Grundmenge Ω, enthält $2^{16} = 65.536$ Mengen.

(c) Die Möglichkeiten der Produktion von *P1* bzw. *P2* werden repräsentiert durch die Ereignisse

$$A_1 = \{(1111),(1110)\} \quad \text{bzw.} \quad A_2 = \{(1111),(1101)\}.$$

(d) Gesucht ist nun der kleinstmögliche Ereignisring, der die Mengen A_1 und A_2 enthält. Dieser muss die Grundmenge Ω sowie die Komplementmengen und Vereinigungsmengen beliebiger in ihm enthaltener Ereignisse beinhalten. Um diese Bedingung zu erfüllen, muss der Ereignisring insgesamt folgende 16 Ereignisse enthalten:

$$\begin{aligned}
A_1 &= \{(1111),(1110)\},\\
A_2 &= \{(1111),(1101)\},\\
A_3 &= \Omega = \{(1111),(1110),(1101),(1100),(1011),(1010),(1001),(1000),\\
&\qquad (0111),(0110),(0101),(0100),(0011),(0010),(0001),(0000)\},\\
A_4 &= \overline{A_1} = \{(1101),(1100),(1011),(1010),(1001),(1000),(0111),(0110),\\
&\qquad (0101),(0100),(0011),(0010),(0001),(0000)\},\\
A_5 &= \overline{A_2} = \{(1110),(1100),(1011),(1010),(1001),(1000),(0111),(0110),\\
&\qquad (0101),(0100),(0011),(0010),(0001),(0000)\},\\
A_6 &= \overline{A_3} = \overline{\Omega} = \emptyset = \{\ \},
\end{aligned}$$

$$
\begin{aligned}
A_7 &= A_1 \cup A_2 = \{(1111),(1110),(1101)\},\\
A_8 &= A_1 \cup A_5 = \{(1111),(1110),(1100),(1011),(1010),(1001),(1000),(0111),\\
&\qquad (0110),(0101),(0100),(0011),(0010),(0001),(0000)\},\\
A_9 &= A_2 \cup A_4 = \{(1111),(1101),(1100),(1011),(1010),(1001),(1000),(0111),\\
&\qquad (0110),(0101),(0100),(0011),(0010),(0001),(0000)\},\\
A_{10} &= A_4 \cup A_5 = \{(1110),(1101),(1100),(1011),(1010),(1001),(1000),(0111),\\
&\qquad (0110),(0101),(0100),(0011),(0010),(0001),(0000)\},\\
A_{11} &= \overline{A_7} = \{(1100),(1011),(1010),(1001),(1000),(0111),(0110),(0101),\\
&\qquad (0100),(0011),(0010),(0001),(0000)\},\\
A_{12} &= \overline{A_8} = \{(1101)\},\\
A_{13} &= \overline{A_9} = \{(1110)\},\\
A_{14} &= \overline{A_{10}} = \{(1111)\},\\
A_{15} &= A_{11} \cup A_{14} = \{(1111),(1100),(1011),(1010),(1001),(1000),(0111),(0110),\\
&\qquad (0101),(0100),(0011),(0010),(0001),(0000)\},\\
A_{16} &= A_{12} \cup A_{13} = \{(1110),(1101)\}.
\end{aligned}
$$

Aufgabe 1.4

Der 16 Ereignisse umfassende Ereignisring aus Aufgabe 1.3 soll nun zu einem Wahrscheinlichkeitsfeld erweitert werden, indem jedem der 16 Ereignisse eine Wahrscheinlichkeit zugeordnet wird (unter Beachtung der drei KOLMOGOROFF-schen Axiome). Dabei sollen folgende Erfahrungswerte berücksichtigt werden:

- Die Wahrscheinlichkeit dafür, dass Produkt *P1* hergestellt werden kann, beträgt 0,94.
- Die Wahrscheinlichkeit dafür, dass Produkt *P2* hergestellt werden kann, beträgt 0,90.
- Die Wahrscheinlichkeit dafür, dass sowohl *P1* als auch *P2* hergestellt werden können, beträgt 0,86.
- Die Wahrscheinlichkeit dafür, dass keines der beiden Produkte hergestellt werden kann, beträgt 0,02.

(a) Welchen Ereignissen des Ereignisrings sind die oben angegebenen Wahrscheinlichkeiten zuzuordnen?

(b) Geben Sie das komplette Wahrscheinlichkeitsfunktional an, d.h. die Wahrscheinlichkeiten aller 16 Mengen des Ereignisrings.

Lösung

(**a**) Die vier beschriebenen Ereignisse sind wie folgt im Ereignisring aus Aufgabe 1.3 zu identifizieren:

$$W(\{(1111),(1110)\}) = W(A_1) = 0{,}94,$$
$$W(\{(1111),(1101)\}) = W(A_2) = 0{,}90,$$
$$W(\{(1111)\}) = W(A_1 \cup A_2) = W(A_{14}) = 0{,}86,$$
$$W(\{(1100),(1011),(1010),(1001),(1000),(0111),(0110),(0101),(0100),(0011),$$
$$(0010),(0001),(0000)\}) = W(\overline{A_1 \cup A_2}) = W(A_{11}) = 0{,}02.$$

Man beachte, dass eine der vier Angaben redundant ist, denn mit Hilfe der ersten drei Angaben erhält man

$$W(A_{11}) = W(\overline{A_1 \cup A_2}) = 1 - [W(A_1) + W(A_2) - W(A_{14})]$$
$$1 - [0{,}94 + 0{,}90 - 0{,}86] = 0{,}02.$$

Für den Fall, dass die Wahrscheinlichkeit von A_{11} von 0,02 verschieden wäre, ergäbe sich also ein widersprüchliches Wahrscheinlichkeitsfunktional.

(**b**) Die drei KOLMOGOROFF'schen Axiome besagen, dass alle Wahrscheinlichkeiten nicht negativ sind, dass die Grundmenge Ω die Wahrscheinlichkeit 1 hat und dass sich die Wahrscheinlichkeiten disjunkter Ereignisse addieren. Insbesondere sind ein Ereignis A_i und sein Komplementärereignis $\overline{A_i}$ disjunkt; ihre Vereinigung ist die Menge Ω, sodass für die Wahrscheinlichkeit eines Komplementärereignisses gilt:

$$W(\overline{A_i}) = 1 - W(A_i).$$

Mit diesen Regeln lassen sich wie nachfolgend angegeben die Wahrscheinlichkeiten aller Ereignisse des Ereignisrings bestimmen:

$$W(A_1) = 0{,}94,$$
$$W(A_2) = 0{,}90,$$
$$W(A_{14}) - 0{,}86,$$
$$W(A_{11}) = 0{,}02,$$
$$W(A_3) = W(\Omega) = 1,$$
$$W(A_4) = 1 - W(A_1) = 1 - 0{,}94 = 0{,}06,$$
$$W(A_5) = 1 - W(A_2) = 1 - 0{,}90 = 0{,}10,$$
$$W(A_6) = W(\emptyset) = 0,$$
$$W(A_{13}) = W(A_1) - W(A_{14}) = 0{,}94 - 0{,}86 = 0{,}08,$$
$$W(A_{12}) = W(A_2) - W(A_{14}) = 0{,}90 - 0{,}86 = 0{,}04,$$
$$W(A_7) = W(A_1) + W(A_{12}) = 0{,}94 + 0{,}04 = 0{,}98,$$
$$W(A_{16}) = W(A_{12}) + W(A_{13}) = 0{,}04 + 0{,}08 = 0{,}12,$$
$$W(A_{15}) = 1 - W(A_{16}) = 1 - 0{,}12 = 0{,}88,$$
$$W(A_8) = 1 - W(A_{12}) = 1 - 0{,}04 = 0{,}96,$$
$$W(A_9) = 1 - W(A_{13}) = 1 - 0{,}08 = 0{,}92,$$
$$W(A_{10}) = 1 - W(A_{14}) = 1 - 0{,}86 = 0{,}14.$$

Aufgabe 1.5

Innerhalb eines Wahrscheinlichkeitsfeldes seien A, B und C beliebige Ereignisse. Gesucht ist die Wahrscheinlichkeit des Ereignisses $A \cup B \cup C$, zu deren Berechnung nachfolgend acht verschiedene Berechnungsformeln vorgeschlagen sind. Geben Sie für jede der Berechnungsformeln an, ob Sie diese für geeignet oder ungeeignet halten, um die gesuchte Wahrscheinlichkeit zu berechnen.

(a) $W(A) + W(B) + W(C)\ .$

(b) $W(A) + W(B) + W(C) - W(A \cap B) - W(A \cap C) - W(B \cap C)\ .$

(c) $W(A) + W(B) + W(C) - W(A \cap B \cap C)\ .$

(d) $W(A) + W(B) + W(C)$
$\quad - W(A \cap B) - W(A \cap C) - W(B \cap C) + W(A \cap B \cap C)\ .$

(e) $W(A) + W(B \cap \bar{A}) + W(C \cap \overline{A \cup B})\ .$

(f) $W(A) + W(B \cap \bar{A}) + W(C \cap \bar{A}) + W(C \cap \bar{B})\ .$

(g) $1 - W(\bar{A} \cap \bar{B} \cap \bar{C})\ .$

(h) $W(A) + W(B) + W(C)$
$\quad - W(A \cup B) - W(A \cup C) - W(B \cup C) + W(A \cup B \cup C)\ .$

Lösung

(a) Ungeeignet. Diese Berechnungsformel ist im Allgemeinen falsch, da die Ereignisse nicht disjunkt sein müssen. Die in mehreren Ereignissen enthaltenen Elementarereignisse werden hierbei zwei- oder sogar dreimal in die Rechnung einbezogen.

(b) Ungeeignet. Es ist zwar nach den Ausführungen in (a) richtig, dass die Schnittmengen zwischen den Mengen wieder abgezogen werden müssen. Allerdings werden hier die Wahrscheinlichkeiten der Elementarereignisse, die in allen drei Ereignissen liegen, mehrfach abgezogen. Die Wahrscheinlichkeit des dreifachen Schnitts müsste daher wieder addiert werden.

(c) Ungeeignet. Ein alleiniges Subtrahieren der Wahrscheinlichkeit des dreifachen Schnitts reicht zur Korrektur der Formel aus (a) natürlich nicht aus.

(d) Geeignet. Dies ist nach den Ausführungen zu (b) die richtige Korrektur der Formel aus (a): Die Wahrscheinlichkeiten der zweifachen Schnitte werden, da sonst doppelt gezählt, subtrahiert; diejenige des dreifachen Schnitts, da sonst doppelt abgezogen, wird wieder hinzuaddiert. Diese Formel ist die in den Lehrbüchern angeführte Formel zur Berechnung der Wahrscheinlichkeit einer Vereinigung dreier beliebiger Ereignisse.

(e) Geeignet. Dies ist eine andere zulässige Variante zur Korrektur der in (a) angegebenen Formel. Zur Wahrscheinlichkeit von A wird die Wahrscheinlichkeit derjenigen Elementarereignisse in B addiert, die nicht schon in A enthalten sind. Hierzu addiert man dann noch die Wahrscheinlichkeit derjenigen Elementarereignisse in C, die weder in A noch in B enthalten sind. Damit sind alle Elementarereignisse aus A, B oder C erfasst, und Doppel- oder gar Dreifachzählungen werden vermieden.

(f) Ungeeignet. Dies ist eine ähnliche Vorgehensweise wie in (e). Allerdings werden im Gegensatz zu (e) diejenigen Elementarereignisse, die in C, aber weder in A noch in B enthalten sind, auch hier doppelt gezählt.

(g) Geeignet. Nach den Ausführungen zu Aufgabe 1.1 (1) wird hier das Komplementärereignis der Vereinigungsmenge aller drei Ereignisse betrachtet. Zieht man dessen Wahrscheinlichkeit vom Wert Eins ab, so erhält man natürlich auch die gesuchte Wahrscheinlichkeit.

(h) Ungeeignet. Hier handelt es sich um die richtige Formel aus (d), allerdings mit vertauschten Vereinigungs- und Durchschnittszeichen. Die Formel ist damit natürlich falsch.

Aufgabe 1.6

Ein Unternehmen erhält wiederholt Lieferungen von 200 elektronischen Präzisionsbauteilen einer bestimmten Bauart. Mit dem Lieferanten ist vereinbart, dass Lieferungen mit mehr als 2 % fehlerhafter Teile zurückgewiesen werden dürfen. Um zu entscheiden, ob es die Lieferungen zurückweist, überprüft das Unternehmen nun aber nicht alle gelieferten Teile, sondern verfährt aus Zeit- und Kostengründen nach folgender Regel:
Der Lieferung werden 20 Teile zufällig entnommen und auf ihre Funktionsfähigkeit hin gründlich überprüft. Die Lieferung wird zurückgewiesen, wenn mehr als eines der entnommenen Bauteile nicht funktionstüchtig ist.

(a) Wie groß ist die Wahrscheinlichkeit, eine gerade noch zulässige Lieferung, d. h. eine mit genau 2 % fehlerhaften Teilen, zurückzuweisen, wenn die zu prüfenden Teile der Lieferung durch Ziehen mit Zurücklegen entnommen werden?

(b) Wie groß ist diese Wahrscheinlichkeit, wenn mit Ziehen ohne Zurücklegen verfahren wird?

Lösung

(a) Bei der Entnahme der Bauteile mit Zurücklegen sind die Ergebnisse der einzelnen Züge (i-tes Bauteil defekt (D) oder intakt (I)) unabhängige Ereignisse, da sich die Zusammensetzung der Gesamtheit von Zug zu Zug nicht ändert. Bei genau 2 % (also 4 von 200) fehlerhaften Teilen beträgt die Wahrscheinlichkeit, ein fehlerfreies Teil zu entnehmen, für jeden Zug 196/200, unabhängig von den Ergebnissen der vorherigen Züge. Entsprechend beträgt die Wahrscheinlichkeit, ein fehlerhaftes Teil zu entnehmen, in jedem Zug 4/200. Diese Wahrscheinlichkeiten können aufgrund der Unabhängigkeit einfach miteinander multipliziert werden. So berechnet sich die Wahrscheinlichkeit, in allen 20 Zügen fehlerfreie Teile zu entnehmen zu:

$$W(I,I,I,...,I) = \frac{196}{200} \cdot \frac{196}{200} \cdot \frac{196}{200} \cdot ... \cdot \frac{196}{200} = \left(\frac{196}{200}\right)^{20} = 0{,}6676.$$

Analog ist die Wahrscheinlichkeit, im 1., 2., ... bzw. 20. Zug ein defektes Teil zu entnehmen und ansonsten nur fehlerfreie Teile zu entnehmen, jeweils gleich

$$W(D,I,I,...,I) = \frac{4}{200} \cdot \frac{196}{200} \cdot \frac{196}{200} \cdot ... \cdot \frac{196}{200} = \frac{4}{200} \cdot \left(\frac{196}{200}\right)^{19} = 0{,}0136,$$

$$W(I,D,I,...,I) = \frac{196}{200} \cdot \frac{4}{200} \cdot \frac{196}{200} \cdot ... \cdot \frac{196}{200} = \frac{196}{200} \cdot \frac{4}{200} \cdot \left(\frac{196}{200}\right)^{18} = 0{,}0136,$$

$$\vdots$$

$$W(I,I,...,I,D) = \frac{196}{200} \cdot \frac{196}{200} \cdot ... \cdot \frac{196}{200} \cdot \frac{4}{200} = \left(\frac{196}{200}\right)^{19} \cdot \frac{4}{200} = 0{,}0136.$$

Damit ergibt sich für die gesuchte Wahrscheinlichkeit, die Lieferung zurückzuweisen, also mehr als ein defektes Teil der Lieferung zu entnehmen, der Wert

$$W(\text{zurückweisen}) = 1 - [W(20 \times I,\ 0 \times D) + W(19 \times I,\ 1 \times D)]$$

$$= 1 - [0{,}6676 + 20 \cdot 0{,}0136] = 0{,}0604.$$

(b) Werden die Bauteile der Lieferung ohne Zurücklegen entnommen, so ändert sich die Zusammensetzung der Gesamtheit von Zug zu Zug, sodass die Ergebnisse der einzelnen Züge voneinander abhängige Ereignisse darstellen. Zwar beträgt die Wahrscheinlichkeit, ein fehlerfreies Teil zu entnehmen, für jeden Zug 196/200. In Abhängigkeit von den Ergebnissen der vorherigen Züge gilt aber z.B. für die Wahrscheinlichkeit, im dritten Zug ein fehlerfreies Teil zu entnehmen, wenn auch schon die beiden ersten Teile fehlerfrei waren:

$$W(3{:}I \mid 1{:}I,2{:}I) = \frac{194}{198}.$$

Nach dem allgemeinen Multiplikationssatz für beliebige Ereignisse gilt damit für die Wahrscheinlichkeit, in allen 20 Zügen fehlerfreie Teile zu entnehmen:

$$W(I,I,I,...,I) = W(1{:}I) \cdot W(2{:}I \mid 1{:}I) \cdot W(3{:}I \mid 1{:}I,2{:}I) \cdot .. \cdot W(20{:}I \mid 1{:}I,2{:}I,3{:}I,...,19{:}I)$$

$$= \frac{196}{200} \cdot \frac{195}{199} \cdot \frac{194}{198} \cdot ... \cdot \frac{177}{181} = 0{,}6539.$$

Analog erhält man für die Wahrscheinlichkeiten, ein einziges defektes Teil im 1., 2., ... bzw. 20. Zug zu entnehmen, jeweils

$$W(D,I,I,...,I) = \frac{4}{200} \cdot \frac{196}{199} \cdot \frac{195}{198} \cdot ... \cdot \frac{178}{181} = 0{,}0148,$$

$$W(I,D,I,...,I) = \frac{196}{200} \cdot \frac{4}{199} \cdot \frac{195}{198} \cdot ... \cdot \frac{178}{181} = 0{,}0148,$$

$$\vdots$$

$$W(I,I,I,...,D) = \frac{196}{200} \cdot \frac{195}{199} \cdot \frac{194}{198} \cdot ... \cdot \frac{4}{181} = 0{,}0148.$$

Damit ergibt sich für die gesuchte Wahrscheinlichkeit

$$W(\text{zurückweisen}) = 1 - [W(20\times I,\ 0\times D) + W(19\times I,\ 1\times D)]$$

$$= 1 - [0{,}6539 + 20 \cdot 0{,}0148] = 0{,}0501\,.$$

Aufgabe 1.7

Ein Unternehmen stellt auf einem Produktionssystem, das aus den 8 Maschinen *M1* bis *M8* besteht, die beiden Produkte *P1* und *P2* her. Die folgende Grafik gibt an, wie die einzelnen Maschinen zur Herstellung der Produkte eingesetzt werden können und mit welchen Ausfallwahrscheinlichkeiten bei den einzelnen Maschinen zu rechnen ist.

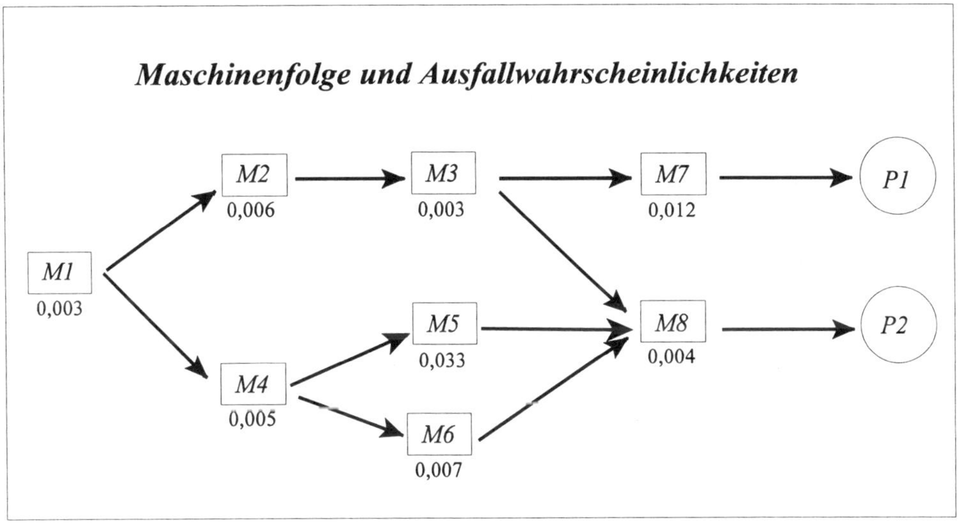

Die Darstellung bedeutet beispielsweise, dass der Arbeitsgang zwischen *M4* und *M8* entweder auf *M5* oder auf *M6* erledigt werden kann. Die angegebenen Ausfallwahrscheinlichkeiten können als Wahrscheinlichkeiten unabhängiger Ereignisse angesehen werden.

(a) Mit welchen Wahrscheinlichkeiten können die beiden Produkte hergestellt werden?

(b) Mit welcher Wahrscheinlichkeit können beide Produkte zugleich hergestellt werden?

(c) Mit welcher Wahrscheinlichkeit kann wenigstens ein Produkt hergestellt werden?

Lösung

(a) Es bezeichne $W(Mi)$ die Wahrscheinlichkeit desjenigen Ereignisses, dass die i -te Maschine einsetzbar ist. Dann berechnet sich aufgrund der Unabhängigkeitsannahme die Wahrscheinlichkeit, dass das Produkt $P1$ herstellbar ist, als

$$\begin{aligned} W(P1) &= W(M1) \cdot W(M2) \cdot W(M3) \cdot W(M7) \\ &= (1-0{,}003) \cdot (1-0{,}006) \cdot (1-0{,}003) \cdot (1-0{,}012) = 0{,}9762. \end{aligned}$$

Für die Berechnung der Wahrscheinlichkeit, dass $P2$ herstellbar ist, ist zunächst die Wahrscheinlichkeit anzugeben, dass $M5$ oder $M6$ betriebsbereit sind:

$$\begin{aligned} W(M5 \cup M6) &= W(M5) + W(M6) - W(M5) \cdot W(M6) \\ &= (1-0{,}033) + (1-0{,}007) - (1-0{,}033) \cdot (1-0{,}007) = 0{,}9998. \end{aligned}$$

Nun benötigt man die Wahrscheinlichkeit, dass die Maschinenfolge $M4$ mit $M5$ oder $M6$ intakt ist:

$$W(M4 \cap (M5 \cup M6)) = W(M4) \cdot W(M5 \cup M6) = (1-0{,}005) \cdot 0{,}9998 = 0{,}9948.$$

Ebenso ist die Wahrscheinlichkeit zu berechnen, dass die Maschinen $M2$ und $M3$ betriebsbereit sind:

$$W(M2 \cap M3) = W(M2) \cdot W(M3) = (1-0{,}006) \cdot (1-0{,}003) = 0{,}9910.$$

Damit ergibt sich für die Wahrscheinlichkeit, dass entweder $M2$ und $M3$ oder $M4$ und eine der Maschinen $M5$ und $M6$ betriebsbereit sind, folgender Wert:

$$\begin{aligned} &W\big([M2 \cap M3] \cup [M4 \cap (M5 \cup M6)]\big) \\ &= W(M2 \cap M3) + W(M4 \cap (M5 \cup M6)) \\ &\quad - W(M2 \cap M3) \cdot W(M4 \cap (M5 \cup M6)) \\ &= 0{,}9910 + 0{,}9948 - 0{,}9910 \cdot 0{,}9948 = 1{,}0000. \end{aligned}$$

Damit errechnet sich als Wahrscheinlichkeit für die Herstellbarkeit des Produkts $P2$:

$$\begin{aligned} W(P2) &= W(M1) \cdot W\big([M2 \cap M3] \cup [M4 \cap (M5 \cup M6)]\big) \cdot W(M8) \\ &= (1-0{,}003) \cdot 1{,}0000 \cdot (1-0{,}004) = 0{,}9930. \end{aligned}$$

(b) Beide Produkte zugleich sind genau dann herstellbar, wenn die Maschinen $M1$, $M2$, $M3$ $M7$ und $M8$ funktionsfähig sind. Die Wahrscheinlichkeit hierfür berechnet sich als:

$$\begin{aligned} W(P1 \cap P2) &= W(M1) \cdot W(M2) \cdot W(M3) \cdot W(M7) \cdot W(M8) \\ &= W(P1) \cdot W(M8) = 0{,}9762 \cdot (1-0{,}004) = 0{,}9723. \end{aligned}$$

Man beachte, dass die Ereignisse, die erlauben, die Produkte *P1* bzw. *P2* herstellen zu können, (positiv) abhängig sind. Im Falle der Unabhängigkeit ergäbe sich eine kleinere Wahrscheinlichkeit:

$$W(P1) \cdot W(P2) = 0{,}9762 \cdot 0{,}9930 = 0{,}9694$$
$$< W(P1 \cap P2) = 0{,}9723.$$

(c) Wenigstens ein Produkt ist herstellbar, wenn entweder *P1* oder *P2* herstellbar ist. Diese Wahrscheinlichkeit berechnet sich als:

$$W(P1 \cup P2) = W(P1) + W(P2) - W(P1 \cap P2)$$
$$= 0{,}9762 + 0{,}9930 - 0{,}9723 = 0{,}9969.$$

2 Bedingte Wahrscheinlichkeiten

Von besonderem Interesse ist in der Wahrscheinlichkeitsrechnung die Frage der *Unabhängigkeit* bzw. *Abhängigkeit* von Ereignissen. Die Unabhängigkeit bedeutet allgemein ausgedrückt, dass das Eintreten des einen Ereignisses keinen Einfluss auf das Eintreten des anderen hat und umgekehrt (→ **Aufgabe 2.1**).
Bei Abhängigkeit der Ereignisse können neben den gewöhnlichen (unbedingten) Wahrscheinlichkeiten auch *bedingte Wahrscheinlichkeiten* untersucht werden. Diese geben die Wahrscheinlichkeit, mit der ein bestimmtes Ereignis eintritt, stets unter der Annahme an, dass ein anderes Ereignis bereits vorher eingetreten ist. Bei der Berechnung bedingter Wahrscheinliichkeiten ist insbesondere die *Formel von BAYES* bedeutsam (→ **Aufgaben 2.2 bis 2.4**).

Literaturhinweise:

G. BAMBERG & F. BAUR (2002), S. 86-92.
P. BOHLEY (2000), S. 317-330.
H. DEGEN & P. LORSCHEID (2002), S. 223-227.
J. HARTUNG, B. ELPELT & K.-H. KLÖSENER (2002), S. 98-103.
D. HOCHSTÄDTER (1996), S. 380-392.
J. SCHIRA (2005), S. 236-247.
R. SCHLITTGEN (2003), S. 77-82.
J. SCHWARZE (2001), S. 31-44.

Aufgabe 2.1
Eine Ziegelbrennerei stellt Ziegel mit den folgenden Sollmaßen her:

Länge: 25 cm, Breite: 12 cm, Höhe: 5,5 cm.

Die Wahrscheinlichkeiten, dass ein bestimmter Ziegel Abmessungen aufweist, die um mehr als die zulässigen 0,5 cm von den Sollmaßen abweichen, betragen für die Länge 1 %, für die Breite 2 % und für die Höhe 5 %. In 94 % der Fälle, in denen die Länge außerhalb des Toleranzbereichs liegt, tritt keiner der beiden anderen Fehler auf. Für Breite bzw. Höhe betragen die Wahrscheinlichkeiten, dass kein weiterer Fehler auftritt, 94,5 % bzw. 97,2 %. Mit einer Wahrscheinlichkeit von 0,01 % treten alle drei Fehler gleichzeitig auf. Dieser Fall ist in 50 % der Fälle zu beobachten, in denen für Breite und Länge unzulässige Maße vorliegen.

(a) Entscheiden Sie, ob die drei Ereignisse, dass Länge, Breite bzw. Höhe des Ziegels außerhalb des Toleranzbereichs liegen, paarweise unabhängig sind.

(b) Sind diese drei Ereignisse auch gemeinsam unabhängig?

Lösung

(a) Es bezeichnen L, B und H die Ereignisse des Vorliegens von unzulässigen Abweichungen in Länge, Breite und Höhe. Der Aufgabenstellung sind die folgenden unbedingten bzw. bedingten Wahrscheinlichkeiten zu entnehmen:

$$W(L) = 0{,}01\,, \quad W(B) = 0{,}02\,, \quad W(H) = 0{,}05\,,$$
$$W(L \cap B \cap H) = 0{,}0001\,,$$
$$W(\bar{B} \cap \bar{H} \mid L) = 0{,}94\,, \quad W(\bar{L} \cap \bar{H} \mid B) = 0{,}945\,, \quad W(\bar{L} \cap \bar{B} \mid H) = 0{,}972\,,$$
$$W(L \cap B \cap H \mid L \cap B) = W(H \mid L \cap B) = 0{,}5\,.$$

Damit berechnet sich die Wahrscheinlichkeit für das gleichzeitige Vorliegen von Abweichungen in Länge und Breite zu

$$W(L \cap B) = \frac{W(L \cap B \cap H)}{W(H \mid L \cap B)} = \frac{0{,}0001}{0{,}5} = 0{,}0002\,.$$

Da andererseits auch

$$W(L) \cdot W(B) = 0{,}01 \cdot 0{,}02 = 0{,}0002$$

gilt, sind die Ereignisse L und B unabhängig.

Unter Verwendung von $\Omega = B \cup \bar{B} = (B \cap H) \cup (B \cap \bar{H}) \cup (\bar{B} \cap H) \cup (\bar{B} \cap \bar{H})$ teilt sich nach dem Satz der totalen Wahrscheinlichkeit $W(L)$ wie folgt auf:

$$\begin{aligned} 0{,}01 = W(L) &= W(L \cap B \cap H) + W(L \cap B \cap \bar{H}) + W(L \cap \bar{B} \cap H) + W(L \cap \bar{B} \cap \bar{H}) \\ &= 0{,}0001 + 0{,}0001 + W(L \cap \bar{B} \cap H) + W(L) \cdot W(\bar{B} \cap \bar{H} \mid L) \\ &= 0{,}0001 + 0{,}0001 + W(L \cap \bar{B} \cap H) + 0{,}01 \cdot 0{,}94\,, \end{aligned}$$

also

$$W(L \cap \bar{B} \cap H) = 0{,}01 - 0{,}0001 - 0{,}0001 - 0{,}01 \cdot 0{,}94 = 0{,}0004\,.$$

Damit ergibt sich für das gleichzeitige Eintreten der Fehler L und H

$$W(L \cap H) = W(L \cap B \cap H) + W(L \cap \bar{B} \cap H) = 0{,}0001 + 0{,}0004 = 0{,}0005\,.$$

Wegen

$$W(L \cap H) = 0{,}01 \cdot 0{,}05 - 0{,}0005$$

sind also auch diese beiden Ereignisse unabhängig.

Schließlich ist

$$\begin{aligned} W(B) &= W(B \cap L \cap H) + W(B \cap L \cap \bar{H}) + W(B \cap \bar{L} \cap H) + W(B \cap \bar{L} \cap \bar{H}) \\ &= 0{,}0001 + 0{,}0001 + W(B \cap \bar{L} \cap H) + W(B) \cdot W(\bar{H} \cap \bar{L} \mid B) \end{aligned}$$

und damit

$$W(B \cap \bar{L} \cap H) = 0{,}02 - 0{,}0001 - 0{,}0001 - 0{,}02 \cdot 0{,}945 = 0{,}0009\,.$$

So erhält man

$$W(B \cap H) = W(L \cap B \cap H) + W(\bar{L} \cap B \cap H) = 0{,}0001 + 0{,}0009 = 0{,}001\,.$$

Wegen

$$W(B) \cdot W(H) = 0{,}2 \cdot 0{,}05 = 0{,}001$$

resultiert auch hier die Unabhängigkeit und somit schließlich die paarweise Unabhängigkeit aller drei Ereignisse.

(b) Die drei Ereignisse sind allerdings <u>nicht</u> gemeinsam unabhängig, da gilt:

$$W(L) \cdot W(B) \cdot W(H) = 0{,}01 \cdot 0{,}02 \cdot 0{,}05 = 0{,}00001$$
$$\neq W(B \cap L \cap H) = 0{,}0001\,.$$

Die Wahrscheinlichkeit für das gleichzeitige Eintreten aller drei Ereignisse ist hier also zehn mal größer als bei gemeinsamer Unabhängigkeit aller drei Ereignisse.

Aufgabe 2.2

In einem Unternehmen kann davon ausgegangen werden, dass 1 % aller gefertigten Teile Ausschuss ist. Ein aufwändiges betriebsinternes Qualitätskontrollverfahren habe die Eigenschaft, dass es bei der Prüfung von Ausschussteilen mit einer Wahrscheinlichkeit von 0,92 und bei Nicht-Ausschussteilen mit einer Wahrscheinlichkeit von 0,98 die richtige Entscheidung trifft.

(a) Wie groß ist die Wahrscheinlichkeit dafür, dass ein gefertigtes Teil, bei dem aufgrund des betriebsinternen Qualitätskontrollverfahrens auf ‚Ausschuss' entschieden worden ist, auch tatsächlich Ausschuss ist?

(b) Wie viel Prozent Ausschuss ist in den Auslieferungen des Unternehmens noch enthalten, wenn nur die aufgrund des Qualitätskontrollverfahrens als ‚kein Ausschuss' eingestuften Teile zur Auslieferung gelangen?

(c) Wie würden Sie die Effektivität des betriebsinternen Qualitätskontrollverfahrens beurteilen?

Lösung

(a) Bezeichnet A das Ereignis, dass ein untersuchtes Teil Ausschuss ist, und B das Ereignis, dass ein Teil die Kontrolluntersuchung besteht und zur Auslieferung gelangt, so sind der Aufgabenstellung folgende unbedingte bzw. bedingte Wahrscheinlichkeiten nebst den zugehörigen Gegenwahrscheinlichkeiten zu entnehmen:

$$W(A) = 0{,}01\,, \qquad W(\overline{A}) = 0{,}99\,,$$
$$W(\overline{B}|A) = 0{,}92\,, \qquad W(B|A) = 0{,}08\,,$$
$$W(B|\overline{A}) = 0{,}98\,, \qquad W(\overline{B}|\overline{A}) = 0{,}02\,.$$

Die gemeinsamen Wahrscheinlichkeiten der Schnittmengen der Mengen A und B bzw. ihrer Komplemente lassen sich dann über den Multiplikationssatz für beliebige Ereignisse berechnen, wie es im folgenden Ereignisbaum dargestellt ist:

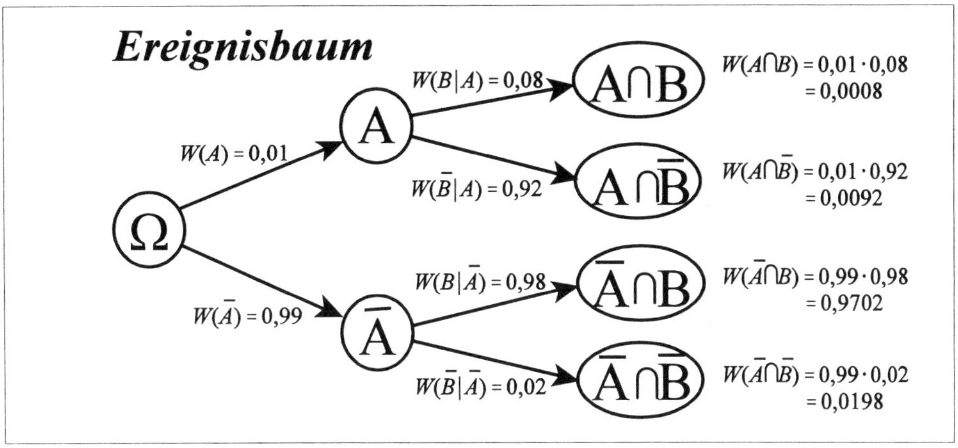

Aus diesen Wahrscheinlichkeiten lässt sich nun die gesuchte Wahrscheinlichkeit bestimmen:

$$W(A|\bar{B}) = \frac{W(A\cap\bar{B})}{W(\bar{B})} = \frac{W(A\cap\bar{B})}{W(A\cap\bar{B})+W(\bar{A}\cap\bar{B})}$$
$$= \frac{0{,}0092}{0{,}0092+0{,}0198} = 0{,}3172 = 31{,}72\,\%.$$

Dieses Ergebnis erhält man auch direkt aus der BAYES-Formel:

$$W(A|\bar{B}) = \frac{W(\bar{B}|A)\cdot W(A)}{W(\bar{B}|A)\cdot W(A) + W(\bar{B}|\bar{A})\cdot W(\bar{A})}$$
$$= \frac{0{,}92\cdot 0{,}01}{0{,}92\cdot 0{,}01 + (1-0{,}98)\cdot(1-0{,}01)} = 0{,}3172.$$

Unter den als fehlerhaft aussortierten Teilen befinden sich somit zu mehr als zwei Dritteln Teile, die eigentlich fehlerfrei sind.

(b) Auch hier können wieder die Ergebnisse des Ereignisbaums verwendet werden:

$$W(A|B) = \frac{W(A\cap B)}{W(B)} = \frac{W(A\cap B)}{W(A\cap B)+W(\bar{A}\cap B)}$$
$$= \frac{0{,}08\%}{0{,}08\%+97{,}02\%} = 0{,}0008 = 0{,}08\,\%.$$

Alternativ kann hier wiederum die BAYES-Formel angewendet werden:

$$W(A|B) = \frac{W(B|A)\cdot W(A)}{W(B|A)\cdot W(A) + W(B|\bar{A})\cdot W(\bar{A})}$$
$$= \frac{(1-0{,}92)\cdot 0{,}01}{(1-0{,}92)\cdot 0{,}01 + 0{,}98\cdot(1-0{,}01)} = 0{,}0008.$$

Unter den ausgelieferten Teilen sind also nur noch 0,08 % Ausschuss.

(c) Das Kontrollverfahren kann als gut bezeichnet werden, da nahezu alle Ausschussteile herausgefiltert werden. In der Produktion ist ursprünglich 1 % Ausschuss, in der Auslieferung nur noch 0,08 %. Damit ist die Wahrscheinlichkeit für Reklamationen sehr gering. Allerdings gelangen auch viele Nicht-Ausschussteile nicht zur Auslieferung; mehr als 2/3 der aussortierten Teile sind in Ordnung. Insgesamt gelangen nur noch 97,02 % + 0,08 % = 97,10 % der Teile zur Auslieferung, d.h., obwohl nur 1 % tatsächlich Ausschuss ist, werden ca. 3 % aussortiert. Eine weitere Verbesserung des Qualitätskontrollverfahrens müsste also beim korrekten Erkennen der fehlerlosen Teile ansetzen.

Aufgabe 2.3

In einer Zeitungsredaktion beträgt die Wahrscheinlichkeit, dass in einer Ausgabe mehr als 10 Druckfehler sind, 0,12. Dabei ist insbesondere für den Fall, dass nach 22 Uhr noch ‚letzte Meldungen' aufgenommen werden müssen, die Gefahr von Druckfehlern besonders hoch: In diesem Fall beträgt die Wahrscheinlichkeit für mehr als 10 Druckfehler sogar 0,16. Auf das Aufnehmen ‚letzter Meldungen' nach 22 Uhr kann mit einer Wahrscheinlichkeit von 0,85 verzichtet werden.

(a) Ein Leser entdeckt in einer bestimmten Ausgabe mehr als 10 Druckfehler. Mit welcher Wahrscheinlichkeit handelt es sich um eine Ausgabe, in die nach 22 Uhr ‚letzte Meldungen' aufgenommen worden sind?

(b) Mit welcher Wahrscheinlichkeit treten in einer Ausgabe, die keine nach 22 Uhr eingefügten ‚letzten Meldungen' enthält, mehr als 10 Druckfehler auf?

Lösung

(a) Im Folgenden entspricht das Ereignis *DF* dem Fall, dass die betreffende Ausgabe mehr als 10 Druckfehler enthält. Das Ereignis *LM* repräsentiert den Fall, dass nach 22 Uhr ‚letzte Meldungen' in die Zeitungsausgabe aufgenommen werden mussten. Mit diesen Bezeichnungen sind der Aufgabenstellung folgende Wahrscheinlichkeiten zu entnehmen:

$$W(DF) = 0{,}12; \quad W(DF|LM) = 0{,}16; \quad W(\overline{LM}) = 0{,}85.$$

Gesucht ist die Wahrscheinlichkeit für eine Ausgabe mit ‚letzten Meldungen', wenn bekannt ist, dass sie mehr als 10 Druckfehler enthält. Sie lässt sich wie folgt berechnen:

$$W(LM|DF) = \frac{W(LM \cap DF)}{W(DF)} = \frac{W(DF|LM) \cdot W(LM)}{W(DF)}$$
$$= \frac{0{,}16 \cdot (1-0{,}85)}{0{,}12} = \frac{0{,}024}{0{,}12} = 0{,}20.$$

Durch die zusätzliche Information, dass mehr als 10 Druckfehler in der Ausgabe enthalten sind, steigt also die Wahrscheinlichkeit dafür, dass ‚letzte Meldungen' aufgenommen wurden, von 15 % auf 20 %.

(b) Gesucht ist nun die Wahrscheinlichkeit für eine Ausgabe mit mehr als 10 Druckfehlern, wenn bekannt ist, dass die Aufnahme ‚letzter Meldungen' in der betreffenden Ausgabe nicht erforderlich war. Diese berechnet sich wie folgt:

$$W(DF|\overline{LM}) = \frac{W(DF \cap \overline{LM})}{W(\overline{LM})} = \frac{W(DF) - W(DF \cap LM)}{W(\overline{LM})}$$
$$= \frac{0{,}12 - 0{,}024}{0{,}85} = 0{,}11 .$$

Aufgabe 2.4

Zur Beurteilung von Stellenbewerbern führt ein Unternehmen Eignungstests durch, deren Ergebnisse zur Entscheidung über die Einstellung der Bewerber herangezogen werden. Von den Bewerbern für eine bestimmte Tätigkeit bestehen im Durchschnitt 25 Prozent den Eignungstest. Aufgrund langjähriger Erfahrung weiß das Unternehmen, dass 95 Prozent der Bewerber, die den Eignungstest bestehen, tatsächlich für die Tätigkeit geeignet sind. Hinsichtlich der Bewerber, die den Test nicht bestehen, geht das Unternehmen davon aus, dass unter ihnen trotzdem etwa 30 Prozent geeignet wären.

(a) Mit welcher Wahrscheinlichkeit ist ein zufällig herausgegriffener Bewerber für die Tätigkeit geeignet?

(b) Mit welcher Wahrscheinlichkeit besteht ein für die Tätigkeit geeigneter Bewerber den Eignungstest?

Lösung

(a) Wenn das Ereignis B den Fall eines Bewerbers bezeichnet, der den Eignungstest besteht, das Ereignis E den Fall eines Bewerbers, der für die Tätigkeit geeignet wäre, so sind der Aufgabenstellung folgende Wahrscheinlichkeiten zu entnehmen:

$$W(B) = 0{,}25; \quad W(E|B) = 0{,}95; \quad W(E|\overline{B}) = 0{,}30 .$$

Hier ist zunächst die Wahrscheinlichkeit dafür gesucht, dass ein zufällig herausgegriffener Bewerber geeignet ist. Mit Hilfe des Satzes von der totalen Wahrscheinlichkeit berechnet sich diese wie folgt aus den angegebenen bedingten Wahrscheinlichkeiten:

$$W(E) = W(E|B) \cdot W(B) + W(E|\overline{B}) \cdot (1 - W(B))$$
$$= 0{,}95 \cdot 0{,}25 + 0{,}30 \cdot (1 - 0{,}25) = 0{,}46 .$$

Fast 50 % der Bewerber sind somit für die Stelle geeignet.

(b) Nun interessiert man sich für die Chancen eines geeigneten Bewerbers, den Eignungstest zu bestehen. Man erhält:

$$W(B|E) = \frac{W(E|B) \cdot W(B)}{W(E)} = \frac{0{,}95 \cdot 0{,}25}{0{,}46} = 0{,}52 .$$

Nur etwa die Hälfte der geeigneten Bewerber schafft demnach den Eignungstest, die andere Hälfte wird fälschlicherweise bei der Stellenvergabe nicht weiter in Betracht gezogen.

3 Zufallsvariablen

Die Arbeit mit Wahrscheinlichkeitsfeldern erweist sich in der Praxis häufig als umständlich, da das Wahrscheinlichkeitsfunktional als Urbild den Ereignisring hat, ein im Allgemeinen recht komplexes Gebilde. Daher ist es i. d. R. vorteilhaft, das ursprüngliche Wahrscheinlichkeitsfeld in ein spezielles Wahrscheinlichkeitsfeld zu transformieren, das auf den reellen Zahlen definiert ist. Die dieser Transformation zugrunde liegende Abbildungsvorschrift bezeichnet man als *Zufallsvariable*. Das Ergebnis der Transformation ist ein Wahrscheinlichkeitsfeld auf den reellen Zahlen, das auch *Verteilung* genannt wird (→ **Aufgabe 3.1**).
Der Hauptvorteil des Übergangs zu Zufallsvariablen und deren Verteilungen ist darin zu sehen, dass die gesamte Verteilung nun durch eine einzige reelle Funktion beschrieben werden kann, die so genannte *Verteilungsfunktion*. Sie gibt (in Abhängigkeit von x) die Wahrscheinlichkeiten von halboffenen Intervallen der Form $(-\infty;x)$ an. Je nach Verlauf der Verteilungsfunktion unterscheidet man *diskrete* und *stetige* Verteilungen. Bei diskreten Verteilungen hat die Verteilungsfunktion einen treppenförmigen Verlauf. Die Verteilung kann dann auch durch die *Wahrscheinlichkeitsfunktion* beschrieben werden, die Lage und Höhe der Stufen angibt. Bei den stetigen Verteilungen ist die Verteilungsfunktion stetig; ihre erste Ableitung wird als *Dichtefunktion* bezeichnet (→ **Aufgaben 3.2 und 3.3**).
In aller Regel wird das einer Zufallsvariablen ursprünglich zugrunde liegende Wahrscheinlichkeitsfeld nicht mehr explizit betrachtet. Häufig geht man stattdessen direkt davon aus, dass die vorliegende Zufallsvariable einer bestimmten Verteilung genügt, und charakterisiert diese Verteilung beispielsweise durch Angabe ihrer Verteilungsfunktion. Dabei haben sich einige sehr gebräuchliche Verteilungstypen herauskristallisiert, die in Kapitel 4 betrachtet werden.
Auch Zufallsvariablen können (analog zu den Ereignissen eines Ereignisrings) auf ihre Abhängigkeit hin untersucht werden. Dabei sind zwei Zufallsvariablen *unabhängig*, wenn ihre gemeinsame Verteilungsfunktion gleich dem Produkt der Verteilungsfunktionen der Randverteilungen ist, d. h. sich aus den einzeln betrachteten Zufallsvariablen ergibt (→ **Aufgabe 3.4**).
Selbstverständlich können auch eine oder mehrere Zufallsvariablen einer nochmaligen Transformation unterzogen werden, wobei dann aus den Ausgangsverteilungen die Ergebnisverteilung zu ermitteln ist (→ **Aufgabe 3.5**).

Literaturhinweise

G. BAMBERG & F. BAUR (2002), S. 75-98 und 112-117.
P. BOHLEY (2000), S. 337-361.
H. DEGEN & P. LORSCHEID (2002), S. 228-258.
J. HARTUNG, B. ELPELT & K.-H. KLÖSENER (2002), S. 103-112.
D. HOCHSTÄDTER (1996), S. 403-416 und 424-434.

J. SCHIRA (2005), S. 255-270 und 305-316.
R. SCHLITTGEN (2003), S. 87-112.
J. SCHWARZE (20011993), S. 45-55 und 65-76.

Aufgabe 3.1

Ein Unternehmen stellt ein nicht lagerfähiges Produkt in einem zweistufigen Fertigungsvorgang her. Neben dieser vollständigen Eigenfertigung in Produktionsvorstufe und -endstufe besteht auch die Möglichkeit des Fremdbezugs, wobei dann nur der Vertrieb (Auslieferung) durch das Unternehmen selbst durchgeführt wird. Diese Möglichkeit kommt aus Kostengründen für das Unternehmen jedoch nur in Frage, falls das Produkt nicht selbst erstellt werden kann.

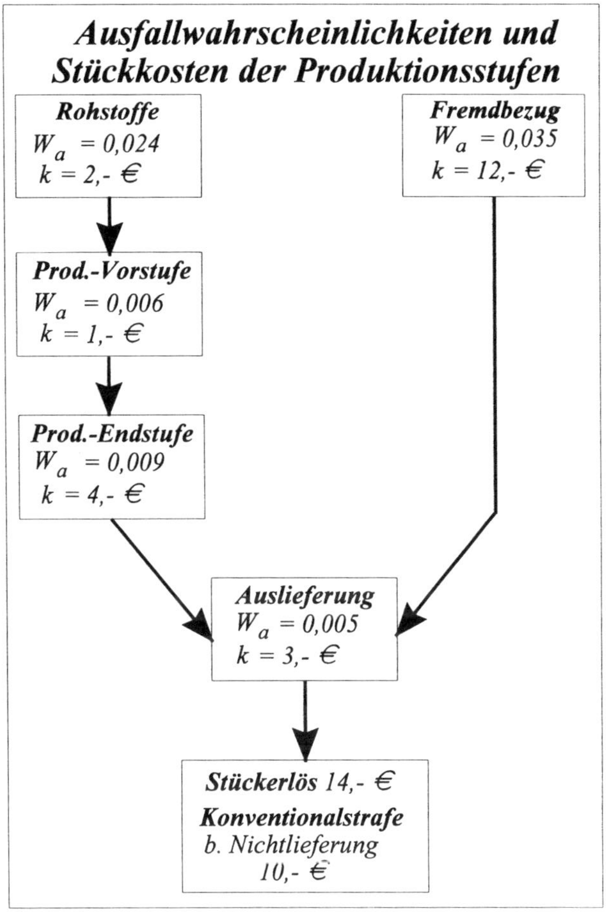

Das Unternehmen hat mit seinem Abnehmer einen Liefervertrag abgeschlossen. Darin ist ein Stückerlös von 14,- € vorgesehen. Für den Fall, dass das Unternehmen nicht liefern kann, ist eine Konventionalstrafe von 10,- € je nicht geliefertem Stück zu zahlen.

Die nebenstehende Abbildung enthält für die einzelnen Stellen jeweils ihre Ausfallwahrscheinlichkeiten W_a und die hier anfallenden Stückkosten k.

(a) Berechnen Sie die Wahrscheinlichkeiten, mit denen das Unternehmen
- eigenfertigen und ausliefern,
- fremdbeziehen und ausliefern bzw.
- nicht ausliefern wird.

(b) Geben Sie die Wahrscheinlichkeitsverteilung des erzielbaren Stückdeckungsbeitrages an.

Lösung

(a) Innerhalb der Grundmenge Ω werden drei verschiedene Ereignisse betrachtet:

- *EF* bezeichnet das Ereignis, dass die Eigenfertigung des Produkts möglich ist.
- *FB* bezeichnet das Ereignis, dass der Fremdbezug des Produkts möglich ist.
- *A* bezeichnet das Ereignis, dass die Logistik zur Auslieferung des Produkts an den Abnehmer zur Verfügung steht.

Für die Zufallsvariable Deckungsbeitrag interessieren nun ganz bestimmte, hieraus zusammengesetzte Ereignisse:

- Das Ereignis $EF \cap A$ besagt, dass Eigenfertigung und Auslieferung möglich sind. Dies ist die kostengünstigste Alternative. Ob in diesem Fall gleichzeitig auch Fremdbezug möglich wäre, spielt aus Kostengründen keine Rolle.
- Fremdbezug kommt nur in Frage, wenn die Eigenfertigung nicht möglich ist und die Auslieferung möglich ist. (Der Fremdbezug der Teile macht keinen Sinn, wenn ihre Auslieferung unmöglich ist.) Dieses ist das Ereignis $\overline{EF} \cap FB \cap A$.
- Das letzte Ereignis beinhaltet alle Fälle, in denen es nicht zur Auslieferung kommt, weil entweder keine Produkte oder die Auslieferungslogistik nicht zur Verfügung stehen. Es lässt sich darstellen als $\overline{EF \cup FB} \cup \overline{A}$.

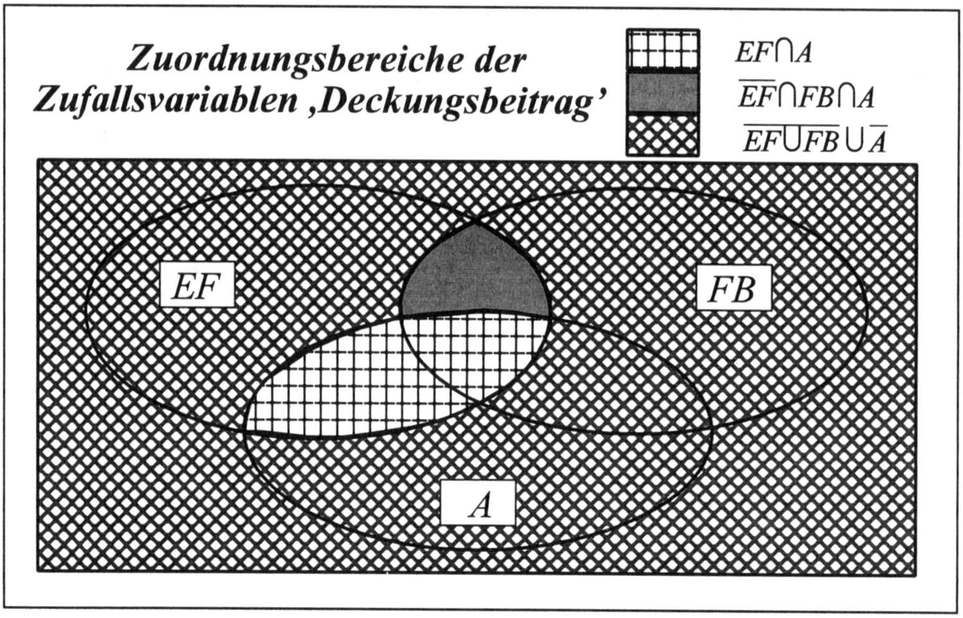

Die drei Ereignisse bilden eine Überdeckung der Grundmenge Ω, d. h. sie sind disjunkt und ihre Vereinigung ist die Grundmenge selbst. Die Wahrscheinlichkeiten dieser drei Ereignisse berechnen sich nun wie folgt:

$$\begin{aligned} W(EF \cap A) &= W(R) \cdot W(V) \cdot W(E) \cdot W(A) \\ &= 0{,}976 \cdot 0{,}994 \cdot 0{,}991 \cdot 0{,}995 = 0{,}957. \end{aligned}$$

Dabei bezeichnen *R*, *V*, bzw. *E* die Verfügbarkeit von *R*ohstoffen, Produktions-*V*orstufe und Produktions-*E*ndstufe.

$$W(\overline{EF}\cap FB\cap A) = W(\overline{EF}) \cdot W(FB) \cdot W(A) = (1-0{,}976\cdot 0{,}994\cdot 0{,}991) \cdot 0{,}965 \cdot 0{,}995 = 0{,}037.$$

Die Wahrscheinlichkeit, dass es nicht zur Auslieferung kommt, kann nun als Gegenwahrscheinlichkeit berechnet werden:

$$W(\overline{EF\cup FB}\cup\overline{A}) = 1 - W(\overline{\overline{A} \cup \overline{EF\cup FB}}) = 1 - W(A \cap (EF\cup FB))$$
$$= 1 - W(A\cap EF) - W(A\cap\overline{EF}\cap FB) = 1 - 0{,}957-0{,}037 = 0{,}006.$$

(b) Die Zufallsvariable D ordnet nun den Elementarereignissen $\omega\in\Omega$ jeweils als Deckungsbeitrag einen bestimmten Wert zu, der auf den drei Mengen der Überdeckung aus (a) jeweils konstant ist. Falls es zur Auslieferung kommt, werden von den Stückerlösen in Höhe von 14 € die jeweiligen variablen Stückkosten abgezogen. Sollte es nicht zur Auslieferung kommen, wird die Konventionalstrafe in Höhe von 10 € zum Ansatz gebracht.

$$\omega \in EF\cap A \quad\Rightarrow\quad DB(\omega) = 14-2-1-4-3 = 4\,,$$
$$\omega \in \overline{EF}\cap FB\cap A \quad\Rightarrow\quad DB(\omega) = 14-12-3 = -1\,,$$
$$\omega \in \overline{EF\cup FB}\cup\overline{A} \quad\Rightarrow\quad DB(\omega) = -10\,.$$

Die Wahrscheinlichkeitsverteilung des Stückdeckungsbeitrages besitzt somit folgende Wahrscheinlichkeitsfunktion:

$$w_D(x) = W(D=x) = \begin{cases} 0{,}006 & \text{für } x=-10, \\ 0{,}037 & \text{für } x=-1, \\ 0{,}957 & \text{für } x=4, \\ 0 & \text{sonst}\,. \end{cases}$$

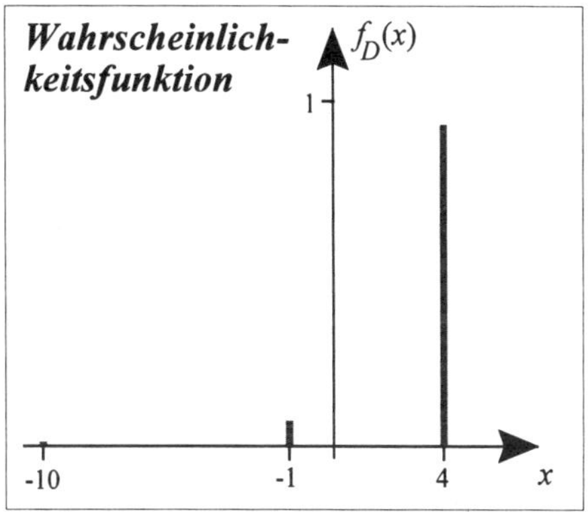

Daraus ergibt sich durch Kumulation die folgende Verteilungsfunktion:

$$F_D(x) = W(D\leq x) = \begin{cases} 0 & \text{für } x<-10, \\ 0{,}006 & \text{für } -10\leq x<-1, \\ 0{,}043 & \text{für } -1\leq x<4, \\ 1 & \text{für } 4\leq x. \end{cases}$$

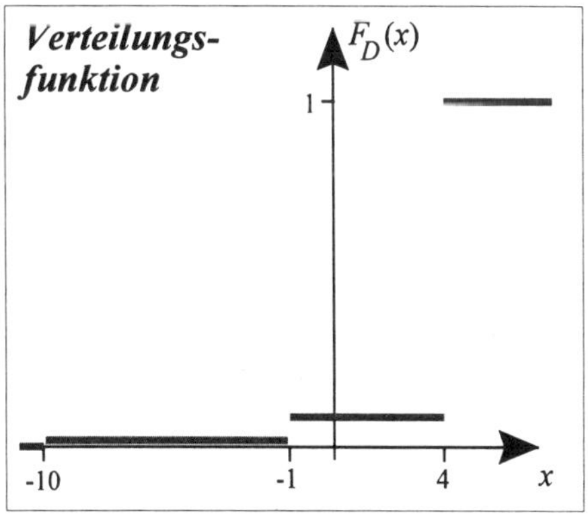

Aufgabe 3.2

Geben Sie für die nachfolgenden Aussagen über Verteilungs- und Dichtefunktionen an, ob Sie diese für richtig oder falsch halten.

(a) Die Dichtefunktion einer stetigen Verteilung gibt die Wahrscheinlichkeiten an, mit denen die verschiedenen Realisationsmöglichkeiten angenommen werden.

(b) Bei einer stetigen Verteilung wird jeder mögliche Realisationswert mit der Wahrscheinlichkeit null angenommen.

(c) Die Wahrscheinlichkeit der Realisation in einem bestimmten Intervall berechnet sich aus dem Integral unter der Verteilungsfunktion.

(d) Die Werte der Dichtefunktion sind nicht negativ und höchstens gleich eins.

(e) Die Verteilungsfunktion einer stetigen Verteilung ist immer stetig.

(f) Die Dichtefunktion einer stetigen Verteilung ist immer stetig.

(g) Knickstellen in der Verteilungsfunktion einer stetigen Verteilung treten an den Unstetigkeitsstellen der zugehörigen Dichtefunktion auf.

(h) Die Verteilungsfunktion einer diskreten Zufallsvariablen ist linksseitig stetig und monoton nichtfallend.

Lösung

(a) Falsch. Diese Wahrscheinlichkeiten sind alle gleich null. Die Dichtefunktion gibt vielmehr die Wahrscheinlichkeit eines infinitesimal kleinen Intervalls je Einheit Intervallbreite an.

(b) Richtig. Dies liegt daran, dass stetige Verteilungen überabzählbar unendlich viele Realisationsmöglichkeiten besitzen. Auf die einzelne Realisationsmöglichkeit entfällt damit die Wahrscheinlichkeit null.

(c) Falsch. Die Wahrscheinlichkeit entspricht dem Intergral unter der Dichtefunktion. Aus den Werten der Verteilungsfunktion kann die Intervallwahrscheinlichkeit direkt durch Berechnen der Differenz ihrer Werte an der oberen und unteren Intervallgrenze gewonnen werden.

(d) Falsch. Die Werte der Dichtefunktion sind zwar nicht negativ, aber nicht nach oben durch Eins begrenzt, da sie keine Wahrscheinlichkeiten darstellen.

(e) Richtig. Aus dieser Tatsache leitet sich der Name ‚stetige Verteilung‘ ab.

(f) Falsch. Im Gegensatz zur Verteilungsfunktion kann die Dichtefunktion einer stetigen Verteilung durchaus Unstetigkeitsstellen haben.

(g) Richtig. Knickstellen in der Verteilungsfunktion führen in der ersten Ableitung, also der Dichtefunktion, zu Unstetigkeitsstellen.

(h) Falsch. Die Verteilungsfunktion einer diskreten Zufallsvariablen ist eine Treppenfunktion, die zwar monoton nichtfallend ist, aber nicht linksseitig, sondern rechtsseitig stetig.

Aufgabe 3.3

In der Wahrscheinlichkeitsrechnung wird gelegentlich die so genannte ‚symmetrische Dreiecksverteilung' benutzt. Diese findet approximative Verwendung, wenn über die betreffende Zufallsvariable nichts weiter bekannt ist als ihr kleinster möglicher Wert a und ihr größtmöglicher Wert b sowie die Tatsache, dass der Modalwert der Verteilung in der Mitte zwischen diesen beiden Werten liegt. Für die Dichtefunktion einer derartigen Zufallsvariablen wird dabei unterstellt, dass sie stetig ist und zwischen a und dem Modalwert einen linear ansteigenden, zwischen dem Modalwert und b einen linear fallenden Verlauf hat.

(a) Geben Sie die Dichtefunktion an und skizzieren Sie ihren Verlauf. Welchen Ordinatenwert hat die Dichtefunktion an der Stelle des Modalwertes?

(b) Geben Sie die Verteilungsfunktion der Dreiecksverteilung an, und zeichnen Sie diese.

Lösung

(a) Die Dichtefunktion steigt linear an zwischen der Stelle a, wo sie den Wert null hat, und dem Wert $\frac{1}{2}(a+b)$, wo sie ihren Maximalwert h erreicht. Von dort an fällt sie mit der gleichen Steigung wieder ab, bis sie in b wiederum den Wert Null annimmt.
Damit es sich bei der in der Aufgabenstellung beschriebenen Funktion um eine Dichtefunktion handelt, muss das Integral unter ihr den Wert eins besitzen. Bezeichnet h den Ordinatenwert an der Stelle $\frac{1}{2}(a+b)$, so hat die Dichtefunktion folgende formelmäßige Darstellung:

$$f_X(x) = \begin{cases} 0 & \text{für } x<a, \\ \dfrac{x-a}{\frac{1}{2}(a+b)-a}\, h = \dfrac{x-a}{b-a}\, 2h & \text{für } a \le x \le \dfrac{a+b}{2}, \\ \dfrac{b-x}{b-\frac{1}{2}(a+b)}\, h = \dfrac{b-x}{b-a}\, 2h & \text{für } \dfrac{a+b}{2} < x \le b, \\ 0 & \text{für } b<x. \end{cases}$$

Dabei ist verwendet, dass die Gerade durch die Punkte $(a;0)$ und $(\frac{1}{2}(a+b);h)$ die Gleichung

$$\frac{x-a}{\frac{1}{2}(a+b)-a} = \frac{f(x)-0}{h-0}$$

erfüllt, während diejenige durch die Punkte $(b;0)$ und $(\frac{1}{2}(a+b);h)$ folgende Gleichung erfüllt:

$$\frac{x-b}{\frac{1}{2}(a+b)-b} = \frac{f(x)-0}{h-0}$$

Das Integral unter dieser Funktion berechnet sich wie folgt:

$$\begin{aligned}
\int_{-\infty}^{\infty} f_X(y)\,\mathrm{d}y &= \int_a^{\frac{1}{2}(a+b)} \frac{y-a}{b-a}\,2h\,\mathrm{d}y + \int_{\frac{1}{2}(a+b)}^{b} \frac{b-y}{b-m}\,2h\,\mathrm{d}y \\
&= \left[2\frac{h}{b-a}\left(\frac{y^2}{2}-ay\right)\right]_a^{\frac{1}{2}(a+b)} + \left[2\frac{h}{b-a}\left(by-\frac{y^2}{2}\right)\right]_{\frac{1}{2}(a+b)}^{b} \\
&= 2\frac{h}{b-a}\left[\left(\frac{(a+b)^2}{8}-\frac{a^2}{2}-\frac{a(a+b)}{2}+a^2\right)+\left(b^2-\frac{b(a+b)}{2}-\frac{b^2}{2}+\frac{(a+b)^2}{8}\right)\right] \\
&= \frac{h}{b-a}\left[\left(\frac{(a+b)^2}{4}+a^2-a(a+b)\right)+\left(b^2-b(a+b)+\frac{(a+b)^2}{4}\right)\right] \\
&= \frac{h}{b-a}\left[\left(\frac{a-b}{2}\right)^2+\left(\frac{b-a}{2}\right)^2\right] = \frac{h}{b-a}\,\frac{(b-a)^2}{2} = h\,\frac{b-a}{2},
\end{aligned}$$

woraus sich $h = 2/(b-a)$ ergibt. Die nachstehende Grafik zeigt die obige Funktion:

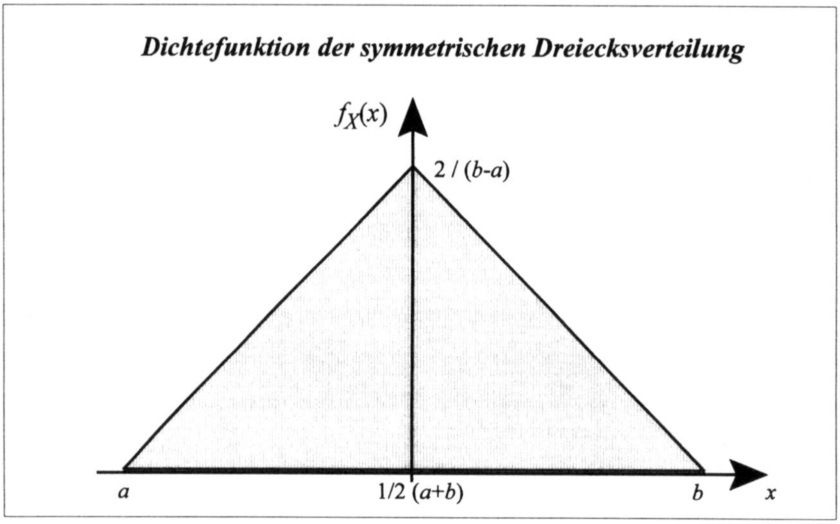

Dasselbe Ergebnis erhält man natürlich auch mit einfachen Dreiecksüberlegungen:

Da das Integral unter der Dichtefunktion Eins ergeben muss, ist die Funktion $f(x)$ genau dann eine Dichtefunktion, wenn das Produkt aus Grundlinie und Höhe des Dreiecks 0,5 ist, d. h.:

$$(b-a)\cdot h = 0{,}5 \quad \Leftrightarrow \quad h = \frac{2}{b-a}.$$

Setzt man diesen Wert für h ein, so ergibt sich:

$$f_X(x) = \begin{cases} 0 & \text{für } x<a, \\ 4\,\dfrac{x-a}{(b-a)^2} & \text{für } a \le x \le \dfrac{a+b}{2}, \\ 4\,\dfrac{b-x}{(b-a)^2} & \text{für } \dfrac{a+b}{2} < x \le b, \\ 0 & \text{für } b<x\;. \end{cases}$$

(b) Für Werte kleiner als a hat die Verteilungsfunktion den Wert null. Für Werte zwischen a und der Modalstelle $\frac{1}{2}(a+b)$ gilt

$$\begin{aligned} F_X(x) &= \int_{-\infty}^{x} f_X(y)\,\mathrm{d}y = \int_{a}^{x} \frac{4}{(b-a)^2}(y-a)\,\mathrm{d}y \\ &= \left[\frac{4}{(b-a)^2}\left(\frac{y^2}{2}-ay\right)\right]_a^x = \frac{4}{(b-a)^2}\left(\frac{x^2}{2}-ax-\frac{a^2}{2}+a^2\right) \\ &= \frac{2}{(b-a)^2}\,(x^2-2ax+a^2) = 2\,\frac{(x-a)^2}{(b-a)^2}\;. \end{aligned}$$

Speziell für den Modalwert ergibt sich

$$F_X(\tfrac{1}{2}(a+b)) = 2\,\frac{(\frac{1}{2}(a+b)-a)^2}{(b-a)^2} = 2\,\frac{(\frac{1}{2}a-\frac{1}{2}b)^2}{b-a^2} = \frac{1}{2}.$$

Damit ergibt sich für die Werte zwischen dem Modalwert und der Obergrenze b

$$\begin{aligned} F_X(x) &= \int_{-\infty}^{x} f(y)\,dy = \frac{1}{2} + \int_{\frac{1}{2}(a+b)}^{x} \frac{4}{(b-a)^2}(b-y)\,dy \\ &= \frac{1}{2} + \left[\frac{4}{(b-a)^2}\left(by-\frac{y^2}{2}\right)\right]_{\frac{1}{2}(a+b)}^{x} = \frac{1}{2} + \frac{4}{(b-a)^2}\left(bx-\frac{x^2}{2}-\frac{b(a+b)}{2}+\frac{(a+b)^2}{4}\right) \\ &= \frac{1}{2} + \frac{2}{(b-a)^2}\left(\frac{(b-a)^2}{4}-(b-x)^2\right) = 1 - \frac{2}{(b-a)^2}\,(b-x)^2\;. \end{aligned}$$

Da die Verteilungsfunktion oberhalb der Obergenze b den Wert 1 annimmt, erhält man zusammenfassend:

$$F_X(x) = \begin{cases} 0 & \text{für } x<a, \\ \dfrac{2}{(b-a)^2}\,(x-a)^2 & \text{für } a \le x < \frac{1}{2}(a+b), \\ 1 - \dfrac{2}{(b-a)^2}\,(b-x)^2 & \text{für } \frac{1}{2}(a+b) \le x < b, \\ 1 & \text{für } b \ge x\;. \end{cases}$$

Die folgende Abbildung zeigt den Verlauf dieser Verteilungsfunktion.

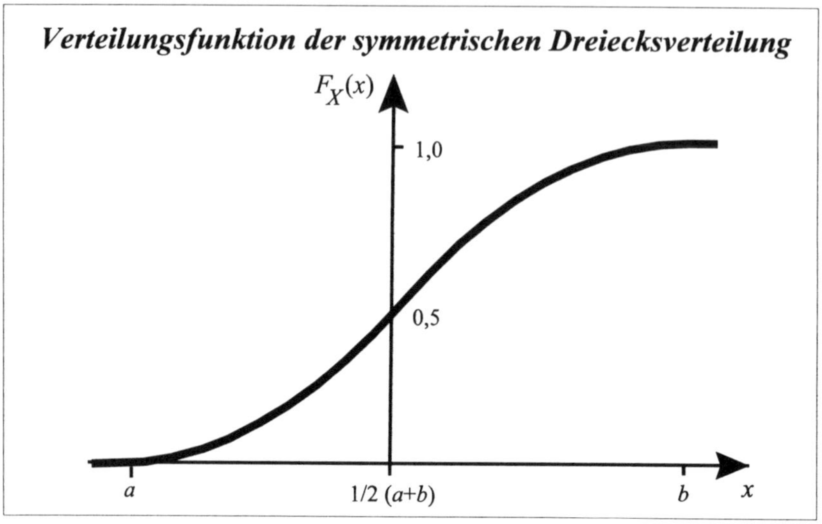

Aufgabe 3.4

Der TÜV einer Kreisstadt berichtet, dass aus langjähriger Erfahrung von folgenden Wahrscheinlichkeiten für eintreffende, TÜV-abzunehmende Pkw ausgegangen werden kann:

Fahrzeugzustand	Fahrzeugalter in Jahren					
	3	5	7	9	11	13 u. älter
fahrtauglich	0,21	0,19	0,17	0,13	0,07	0,04
fahruntauglich	0,01	0,02	0,03	0,05	0,04	0,04

Betrachten Sie die Zufallsvariablen X (Fahrzeugalter) und Y, in welcher der Fahrzeugzustand wie folgt kodiert ist:

$y = 1$, falls das Fahrzeug fahrtauglich ist,
$y = 0$, falls das Fahrzeug fahruntauglich ist.

(a) Sind die Zufallsvariablen X und Y unabhängig?

(b) Wie groß ist die Wahrscheinlichkeit dafür, dass ein fahruntaugliches Fahrzeug 11 Jahre oder älter ist?

(c) Geben Sie die Verteilungsfunktion der zweidimensionalen Zufallsvariablen $(X;Y)$ an.

Lösung

(a) Bedingung für die Unabhängigkeit der beiden Zufallsvariablen ist, dass sich die Wahrscheinlichkeiten für das gemeinsame Verhalten der beiden Zufallsvariablen aus den Randverteilungen der einzeln betrachteten Zufallsvariablen ergeben. Dies ist allerdings hier nicht der Fall, wie man an folgendem Beispiel sehen kann:

$$W(Y{=}1, X{=}3) = 0{,}21$$

aber:

$$W(Y{=}1) \cdot W(X{=}3) = [0{,}21 + \ldots + 0{,}04] \cdot [0{,}21 + 0{,}01] = 0{,}81 \cdot 0{,}22 = 0{,}178 .$$

(b) Gesucht ist hier eine Wahrscheinlichkeit der bedingten Verteilung von X unter der Voraussetzung, dass die Zufallsvariable Y gleich null ist. Diese Wahrscheinlichkeit errechnet sich mit der gewöhnlichen Formel für bedingte Wahrscheinlichkeiten als

$$W(X{>}11 \mid Y{=}0) = \frac{W(X{>}11, Y{=}0)}{W(Y{=}0)} = \frac{0{,}04 + 0{,}04}{0{,}19} = 0{,}421 .$$

(c) Die gemeinsame Verteilungsfunktion gibt durch ihren Wert an der Stelle $(x;y)$ an, mit welcher Wahrscheinlichkeit die zweidimensionale Zufallsvariable $(X;Y)$ komponentenweise unter den Schranken x bzw. y bleibt. Ist x kleiner als 3 oder y kleiner als 0, so ist diese Wahrscheinlichkeit natürlich gleich null. Für die weitere Berechnung variiert man nun zunächst die Schranke x unter der Annahme, dass y einen Wert zwischen null und eins annimmt. Dabei kumulieren sich die Wahrscheinlichkeiten in der unteren Zeile der Tabelle der Aufgabenstellung. Lässt man anschließend auch y größer oder gleich eins zu, so kann Y beliebige Realisationen annehmen, sodass nun die Spaltensummen aus der Tabelle zu kumulieren sind. Man beachte, dass dabei die Reihenfolge, wie man aufgrund der Variation der x- bzw. y-Werte die gemeinsame Verteilungsfunktion ermittelt, durch die Tatsache vorherbestimmt ist, dass die gemeinsame Verteilungsfunktion bezüglich beider Variablen linksseitig monoton nicht fallend ist. Insgesamt erhält man die folgende gemeinsame Verteilungsfunktion:

$$F_{(X,Y)}(x,y) = \begin{cases} 0 & \text{für } x<3 \text{ oder } y<0, \\ 0{,}01 & \text{für } 3 \le x < 5 \text{ und } 0 \le y < 1, \\ 0{,}03 & \text{für } 5 \le x < 7 \text{ und } 0 \le y < 1, \\ 0{,}06 & \text{für } 7 \le x < 9 \text{ und } 0 \le y < 1, \\ 0{,}11 & \text{für } 9 \le x < 11 \text{ und } 0 \le y < 1, \\ 0{,}15 & \text{für } 11 \le x < 13 \text{ und } 0 \le y < 1, \\ 0{,}19 & \text{für } 13 \le x \text{ und } 0 \le y < 1, \\ 0{,}22 & \text{für } 3 \le x < 5 \text{ und } 1 \le y, \\ 0{,}43 & \text{für } 5 \le x < 7 \text{ und } 1 \le y, \\ 0{,}63 & \text{für } 7 \le x < 9 \text{ und } 1 \le y, \\ 0{,}81 & \text{für } 9 \le x < 11 \text{ und } 1 \le y, \\ 0{,}92 & \text{für } 11 \le x < 13 \text{ und } 1 \le y, \\ 1 & \text{für } 13 \le x \text{ und } 1 \le y . \end{cases}$$

Aufgabe 3.5

Ein Unternehmer rechnet für das laufende Geschäftsjahr mit folgenden (subjektiven) Wahrscheinlichkeitsverteilungen seiner Gesamtkosten bzw. Umsatzerlöse:

Gesamtkosten (Mio. €)	2,0	2,5	3,0
Wahrscheinlichkeit	0,2	0,5	0,3
Umsatzerlöse (Mio. €)	2,5	3,0	
Wahrscheinlichkeit	0,3	0,7	

Die beiden Wahrscheinlichkeitsverteilungen können als unabhängig unterstellt werden.

Berechnen Sie die Wahrscheinlichkeitsverteilung der Umsatzrentabilität, definiert als Quotient aus Gewinn und Umsatzerlösen. Mit welcher Wahrscheinlichkeit ist die Umsatzrentabilität größer als 0,15?

Lösung

Bezeichnet u_i eine mögliche Realisation des Umsatzes U und k_j eine mögliche Realisation der Gesamtkosten K, so ergibt sich die daraus resultierende Realisation r_{ij} der Umsatzrentabilität R nach folgender Formel:

$$r_{ij} = R(u_i,k_j) = \frac{u_i-k_j}{u_i}.$$

Die Wahrscheinlichkeit für die Rentabilitäten r_{ij} (resultierend aus den beiden Werten u_i und k_j) erhält man als Produkt der beiden Randwahrscheinlichkeiten:

$$w_{ij} = W(U=u_i) \cdot W(K=k_j).$$

Die folgende Tabelle enthält die Kombinationen von Umsatz und Gesamtkosten sowie die dazugehörigen Umsatzrentabilitäten und Wahrscheinlichkeiten:

u_i	k_j	r_{ij}	w_{ij}
2,5	2,0	0,20	0,06
2,5	2,5	0,00	0,15
2,5	3,0	-0,20	0,09
3,0	2,0	0,33	0,14
3,0	2,5	0,17	0,35
3,0	3,0	0,00	0,21

Bei der Bestimmung der Wahrscheinlichkeitsverteilung von R = $R(U,K)$ ist allerdings zu beachten, dass verschiedene Kombinationen von Umsatz und Gesamtkosten zur gleichen Rentabilität führen können. Die Wahrscheinlichkeiten dieser Kombinationen sind dann entsprechend zusammenzufassen. Man erhält damit folgende Wahrscheinlichkeitsfunktion:

r_k	−0,20	0,00	0,17	0,20	0,33
$W(R = r_k)$	0,09	0,15 + 0,21 = 0,36	0,35	0,06	0,14

Hieraus ergibt sich die Wahrscheinlichkeit für eine Rentabilität größer als 0,15:

$$\begin{aligned} W(R>0{,}15) &= W(R=0{,}17) + W(R=0{,}20) + W(R=0{,}33) \\ &= 0{,}35 + 0{,}06 + 0{,}14 = 0{,}55. \end{aligned}$$

4 Spezielle Wahrscheinlichkeitsverteilungen

Häufig wird bei der Arbeit mit Zufallsvariablen davon ausgegangen, dass eine Zufallsvariable einem ganz bestimmten *Verteilungstyp* genügt. Dabei haben sich je nach Art der Anwendung ganz bestimmte Verteilungstypen als geeignet herauskristallisiert. Die Wichtigsten sind die Folgenden:
Die *Binomialverteilung* dient zur Beschreibung der absoluten Häufigkeit eines bestimmten Ergebnisses innerhalb einer endlichen Anzahl unabhängiger und gleichartiger Zufallsvorgänge (→ **Aufgaben 4.1 und 4.2**).
Die *Poissonverteilung* beschreibt die Häufigkeit, mit der innerhalb eines vorgegebenen Zeitraums ein bestimmtes, selten eintretendes Ereignis aufgetreten ist (→ **Aufgabe 4.3**).
Die *Normalverteilung* ist eine stetige Verteilung, die zur Beschreibung von symmetrisch und unimodal verteilten Merkmalen wie Füllmengen, Abmessungen von Werkstücken, aber auch bei monetären Größen Verwendung finden kann (→ **Aufgaben 4.4 bis 4.6**).
Eine weitere wichtige Verteilung ist die *Exponentialverteilung*, die speziell zur Beschreibung von Lebensdauern geeignet ist (→ **Aufgabe 4.7**).

Literaturhinweise

G. BAMBERG & F. BAUR (2002), S. 99-111.
P. BOHLEY (2000), S. 373-422.
H. DEGEN & P. LORSCHEID (2002), S. 235-247.
J. HARTUNG, B. ELPELT & K.-H. KLÖSENER (2002), S. 143-147, 199-202 und 212-214.
D. HOCHSTÄDTER (1996), S. 447-494.
J. SCHIRA (2005), S. 335-376.
J. SCHWARZE (2001), S. 77-100.

Aufgabe 4.1

Erläutern Sie, wie die Binomialverteilung zur Lösung der Aufgabe 1.2 (a) verwendet werden kann.

Lösung

Die Binomialverteilung kann angewendet werden, wenn die absolute Häufigkeit eines interessierenden Ereignisses (‚Erfolg') innerhalb einer fest vorgegebenen Zahl gleichartiger und voneinander unabhängiger Zufallsexperimente untersucht wird. Die $B(n;\pi)$-Verteilung wird durch zwei Parameter beschrieben, nämlich die Anzahl der durchgeführten Experimente n und die Wahrscheinlichkeit π des Erfolgsereignisses in jedem einzelnen Zug.
Hier handelt es sich um 8 gleichartige Experimente, nämlich um den achtmaligen Kauf einer Waschmittelpackung der Marke ‚1000SASSA', in die unter gleichartigen Bedingungen und unabhängig voneinander jeweils eine der Zahlen ‚1' oder ‚0' und einer der Buchstaben ‚S' oder ‚A' eingepackt wurden. Da die Zahlen ‚1' und ‚0' sowie die Buchstaben ‚S' und ‚A' jeweils gleichwahrscheinlich in den Packungen enthalten sind, genügt die Anzahl der ‚1' bzw. der ‚S'

zwei unabhängigen Binomialverteilungen mit den Parametern $n=8$ und $\pi=0{,}5$. Die bei der Lösung zu Aufgabe 1.2 (a) ermittelten Wahrscheinlichkeiten, nämlich, dass die Anzahl der ‚1‘ gleich ‚2‘ oder 1,3,4,5 ist, bzw. dass die Anzahl der ‚S‘ gleich 3,4,5,6 ist, können aus der Tabelle der Verteilungsfunktion einer **B(8;0,5)**-Verteilung ermittelt werden (vgl. z. B. H. Degen & P. Lorscheid (2002), S. 361). Durch Differenzenbildung der tabellierten Verteilungsfunktionswerte $W(X \le x) = F_{B(8;0,5)}(x)$ ergeben sich dann die gesuchten Wahrscheinlichkeiten $W(X=x) = f_{B(8;0,5)}(x)$:

x	0	1	2	3	4	5	6	7	8
$F_{B(8;0,5)}(x)$	0,004	0,035	0,144	0,363	0,637	0,855	0,965	0,996	1,000
$f_{B(8;0,5)}(x)$	0,004	0,031	0,109	0,219	0,274	0,218	0,110	0,031	0,004

Aufgabe 4.2

Im Rahmen eines Traineeprogramms stellt ein Unternehmen Hochschulabsolventen einer bestimmten Fachrichtung ein, um nach Abschluß dieses Programms 20 freie Stellen zu besetzen. Aufgrund langjähriger Erfahrung kann davon ausgegangen werden, dass sich die Bewerber mit einer Wahrscheinlichkeit von 0,90 als geeignet erweisen.

(a) Mit welcher Wahrscheinlichkeit sind dann genau 20 von 23 eingestellten Trainees geeignet?

(b) Mit welcher Wahrscheinlichkeit sind bei 23 eingestellten Trainees mindestens 20 geeignet?

(c) Wie viele Trainees müssen eingestellt werden, damit die Wahrscheinlichkeit dafür, dass mindestens 20 der eingestellten Trainees geeignet sind, wenigstens 0,95 beträgt?

Lösung

(a) Es bezeichne X die Anzahl der geeigneten Bewerber. Dann genügt die Zufallsvariable X einer Binomialverteilung mit den Parametern $n=23$ und der Erfolgswahrscheinlichkeit $\pi=0{,}9$. Soll die gesuchte Wahrscheinlichkeit aus einer Tabelle abgelesen werden, ist zu beachten, dass die in der Literatur abgedruckten Tabellen häufig nur Werte der *Verteilungsfunktionen* für die Parameterwerte $\pi = 0{,}1; 0{,}2; \ldots, 0{,}5$ enthalten. Wahrscheinlichkeiten für Binomialverteilungen mit Werten für $\pi > 0{,}5$ können ermittelt werden, indem hilfsweise Wahrscheinlichkeiten der Zufallsvariablen $Y = n - X$ bestimmt werden. Diese Zufallsvariable zählt nicht die geeigneten, sondern die ungeeigneten Trainees:

$$W(X=20) = W(23-X=23-20) = W(Y=3) .$$

Da X der Verteilung B(23;0,9) genügt, ist Y gemäß B(23;0,1) verteilt. Aus einer Tabelle der Verteilungsfunktion der Binomialverteilung (z. B. H. Degen & P. Lorscheid (2002), S. 358)) ist zu entnehmen, dass gilt:

$$W(Y=3) = W(Y \le 3) - W(Y \le 2) = F_{B(23;0,10)}(3) - F_{B(23;0,10)}(2)$$
$$= 0{,}807 - 0{,}592 = 0{,}215.$$

(b) Für die Wahrscheinlichkeit, dass X wenigstens den Wert 20 annimmt, erhält man

$$W(X \ge 20) = W(-X \le -20) = W(23-X \le 23-20)$$
$$= W(Y \le 3) = F_{B(23;0,10)}(3) = 0{,}807.$$

(c) Nun ist der kleinst mögliche Wert für n gesucht, sodass für eine $B(n;0{,}9)$-verteilte Zufallsvariable X gilt:

$$W(X \ge 20) \ge 0{,}95.$$

Bezeichnet Y wiederum die $B(n;0{,}1)$-verteilte Zufallsvariable $n-X$, so gilt:

$$W(X \ge 20) = W(n-X \le n-20) = W(Y \le n-20) = F_{B(n;0,10)}(n-20).$$

Der Tabelle der Verteilungsfunktion der Binomialverteilung sind folgende Werte zu entnehmen:

n	$n-20$	$F_{B(n;0,10)}(n-20)$
23	3	0,807
24	4	0,915
25	5	0,967
26	6	0,988

Der gesuchte Wert für n beträgt also $n=25$, d. h. es sind mindestens 25 Trainees einzustellen, damit mit einer Wahrscheinlichkeit von mindestens 0,95 wenigstens 20 geeignete darunter sind.

Aufgabe 4.3

Eine Versicherungsgesellschaft geht davon aus, dass ihr durchschnittlich alle vier Monate ein Großschaden gemeldet wird, für den sie ihre Rückversicherungsgesellschaft in Anspruch nehmen muss.

(a) Wie groß ist die Wahrscheinlichkeit, dass in einem Jahr mindestens fünf derartige Großschadensfälle auftreten?

(b) Welche Anzahl von Schadensfällen wird mit einer Wahrscheinlichkeit von höchstens 0,05 mindestens erreicht?

Lösung

(a) Bei den beschriebenen Großschäden handelt es sich um selten auftretende, zufällige Ereignisse, deren Häufigkeit innerhalb eines bestimmten Zeitraums i. d. R. recht gut durch eine Poissonverteilung beschrieben werden kann. Der Parameter μ der Poissonverteilung gibt die mittlere Häufigkeit pro Zeiteinheit an; in diesem Fall also alle vier Monate, d. h. $\mu=3$ mal pro

Jahr. Damit ist der Verteilung einer $P(3)$-verteilten Zufallsvariablen zu entnehmen, mit welcher Wahrscheinlichkeit sie größer oder gleich 5 ist. Es gilt für diese Wahrscheinlichkeit:

$$W(X \geq 5) = 1 - W(X \leq 4) = 1 - F_{P(3)}(4) = 1 - 0{,}815 = 0.185,$$

wobei sich der Wert der Verteilungsfunktion einer P(3)-Verteilung an der Stelle 4 in statistischen Tabellen der Poissonverteilung nachschlagen lässt.

(b) Es ist diejenige Großschadenshäufigkeit gesucht, die mit einer Wahrscheinlichkeit von höchstens 0,05 innerhalb eines Jahres überschritten wird. Gefragt ist also nach dem kleinsten Wert x, für den gilt:

$$W(X > x) \leq 0{,}05 \quad \Leftrightarrow \quad W(X \leq x) \geq 0{,}95 \ .$$

Aus der Tabelle der Poissonverteilung lassen sich folgende Werte der Verteilungsfunktion einer P(3)-Verteilung ablesen:

$$F_{P(3)}(5) = 0{,}916, \quad F_{P(3)}(6) = 0{,}966.$$

Hieraus ergibt sich $x = 6$, d. h. es treten mehr als 6 Schadensfälle mit einer Wahrscheinlichkeit von weniger als 0,05 auf.

Aufgabe 4.4

In einem Werk der Elektronikbranche werden elektrische Widerstände maschinell gefertigt. Aufgrund längerer Beobachtung weiß man, dass die von einer bestimmten Maschine produzierten Widerstände einen Mittelwert von 152 Ohm bei einer Streuung von 2 Ohm haben und einer Normalverteilung genügen. Ein Kunde bestellt eine größere Serie Widerstände von 150 Ohm und einem Toleranzbereich von ± 4 Ohm.

(a) Wie groß würde der mittlere Ausschussanteil sein, wenn man zur Produktion die oben beschriebene Maschine verwendet (d. h. wie groß ist die Wahrscheinlichkeit, dass ein zufällig herausgegriffener Widerstand außerhalb des Toleranzbereichs liegt)?

(b) Wie groß wäre der mittlere Ausschußanteil, wenn es gelänge, die Maschine so zu justieren, dass sie bei gleicher Streuung Widerstände mit dem Mittelwert 150 Ohm herstellt?

Lösung

(a) Bezeichnet X die zufällige Ohmzahl eines beliebigen Widerstandes, so genügt dieser laut Aufgabenstellung einer Normalverteilung mit den Parametern $\mu = 152$ und $\sigma = 2$. Gesucht ist die Wahrscheinlichkeit dafür, dass X nicht in das gesuchte Intervall $[150-4;150+4] = [146;154]$ fällt. Bezeichnet X_s die zugehörige standardisierte Zufallsvariable, so gilt:

$$\begin{aligned}W(\text{Ausschuss}) &= 1 - W(146 \le X \le 154)\\ &= 1 - W\left(\frac{146-152}{2} \le \frac{X-152}{2} \le \frac{154-152}{2}\right)\\ &= 1 - W(-3 \le X_s \le 1) = 1 - [W(X_s \le 1) - W(X_s \le -3)]\\ &= 1 - W(X_s \le 1) + W(X_s \ge 3) = 1 - W(X_s \le 1) + [1 - W(X_s \le 3)]\\ &= 2 - W(X_s \le 1) - W(X_s \le 3) = 2 - F_{N(0;1)}(1) - F_{N(0;1)}(3)\\ &= 2 - 0{,}841 - 0{,}999 = 0{,}160.\end{aligned}$$

Beachte: Bei der Berechnung wird insbesondere von der Symmetrieeigenschaft der Standardnormalverteilung Gebrauch gemacht:

$$W(X_s \le x) = W(X_s \ge -x).$$

(b) Gesucht ist die Wahrscheinlichkeit des gleichen Ereignisses wie in (a), jedoch nun unter der Annahme

$$X \sim N(150;2).$$

Damit errechnet sich analog wie in Aufgabenteil (a)

$$\begin{aligned}W(\text{Ausschuss}) &= 1 - W(146 \le X \le 154) = 1 - W\left(\frac{146-150}{2} \le \frac{X-150}{2} \le \frac{154-150}{2}\right)\\ &= 1 - W(-2 \le X_s \le 2) = 1 - W(X_s \le 2) + W(X_s \ge 2)\\ &= 1 - W(X_s \le 2) + [1 - W(X_s \le 2)] = 2 - 2 \cdot F_{N(0;1)}(2)\\ &= 2 - 2 \cdot 0{,}977 = 0{,}046.\end{aligned}$$

Allein durch die optimale Justierung der Maschine, d. h. des Wertes μ der Normalverteilung, ließe sich der Ausschussanteil um mehr als zwei Drittel – von 0,160 auf 0,046 – reduzieren.

Aufgabe 4.5

Das Füllgewicht von Bierflaschen sei normalverteilt, wobei die erwartete (mittlere) Füllmenge 0,503 l und die Streuung der Füllmengen 0,002 l beträgt.

(a) Mit welcher Wahrscheinlichkeit enthält eine Flasche weniger als 0,500 l ?

(b) Wie groß ist der Wert der Dichtefunktion für $x = 0{,}500$ l, und wie lässt er sich benutzen, um die Wahrscheinlichkeit einer Füllmenge zwischen 0,499 l und 0,501 l approximativ zu berechnen?

(c) Welche Füllmenge wird mit der Wahrscheinlichkeit 0,98 wenigstens erreicht? Wie groß müsste – bei gleicher Streuung wie bisher – die mittlere Füllmenge mindestens sein, damit eine Füllmenge von wenigstens 0,500 l mit der Wahrscheinlichkeit 0,98 erreicht wird?

Lösung

(a) Es sei X die beschriebene normalverteilte Zufallsvariable der Füllmenge der Bierflaschen mit den Parametern $\mu = 0{,}503$, $\sigma = 0{,}002$ und X_s die zugehörige standardisierte Zufallsvariable:

$$X \sim \mathrm{N}(0{,}503;0{,}002), \quad X_s = \frac{X-0{,}503}{0{,}002} \sim \mathrm{N}(0;1).$$

Die Verteilungsfunktion von X_s kann aus einer Normalverteilungstabelle, wie sie im Anhang abgedruckt ist, abgelesen werden. Die Wahrscheinlichkeiten von X berechnet man daher über Wahrscheinlichkeiten der entsprechenden standardisierten Zufallsvariablen X_s:

$$W(X<0{,}500) = W\left(\frac{X-0{,}503}{0{,}002} < \frac{0{,}500-0{,}503}{0{,}002}\right) = W(X_s < -1{,}50).$$

Die Standardnormalverteilung ist wegen der Symmetrie ihrer Dichtefunktion um den Wert $x=0$ üblicherweise nur für Werte $x \in [0;3]$ tabelliert (Werte für $x>3$ sind praktisch gleich eins). Die obige Wahrscheinlichkeit muss für $x=-1{,}50<0$ daher wie folgt berechnet werden:

$$\begin{aligned} W(X_s \le -1{,}50) &= W(X_s \ge 1{,}50) = 1 - W(X_s \le 1{,}50) \\ &= 1 - F_{\mathrm{N}(0;1)}(1{,}50) = 1 - 0{,}933 = 0{,}067. \end{aligned}$$

(b) Die Werte der Dichtefunktion sind nicht tabelliert, sondern müssen explizit berechnet werden:

$$\begin{aligned} f_X(0{,}500) &= \frac{1}{\sqrt{2\pi}\cdot 0{,}002} \exp\left(-\frac{(0{,}500-0{,}503)^2}{2\cdot 0{,}002^2}\right) \\ &= \frac{1}{2{,}507\cdot 0{,}002} \exp\left(-\frac{1}{2}\cdot\frac{-0{,}003^2}{0{,}002^2}\right) \\ &= \frac{1}{0{,}005} \exp\left(-\frac{2{,}25}{2}\right) = 200 \exp(-1{,}125) = 200 \cdot 0{,}325 = 64{,}9. \end{aligned}$$

Dieser Wert ist wie folgt interpretierbar:
Kann die Dichtefunktion im Bereich $[x-\epsilon;x+\epsilon]$ als in etwa linear unterstellt werden, so gilt:

$$W(x-\epsilon \le X \le x+\epsilon) \approx f_X(x) \cdot |(x+\epsilon)-(x-\epsilon)| = f_X(x) \cdot 2 \cdot \epsilon.$$

Setzt man für ϵ den Wert 0,001, so erhält man in grober Näherung

$$W(0{,}499 \le X \le 0{,}501) = 64{,}9 \cdot 2 \cdot 0{,}001 = 0{,}130.$$

Zum Vergleich: Der wahre Wert dieser Wahrscheinlichkeit beträgt 0,136.

(c) Es ist zunächst derjenige Wert x gesucht, für den gilt:

$$W(X \ge x) = 0{,}98.$$

Mit Standardisierung erhält man für diese Wahrscheinlichkeit

$$\begin{aligned} W(X \ge x) &= W\left(\frac{X-0{,}503}{0{,}002} \ge \frac{x-0{,}503}{0{,}002}\right) = W\left(X_s \ge \frac{x-0{,}503}{0{,}002}\right) \\ &= W\left(X_s \le -\frac{x-0{,}503}{0{,}002}\right) = F_{\mathrm{N}(0;1)}\left(-\frac{x-0{,}503}{0{,}002}\right). \end{aligned}$$

Bestimmt man aus der Tabelle der Standardnormalverteilung durch Rückwärtsablesen den 0,98-Punkt, so erhält man den Wert $c_{\mathrm{N}(0;1)\,0{,}98} = 2{,}05$ (wegen $F_{\mathrm{N}(0;1)}(2{,}05) = 0{,}980$). Es gilt also:

$$-\frac{x-0{,}503}{0{,}002} = 2{,}05 \quad \Leftrightarrow \quad x = -[(2{,}05\cdot 0{,}002) - 0{,}503] = 0{,}499.$$

Für die zweite Teilfrage ist nun anstelle von $\mu = 0{,}503$ der Wert μ als unbekannt zu setzen, für x lautet der vorgegebene Wert 0,500. Damit ergibt sich analog zu oben:

$$-\frac{0{,}500-\mu}{0{,}002} = 2{,}05 \quad \Leftrightarrow \quad \mu = [(2{,}05 \cdot 0{,}002) + 0{,}500] = 0{,}504.$$

Um eine Mindestfüllmenge von 0,5 l mit einer Wahrscheinlichkeit von 98% zu gewährleisten, müsste der Erwartungswert auf 0,504 l erhöht werden.

Aufgabe 4.6

Ein Unternehmen produziert Schrauben, die eine Solllänge von 60,0 mm und einen Solldurchmesser von 4,5 mm haben. Abweichungen von den Sollmaßen gelten als tolerierbar, solange sie in der Länge weniger als 1 mm und im Durchmesser weniger als 0,3 mm betragen.
Das Unternehmen bekommt preiswert eine Maschine angeboten, die sich nicht exakt auf die geforderten Sollwerte einstellen lässt. Die Längen der produzierten Schrauben sind normalverteilt mit Erwartungswert 60,3 mm und Streuung 0,3 mm. Die Durchmesser der Schrauben sind hiervon unabhängig und ebenfalls normalverteilt mit einem Erwartungswert von 4,4 mm und einer Streuung von 0,1 mm.

(a) Mit welcher Wahrscheinlichkeit liegen die Schraubenlängen außerhalb des Toleranzbereichs?

(b) Mit welcher Wahrscheinlichkeit liegen die Schraubendurchmesser außerhalb des Toleranzbereichs?

(c) Mit welcher Wahrscheinlichkeit ist eine auf der Maschine produzierte Schraube Ausschuss (wobei eine Schraube als Ausschuss gilt, wenn ihre Länge oder ihr Durchmesser außerhalb des Toleranzbereichs liegt)?

Lösung

(a) Es bezeichne L die Länge der Schraube, L_s die zugehörige standardisierte Größe. Die Wahrscheinlichkeit des Ereignisses LA, dass die Länge außerhalb des Toleranzbereichs liegt, berechnet sich als

$$W(LA) = 1 - W(59{,}0 \leq L \leq 61{,}0) = 1 - W\left(\frac{59{,}0-60{,}3}{0{,}3} \leq \frac{L-60{,}3}{0{,}3} \leq \frac{61{,}0-60{,}3}{0{,}3}\right)$$

$$= 1 - W(-4{,}33 \leq L_s \leq 2{,}33) = 1 - [F_{\mathrm{N}(0;1)}(2{,}33) - F_{\mathrm{N}(0;1)}(-4{,}33)]$$

$$= 1 - [0{,}990 - (1-1)] = 0{,}010.$$

(b) Wiederum bezeichne D den Schraubendurchmesser, D_s die zugehörige standardisierte Größe. Analog ergibt sich für die Wahrscheinlichkeit von DA, dem Ereignis, dass der Durchmesser außerhalb des Toleranzbereichs liegt,

$$W(DA) = 1 - W(4{,}2 \leq D \leq 4{,}8) = 1 - W\left(\frac{4{,}2-4{,}4}{0{,}1} \leq \frac{D-4{,}4}{0{,}1} \leq \frac{4{,}8-4{,}4}{0{,}1}\right)$$

$$= 1 - W(-2 \leq D_s \leq 4) = 1 - [F_{N(0;1)}(4) - F_{N(0;1)}(-2)]$$

$$= 1 - [1 - (1-0{,}977)] = 0{,}023 \ .$$

(c) Die Wahrscheinlichkeit für eine Schraube, entweder in der Länge oder im Durchmesser die zulässigen Toleranzen zu überschreiten und damit Ausschuss zu sein, berechnet sich mit Hilfe ihrer Gegenwahrscheinlichkeit (unter Verwendung der Unabhängigkeit von L und D als

$$W(\text{Ausschuss}) = 1 - W(59{,}0 \leq L \leq 61{,}0 \text{ und } 4{,}2 \leq D \leq 4{,}8)$$

$$= 1 - W(59{,}0 \leq L \leq 61{,}0) \cdot W(4{,}2 \leq D \leq 4{,}8)$$

$$= 1 - (1-0{,}010) \cdot (1-0{,}023) = 1-0{,}990 \cdot 0{,}977 = 0{,}033.$$

Der Ausschussanteil liegt also bei 3,3 %.

Aufgabe 4.7

Die in Tagen zu messende Lebensdauer eines Bauteils gilt als exponentialverteilt mit einer Ausfallrate von 0,004.

(a) Mit welcher Wahrscheinlichkeit erreicht ein neues Bauteil eine Lebensdauer von 365 Tagen? Mit welcher Wahrscheinlichkeit erreicht ein 100 Tage altes Bauteil eine Gesamtlebensdauer von 365 Tagen?

(b) Mit welcher Wahrscheinlichkeit fällt ein neues Bauteil in der ersten Woche aus? Mit welcher Wahrscheinlichkeit hält ein 100 Tage altes Bauteil sieben weitere Tage?

Lösung

(a) Die Lebensdauer der Bauteile genügt einer Exponentialverteilung mit der Ausfallrate $\lambda = 0{,}004$, d. h. $X \sim \text{Exp}(0{,}004)$. Die Wahrscheinlichkeit, dass eine Lebensdauer von einem Jahr erreicht wird, beträgt

$$W(X \geq 365) = 1 - W(X<365) = 1 - F_{\text{Exp}(0{,}004)}(365) = 1 - (1 - e^{-0{,}004 \cdot 365})$$
$$= e^{-1{,}46} = 0{,}232.$$

Wenn das Bauteil bereits 100 Tage alt ist, erreicht es eine Gesamtlebensdauer von 365 Tagen mit folgender Wahrscheinlichkeit:

$$W(X \geq 365 \mid X \geq 100) = \frac{W(X \geq 365 \text{ und } X \geq 100)}{W(X \geq 100)} = \frac{W(X \geq 365)}{W(X \geq 100)}$$

$$= \frac{1 - F_{\text{Exp}(0{,}004)}(365)}{1 - F_{\text{Exp}(0{,}004)}(100)} = \frac{e^{-0{,}004 \cdot 365}}{e^{-0{,}004 \cdot 100}} = \frac{e^{-1{,}46}}{e^{-0{,}4}} = \frac{0{,}2322}{0{,}6703} = 0{,}346.$$

Die Wahrscheinlichkeit, ein bestimmtes Gesamtalter zu erreichen, steigt natürlich, wenn bekannt ist, dass eine gewisse Mindestlebensdauer schon erreicht wurde.

(b) Gesucht ist zunächst die Wahrscheinlichkeit, dass die Lebensdauer (die natürlich stets größer als null ist) kleiner als sieben ist, die sich wie folgt berechnet:

$$W(0<X\leq 7) = W(X\leq 7) = F_{\mathrm{Exp}(0{,}004)}(7) = 1 - e^{-0{,}004\cdot 7} = 1 - 0{,}9724 = 0{,}0276.$$

Ist nun das Bauteil bereits 100 Tage alt, ohne dass ein Defekt auftrat, so ist unter dieser Bedingung die Wahrscheinlichkeit für den Ausfall noch vor Ende des 107. Tages gesucht:

$$W(X\leq 107\,|\,X>100) = \frac{W(X\leq 107 \text{ und } X>100)}{W(X>100)} = \frac{W(100<X\leq 107)}{W(X>100)}$$

$$= \frac{W(X\leq 107) - W(X\leq 100)}{1 - W(X\leq 100)} = \frac{F_{\mathrm{Exp}(0{,}004)}(107) - F_{\mathrm{Exp}(0{,}004)}(100)}{1 - F_{\mathrm{Exp}(0{,}004)}(100)}$$

$$= \frac{(1 - e^{-0{,}004\cdot 107}) - (1 - e^{-0{,}004\cdot 100})}{e^{-0{,}004\cdot 100}}$$

$$= \frac{1 - 0{,}6518 - 1 + 0{,}6703}{0{,}6703} = \frac{0{,}0185}{0{,}6703} = 0{,}0276.$$

Die Wahrscheinlichkeit, dass das Bauteil innerhalb eines folgenden Zeitintervalls vorgegebener Länge einen Defekt erleidet, ist unabhängig von der bereits erreichten Lebensdauer, weshalb die Exponentialverteilung auch als ‚Lebensdauerverteilung ohne Gedächtnis' bezeichnet wird. Ist dieses Zeitintervall klein im Vergleich zu den gewöhnlich auftretenden Lebensdauern (der Median, für den $F_{\mathrm{Exp}(0{,}004)}(x) = 0{,}5$ gilt, beträgt hier 173,3 Tage), so kann diese Wahrscheinlichkeit approximativ als Produkt von Ausfallrate λ und Intervalllänge bestimmt werden:

$$W(X\leq 107\,|\,X>100) = W(X\leq 7) \approx 7\cdot 0{,}004 = 0{,}028.$$

5 Verteilungsparameter

Ähnlich wie bei der Beschreibung von Häufigkeitsverteilungen lassen sich auch für Wahrscheinlichkeitsverteilungen charakteristische Kennzahlen, die *Verteilungsparameter*, definieren.
Als Lageparameter dient der *Erwartungswert* einer Zufallsvariablen, der interpretiert werden kann als derjenige Wert, der sich bei häufiger Wiederholung des betreffenden Zufallsvorgangs im Mittel einstellt (→ **Aufgaben 5.1 und 5.2**). Als absolutes Maß für die Variabilität der Zufallsvariable dient die *Varianz* bzw. deren positive Quadratwurzel, die auch als *Streuung* der Zufallsvariablen bezeichnet wird (→ **Aufgaben 5.3, 5.4 und 5.7**). Dividiert man die Streuung durch den Erwartungswert, so ergibt sich mit dem *Variationskoeffizienten* der Verteilung ein Maß für das relative Streuungsverhalten (→ **Aufgabe 5.6**).
Bei mehrdimensionalen Zufallsvariablen kann deren gemeinsames Verhalten durch entsprechende Zusammenhangsmaße charakterisiert werden, und zwar durch die *Kovarianz* – bzw. nach Normierung durch die Streuungen – durch die *Korrelation* der Zufallsvariablen (→ **Aufgaben 5.5 und 5.6**).
Eine spezielle Anwendung der Verteilungsparameter stellt die *Ungleichung von TSCHEBYSCHEFF* dar, die es erlaubt, ohne Kenntnis des Verteilungstyps, allein mit Hilfe der Verteilungsparameter bestimmte Wahrscheinlichkeiten einer Zufallsvariablen abzuschätzen (→ **Aufgabe 5.8**).

Literaturhinweise

G. BAMBERG & F. BAUR (2002), S. 119-128.
H. DEGEN & P. LORSCHEID (2002), S. 259-269.
J. HARTUNG, B. ELPELT & K.-H. KLÖSENER (2002), S. 112-120.
D. HOCHSTÄDTER (1996), S. 416-423 und 434-439.
J. SCHIRA (2005), S. 270-289.
R. SCHLITTGEN (2003), S. 127-132 und 144-151.
J. SCHWARZE (2001), S. 56-64.

Aufgabe 5.1

Eine Abteilung eines Maschinenbauunternehmens stellt Großanlagen eines bestimmten Typs her. Die Wahrscheinlichkeiten, dass im Geschäftsjahr eine bestimmte Anzahl von Anlagen abgesetzt werden kann, haben folgende Werte:

Anlagenzahl	0	1	2	3	4	5
Wahrscheinlichkeit	0,05	0,15	0,25	0,30	0,15	0,10

Die Kosten der Abteilung belaufen sich auf 1.000.000 € Fixkosten und variable Kosten in Höhe von 500.000 € je gebauter Anlage. Der Erlös pro abgesetzter Anlage beträgt 1.000.000 €.

(a) Berechnen Sie die Wahrscheinlichkeitsverteilung des Gewinns bzw. Verlusts der Abteilung.

(b) Berechnen Sie den erwarteten Gewinn.

Lösung

(a) Bezeichnet X die zufällige Anzahl der absetzbaren Anlagen, so ergibt sich die Zufallsvariable G, die den Gewinn in Mio. € (bzw. den Verlust im Falle von Realisationen kleiner als null) beschreibt, hieraus als

$$G = g(X) = 1 \cdot X - [1 + 0{,}5 \cdot X] = 0{,}5 \cdot X - 1 .$$

Aus den in der Aufgabenstellung angegebenen Realisationsmöglichkeiten und den zugehörigen Wahrscheinlichkeiten errechnet sich daher die folgende Wahrscheinlichkeitsverteilung der Zufallsvariablen G:

Anlagenzahl: x_i	0	1	2	3	4	5
Wahrscheinlichkeit: $W(X=x_i)$	0,05	0,15	0,25	0,30	0,15	0,10
Verlust/Gewinn: $g=g(x_i)$	-1,0	-0,5	0,0	0,5	1,0	1,5

(b) Der erwartete Gewinn, also der Erwartungswert der Zufallsvariablen G, berechnet sich, indem die Produkte der Realisationsmöglichkeiten g und der Realisationswahrscheinlichkeiten $W(G=g)$ addiert werden:

$$\begin{aligned} \mathrm{E}(G) &= \sum_{i=1}^{k} g_i \cdot W(G=g_i) = \sum_{i=1}^{k} g(x_i) \cdot W(X=x_i) \\ &= -1{,}0 \cdot 0{,}05 + (-0{,}5) \cdot 0{,}15 + 0{,}0 \cdot 0{,}25 + 0{,}5 \cdot 0{,}30 + 1{,}0 \cdot 0{,}15 + 1{,}5 \cdot 0{,}10 \\ &= 0{,}325 . \end{aligned}$$

Der erwartete Gewinn beträgt also 325.000 €.

Aufgabe 5.2

Die wöchentlich absetzbare Menge an Exemplaren des exklusiven Wochenmagazins ‚LIRE' an einem Kiosk ist poissonverteilt; durchschnittlich sind 2,4 Magazine wöchentlich absetzbar. Der Kioskbesitzer muss beim Verlag 6 € pro Exemplar bezahlen und erhält vom Kunden einen Kaufpreis von 10 €. Beim Verlag georderte Exemplare, die nicht verkauft werden, können nicht zurückgegeben werden; den Verlust von 6 € trägt in diesem Fall der Kioskbesitzer.

Wie viele ‚LIRE'-Exemplare sollte der Kioskbesitzer wöchentlich bestellen, um seinen erwarteten Gewinn zu maximieren? (Betrachten Sie die Möglichkeiten, eine Anzahl von 0, 1, 2, 3 oder 4 Exemplare zu ordern.)

Lösung

In Abhängigkeit von der vom Kioskbesitzer gewählten Ordermenge n und der zufälligen nachgefragten Menge x berechnet sich der Gewinn g wie folgt:

$$g(x|n) = 10 \cdot \min\{x;n\} - 6 \cdot n.$$

Der Erwartungswert berechnet sich damit zu

$$E(G|n) = \sum_i G(x|n) \cdot W(G(x|n) = g_i).$$

Die einzelnen Realisationswahrscheinlichkeiten der nachgefragten Menge x können (nach Differenzenbildung zur Auflösung der Kumulation) der Tabelle einer $P(2{,}4)$-Verteilung entnommen werden. Da für Realisationen gleich vier oder größer der konkrete Wert für die Ermittlung des Gewinns unerheblich ist (es sollen ja höchstens vier Exemplare geordert werden), sind diese Realisationsmöglichkeiten in der nachfolgenden Tabelle zusammengefasst. Abhängig von der Ordermenge n ergibt sich aus den Produkten der Realisationsmöglichkeiten von G und den zugehörigen Wahrscheinlichkeiten durch Aufsummieren jeweils der Erwartungswert.

x_i	0	1	2	3	≥ 4	$E(G) = \sum_i g(x_i\|n) \cdot W(X=x_i)$
$W(X=x_i)$	0,091	0,218	0,261	0,209	0,221	
$g(x_i\|0)$	0	0	0	0	0	0,00
$g(x_i\|1)$	-6	+4	+4	+4	+4	+3,09
$g(x_i\|2)$	-12	-2	+8	+8	+8	+4,00
$g(x_i\|3)$	-18	-8	+2	+12	+12	+2,30
$g(x_i\|4)$	-24	-14	-4	+6	+16	-1,49

Die Tabelle weist aus, dass die Wahl $n=2$, also die Bestellung von zwei Exemplaren, unter den gegebenen Bedingungen optimal ist.

Aufgabe 5.3

Berechnen Sie für die in Aufgabe 3.3 vorgestellte symmetrische Dreiecksverteilung

(a) den Erwartungswert und

(b) die Streuung.

Lösung

(a) Der Erwartungswert ist das erste Moment der Verteilung und errechnet sich als Integral über der mit z multiplizierten Dichtefunktion $f_X(z)$. Diese wurde in Aufgabe 3.3 angegeben. Man erhält somit:

$$\mathrm{E}(X) = \int_{-\infty}^{\infty} z\, f(z)\, \mathrm{d}z = \int_{a}^{½(a+b)} 4z\, \frac{z-a}{(b-a)^2}\, \mathrm{d}z + \int_{½(a+b)}^{b} 4z\, \frac{b-z}{(b-a)^2}\, \mathrm{d}z$$

$$= \frac{4}{(b-a)^2}\left(\left[\frac{z^3}{3}-a\frac{z^2}{2}\right]_a^{½(a+b)} + \left[\frac{bz^2}{2}-\frac{z^3}{3}\right]_{½(a+b)}^{b}\right)$$

$$= \frac{4}{(b-a)^2}\left(\frac{(a+b)^3}{2^3\cdot 3}-\frac{a(a+b)^2}{2^2\cdot 2}-\frac{a^3}{3}+\frac{a^3}{2} + \frac{b^3}{2}-\frac{b^3}{3}-\frac{b(a+b)^2}{2^2\cdot 2}+\frac{(a+b)^3}{2^3\cdot 3}\right)$$

$$= \frac{1}{(b-a)^2}\left(2\frac{(a+b)^3}{6}-\frac{(a+b)^3}{2}+\frac{4a^3}{6}+\frac{4b^3}{6}\right)$$

$$= \frac{1}{(b-a)^2}\left(-\frac{(a+b)^3}{6}+\frac{4a^3}{6}+\frac{4b^3}{6}\right) = \frac{1}{6(b-a)^2}\left(-(a+b)^3+4a^3+4b^3\right)$$

$$= \frac{1}{6(b-a)^2}\left(-a^3-3a^2b-3ab^2-b^3+4a^3+4b^3\right) = \frac{3(a^3-a^2b-ba^2+b^3)}{6(b-a)^2}$$

$$= \frac{(a+b)(b-a)^2}{(b-a)^2} = \frac{a+b}{2}.$$

Dieses Ergebnis könnte auch unmittelbar aus der Symmetrie der Dichtefunktion um den Modalwert $½(a+b)$ abgeleitet werden.

(b) Zur Berechnung der Streuung berechnet man zunächst das zweite Moment, also den Erwartungswert der quadrierten Zufallsvariablen . Hierfür erhält man

$$\mathrm{E}(X^2) = \int_{-\infty}^{\infty} z^2 f_X(z)\, \mathrm{d}z = \int_{a}^{½(a+b)} 4x^2\, \frac{z-a}{(b-a)^2}\, \mathrm{d}z + \int_{½(a+b)}^{b} 4z^2\, \frac{b-x}{(b-a)^2}\, \mathrm{d}z$$

$$= \frac{4}{(b-a)^2}\left(\left[\frac{z^4}{4}-\frac{az^3}{3}\right]_a^{½(a+b)} + \left[\frac{bz^3}{3}-\frac{z^4}{4}\right]_{½(a+b)}^{b}\right)$$

$$= \frac{4}{(b-a)^2}\left(\frac{(a+b)^4}{2^4\cdot 4}-\frac{a(a+b)^3}{2^3\cdot 3}-\frac{a^4}{4}+\frac{a^4}{3}-\frac{b(a+b)^3}{2^3\cdot 3}+\frac{(a+b)^4}{2^4\cdot 4}+\frac{b^4}{3}-\frac{b^4}{4}\right)$$

$$= \frac{1}{(b-a)^2}\left(2\frac{(a+b)^4}{16}-\frac{(a+b)^4}{6}+\frac{4a^4}{12}+\frac{4b^4}{12}\right)$$

$$= \frac{1}{24(b-a)^2}\left(8a^4+8b^4-(a+b)^4\right).$$

Mit Hilfe des STEINERschen Verschiebungssatzes kann man nun die Varianz der symmetrisch dreiecksverteilten Zufallsvariablen X berechnen:

$$\mathrm{Var}(X) = \mathrm{E}(X^2) - \left(\mathrm{E}(X)\right)^2 = \frac{1}{24(b-a)^2}\left(8a^4+8b^4-(a+b)^4\right) - \frac{(a+b)^2}{2^2}$$

$$= \frac{8a^4+8b^4-a^4-4a^3b-6a^2b^2-4ab^3-b^4-6(a+b)^2(b-a)^2}{24(b-a)^2}$$

$$= \frac{7a^4-4a^3b-6a^2b^2-4ab^3+7b^4-6(a^4-2a^2b^2+b^4)}{24(b-a)^2}$$

$$= \frac{a^4-4a^3b+6a^2b^2-4ab^3+b^4}{24(b-a)^2} = \frac{(b-a)^4}{24(b-a)^2} = \frac{(b-a)^2}{24}.$$

Die Streuung als Wurzel aus der Varianz hat den Wert

$$\sigma_X = \sqrt{\mathrm{Var}(X)} = \sqrt{\frac{(b-a)^2}{24}} = \frac{b-a}{2\sqrt{6}}.$$

Aufgabe 5.4

Ein Anleger verfügt zu Jahresbeginn über 200.000,- €. Bei einer Bank legt er hiervon 150.000,- € an; hierbei wird ihm eine zwischen 6% und 8% gleichverteilte zufällige Jahresrendite R_1 zugesichert. Mit den restlichen 50.000,- € spekuliert er an der Börse, wobei er von einer $N(8;4)$-verteilten Jahresrendite R_2 (in %) ausgeht.

(a) Geben Sie Erwartungswert und Streuung der beiden zufälligen Jahresrenditen R_1 und R_2 an.

(b) Stellen Sie das Jahresendvermögen V als Funktion der zufälligen Renditen R_1 und R_2 dar.

(c) Berechnen Sie Erwartungswert und Streuung des Jahresendvermögens V unter der Voraussetzung, dass R_1 und R_2 unabhängig sind.

Lösung

(a) Bei der Rendite R_1 handelt es sich um eine Gleich- oder Rechteckverteilung, deren Verteilungsparameter sich aus den Intervallgrenzen $a=6$, $b=8$ wie folgt berechnen:

$$\mu_1 = E(R_1) = \frac{6+8}{2} = 7, \qquad \sigma_1 = \sqrt{\mathrm{Var}(R_1)} = \sqrt{\frac{(8-6)^2}{12}} = \frac{2}{\sqrt{12}} = 0{,}577.$$

Die Rendite R_2 ist normalverteilt, d. h. der Aufgabenstellung kann direkt entnommen werden, dass gilt:

$$\mu_2 = E(R_2) = 8, \qquad \sigma_2 = \sqrt{\mathrm{Var}(R_2)} = 4.$$

(b) Zur Berechnung der Jahresendwerte sind die in den beiden Anlagealternativen angelegten Beträge mit den zufälligen Jahreswachstumsfaktoren zu multiplizieren. Diese ergeben sich aus den in Prozent angegebenen Renditen, indem sie durch 100 dividiert und anschließend zur Zahl Eins addiert werden. Addiert man dann noch beide Jahresendwerte, so erhält man das Vermögen nach einem Jahr:

$$V = v(R_1,R_2) = 150.000 \cdot \left(1 + \frac{R_1}{100}\right) + 50.000 \cdot \left(1 + \frac{R_2}{100}\right).$$

(c) Zur Berechnung von Erwartungswert und Streuung des Endvermögens sind die Rechenregeln für Erwartungswerte und Varianzen anzuwenden. Für den Erwartungswert ergibt sich

$$\begin{aligned} E(V) &= E\left[150.000 \left(1 + \frac{R_1}{100}\right) + 50.000 \left(1 + \frac{R_2}{100}\right)\right] \\ &= 150.000 + \frac{150.000}{100} E(R_1) + 50.000 + \frac{50.000}{100} E(R_2) \\ &= 200.000 + 1.500 \cdot 7 + 500 \cdot 8 = 214.500. \end{aligned}$$

Für die Varianz der Größe V erhält man

$$\begin{aligned} \mathrm{Var}(V) &= \mathrm{Var}\left[150.000 \left(1 + \frac{R_1}{100}\right) + 50.000 \left(1 + \frac{R_2}{100}\right)\right] \\ &= \mathrm{Var}(1.500\ R_1) + \mathrm{Var}(500\ R_2) \\ &= 1500^2 \cdot 0{,}577^2 + 500^2 \cdot 4^2 = 4.749.090. \end{aligned}$$

Das Ziehen der positiven Quadratwurzel liefert für die Streuung den Wert

$$\sigma_V = \sqrt{\mathrm{Var}(V)} = \sqrt{4.749.090} = 2.179.$$

Aufgabe 5.5

Ein Unternehmen stellt zwei verschiedene Produkte A und B her. Die von diesen Produkten innerhalb eines Jahres absetzbaren Mengen sind für eine gegebene Preispolitik als Zufallsvariablen aufzufassen. Dabei geht die Unternehmensleitung von folgenden Daten aus:

Produkt	Absatzmengen Erwartungswert	Absatzmengen Streuung	var. Stückkosten (in 1000 €)	Stückerlöse (in 1000 €)
A	250	35	7	10
B	20	5	12	20

Korrelation der absetzbaren Mengen: + 0,2

Fixkosten (insgesamt, in 1000 €): 800

(a) Stellen Sie den Jahresgewinn G als Funktion der zufälligen Absatzmengen X_A und X_B dar.

(b) Berechnen Sie den erwarteten Jahresgewinn (in 1.000 €).

(c) Berechnen Sie die Streuung des Jahresgewinns (in 1.000 €).

Lösung

(a) Der Gewinn G ergibt sich – in Abhängigkeit von den Absatzmengen – als Differenz aus den erzielbaren Umsatzerlösen und den anfallenden Gesamtkosten. Die Umsatzerlöse errechnen sich jeweils als Produkt aus Absatzmenge und Verkaufspreis; die Gesamtkosten setzen sich aus den Fixkosten und den mit den Absatzmengen multiplizierten variablen Stückkosten zusammen. Damit ergibt sich:

$$\begin{aligned} G &= g(X_A, X_B) = [10\ X_A + 20\ X_B] - [800 + 7\ X_A + 12\ X_B] \\ &= 3X_A + 8X_B - 800. \end{aligned}$$

(b) Unter Ausnutzung der Rechenregeln für Erwartungswerte erhält man

$$\begin{aligned} \mathrm{E}(G) &= \mathrm{E}[3X_A + 8X_B - 800] = \mathrm{E}(3X_A) + \mathrm{E}(8X_B) + E(-800) \\ &= 3\ \mathrm{E}(X_A) + 8\ \mathrm{E}(X_B) - 800 = 3 \cdot 250 + 8 \cdot 20 - 800 = 110. \end{aligned}$$

(c) Da die beiden Absatzmengen nicht unabhängig voneinander sind, ist zunächst mit Hilfe der angegebenen Korrelation der beiden Absatzmengen die Kovarianz dieser beiden Zufallsvariablen zu berechnen:

$$\mathrm{Cov}(X_A, X_B) = \rho_{X_A X_B} \cdot \sigma_{X_A} \cdot \sigma_{X_B} = 0{,}20 \cdot 35 \cdot 5 = 35.$$

Die Varianz des Gewinnes G berechnet sich damit wie folgt:

$$\begin{aligned} \mathrm{Var}(G) &= \mathrm{Var}[3X_A + 8X_B - 800] = \mathrm{Var}[3X_A + 8X_B] \\ &= \mathrm{Var}(3X_A) + \mathrm{Var}(8X_B) + 2\ \mathrm{Cov}(3X_A, 8X_B) \\ &= 9\ \mathrm{Var}(X_A) + 64\ \mathrm{Var}(X_B) + 2 \cdot 3 \cdot 8 \cdot \mathrm{Cov}(X_A, X_B) \\ &= 9 \cdot 35^2 + 64 \cdot 5^2 + 48 \cdot 35 = 11.025 + 1.600 + 1.680 = 14.305. \end{aligned}$$

Daraus ergibt sich für die Streuung

$$\sigma_G = \sqrt{\mathrm{Var}(G)} = \sqrt{14.305} = 119{,}6.$$

Aufgabe 5.6

Ein Unternehmen vertreibt ein Produkt, wobei der am Markt erzielbare Preis (in € pro Stück) und die Absatzmenge (in Stück) zufällige Variablen sind. Von der gemeinsamen Verteilung der beiden Variablen sind folgende Erwartungswerte bekannt:

Erwartungswert des Preises:	500
Erwartungswert des quadrierten Preises:	300.000
Erwartungswert der Absatzmenge:	2.000
Erwartungswert der quadrierten Absatzmenge:	5.000.000
Erwartungswert des Umsatzes:	800.000

(a) Berechnen Sie Variationskoeffizienten für den Preis und für die Absatzmenge.

(b) Berechnen Sie die Korrelation der beiden Zufallsvariablen.

Lösung

(a) Der Variationskoeffizient ν ist definiert als Quotient aus Streuung und Erwartungswert. Während die Erwartungswerte der beiden Zufallsvariablen direkt der Aufgabenstellung entnommen werden können, müssen die Varianzen (und damit die Streuungen) noch mit Hilfe des STEINER'schen Verschiebungssatzes ermittelt werden. Bezeichnet P den zufälligen Marktpreis und Q die Absatzmenge, so ergeben sich die folgenden relativen Streuungen:

$$\mu_P = E(P) = 500,$$
$$\sigma_P^2 = Var(P) = E(P^2) - [E(P)]^2 = 300.000 - 500^2 = 50.000,$$
$$\sigma_P = \sqrt{Var(P)} = \sqrt{50.000} = 224,$$
$$\nu_P = \frac{\sigma_P}{\mu_P} = \frac{224}{500} = 0{,}45.$$

$$\mu_Q = E(Q) = 2.000,$$
$$\sigma_Q^2 = Var(Q) = E(Q^2) - [E(Q)]^2 = 5.000.000 - 2.000^2 = 1.000.000,$$
$$\sigma_Q = \sqrt{Var(Q)} = \sqrt{1.000.000} = 1.000,$$
$$\nu_Q = \frac{\sigma_Q}{\mu_Q} = \frac{1.000}{2.000} = 0{,}50;$$

Für die Absatzmenge Q erhält man also eine geringfügig größere relative Streuung.

(b) Hier ist zunächst die Kovarianz der beiden Zufallsvariablen zu berechnen. Sie ergibt sich mit Hilfe des Verschiebungssatzes als

$$\sigma_{PQ} = Cov(P,Q) = E(P \cdot Q) - E(P) \cdot E(Q) = 800.000 - 500 \cdot 2.000$$
$$= 800.000 - 1.000.000 = -200.000.$$

Dabei wurde berücksichtigt, dass der Umsatz als das Produkt aus Absatzpreis und Absatzmenge definiert ist.

Durch Normierung mit den in (a) berechneten Streuungen erhält man den Korrelationskoeffizienten ρ der beiden Variablen:

$$\rho_{PQ} = \frac{\sigma_{PQ}}{\sigma_P \cdot \sigma_Q} = \frac{-200.000}{224 \cdot 1.000} = -0{,}89.$$

Zwischen den beiden Zufallsvariablen liegt ein recht starker negativer Zusammenhang vor.

Aufgabe 5.7

Ein Unternehmen stellt Kugelschreiber her, die jeweils aus einer Schreibmine, einer Metallfeder und einer Kunststoffhülle bestehen. Das Gewicht einer Schreibmine hat den Erwartungswert 2,5 g und die Streuung 0,2 g, das Gewicht der Metallfedern den Erwartungswert 0,5 g und die Streuung 0,1 g, das Gewicht der Kunststoffhüllen den Erwartungswert 10,0 g und die Streuung 0,5 g. Alle drei Gewichte sind voneinander unabhängig und normalverteilt.

(a) Mit welcher Wahrscheinlichkeit liegt das Gesamtgewicht eines Kugelschreibers zwischen 10,0 und 13,0 g?

(b) Mit welcher Wahrscheinlichkeit überschreitet eine Packung mit 75 solcher Kugelschreiber das Gesamtgewicht von 1 kg?

Lösung

(a) Der Aufgabenstellung sind die folgenden drei Gewichtsverteilungen zu entnehmen:

$$X \sim \mathrm{N}(\mu_X;\sigma_X) = \mathrm{N}(2{,}5;0{,}2) \qquad \text{(Schreibminen)},$$
$$Y \sim \mathrm{N}(\mu_Y;\sigma_Y) = \mathrm{N}(0{,}5;0{,}1) \qquad \text{(Metallfedern)},$$
$$Z \sim \mathrm{N}(\mu_Z;\sigma_Z) = \mathrm{N}(10{,}0;0{,}5) \qquad \text{(Kunststoffhüllen)}.$$

Das Gesamtgewicht K eines Kugelschreibers ergibt sich als Summe der drei Einzelgewichte und ist wiederum normalverteilt:

$$K = X + Y + Z \sim \mathrm{N}(\mu_K;\sigma_K).$$

Aufgrund der Rechenregeln für Erwartungswerte und Varianzen bestimmen sich die Verteilungsparameter dieser Normalverteilung wie folgt:

$$\mu_K = \mu_X + \mu_Y + \mu_Z = 2{,}5 + 0{,}5 + 10{,}0 = 13{,}0,$$
$$\sigma_K = \sqrt{\sigma_X^2 + \sigma_Y^2 + \sigma_Z^2} = \sqrt{0{,}2^2 + 0{,}1^2 + 0{,}5^2} = 0{,}55.$$

Mit diesen Werten kann nun die gesuchte Wahrscheinlichkeit über die Standardisierung bestimmt werden:

$$W(10 \le K \le 13) = W\left(\frac{10-13{,}0}{0{,}55} \le \frac{K-13{,}0}{0{,}55} \le \frac{13-13{,}0}{0{,}55}\right) = W(-5{,}45 \le K_s \le 0)$$
$$= F_{\mathrm{N}(0;1)}(0) - F_{\mathrm{N}(0;1)}(-5{,}45) = F_{\mathrm{N}(0;1)}(0) - [1 - F_{\mathrm{N}(0;1)}(5{,}45)]$$
$$= 0{,}5 - [1 - 1] = 0{,}5.$$

(b) Packt man nun n=75 derartige Kugelschreiber in eine Packung, so ergibt sich deren Gesamtgewicht S als Summe von 75 unabhängigen und identischen Normalverteilungen. Auch diese Zufallsvariable genügt wiederum einer Normalverteilung:

$$S = \sum_{i=1}^{75} K_i \sim N(\mu_S; \sigma_S).$$

Die Parameter dieser Normalverteilung berechnen sich wie folgt:

$$\mu_S = n \cdot \mu_K = 75 \cdot 13{,}0 = 975,$$
$$\sigma_S = \sqrt{n \cdot \sigma_K^2} = \sqrt{n} \cdot \sigma_K = \sqrt{75} \cdot 0{,}55 = 4{,}8.$$

Damit ergibt sich für die gesuchte Wahrscheinlichkeit

$$W(S > 1000) = W\left(\frac{S-975}{4{,}8} > \frac{1000-975}{4{,}8}\right) = W(S_s > 5{,}21) = 1 - F_{N(0;1)}(5{,}21)$$
$$= 1 - 1{,}000 = 0{,}000.$$

Die gesuchte Wahrscheinlichkeit ist auf drei Nachkommastellen gerundet gleich Null.

Aufgabe 5.8

Die Füllmengen auf einer Abfüllanlage für Literflaschen betragen im Mittel 1,000 Liter bei einer Streuung von 0,004 Liter. Betrachten Sie die Gesamtfüllmenge eines Getränkekastens mit 12 Literflaschen.

(a) Wie groß ist höchstens die Wahrscheinlichkeit, dass die Gesamtfüllmenge um mindestens 0,020 Liter von der Sollmenge 12,000 Liter abweicht?

(b) Welcher Wert ergibt sich für diese Wahrscheinlichkeit unter Normalverteilungsannahme?

Lösung

(a) Der Aufgabenstellung ist zu entnehmen, dass die Füllmengen X_i der einzelnen Flaschen einer vom Verteilungstyp her unbekannten Verteilung genügen, wobei der Erwartungswert jeweils $\mu_X = 1{,}000$ und die Streuung $\sigma_X = 0{,}004$ beträgt. Aus den Rechenregeln für Erwartungswerte und Varianzen kann damit gefolgert werden, dass die Gesamtfüllmenge S eines Kastens folgende Verteilungsparameter besitzt:

$$\mu_S = n \cdot \mu_X = 12 \cdot 1{,}000 = 12{,}000,$$
$$\sigma_S^2 = n \cdot \sigma_X^2 = 12 \cdot 0{,}004^2 = 0{,}00019.$$

Der Verteilungstyp von S bleibt allerdings unbekannt, sodass die exakte Berechnung der gesuchten Wahrscheinlichkeit unmöglich ist. Mit Hilfe der TSCHEBYSCHEFF'schen Ungleichung kann diese jedoch wie folgt abgeschätzt werden:

$$W(|X-12{,}000|>0{,}020) = W(|X-\mu_X|>\delta) \le \frac{\sigma_X^2}{\delta^2} = \frac{0{,}014^2}{0{,}020^2} = 0{,}49.$$

(b) Unter Normalverteilungsannahme sind sowohl die Füllmengen der einzelnen Flaschen als auch die Gesamtfüllmenge normalverteilt, d. h. es gilt:

$$X_i \sim \mathrm{N}(1{,}000;0{,}004), \quad i=1,...,12 \ ,$$
$$S \sim \mathrm{N}(12{,}000;\sqrt{0{,}00019}) = \mathrm{N}(12{,}000;0{,}014).$$

Damit ergibt sich unter Normalverteilungsannahme der folgende exakte Wert für die gesuchte Wahrscheinlichkeit, der nun weit unterhalb der in (a) errechneten Obergrenze liegt:

$$\begin{aligned} W(|X-12{,}000|>0{,}020) &= 1 - W(11{,}980<X<12{,}020) \\ &= 1 - W\left(\frac{11{,}980-12{,}000}{0{,}014}<\frac{S-12{,}000}{0{,}014}<\frac{12{,}020-12{,}000}{0{,}014}\right) \\ &= 1 - W(-1{,}43<S_s<1{,}43) = 2 \cdot [1 - W(S_s<1{,}43)] \\ &= 2 \cdot [1 - 0{,}924] = 0{,}152. \end{aligned}$$

Die TSCHEBYSCHEFF'sche Ungleichung ist also nur eine sehr grobe Abschätzungsmöglichkeit.

6 Approximationsregeln

Die exakte Bestimmung von Wahrscheinlichkeiten ist in der Wahrscheinlichkeitsrechnung oft schwierig, da entsprechende Tabellenwerke zu umfangreich sein müssten. Jedoch existieren für bestimmte Verteilungen unter ganz bestimmten Voraussetzungen *Approximationsregeln.* So lässt sich z.B. die Hypergeometrische Verteilung durch die Binomialverteilung und diese wiederum durch die Poisson- oder Normalverteilung approximieren (→ **Aufgaben 6.1 bis 6.3**).
Häufig interessiert man sich für die Summe oder den Mittelwert vieler gleich verteilter, voneinander unabhängiger Zufallsvariablen. Dabei kann man sich für den Fall, dass die Ausgangsverteilung keine Normalverteilung ist, den *zentralen Grenzwertsatz* zunutze machen. Dieser besagt, dass der standardisierte Mittelwert unter gewissen Annahmen approximativ einer Standardnormalverteilung genügt. Dieser Umstand ist einer der Hauptgründe für die große Bedeutung der Normalverteilung in der Wahrscheinlichkeitsrechnung und vor allem in der schließenden Statistik (→ **Aufgaben 6.4 und 6.5**).

Literaturhinweise

G. BAMBERG & F. BAUR (2002), S. 129-131.
P. BOHLEY (2000), S. 463-486.
H. DEGEN & P. LORSCHEID (2002), S. 270-276.
J. HARTUNG, B. ELPELT & K.-H. KLÖSENER (2002), S. 121-122.
D. HOCHSTÄDTER (1996), S. 486-499.
J. SCHIRA (2005), S. 393-417.
J. SCHWARZE (2001), S. 100-110.

Aufgabe 6.1

In einem Produktionslos von 40.000 CDs befinden sich 200 fehlerhafte. Zu Qualitätskontrollzwecken werden dem Los 100 CDs ohne Zurücklegen entnommen und geprüft.
Welcher Verteilung genügt die Anzahl der defekten CDs in der Stichprobe? Wie ist diese Verteilung zu approximieren, um Wahrscheinlichkeiten mit Hilfe statistischer Tabellen bestimmen zu können? Geben Sie die Wahrscheinlichkeit dafür an, dass sich mindestens 5 defekte CDs unter den 100 geprüften befinden.

Lösung

Hier liegt eine Grundgesamtheit von $N = 40.000$ CDs vor, von denen $K = 200$ ein bestimmtes Merkmal aufweisen, nämlich die Eigenschaft, defekt zu sein. Dieser Gesamtheit werden zufällig und ohne Zurücklegen $n = 100$ CDs entnommen, und man interessiert sich nun für die Anzahl X der CDs mit der betrachteten Eigenschaft in dieser Stichprobe. Diese zufällige Variable genügt, da ohne Zurücklegen entnommen wurde, einer Hypergeometrischen Verteilung, d. h.

$$X \sim \mathrm{H}(n;N;K) = \mathrm{H}(100;40.000;200).$$

Die Wahrscheinlichkeiten der Hypergeometrischen Verteilung finden sich meist nicht in statistischen Tabellenwerken, sodass eine Approximation der Verteilung erforderlich ist. Da der Auswahlsatz, d. h. der Anteil der entnommenen CDs an der Gesamtheit der CDs, mit

$$\frac{n}{N} = \frac{100}{40.000} = 0{,}0025 < 0{,}05$$

sehr gering ist, kann die Endlichkeit der Grundgesamtheit vernachlässigt und approximativ von einer Binomialverteilung ausgegangen werden. Es gilt:

$$X \mathrel{\dot\sim} \mathrm{B}\left(n;\frac{K}{N}\right) = \mathrm{B}\left(100;\frac{200}{40.000}\right) = \mathrm{B}(100;0{,}005).$$

Auch diese Binomialverteilung mit recht großem n und einer sehr kleinen Eintrittswahrscheinlichkeit $\pi = 0{,}005$ findet sich in aller Regel nicht in den Tabellenwerken; auch sie sollte daher weiter approximiert werden. Wegen

$$n = 100 > 50 \quad \text{und} \quad n\cdot\pi = 100\cdot 0{,}005 = 0{,}5 < 5$$

kommt dafür hier eine Poissonverteilung in Frage, d. h. es gilt:

$$X \mathrel{\dot\sim} \mathrm{P}(n\cdot\pi) = \mathrm{P}(0{,}5).$$

Diese Verteilung ist nun in vielen statistischen Tabellenwerken enthalten (wie auch hier im Anhang). Auf diese Weise erhält man dann für die gesuchte Wahrscheinlichkeit, mindestens 5 defekte CDs in der Stichprobe aufzuspüren,

$$W(X\geq 5) = 1 - W(X\leq 4) = 1 - F_{\mathrm{P}(0,5)}(4) = 1 - 0{,}999 = 0{,}001.$$

Die gesuchte Wahrscheinlichkeit hat also nur einen sehr kleinen Wert.

Aufgabe 6.2

Ein Betrieb stellt Büroklammern her. 99 % der hergestellten Klammern sind fehlerlos. Die Büroklammern werden automatisch in Packungen zu jeweils 200 Stück abgepackt.

(a) Wie groß ist die Wahrscheinlichkeit, dass in einer zufällig ausgewählten Packung wenigstens 5 fehlerhafte Klammern sind?

(b) Wie groß ist die Wahrscheinlichkeit, dass in fünf zufällig ausgewählten Packungen wenigstens 15 fehlerhafte Klammern sind?

Lösung

(a) Da der Umfang der Produktion von Büroklammern nicht angegeben ist, kann er hier als unendlich groß angenommen werden. Damit kann idealerweise unterstellt werden, dass die Entnahmen der einzelnen Büroklammern zur Verpackung unabhängige und identisch verteilte dichotome Zufallsereignisse sind. Jede der $n=200$ Büroklammern ist mit einer Wahrscheinlichkeit von $\pi=0{,}01$ fehlerhaft. Die Anzahl X der fehlerhaften Klammern in einer Packung genügt daher einer $\mathrm{B}(200;0{,}01)$-Verteilung, die wegen

$$n = 200 \geq 50 \quad \text{und} \quad n \cdot \pi = 200 \cdot 0{,}01 = 2 \leq 5$$

durch eine Poissonverteilung mit dem Intensitätsparameter $\mu = n\pi = 2$ approximiert werden kann. Damit erhält man für die gesuchte Wahrscheinlichkeit von wenigstens 5 fehlerhaften Klammern in einer Packung den Wert

$$\begin{aligned} W(X \geq 5) &= 1 - W(X < 5) = 1 - W(X \leq 4) \\ &= 1 - F_{P(2)}(4) = 1 - 0{,}947 = 0{,}053. \end{aligned}$$

(b) Bei fünf Packungen handelt es sich um die Entnahme von insgesamt $n = 1000$ Klammern. Die $B(1000, 0{,}01)$-Verteilung kann nun nicht mehr durch eine Poisoonverteilung approximiert werden, da nun $n \cdot \pi = 1000 \cdot 0{,}01 = 10 > 5$ gilt. Stattdessen ist eine Approximation durch die Normalverteilung möglich, da gilt:

$$n \cdot \pi = 1000 \cdot 0{,}01 = 10 > 5 \quad \text{und} \quad n \cdot (1 - \pi) = 1000 \cdot 0{,}99 = 990 > 5.$$

Als geeignete approximierende Verteilung verwendet man

$$N(n\pi; \sqrt{n\pi(1-\pi)}) = N(1000 \cdot 0{,}01; \sqrt{1000 \cdot 0{,}01 \cdot 0{,}99}) = N(10; \sqrt{9{,}9}) = N(10; 3{,}15).$$

Man könnte auch argumentieren, dass die Verteilung sich als Summe von fünf unabhängigen $B(200; 0{,}01)$-Verteilungen darstellt, welche jeweils durch eine $P(2)$-Verteilung approximiert werden können. Wegen der Reproduktionseigenschaft der Poissonverteilung ist deren Summe ebenfalls wieder poissonverteilt, und zwar mit der Summe der Intensitätsparameter als Parameter. Damit erhält man als approximierende Verteilung eine $P(2+2+2+2+2) = P(10)$-Verteilung, die sich wegen $\mu = 10 \geq 10$ durch eine $N(\mu; \sqrt{\mu}) = N(10; \sqrt{10}) = N(10; 3{,}16)$-Verteilung approximieren lässt. Die approximierende Verteilung unterscheidet sich also nur geringfügig von der zuvor ermittelten.

Mit Hilfe der Approximationsverteilung erhält man

$$\begin{aligned} W(X \geq 15) &= 1 - W(X \leq 14) = 1 - W\left(\frac{X-10}{3{,}15} \leq \frac{14-10}{3{,}15}\right) \\ &\approx 1 - F_{N(0;1)}(1{,}27) = 1 - 0{,}898 = 0{,}102. \end{aligned}$$

Bei dieser Vorgehensweise werden die diskreten Realisationsmöglichkeiten $x = 0, 1, 2, \ldots, 14$ durch die Realisationswahrscheinlichkeit des Halbintervalls $(-\infty; 14]$ einer – natürlich stetigen – Normalverteilung approximiert. Wegen der Stetigkeit der approximierenden Verteilung ist es sinnvoller, hierzu das Intervall $(-\infty; 14{,}5]$ zu verwenden, d. h. jede Realisationsmöglichkeit $x = 0, 1, 2, \ldots, 14$ durch ihre Umgebung $(x - 0{,}5; x + 0{,}5)$ zu approximieren. Dieses modifizierte Vorgehen bezeichnet man auch als *Stetigkeitskorrektur.* Man erhält dann als verbesserte Approximation:

$$\begin{aligned} W(X \geq 15) &= 1 - W(X \leq 14) = 1 - W\left(\frac{X-10}{3{,}15} \leq \frac{14-10}{3{,}15}\right) \\ &\approx 1 - F_{N(0;1)}\left(\frac{14+0{,}5-10}{3{,}15}\right) = 1 - F_{N(0;1)}(1{,}43) = 1 - 0{,}924 = 0{,}076. \end{aligned}$$

Aufgabe 6.3

Eine Versicherungsgesellschaft hat 1.000 Versicherungsverträge eines bestimmten Typs abgeschlossen. Die Wahrscheinlichkeit, dass ein Schaden während der fünfjährigen Laufzeit auftritt, beträgt 0,05.

Berechnen Sie approximativ die Wahrscheinlichkeit, mit der mindestens 40 und höchsten 60 Schadensfälle auftreten.

Lösung

Die zufällige Anzahl der Schadensfälle genügt einer Binomialverteilung, da es sich hier um $n=1000$ gleichartige und voneinander unabhängige Zufallsexperimente handelt, bei denen jeweils mit der Wahrscheinlichkeit $\pi=0{,}05$ der Schadensfall eintritt. In diesem Fall kann die Binomialverteilung wegen

$$n\cdot\pi = 1.000\cdot 0{,}05 = 50 > 5 \quad \text{und} \quad n\cdot(1-\pi) = 1.000\cdot(1-0{,}05) = 950 > 5$$

wie folgt durch eine Normalverteilung approximiert werden:

$$X \sim \mathrm{B}(1.000;0{,}05) \stackrel{.}{\sim} \mathrm{N}(n\cdot\pi;\sqrt{n\cdot\pi\cdot(1-\pi)}) = \mathrm{N}(50;6{,}89).$$

Daher kann diese Wahrscheinlichkeit nun approximativ berechnet werden (Z bezeichne dabei eine N(50;6,89)-verteilte Zufallsvariable):

$$\begin{aligned} W(40 \le Z \le 60) &= W(Z \le 60) - W(Z \le 39) \approx W(X \le 60) - W(X \le 39) \\ &= W\left(\frac{X-50}{6{,}89} \le \frac{60-50}{6{,}89}\right) - W\left(\frac{X-50}{6{,}89} \le \frac{39-50}{6{,}89}\right) = F_{\mathrm{N}(0;1)}(1{,}45) - F_{\mathrm{N}(0;1)}(-1{,}60) \\ &= F_{\mathrm{N}(0;1)}(1{,}45) - [1 - F_{\mathrm{N}(0;1)}(1{,}60)] = 0{,}926 - [1-0{,}945] = 0{,}871. \end{aligned}$$

Wie schon in Aufgabe 6.2 ist es möglich, die Approximation durch die Verwendung der Stetigkeitskorrektur zu verbessern. Hier sollten die Realisationen $x = 40,41,...,59,60$ durch das stetige Intervall $(39{,}5;60{,}5)$ ersetzt werden, sodass man wie folgt rechnet:

$$\begin{aligned} W(40 \le Z \le 60) &= W(Z \le 60+0{,}5) - W(Z \le 40-0{,}5) \approx W(X \le 60{,}5) - W(X \le 39{,}5) \\ &= W\left(\frac{X-50}{6{,}89} \le \frac{60{,}5-50}{6{,}89}\right) - W\left(\frac{X-50}{6{,}89} \le \frac{39{,}5-50}{6{,}89}\right) = F_{\mathrm{N}(0;1)}(1{,}52) - F_{\mathrm{N}(0;1)}(-1{,}52) \\ &= F_{\mathrm{N}(0;1)}(1{,}52) - [1 - F_{\mathrm{N}(0;1)}(1{,}52)] = 0{,}936 - [1-0{,}936] = 0{,}872. \end{aligned}$$

Der Unterschied im Gesamtergebnis ist hier nur gering, da sich beide Abweichungen zwischen der Rechnung mit und ohne Stetigkeitskorrektur (0,926 und 0,936 bzw. 0,945 und 0,936) gegenseitig kompensieren.

Aufgabe 6.4

Die monatliche Anzahl von Schadensfällen einer bestimmten Schadensart kann als poissonverteilt angesehen werden, wobei durchschnittlich 0,1 Schadensfälle je Monat auftreten.

Die Zufallsvariable $\bar{X}_n$ bezeichne den Mittelwert der innerhalb von n Monaten monatlich aufgetretenen Schadensfälle.

(a) Welche Verteilung hat die Summe der in n Monaten auftretenden Schadensfälle? Was ergibt sich daraus für die Wahrscheinlichkeitsfunktion des Mittelwertes $\bar{X}_n$? Zeichnen Sie die zugehörige Verteilungsfunktion für

$n=1$, 10 und 100. Gegen welche Grenzverteilungsfunktion (für $n\to\infty$) konvergiert sie?

(b) Gegen welche Grenzverteilung konvergiert die Verteilung von $\bar{X}_n$, wenn diese Verteilung jeweils standardisiert wird? Zeichnen Sie auch von diesen standardisierten Zufallsvariablen die Verteilungsfunktion, und zwar ebenfalls für die Werte $n=1$, 10 und 100, sowie die Grenzverteilungsfunktion.

Lösung

(a) Da die monatlichen Anzahlen X_i der Schadensfälle als unabhängig poissonverteilt angesehen werden können, also

$$X_i \sim \mathrm{P}(0{,}1), \quad i=1,2,..,$$

ist deren Summe über n Monate (bezeichnet mit S_n) aufgrund der Reproduktionseigenschaft der Poissonverteilung ebenfalls poissonverteilt:

$$S_n = \sum_{i=1}^{n} X_i \sim \mathrm{P}(n\cdot 0{,}1).$$

Es liegt also folgende Wahrscheinlichkeitsfunktion vor:

$$W(S_n=k) = \frac{(n\cdot 0{,}1)^k}{k!}\, e^{-n\cdot 0{,}1}, \quad k=0,1,2,....$$

Damit ergibt sich für den monatlichen Mittelwert $\bar{X}_n$ folgende Wahrscheinlichkeitsfunktion:

$$W(\bar{X}_n=x) = W(n\bar{X}_n = k) = W(S_n=k) = \frac{(n\cdot 0{,}1)^k}{k!}\, e^{-n\cdot 0{,}1}, \quad k=0,1,2,....$$

Diese Wahrscheinlichkeiten lassen sich also direkt aus der $\mathrm{P}(n\cdot 0{,}1)$-Verteilung ablesen, wobei allerdings die Wahrscheinlichkeitsmassen statt an den Stellen k (mit $k=1,2,...$) an den Stellen $x=k/n$ liegen. Diese enthält folgende Tabelle für die angegebenen Werte $n=1,10,100$:

$n=1$	k	0	1	2					
P(0,1)	x	0,00	1,00	2,00					
$x=1k$	$F_{\bar{X}}(x)$	0,905	0,995	1,000					
$n=10$	k	0	1	2	3	4	5	6	
P(1)	x	0,00	0,10	0,20	0,30	0,40	0,50	0,60	
$x=0{,}1k$	$F_{\bar{X}}(x)$	0,368	0,736	0,919	0,981	0,996	0,999	1,000	
$n=100$	k	0	1	2	3	4	5	6	7
P(10)	x	0,00	0,01	0,02	0,03	0,04	0,05	0,06	0,07
$x=0{,}01k$	$F_{\bar{X}}(x)$	0,000	0,001	0,003	0,010	0,029	0,067	0,130	0,220

(Forts.:) $n=100$ P(10) $x=0{,}01\,k$	k	8	9	10	11	12	13	14	15
	x	0,08	0,09	0,10	0,11	0,12	0,13	0,14	0,15
	$F_{\bar{X}}(x)$	0,333	0,458	0,583	0,697	0,792	0,865	0,917	0,951
	k	16	17	18	19	20	21	22	
	x	0,16	0,17	0,18	0,19	0,20	0,21	0,22	
	$F_{\bar{X}}(x)$	0,973	0,986	0,993	0,997	0,998	0,999	1,000	

Die drei Verteilungsfunktionen sind in der untenstehenden Grafik wiedergegeben. Für $n=100$ ergibt sich bereits ein einer Normalverteilung ähnlicher Verlauf. Für große n wird der Verlauf der Verteilungsfunktion allerdings immer steiler, da die Streuung von $\bar{X}_n$ immer weiter abnimmt. Schließlich konvergieren die Verteilungsfunktionen gegen eine Verteilungsfunktion, die an der Stelle $\mu=0{,}01$ vom Wert null auf den Wert eins springt (also gegen eine Verteilung, die mit Wahrscheinlichkeit eins den Wert 0,1 annimmt). Im Rahmen der Stichprobentheorie wird in diesem Zusammenhang auch von der *Konsistenz* des Stichprobenmittels für den Erwartungswert μ gesprochen (vgl. auch Aufgabe 2.3 in Teil D).

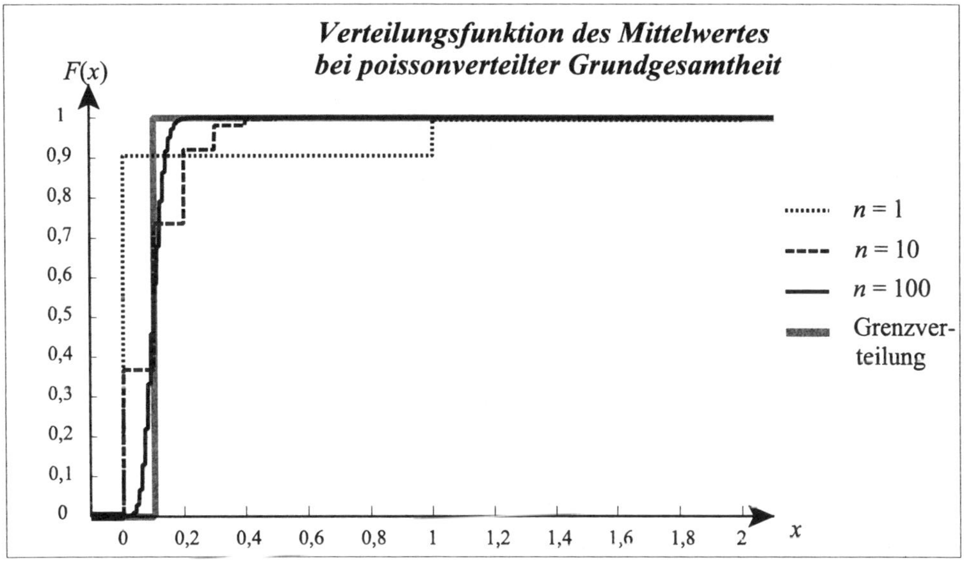

(b) Da Erwartungswert und Varianz der $P(0{,}1)$-Verteilung beide den Wert 0,1 haben, kann der Mittelwert wie folgt standardisiert werden:

$$Z_n = \frac{\bar{X}_n - E(\bar{X})}{\sqrt{\operatorname{Var}(\bar{X})}} = \frac{\bar{X}_n - \mu}{\sqrt{\sigma^2/n}} = \frac{\bar{X}_n - 0{,}1}{\sqrt{0{,}1/n}}\;.$$

Nach dem zentralen Grenzwertsatz konvergieren die Verteilungen dieser standardisierten Zufallsvariablen für große n gegen die Verteilungsfunktion der Standardnormalverteilung. Um die Verteilungsfunktionen für $n=1, 10, 100$ aufzustellen, können die Poissonverteilungswerte aus den Tabellen im Aufgabenteil (a) übernommen werden, allerdings sind die x-Werte durch ihre standardisierten z-Werte zu ersetzen:

$$z = \frac{x-0{,}1}{\sqrt{0{,}1/n}}.$$

$n=1$ P(0,1) $z=\frac{x-0{,}1}{\sqrt{0{,}1}}$	x	0,00	1,00	2,00					
	z	-0,32	2,88	6,08					
	$F_Z(z)$	0,905	0,995	1,000					
$n=10$ P(1) $z=\frac{x-0{,}1}{\sqrt{0{,}01}}$	x	0,00	0,10	0,20	0,30	0,40	0,50	0,60	
	z	-1,00	0,00	1,00	2,00	3,00	4,00	5,00	
	$F_Z(z)$	0,368	0,736	0,919	0,981	0,996	0,999	1,000	
$n=100$ P(10) $z=\frac{x-0{,}1}{\sqrt{0{,}001}}$	x	0,00	0,01	0,02	0,03	0,04	0,05	0,06	0,07
	z	-3,20	-2,88	-2,56	-2,24	-1,92	-1,60	-1,28	-0,96
	$F_Z(z)$	0,000	0,001	0,003	0,010	0,029	0,067	0,130	0,220
	x	0,08	0,09	0,10	0,11	0,12	0,13	0,14	0,15
	z	-0,64	-0,32	0,00	0,32	0,64	0,96	1,28	1,60
	$F_Z(z)$	0,333	0,458	0,583	0,697	0,792	0,865	0,917	0,951
	x	0,16	0,17	0,18	0,19	0,20	0,21	0,22	
	z	1,92	2,24	2,56	2,88	3,20	3,52	3,84	
	$F_Z(z)$	0,973	0,986	0,993	0,997	0,998	0,999	1,000	

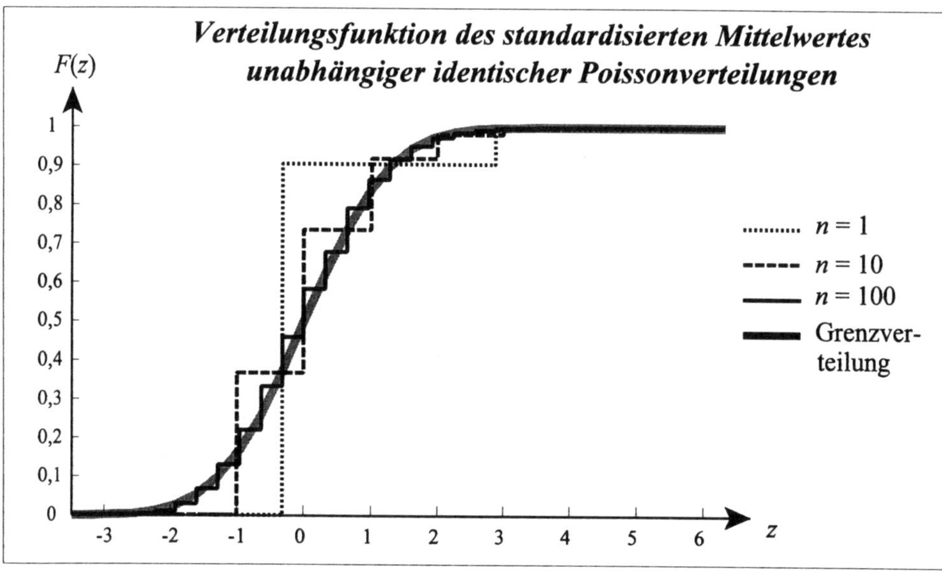

Der vorstehenden Grafik ist deutlich das Konvergenzverhalten gegen die Standardnormalverteilung zu entnehmen.

Aufgabe 6.5

Ein Hersteller von Langspielplatten (Spezialisten wissen sie neuerdings wieder zu schätzen!) weiß aus langjähriger Erfahrung, dass das Gewicht einer produzierten LP normalverteilt ist mit einem Erwartungswert von 150 g und einer Streuung von 10 g. Die Schallplatten werden in Paketen zu je 25 Stück verpackt.

(a) Wie groß ist die Wahrscheinlichkeit, dass zehn dieser Pakete zusammen mehr als 40 kg wiegen?

(b) Welches Gewicht überschreiten die zehn Pakete zusammen mit einer Wahrscheinlichkeit von 0,05?

(c) Welche Konsequenzen ergäben sich für die Lösungen der Aufgabenteile (a) und (b), wenn nicht mehr von normalverteilten Gewichten ausgegangen werden kann?

Lösung

(a) Bezeichnet die Zufallsvariable X_{ij} das Gewicht der j -ten Schallplatte im i -ten Paket, so handelt es sich beim Gesamtgewicht X um eine Doppelsumme von insgesamt 250 unabhängigen und identisch normalverteilten Zufallsvariablen:

$$X = \sum_{i=1}^{10}\sum_{j=1}^{25} X_{ij} \sim \mathrm{N}(n\cdot\mu;\sqrt{n}\cdot\sigma) = \mathrm{N}(10\cdot 25\cdot 150;\sqrt{10\cdot 25}\cdot 10) = \mathrm{N}(37.500;158).$$

Damit ergibt sich für die gesuchte Wahrscheinlichkeit, dass 10 Pakete zusammen mehr als 40 kg = 40.000 g wiegen,

$$W(X>40.000) = W\left(Z>\frac{40.000-37.500}{158}\right) = W(Z>15{,}8)$$
$$= 1 - W(Z\leq 15{,}8) = 1 - 1 = 0.$$

Die gesuchte Wahrscheinlichkeit ist also äußerst klein.

(b) Nun ist dasjenige Schwellengewicht x gesucht, das mit einer Wahrscheinlichkeit von 0,05 überschritten wird; d. h. es soll gelten:

$$0{,}05 = W\,(X>x) = W\left(Z>\frac{x-37.500}{158}\right)$$
$$\Rightarrow \quad 0{,}95 = W\left(Z\leq\frac{x-37.500}{158}\right).$$

Da der 0,95-Punkt der Standardnormalverteilung den Wert 1,65 hat, ergibt sich:

$$\frac{x - 37.500}{158} = 1{,}65 \quad \Rightarrow \quad x = 37.761 \ .$$

Das gesuchte Schwellengewicht beträgt 37,761 kg.

(c) Gilt die Normalverteilungsannahme für die Gewichte der einzelnen Schallplatten nicht mehr, so können die in (a) und (b) berechneten Werte nur noch als Näherungswerte angesehen werden. Aufgrund des zentralen Grenzwertsatzes ist nämlich das Gesamtgewicht der insgesamt 250 Schallplatten zumindest approximativ normalverteilt. Da der Wert n=250 den meist als Untergrenze angeführten kritischen Wert von n=30 weit übersteigt, wird der so berechnete Wert der wahren Wahrscheinlichkeit sicherlich recht nahe kommen. Die Approximation gilt unabhängig davon, welcher konkreten Verteilung die Einzelgewichte genügen.

Teil D:

Schließende Statistik

Der letzte Teil ‚Schließende Statistik' beschäftigt sich mit den Stichprobenverfahren. Nach einem einführenden Kapitel zur Stichprobentheorie werden nacheinander Punktschätzverfahren, Intervallschätzverfahren und Signifikanztests behandelt, letztgenannte unterteilt in drei wichtige Hauptgruppen. Um die große Vielfalt an Schätz- und besonders an Testverfahren zu systematisieren, sind im Anhang B vier Tabellen mit den in den Kapitel 3 bis 6 verwendeten Verfahren wiedergegeben. Im Text wird der Bezug auf diese Übersichten durch entsprechende Verweise hergestellt.
Bei den Aufgaben zur Testtheorie liegt ein wichtiges Lernziel darin, ausgehend von einer verbal formulierten Fragestellung die Null- und Alternativhypothese korrekt aufzustellen und aus den Übersichten des Anhangs B das richtige Testverfahren auszuwählen. Die Vielfalt der Testverfahren macht es unmöglich, diese mit allen ihren Unterarten durch entsprechende Beispiele aufzugreifen. Im Gegensatz zu der Vorgehensweise mancher Lehrbücher soll hier das Verständnis dadurch erleichtert werden, dass alle Testverfahren einheitlich dargestellt sind. Durchgängig wird zur Entscheidung eine Testfunktion herangezogen, aus deren Verteilung unter der Nullhypothese der kritische Bereich ermittelt werden kann. Anhang C enthält die dazu erforderlichen Prüfverteilungs-Quantile (t-, χ^2- und F-Verteilung).
Den Abschluss des Teils D bildet ein Kapitel über Stichprobenverfahren, die über die Technik der einfachen Zufallsstichprobe hinausgehen: Es enthält eine Einführung in komplexere Erhebungstechniken wie geschichtete Stichproben und Klumpenstichproben.

Inhalt:

1 Einfache Zufallsstichproben und Stichprobenfunktionen

Ziel der Schließenden Statistik ist es, mit Hilfe einer Stichprobe (d. h. der Teilerhebung einer Grundgesamtheit) Aussagen über die Verteilung eines Merkmals der *Grundgesamtheit* zu machen. Damit derartige Aussagen mehr als bloße Mutmaßungen darstellen und damit aufgrund der Wahrscheinlichkeitsrechnung bestimmte Qualitätsaussagen zu den getroffenen statistischen Schlüssen möglich sind, muss es sich bei den betrachteten Stichproben um *Zufallsstichproben* handeln. Die einzelnen Merkmalswerte in der Stichprobe sind damit Zufallsvariablen; man bezeichnet sie auch als *Stichprobenvariablen*. Im einfachsten Fall betrachtet man eine so genannte *einfache Zufallsstichprobe*. Sie liegt vor, wenn alle Stichprobenvariablen die gleiche Wahrscheinlichkeitsverteilung besitzen und wenn diese Wahrscheinlichkeitsverteilungen voneinander unabhängig sind. Dies bedeutet für das Auswahlverfahren, dass alle statistischen Einheiten in der Grundgesamtheit mit der gleichen Wahrscheinlichkeit in die Stichprobe gelangen können und dass diese im Falle einer endlichen Grundgesamtheit mit Zurücklegen entnommen werden (→ **Aufgaben 1.1 und 1.2**).
Die Werte der Stichprobenvariablen können nun durch Methoden der beschreibenden Statistik in so genannten *Stichprobenfunktionen* zusammengefasst werden, indem etwa das arithmetische Mittel oder die Standardabweichung der Beobachtungswerte betrachtet werden. Mit Hilfe der Wahrscheinlichkeitsrechnung können dann verschiedene Aussagen über deren Wahrscheinlichkeitsverteilung abgeleitet werden (→ **Aufgaben 1.2 bis 1.4**).

Literaturhinweise

G. BAMBERG & F. BAUR (2002), S. 133-145.
P. BOHLEY (2000), S. 497-503.
H. DEGEN & P. LORSCHEID (2002), S. 277-287.
J. HARTUNG & B. ELPELT & K.-H. KLÖSENER (2002), S. 269-277.
L. KREIENBROCK (1993), S. 43-78.
J. SCHIRA (2005), S. 418-422.
R. SCHLITTGEN (2003), S. 258-267.
J. SCHWARZE (2001), S. 111-136.

Aufgabe 1.1

Ein Spekulant besitzt zwei Aktienpakete der Unternehmen A und B. Aufgrund finanzieller Probleme will er eines der beiden Pakete verkaufen, und zwar dasjenige mit dem größeren Kursrisiko. Dazu betrachtet er die Kurswerte beider Aktien über einen Zeitraum von 50 aufeinanderfolgenden Börsentagen.
Die Frage, ob überhaupt Unterschiede zwischen den Streuungen der Kurswerte beider Aktien bestehen, möchte er mit Hilfe eines statistischen Testverfahrens klären. Voraussetzung für die Anwendung dieses Verfahrens ist, dass es sich um

zwei voneinander unabhängige einfache Zufallsstichproben aus jeweils normalverteilten Grundgesamtheiten handelt.
Diskutieren Sie, inwieweit diese Voraussetzungen hier gegeben sind.

Lösung

Im vorliegenden Fall liegen Zeitreihendaten vor, mit denen die oben erwähnten Voraussetzungen des statistischen Testverfahrens kaum vereinbar sind. Dazu müssten folgende Punkte erfüllt sein:

- Da es sich um zwei einfache Zufallsstichproben handeln soll, müssen die einzelnen Beobachtungswerte in der Stichprobe Realisationen voneinander unabhängiger Stichprobenvariablen sein. Für Zeitreihendaten ist diese Annahme jedoch kaum haltbar, weshalb auch spezielle Verfahren zur Analyse von Zeitreihendaten entwickelt wurden, die serielle Abhängigkeiten etwa zwischen aufeinander folgenden Stichprobenvariablen berücksichtigen.
- Bei einer einfachen Zufallsstichprobe müssen die Wahrscheinlichkeitsverteilungen sämtlicher Stichprobenvariablen zu den verschiedenen Beobachtungszeitpunkten identisch sein. Von dieser Voraussetzung kann man hier auch nicht unbedingt ausgehen, da diese insbesondere bei Zeitreihen mit Trend oder einer Saisonfigur (hier z. B. eine wochentägliche ‚Saison') nicht erfüllt ist.
- Weitere Voraussetzung ist, dass beide Zufallsstichproben untereinander unabhängig sind. Auch diese ist i. d. R. nicht gegeben, da durchaus davon ausgegangen werden sollte, dass sich die beiden Aktienkurse auch gegenseitig beeinflussen können. (Erst das in einem gewissen Ausmaß gemeinsame Verhalten aller Aktien macht das Betrachten von Aktienindizes sinnvoll!)
- Ob Aktienkurse schließlich einer Normalverteilung genügen, ist auch nicht endgültig zu klären. Häufig wird stattdessen davon ausgegangen, dass die logarithmierten Aktienkurse normalverteilt sind. Die Wahrscheinlichkeitsverteilung der Aktienkurse würde damit keine negativen Werte annehmen und eine rechtsschiefe Form aufweisen.

Zusammenfassend ist festzustellen, dass das vom Spekulanten ins Auge gefasste Testverfahren auf äußerst wackeligen Füßen stehen würde. Er sollte sich daher eher mit speziellen Methoden zur Analyse von Zeitreihendaten vertraut machen.

Aufgabe 1.2

Ein Unternehmen produziert ein Produkt auf vier gleichartigen Maschinen derart, dass jede Maschine genau ein Viertel des gesamten Produktionsausstoßes herstellt. An einem bestimmten Tag soll der mittlere Ausschussanteil in der Produktion geschätzt werden, indem zwei der vier Maschinen zufällig ausgewählt und auf ihren Ausschussanteil hin untersucht werden. Nehmen Sie an, dass die Ausschussanteile an diesem Tag folgende Werte annehmen:

für Maschine A: 1,4 %
für Maschine B: 1,6 %
für Maschine C: 0,8 %
für Maschine D: 1,0 %

Aus dieser Stichprobe sollen die Stichprobenfunktionen ‚arithmetischer Mittelwert' und ‚mittlere quadratische Abweichung' betrachtet werden. Als dritte

Stichprobenfunktion soll der ‚Anteil der Maschinen in der Stichprobe mit einer Ausschussquote von mehr als 1%‘ betrachtet werden.

(a) Geben Sie die möglichen Zufallsstichproben vom Umfang 2 an, wenn die zu untersuchenden Maschinen durch Ziehen ohne Zurücklegen ermittelt werden. Erhält man auf diese Art eine einfache Zufallsstichprobe? Welchen Wert nehmen die Stichprobenfunktionen jeweils an? Bestimmen Sie die Wahrscheinlichkeitsverteilungen dieser Stichprobenfunktionen.

(b) Lösen Sie Aufgabenteil (a) nun unter der Annahme, dass einfache Zufallsstichproben erhoben werden sollen. Unterscheidet sich die Verteilung dieser Stichprobenfunktionen von denjenigen in (a)?

Lösung

(a) Hier sind die möglichen Kombinationen zweier verschiedener Anlagen aus den insgesamt vier vorhandenen Anlagen zu betrachten. Da die Auswahl der ersten Anlage die verbleibenden Möglichkeiten zur Auswahl der zweiten Anlage beeinflusst, sind die Stichprobenvariablen voneinander abhängig. Es handelt sich also *nicht* um eine einfache Zufallsstichprobe.
Für die Anlage im i -ten Zug, $i = 1,2$, ist der Beobachtungswert x_i der Stichprobenvariablen X_i zu bestimmen. Für diese beiden Beobachtungswerte x_1 und x_2 ergibt sich der Wert der Stichprobenfunktionen ‚arithmetischer Mittelwert‘ ($\bar{X}$), ‚mittlere quadratische Abweichung‘ (S^2) bzw. ‚Anteil der Maschinen mit mehr als 1% Ausschussquote‘ (P) nach folgenden Formeln:

$$\bar{x} = \frac{1}{2}(x_1 + x_2),$$

$$s^2 = \frac{1}{2}\left[(x_1-\bar{x})^2 + (x_2-\bar{x})^2\right] = \frac{1}{2}\left[x_1^2 + x_2^2\right] - \bar{x}^2 = \frac{1}{4}x_1^2 - \frac{1}{2}x_1x_2 + \frac{1}{4}x_2^2,$$

$$p = \frac{1}{2}(z_1 + z_2), \quad \text{wobei } z_i=1 \text{ falls } x_i>1, \quad z_i=0 \text{ falls } x_i \le 1, \quad i=1,2.$$

Insgesamt gibt es 12 verschiedene, gleich wahrscheinliche Stichproben, die zu den in der Tabelle angegebenen Werten der Stichprobenfunktionen führen.

1. Maschine	x_1	2. Maschine	x_2	$\bar{x}$	s^2	p
A	1,4	B	1,6	1,5	0,01	1,0
A	1,4	C	0,8	1,1	0,09	0,5
A	1,4	D	1,0	1,2	0,04	0,5
B	1,6	A	1,4	1,5	0,01	1,0
B	1,6	C	0,8	1,2	0,16	0,5
B	1,6	D	1,0	1,3	0,09	0,5
C	0,8	A	1,4	1,1	0,09	0,5
C	0,8	B	1,6	1,2	0,16	0,5
C	0,8	D	1,0	0,9	0,01	0,0
D	1,0	A	1,4	1,2	0,04	0,5
D	1,0	B	1,6	1,3	0,09	0,5
D	1,0	C	0,8	0,9	0,01	0,0

Damit erhält man folgende Wahrscheinlichkeitsfunktion für den mittleren Ausschussanteil in der Stichprobe:

$\bar{x}$	0,9	1,1	1,2	1,3	1,5
$W(\bar{X}=\bar{x})$	0,167	0,167	0,333	0,167	0,167

Entsprechend genügt die mittlere quadratische Abweichung der Stichprobenwerte folgender Verteilung:

s^2	0,01	0,04	0,09	0,16
$W(S^2=s^2)$	0,333	0,167	0,333	0,167

Der Anteil P der Maschinen mit einer Ausschussquote von mehr als 1% nimmt nur die drei verschiedenen Werte 0,0, 0,5 und 1,0 mit folgenden Wahrscheinlichkeiten an:

p	0,0	0,5	1,0
$W(P=p)$	0,167	0,667	0,167

(b) Das Ziehen einer einfachen Zufallsstichprobe bedingt, dass die beiden Stichprobenvariablen voneinander unabhängig sein müssen. Dies lässt sich in einer endlichen Grundgesamtheit nur gewährleisten, indem die Zufallsstichprobe durch Ziehen mit Zurücklegen ermittelt wird. Da nun auch zweimal die gleiche Maschine untersucht werden kann, erhält man die folgenden 16 gleichwahrscheinlichen Stichproben:

1. Maschine	x_1	2. Maschine	x_2	$\bar{x}$	s^2	p
A	1,4	A	1,4	1,4	0,00	1,0
A	1,4	B	1,6	1,5	0,01	1,0
A	1,4	C	0,8	1,1	0,09	0,5
A	1,4	D	1,0	1,2	0,04	0,5
B	1,6	A	1,4	1,5	0,01	1,0
B	1,6	B	1,6	1,6	0,00	1,0
B	1,6	C	0,8	1,2	0,16	0,5
B	1,6	D	1,0	1,3	0,09	0,5
C	0,8	A	1,4	1,1	0,09	0,5
C	0,8	B	1,6	1,2	0,16	0,5
C	0,8	C	0,8	0,8	0,00	0,0
C	0,8	D	1,0	0,9	0,01	0,0
D	1,0	A	1,4	1,2	0,04	0,5
D	1,0	B	1,6	1,3	0,09	0,5
D	1,0	C	0,8	0,9	0,01	0,0
D	1,0	D	1,0	1,0	0,00	0,0

Daraus ergibt sich die folgende Wahrscheinlichkeitsverteilung des arithmetischen Mittelwerts:

$\bar{x}$	0,8	0,9	1,0	1,1	1,2	1,3	1,4	1,5	1,6
$W(\bar{X}=\bar{x})$	0,063	0,125	0,063	0,125	0,250	0,125	0,063	0,125	0,063

Entsprechend erhält man für die mittlere quadratische Abweichung

s^2	0,00	0,01	0,04	0,09	0,16
$W(S^2=s^2)$	0,250	0,250	0,125	0,250	0,125

und für den Anteil der Maschinen mit mehr als 1% Ausschussquote

p	0,0	0,5	1,0
$W(P=p)$	0,250	0,500	0,250

Aufgabe 1.3

Nach den Angaben des Herstellers einer bestimmten Abfüllanlage sind die Füllmengen normalverteilt mit dem Erwartungswert 1000 g und der Streuung 10 g. Um diese Angaben zu überprüfen, wird der laufenden Produktion eine einfache Zufallsstichprobe von 100 abgefüllten Packungen entnommen. Gehen Sie für die nachfolgenden Berechnungen davon aus, dass die Herstellerangaben richtig sind.

(a) Bestimmen Sie die Wahrscheinlichkeit, dass mehr als 25 Packungen in der Stichprobe weniger als jeweils 990 g enthalten.

(b) Bestimmen Sie die Wahrscheinlichkeit, dass der Mittelwert der Füllmenge in der Stichprobe unter 998 g liegt.

(c) Bestimmen Sie unter Approximierung der χ^2-Verteilung durch eine Normalverteilung die Wahrscheinlichkeit, dass die Stichprobenstandardabweichung größer als 11 g ist.

Lösung

(a) Die einzelnen Zufallsvariablen X_i, $i=1,\dots,100$, sind unabhängig normalverteilt mit dem Erwartungswert $\mu=1000$ und der Streuung $\sigma=10$. Damit erhält man für die Wahrscheinlichkeit einer beliebigen Stichprobenvariable X_i, kleiner als 990 zu sein, folgenden Wert (x_{is} bezeichne dabei die standardisierte Zufallsvariable):

$$W(X_i<990) = W\left(\frac{X_i-1000}{10} \leq \frac{990-1000}{10}\right) = W(X_{i\,s}<-1) = W(X_{i\,s}>1)$$
$$= 1 - W(X_{i\,s} \leq 1) = 1 - F_{N(0;1)}(1) = 1 - 0{,}841 = 0{,}159.$$

Die Anzahl Z der Stichprobenwerte, die kleiner als 990 sind, genügt daher einer Binomialverteilung mit den Parametern $n = 100$ und $\pi = 0{,}159$. Sie lässt sich wegen

$$n\cdot\pi = 100\cdot 0{,}159 = 15{,}9 > 5 \quad \text{und} \quad n\cdot(1-\pi) = 100\cdot 0{,}841 = 84{,}1 > 5$$

durch eine normalverteilte Zufallsvariable Y approximieren:

$$Z \overset{\text{appr.}}{\sim} N(n\pi;\sqrt{n\pi(1-\pi)}) = N(15{,}9;3{,}7).$$

Damit berechnet sich ein Näherungswert für die Wahrscheinlichkeit, dass $Z>25$ ist, unter Benutzung der aufgrund der Ganzzahligkeit von Z empfehlenswerten Stetigkeitskorrektur (vgl. Aufgabe C.6.2) als

$$W(Z>25) = W\left(\frac{Z-15{,}9}{3{,}7} > \frac{25-15{,}9}{3{,}7}\right)$$
$$\approx W\left(Y > \frac{25{,}5-15{,}9}{3{,}7}\right) = W(Y>2{,}59) = 1 - W(Y \leq 2{,}59)$$
$$= 1 - F_{N(0;1)}(2{,}59) = 1 - 0{,}995 = 0{,}005.$$

(b) Für den Stichprobenmittelwert gilt die folgende Verteilung:

$$\bar{X} \sim N(1000;10/\sqrt{100}) = N(1000;1).$$

Also errechnet sich die gesuchte Wahrscheinlichkeit, dass das Stichprobenmittel kleiner als 998 ist, zu

$$W(\bar{X}<998) = W\left(\frac{\bar{X}-1000}{1} < \frac{998-1000}{1}\right) = W(\bar{X}_s<-2) = W(\bar{X}_s>2) = 1 - W(\bar{X}_s \leq 2)$$
$$= 1 - F_{N(0;1)}(2) = 1 - 0{,}977 = 0{,}023.$$

(c) Aufgrund der normalverteilten Stichprobenvariablen lässt sich folgende Verteilungsaussage für die korrigierte mittlere quadratische Abweichung der Stichprobe S^{*2} treffen:

$$V = \frac{n-1}{\sigma^2} S^{*2} \sim \chi^2(n-1) = \chi^2(99).$$

Das bezüglich der Stichprobenstandardabweichung S formulierte Ereignis ist nun zunächst in ein auf die Größe X formuliertes Ereignis umzuformulieren:

$$W(S>11) = W(S^2>11^2) = W\left(\frac{n-1}{n}\cdot S^{*2}>121\right) = W\left(\frac{n-1}{\sigma^2}\cdot S^{*2}>\frac{n}{\sigma^2}\cdot 121\right)$$
$$= W\left(V>\frac{100}{10^2}\cdot 121\right) = W(V>121).$$

Eine χ^2-Verteilung mit $m>30$ Freiheitsgraden lässt sich nun durch eine normalverteilte Zufallsvariable Y mit den Parametern $\mu = m$ und $\sigma = \sqrt{2m}$ approximieren:

$$V \sim \chi^2(n-1) \overset{\text{appr.}}{\sim} \mathrm{N}(n-1;\sqrt{2(n-1)}) = \mathrm{N}(99;\sqrt{198}).$$

Damit ergibt sich für die gesuchte Wahrscheinlichkeit:

$$W(S>11) = W(V>121) \approx W(Y>121) = W\left(Y_s > \frac{121-99}{\sqrt{198}}\right)$$
$$= W(Y_s>1{,}56) = 1-F_{\mathrm{N}(0;1)}(1{,}56) = 1-0{,}941 = 0{,}059.$$

Aufgabe 1.4

Die Lebensdauer von elektronischen Bauteilen einer bestimmten Bauart ist exponentialverteilt mit einem Erwartungswert von 100 Stunden, sofern die zur Produktion verwendete Maschine fehlerfrei arbeitet. Ansonsten kann die erwartete Lebensdauer auch erheblich unter dem Wert von 100 Stunden liegen. Einem Großhändler wird ein Produktionslos von 30.000 Stück angeboten. Um sich von der Qualitätslage zu überzeugen, entnimmt der Großhändler dem Los eine Stichprobe von 50 Bauteilen. Er sucht nun nach einer Entscheidungsregel, bei welchen Stichprobenergebnissen er das Produktionslos zurückweisen soll.

(a) Mit welcher Wahrscheinlichkeit wird er ein bei fehlerfrei arbeitender Maschine hergestelltes Produktionslos zurückweisen, wenn er die Lieferung dann zurückweisen will, wenn mehr als 4 Bauteile in der Stichprobe eine Lebensdauer von fünf Stunden nicht erreichen?

(b) Mit welcher Wahrscheinlichkeit wird er das gleiche Produktionslos zurückweisen, wenn er die Lieferung genau dann zurückweisen will, wenn der Mittelwert der Lebensdauern in der Stichprobe weniger als 82 Stunden beträgt?

Lösung

(a) Aufgrund des sehr großen Umfangs der Grundgesamtheit ($N = 30.000$) können die Lebensdauern X_i, $i = 1,\ldots,50$, der 50 Bauteile der Stichprobe als Realisationen unabhängiger Zufallsvariablen angesehen werden. Die Entscheidungsregel beruht nun auf der Anzahl der Stichprobenwerte kleiner als 5. Die einzelnen Stichprobenwerte sind bei fehlerfrei arbeitender Maschine Realisationen einer Exponentialverteilung mit dem Parameter $\lambda = \mu^{-1} = 0{,}01$. Damit erhält man für die Wahrscheinlichkeit, dass ein beliebiger Stichprobenwert kleiner als 5 ist,

$$W(X_i<5) = F_{\mathrm{Exp}(0,01)}(5) = \int_0^5 0{,}01 \cdot e^{-0{,}01x}\,dx = \left[-e^{-0{,}01x}\right]_0^5$$
$$= -e^{-0{,}01\cdot 5} + e^0 = 1 - e^{-0{,}05} = 1 - 0{,}951 = 0{,}049.$$

Die Anzahl Z der Stichprobenwerte kleiner als 5 genügt daher einer Binomialverteilung mit den Parametern $n=50$ und $\pi=0{,}049$. Da $n \geq 50$ und $n\pi=2{,}45<5$ ist, kann diese Binomialverteilung durch eine Poissonverteilung mit dem Parameterwert $\mu=n\pi=2{,}45$ approximiert werden. Man erhält damit

$$W(Z>4) = 1 - W(Z \leq 4) \approx 1 - F_{\mathrm{P}(2,45)}(4).$$

Da die Poissonverteilung für $\mu=2{,}45$ i. d. R. nicht tabelliert ist, interpoliert man die beiden benachbarten Werte für $\mu=2{,}40$ und $\mu=2{,}50$; mit diesen ergibt sich:

$$F_{\mathrm{P}(2,45)}(4) \approx F_{\mathrm{P}(2,40)}(4) + \frac{2{,}45-2{,}40}{2{,}50-2{,}40} \cdot \left(F_{\mathrm{P}(2,50)}(4) - F_{\mathrm{P}(2,40)}(4)\right)$$
$$= 0{,}904 + 0{,}5 \cdot (0{,}892 - 0{,}904) = 0{,}898.$$

Die Wahrscheinlichkeit, mit dieser Entscheidungsregel eine Lieferung abzulehnen, die bei fehlerfrei arbeitender Maschine hergestellt wurde, beträgt 1 – 0,898 = 0,102, also etwa 10%.

(b) Wegen des recht großen Stichprobenumfangs ($n=50>30$) ist das Stichprobenmittel aufgrund des zentralen Grenzwertsatzes approximativ normalverteilt mit folgenden Parametern:

$$\mu_{\bar{X}} = \mu_{X_i} = \frac{1}{\lambda} = 100, \quad \sigma_{\bar{X}} = \frac{1}{\sqrt{n}}\sigma_{X_i} = \frac{1}{\sqrt{50}}\frac{1}{\lambda} = \frac{1}{\sqrt{50}}100 = 14{,}14.$$

Damit ergibt sich für die Wahrscheinlichkeit, dass der Stichprobenmittelwert kleiner als 82 ist, der Wert

$$W(\bar{X} < 82) = W\left(\frac{\bar{X}-100}{14{,}14} < \frac{82-100}{14{,}14}\right) = W(\bar{X}_s < -1{,}27) = F_{\mathrm{N}(0;1)}(-1{,}27)$$
$$= 1 - F_{\mathrm{N}(0;1)}(1{,}27) = 1 - 0{,}898 = 0{,}102.$$

Man erhält (auf drei Nachkommastellen gerundet) die gleiche Ablehnwahrscheinlichkeit wie bei der ersten Entscheidungsregel.

2 Punktschätzungen

Die *Punktschätzverfahren* versuchen, aufgrund einer Stichprobe eine Stichprobenfunktion anzugeben, deren Realisation dem gesuchten unbekannten Parameter der Grundgesamtheit – etwa deren Mittelwert oder Streuung – möglichst nahe kommt. Eine derartige zur Punktschätzung geeignete Stichprobenfunktion heißt auch *Punktschätzfunktion.* Ihre Realisation hängt natürlich von den zufälligen Werten der Stichprobenvariablen ab und wird daher nur in seltenen Fällen mit dem gesuchten Parameterwert übereinstimmen. Allerdings lassen sich gewisse *Güteeigenschaften* für Schätzfunktionen fordern, die gewährleisten, dass diese zufallsbedingte Schätzunsicherheit in gewissem Rahmen kontrollierbar bleibt (→ **Aufgabe 2.5**):

- Die *Erwartungstreue* fordert, dass zumindest der Erwartungswert der gewählten Schätzfunktion mit dem gesuchten Parameter übereinstimmt (→ **Aufgaben 2.1** und **2.2**).
- Die *Wirksamkeit* beinhaltet, dass die betrachtete erwartungstreue Schätzfunktion im Vergleich zu anderen erwartungstreuen Schätzfunktionen eine möglichst kleine Varianz besitzt (→ **Aufgaben 2.2** und **2.3**).
- Die *Konsistenz* einer Schätzfunktion bedeutet, dass bei steigendem Stichprobenumfang die Schätzunsicherheit immer geringer wird und schließlich verschwindet (→ **Aufgabe 2.4**).

Literaturhinweise

G. BAMBERG & F. BAUR (2002), S. 147-159.
P. BOHLEY (2000), S. 527-536.
H. DEGEN & P. LORSCHEID (2002), S. 288-296.
J. HARTUNG, B. ELPELT & K.-H. KLÖSENER (2002), S. 123-129.
D. HOCHSTÄDTER (1996), S. 512-525.
J. SCHIRA (2005), S. 423-439.
R. SCHLITTGEN (2003), S. 268-296.
J. SCHWARZE (2001), S. 145-154.

Aufgabe 2.1

Betrachten Sie erneut die 4-elementige Grundgesamtheit von Maschinen aus Aufgabe 1.2, aus der eine Zufallsstichprobe vom Umfang 2 entnommen werden sollte.

(a) Berechnen Sie für die Grundgesamtheit das arithmetische Mittel und die mittlere quadratische Abweichung sowie den Anteil der Maschinen mit einer Ausschussquote von mehr als 1%.

(b) Zeigen Sie, dass das Stichprobenmittel beim Ziehen mit oder ohne Zurücklegen erwartungstreu für den arithmetischen Mittelwert der Grundgesamtheit ist. Wie groß ist jeweils die Varianz dieser Schätzfunktion?

(c) Ist die mittlere quadratische Abweichung der Stichprobe erwartungstreu für diejenige der Grundgesamtheit? Wie müsste die mittlere quadratische Abweichung der Stichprobe gegebenenfalls korrigiert werden, damit sich Erwartungstreue ergäbe? Welcher Wahrscheinlichkeitsverteilung genügt diese korrigierte Stichprobenfunktion?

(d) Zeigen Sie, dass der Anteilswert der Stichprobe erwartungstreu für den Anteilswert in der Grundgesamtheit ist. Welche Varianz hat diese Schätzfunktion?

Lösung

(a) Das arithmetische Mittel μ_G der Grundgesamtheit ergibt sich als

$$\mu_G = \frac{1}{n}\sum_{j=1}^{n} x_j = \frac{1}{4}(1{,}4 + 1{,}6 + 0{,}8 + 1{,}0) = 1{,}2.$$

Die mittlere quadratische Abweichung σ_G^2 der Grundgesamtheit hat den Wert

$$\sigma_G^2 = \frac{1}{n}\sum_{j=1}^{n} x_j^2 - \mu_G^2 = \frac{1}{4}(1{,}4^2 + 1{,}6^2 + 0{,}8^2 + 1{,}0^2) - 1{,}2^2$$
$$= \frac{1}{4}\,6{,}16 - 1{,}44 = 1{,}54 - 1{,}44 = 0{,}10.$$

Von den insgesamt 4 Maschinen der Grundgesamtheit haben nur die Maschinen A und B einen Ausschussanteil von mehr als 1%, sodass ihr Anteil π_G an der Grundgesamtheit 0,5 bzw. 50% beträgt.

(b) Der Erwartungswert $\mu_{\bar{X}}$ des Stichprobenmittels ergibt sich im Falle des Ziehens ohne Zurücklegen (die Wahrscheinlichkeitsverteilung von $\bar{X}$ wurde bereits in Aufgabe 1.2 berechnet) als

$$\mu_{\bar{X}} = \mathrm{E}(\bar{X}) = \sum_{j=1}^{k} \bar{x}_j \cdot w(\bar{X}=\bar{x}_j)$$
$$= 0{,}9\cdot 0{,}167 + 1{,}1\cdot 0{,}167 + 1{,}2\cdot 0{,}333 + 1{,}3\cdot 0{,}167 + 1{,}5\cdot 0{,}167$$
$$= 1{,}201 = \mu_G.$$

Die Varianz dieser Zufallsvariablen ergibt sich als

$$\sigma_{\bar{X}}^2 = \mathrm{Var}(\bar{X}) = \sum_{j=1}^{k} \bar{x}_j^2 \cdot W(\bar{X}=\bar{x}_j) - \mu_{\bar{X}}^2$$
$$= 0{,}9^2\cdot 0{,}167 + 1{,}1^2\cdot 0{,}167 + 1{,}2^2\cdot 0{,}333 + 1{,}3^2\cdot 0{,}167 + 1{,}5^2\cdot 0{,}167 - 1{,}2^2$$
$$= 1{,}475 - 1{,}442 = 0{,}032.$$

Im Falle mit Zurücklegen erhält man entsprechend

$$\begin{aligned}\mu_{\bar{X}} &= E(\bar{X}) = \sum_{j=1}^{k} \bar{x}_j \cdot w(\bar{X}=\bar{x}_j)\\ &= 0{,}8\cdot 0{,}063 + 0{,}9\cdot 0{,}125 + 1{,}0\cdot 0{,}063 + 1{,}1\cdot 0{,}125 + 1{,}2\cdot 0{,}250\\ &\quad + 1{,}3\cdot 0{,}125 + 1{,}4\cdot 0{,}063 + 1{,}5\cdot 0{,}125 + 1{,}6\cdot 0{,}063\\ &= 1{,}202 = \mu_G.\end{aligned}$$

Diese Zufallsvariable hat die Varianz

$$\begin{aligned}\sigma^2_{\bar{X}} &= \mathrm{Var}(\bar{X}) = \sum_{j=1}^{k} \bar{x}_j^2 \cdot W(\bar{X}=\bar{x}_j) - \mu^2_{\bar{X}}\\ &= 0{,}8^2\cdot 0{,}063 + 0{,}9^2\cdot 0{,}125 + 1{,}0^2\cdot 0{,}063 + 1{,}1^2\cdot 0{,}125 + 1{,}2^2\cdot 0{,}250\\ &\quad + 1{,}3^2\cdot 0{,}125 + 1{,}4^2\cdot 0{,}063 + 1{,}5^2\cdot 0{,}125 + 1{,}6^2\cdot 0{,}063 - 1{,}202^2\\ &= 1{,}493 - 1{,}445 = 0{,}048.\end{aligned}$$

Man beachte, dass die Varianzen des arithmetischen Mittels im Falle mit bzw. ohne Zurücklegen auch nach folgenden Formeln bestimmt werden können (Abweichungen zu oben beruhen auf Rundungsfehlern):

ohne Zurücklegen: $$\sigma^2_{\bar{X}} = \frac{\sigma^2_G}{n} \cdot \frac{N-n}{N-1} = \frac{0{,}1}{2} \cdot \frac{4-2}{4-1} = 0{,}033,$$

mit Zurücklegen: $$\sigma^2_{\bar{X}} = \frac{\sigma^2_G}{n} = \frac{0{,}1}{2} = 0{,}05.$$

Der Korrekturfaktor für den in der Praxis relevanten Fall des Ziehens ohne Zurücklegen heißt *Endlichkeitskorrektur.* Er kann i. d. R. für einen Auswahlsatz $n/N<0{,}05$ vernachlässigt werden.

(c) Für den Fall des Ziehens ohne Zurücklegen ergibt sich als Erwartungswert für die mittlere quadratische Abweichung der Stichprobe der Wert

$$\begin{aligned}\mu_{S^2} &= E(S^2) = \sum_{j=1}^{k} s_j^2 \cdot W(S^2=s_j^2)\\ &= 0{,}01\cdot 0{,}333 + 0{,}04\cdot 0{,}167 + 0{,}09\cdot 0{,}333 + 0{,}16\cdot 0{,}167 = 0{,}067\\ &\neq 0{,}10 = \sigma^2_G.\end{aligned}$$

Im Falle mit Zurücklegen ergibt sich

$$\begin{aligned}\mu_{s^2} &= E(S^2) = \sum_{j=1}^{k} s_j^2 \cdot W(S^2=s_j^2)\\ &= 0{,}00\cdot 0{,}250 + 0{,}01\cdot 0{,}250 + 0{,}04\cdot 0{,}125 + 0{,}09\cdot 0{,}250 + 0{,}16\cdot 0{,}125\\ &= 0{,}05 \neq 0{,}10 = \sigma^2_G.\end{aligned}$$

In beiden Fällen ist also die mittlere quadratische Abweichung der Stichprobe *nicht* erwartungstreu für die mittlere quadratische Abweichung in der Grundgesamtheit. Die mittlere quadratische Abweichung der Stichprobe muss mit der so genannten *Stichprobenkorrektur* korrigiert werden; im Falle ohne Zurücklegen muss zusätzlich noch die (im Falle der Varianzschätzung etwas anders aussehende) Endlichkeitskorrektur beachtet werden:

ohne Zurücklegen:

$$\begin{aligned} E(S^{*2}) &= E\left(\frac{n}{n-1} S^2\right) = \frac{n}{n-1} E(S^2) = \frac{2}{1} \cdot 0{,}067 = 0{,}134 \\ &= 0{,}10 \cdot \frac{4}{3} = \sigma_G^2 \cdot \frac{N}{N-1}; \end{aligned}$$

mit Zurücklegen:

$$E(S^{*2}) = E\left(\frac{n}{n-1} S^2\right) = \frac{n}{n-1} E(S^2) = \frac{2}{1} \cdot 0{,}05 = 0{,}10 = \sigma_G^2.$$

(d) Der Anteilswert P der Stichprobe hat beim Ziehen ohne Zurücklegen den Erwartungswert

$$\begin{aligned} \mu_P &= E(P) = \sum_{j=1}^{k} p_j \cdot W(P=p_j) \\ &= 0{,}0 \cdot 0{,}167 + 0{,}5 \cdot 0{,}667 + 1{,}0 \cdot 0{,}167 = 0{,}501 = \pi_G. \end{aligned}$$

Die Varianz dieser Zufallsvariablen hat den Wert

$$\begin{aligned} \sigma_P^2 &= \mathrm{Var}(P) = \sum_{j=1}^{k} p_j^2 \cdot W(P=p_j) - \mu_P^2 \\ &= 0{,}0^2 \cdot 0{,}167 + 0{,}5^2 \cdot 0{,}667 + 1{,}0^2 \cdot 0{,}167 - 0{,}501^2 = 0{,}083. \end{aligned}$$

Im Falle mit Zurücklegen erhält man entsprechend

$$\begin{aligned} \mu_P &= E(P) = \sum_{j=1}^{k} p_j \cdot W(P=p_j) \\ &= 0{,}0 \cdot 0{,}250 + 0{,}5 \cdot 0{,}500 + 1{,}0 \cdot 0{,}250 = 0{,}500 = \pi_G \end{aligned}$$

bei einer Varianz von

$$\begin{aligned} \sigma_P^2 &= \mathrm{Var}(P) = \sum_{j=1}^{k} p_j^2 \cdot W(P=p_j) - \mu_P^2 \\ &= 0{,}0^2 \cdot 0{,}250 + 0{,}5^2 \cdot 0{,}500 + 1{,}0^2 \cdot 0{,}250 - 0{,}5^2 = 0{,}125. \end{aligned}$$

Diese Varianzen ergeben sich aus folgenden Formeln, wobei im Falle mit Zurücklegen wieder die Endlichkeitskorrektur zu beachten ist:

ohne Zurücklegen: $\sigma_P^2 = \dfrac{\pi_G (1-\pi_G)}{n} \cdot \dfrac{N-n}{N-1} = \dfrac{0{,}5\,(1-0{,}5)}{2} \cdot \dfrac{4-2}{4-1} = 0{,}083;$

mit Zurücklegen: $\sigma_P^2 = \dfrac{\pi_G (1-\pi_G)}{n} = \dfrac{0{,}5\,(1-0{,}5)}{2} = 0{,}125.$

Aufgabe 2.2

Aus einer Grundgesamtheit (mit existierendem Erwartungswert μ und existierender Streuung $\sigma>0$) wird eine einfache Zufallsstichprobe vom Umfang 3 gezogen. Zur Schätzung des Erwartungswertes werden die folgenden Schätzfunktionen der Stichprobenvariablen X_1, X_2, X_3 vorgeschlagen:

(1) $\hat{M}_{(1)} = \frac{1}{2}\cdot X_1 + \frac{1}{2}\cdot X_3$,

(2) $\hat{M}_{(1)} = \frac{1}{2}\cdot X_1 + \frac{1}{4}\cdot X_2 + \frac{1}{4}\cdot X_3$,

(3) $\hat{M}_{(1)} = \frac{1}{2}\cdot X_1 + \frac{1}{3}\cdot X_2 + \frac{1}{3}\cdot X_3$,

(4) $\hat{M}_{(1)} = \frac{1}{3}\cdot X_1 + \frac{1}{3}\cdot X_2 + \frac{1}{3}\cdot X_3$.

(a) Welche der Schätzfunktionen sind erwartungstreu?

(b) Welche der Schätzfunktionen ist die wirksamste?

Lösung

(a) Da es sich um eine einfache Zufallsstichprobe handelt, gilt $E(X_i)=\mu$ für $i=1,2,3$. Nach den Rechenregeln für Erwartungswerte erhält man daher:

$$E(\hat{M}_{(1)}) = E(\tfrac{1}{2}\cdot X_1 + \tfrac{1}{2}\cdot X_3) = \tfrac{1}{2}\cdot\mu + \tfrac{1}{2}\cdot\mu = \mu,$$

$$E(\hat{M}_{(2)}) = E(\tfrac{1}{2}\cdot X_1 + \tfrac{1}{4}\cdot X_2 + \tfrac{1}{4}\cdot X_3) = \tfrac{1}{2}\cdot\mu + \tfrac{1}{4}\cdot\mu + \tfrac{1}{4}\cdot\mu = \mu,$$

$$E(\hat{M}_{(3)}) = E(\tfrac{1}{2}\cdot X_1 + \tfrac{1}{3}\cdot X_2 + \tfrac{1}{3}\cdot X_3) = \tfrac{1}{2}\cdot\mu + \tfrac{1}{3}\cdot\mu + \tfrac{1}{3}\cdot\mu = \tfrac{7}{6}\mu \neq \mu,$$

$$E(\hat{M}_{(4)}) = E(\tfrac{1}{3}\cdot X_1 + \tfrac{1}{3}\cdot X_2 + \tfrac{1}{3}\cdot X_3) = \tfrac{1}{3}\cdot\mu + \tfrac{1}{3}\cdot\mu + \tfrac{1}{3}\cdot\mu = \mu.$$

Die Schätzfunktionen sind somit erwartungstreu, sofern die Summe der Gewichte eins beträgt, Schätzfunktion $\hat{M}_{(3)}$ ist daher <u>nicht</u> erwartungstreu.

(b) Die Wirksamkeit, d. h. das Kriterium möglichst geringer Varianz, wird nur für erwartungstreue Schätzfunktionen betrachtet. Für eine einfache Zufallsstichprobe gilt $Var(X_i)=\sigma^2$ für $i=1,2,3$. Außerdem sind unterschiedliche Stichprobenvariablen von einander unabhängig. Damit erhält man nach den Rechenregeln für Varianzen für die drei erwartungstreuen Schätzfunktionen:

$$Var(\hat{M}_{(1)}) = Var(\tfrac{1}{2}\cdot X_1 + \tfrac{1}{2}\cdot X_3) = (\tfrac{1}{2})^2\cdot\sigma^2 + (\tfrac{1}{2})^2\cdot\sigma^2 = \tfrac{2}{4}\sigma^2 = 0{,}500\,\sigma^2,$$

$$Var(\hat{M}_{(2)}) = Var(\tfrac{1}{2}\cdot X_1 + \tfrac{1}{4}\cdot X_2 + \tfrac{1}{4}\cdot X_3) = (\tfrac{1}{2})^2\cdot\sigma^2 + (\tfrac{1}{4})^2\cdot\sigma^2 + (\tfrac{1}{4})^2\cdot\sigma^2$$
$$= \tfrac{6}{16}\sigma^2 = 0{,}375\,\sigma^2,$$

$$Var(\hat{M}_{(4)}) = Var(\tfrac{1}{3}\cdot X_1 + \tfrac{1}{3}\cdot X_2 + \tfrac{1}{3}\cdot X_3) = (\tfrac{1}{3})^2\cdot\sigma^2 + (\tfrac{1}{3})^2\cdot\sigma^2 + (\tfrac{1}{3})^2\cdot\sigma^2$$
$$= \tfrac{3}{9}\sigma^2 = 0{,}333\,\sigma^2.$$

Die wirksamste Schätzfunktion ist somit die dem arithmetischen Mittelwert entsprechende Schätzfunktion $\hat{M}_{(4)}$.

Aufgabe 2.3

Die Anzahl der täglich in der Verkaufsabteilung eines Unternehmens eingehenden Maschinenbestellungen kann als poissonverteilt angesehen werden. Erfahrungsgemäß liegt die mittlere tägliche Bestellhäufigkeit zwischen 10 und 20 Stück. Um genaueren Aufschluss über den Parameterwert zu erhalten, führt die Verkaufsabteilung eine Stichprobenuntersuchung an $n=10$ zufällig ausgewählten Werktagen des Jahres 2004 durch.

(a) Erläutern Sie, weshalb im vorliegenden Fall neben dem Stichprobenmittel $\bar{X}$ auch die korrigierte mittlere quadratische Abweichung S^{*2} sowie jede Linearkombination aus diesen beiden gemäß der Form

$$\hat{\text{M}} = \alpha \cdot \bar{X} + (1-\alpha) \cdot S^{*2}$$

eine erwartungstreue Schätzung für den gesuchten Parameterwert liefert.

(b) Welche dieser Linearkombinationen ist die wirksamste Schätzfunktion? Benutzen Sie zur Beantwortung dieser Frage die Approximationsmöglichkeit der Poissonverteilung durch die Normalverteilung.

Lösung

(a) Die Poissonverteilung stellt insofern einen Spezialfall dar, als hier der Erwartungswert μ gleichzeitig auch die Varianz σ^2 der Verteilung ist. Daher ist die korrigierte mittlere quadratische Abweichung der Stichprobe in diesem Fall auch eine erwartungstreue Schätzfunktion für den Erwartungswert μ. Auch für jede der Linearkombinationen gilt

$$E(\hat{\text{M}}) = \alpha \cdot E(\bar{X}) + (1-\alpha) \cdot E(S^{*2}) = \alpha \cdot \mu + (1-\alpha) \cdot \mu = \mu .$$

(b) Für die Varianz des Stichprobenmittels gilt (mit $\sigma^2 = \mu$ aufgrund der speziellen Eigenschaft der Poissonverteilung):

$$\text{Var}(\bar{X}) = \frac{\sigma^2}{n} = \frac{\mu}{n} .$$

Aufgrund der Vorinformation, dass μ größer als 10 ist, genügt die Poissonverteilung der Grundgesamtheit approximativ einer Normalverteilung. Unter dieser Approximation gilt für die Verteilung der korrigierten mittleren quadratischen Abweichung

$$\frac{n-1}{\sigma^2} S^{*2} \sim \chi^2(n-1), \qquad \text{also} \quad \text{Var}\left[\frac{n-1}{\sigma^2} S^{*2}\right] = 2(n-1) .$$

Damit ergibt sich für die Varianz von S^{*2}:

$$\text{Var}(S^{*2}) = \text{Var}\left[\frac{\sigma^2}{n-1} \cdot \frac{n-1}{\sigma^2} S^{*2}\right] = \frac{\sigma^4}{(n-1)^2} \cdot 2(n-1) = \frac{2\mu^2}{n-1} .$$

Für die Varianz der Linearkombinationen aus Stichprobenmittel und korrigierter mittlerer quadratischer Stichprobenabweichung erhält man schließlich (unter Ausnutzung der für normalverteilte Grundgesamtheiten bestehenden Unabhängigkeit dieser beiden Stichprobenfunktionen):

$$\operatorname{Var}(\hat{M}) = \alpha^2 \cdot \frac{\mu}{n} + (1-\alpha)^2 \cdot \frac{2\mu^2}{n-1} .$$

Unter den hier betrachteten, allesamt erwartungstreuen Linearkombinationen ist nun die wirksamste gesucht, d. h. diejenige mit der kleinsten Varianz. Um dieses Minimum in Abhängigkeit von α aufzufinden, differenziert man die Varianzformel nach α:

$$\frac{d\operatorname{Var}(\hat{M}(\alpha))}{d\alpha} = 2\alpha\frac{\mu}{n} - 2\frac{2\mu^2}{n-1} + 2\alpha\frac{2\mu^2}{n-1} = \alpha\left[\frac{2\mu}{n} + \frac{4\mu^2}{n-1}\right] - \frac{4\mu^2}{n-1} .$$

Nullsetzen liefert folgenden Optimalwert für α (Da die zweite Ableitung nach α stets positiv ist, handelt es sich auch tatsächlich um ein Minimum):

$$\alpha = \frac{4\mu^2}{n-1} \Big/ \left[\frac{2\mu}{n} + \frac{4\mu^2}{n-1}\right] = \frac{4\mu^2}{n-1} \cdot \frac{n(n-1)}{2\mu[(n-1)+2n\mu]} = \frac{2n\mu}{2n\mu+(n-1)} .$$

Dieses Ergebnis ist natürlich insofern nicht operational, als es außer vom Stichprobenumfang n auch vom unbekannten, zu schätzenden Parameterwert μ abhängt. Siedelt man μ allerdings näherungsweise in der Mitte des durch die Vorinformation gegebenen Intervalls $[10;20]$ an, so ergibt sich für $n = 10$:

$$\alpha = \frac{2 \cdot 10 \cdot 15}{2 \cdot 10 \cdot 15 + (10-1)} = 0{,}97 .$$

Das Stichprobenmittel wird also hier zu 97% einbezogen; die korrigierte mittlere quadratische Stichprobenabweichung nur mit 3%. Allgemein lässt sich sagen, dass die Bedeutung der korrigierten mittleren quadratischen Abweichung in der optimalen Schätzfunktion umso geringer wird, je größer der Mittelwert der zugrundeliegenden Poissonverteilung ist.

Aufgabe 2.4

Das Statistische Amt des Landes Statistizien hat zuletzt im Jahre 2000 eine Volkszählung durchgeführt, bei der für die statistizischen Kommunen der Anteil der Personen an den Erwerbspersonen bestimmt wurde, die mit öffentlichen Verkehrsmitteln zur Arbeit fahren. Im Jahr 2004 soll in den Kommunen dieser Anteil mit einer Stichprobenuntersuchung erneut bestimmt werden, wobei jeweils 1 ‰ der Bevölkerung befragt werden soll. In die Schätzfunktion des Anteilswertes soll jedoch nicht nur der Anteilswert der Stichprobe eingehen, sondern als Vorinformation auch der in der Volkszählung 2000 ermittelte Anteil π_V. In Abhängigkeit vom Stichprobenumfang n ergeht an die kommunalstatistischen Ämter die Anweisung, folgende Schätzfunktion zu verwenden:

$$P_V(n) = \frac{1}{\sqrt{n}} \cdot \pi_V + \frac{\sqrt{n}-1}{\sqrt{n}} \cdot \frac{Z}{n} .$$

Dabei bezeichnet Z die Anzahl der Benutzer öffentlicher Verkehrsmittel in der Stichprobe. Durch diese Definition der Schätzfunktion soll erreicht werden, dass das Gewicht der Vorinformation in dem Maße zurückgenommen wird, in dem die Streuung des Mittelwertes gemäß dem Wurzel-n-Gesetz abnimmt.

(a) Zeigen Sie, dass es sich im allgemeinen nicht um eine erwartungstreue Schätzfunktion handelt. Für den Fall allerdings, dass die Vorinformation richtig ist (sich der Anteil seit der Volkszählung also nicht geändert hat), ist diese Schätzfunktion erwartungstreu und wirksamer als der gewöhnliche Anteilsschätzer.

(b) Zeigen Sie, dass die Schätzfunktion unabhängig von der Vorinformation stets konsistent ist.

(c) Angenommen, in einer Stadt mit 400.000 Erwerbstätigen betrug 2000 der Anteil $\pi_V = 20\%$, 2004 aber $\pi = 30\%$. Zeigen Sie, dass dann die Schätzfunktion bereits mit einer Wahrscheinlichkeit von mehr als 0,8 in eine symmetrische Umgebung um den wahren Wert π mit einer Breite von 6 Prozentpunkten fällt.

Lösung

(a) Der Erwartungswert der Stichprobenfunktion Z beträgt

$$E(Z) = n \cdot \pi,$$

wobei π den wahren Anteil für das Jahr 2004 in der Grundgesamtheit beschreibt. Damit gilt (die Vorinformation ist nicht zufällig, sondern eine vorgegebene Konstante):

$$E(P_V) = E\left(\frac{1}{\sqrt{n}} \cdot \pi_V + \frac{\sqrt{n}-1}{\sqrt{n}} \cdot \frac{Z}{n}\right) = \frac{1}{\sqrt{n}} \cdot \pi_V + \frac{\sqrt{n}-1}{\sqrt{n}} \cdot \frac{E(Z)}{n}$$
$$= \frac{1}{\sqrt{n}} \cdot \pi_V + \frac{\sqrt{n}-1}{\sqrt{n}} \cdot \frac{n \cdot \pi}{n} = \frac{1}{\sqrt{n}} \cdot \pi_V + \frac{\sqrt{n}-1}{\sqrt{n}} \cdot \pi.$$

Nur für den Fall, dass die Vorinformation richtig ist, also $\pi_V = \pi$ gilt, ergibt sich hier eine erwartungstreue Schätzfunktion.

Die Varianz der gewöhnlichen Schätzfunktion P ist

$$\mathrm{Var}(P) = \mathrm{Var}\left(\frac{Z}{n}\right) = \frac{1}{n^2} \cdot \mathrm{Var}(Z) = \frac{n \cdot \pi \cdot (1-\pi)}{n^2} = \frac{\pi \cdot (1-\pi)}{n}.$$

Demgegenüber hat die Schätzfunktion P_V, welche die Vorinformation benutzt, die Varianz

$$\mathrm{Var}(P_V) = \mathrm{Var}\left(\frac{1}{\sqrt{n}} \cdot \pi_V + \frac{\sqrt{n}-1}{\sqrt{n}} \cdot \frac{Z}{n}\right) = 0 + \left(\frac{\sqrt{n}-1}{\sqrt{n}}\right)^2 \cdot \mathrm{Var}\left(\frac{Z}{n}\right)$$

$$= \frac{n-2\sqrt{n}+1}{n} \cdot \frac{\pi\cdot(1-\pi)}{n} < \frac{\pi\cdot(1-\pi)}{n} = \mathrm{Var}(P).$$

Es ergibt sich somit eine geringere Varianz, also für den Fall richtiger Vorinformation eine größere Effizienz.

(b) Für die Grenzwerte von Erwartungswert und Varianz der Schätzfunktion P_V gilt

$$\lim_{n\to\infty} \mathrm{E}(P_V) = \lim_{n\to\infty}\left(\frac{1}{\sqrt{n}} \cdot \pi_V + \frac{\sqrt{n}-1}{\sqrt{n}} \cdot \pi\right) = 0 \cdot \pi_V + 1 \cdot \pi = \pi,$$

$$\lim_{n\to\infty} \mathrm{Var}(P_V) = \lim_{n\to\infty}\left(\frac{n-2\sqrt{n}+1}{n} \cdot \frac{1}{n} \cdot \pi\cdot(1-\pi)\right) = 1 \cdot 0 \cdot \pi\cdot(1-\pi) = 0.$$

Die Schätzfunktion ist also konsistent, denn sie ist asymptotisch erwartungstreu und hat eine für $n\to\infty$ gegen null strebende Varianz.

(c) Bei 400.000 Erwerbstätigen ergibt sich ein Stichprobenumfang von $n=400$. Dann genügt die Verteilung von Z in sehr guter Näherung einer Normalverteilung:

$$Z \overset{\text{appr.}}{\sim} \mathrm{N}(n\cdot\pi\ ;\ \sqrt{n\cdot\pi\cdot(1-\pi)}).$$

Da die Schätzfunktion P_V eine lineare Funktion von Z ist, ist auch diese approximativ normalverteilt:

$$P_V \stackrel{.}{\sim} \mathrm{N}\left(\frac{1}{\sqrt{n}} \cdot \pi_V + \frac{\sqrt{n}-1}{\sqrt{n}} \cdot \pi\ ;\ \sqrt{\frac{n-2\sqrt{n}+1}{n} \cdot \frac{\pi\cdot(1-\pi)}{n}}\right)$$

$$= \mathrm{N}\left(\frac{1}{20} \cdot 0{,}20 + \frac{19}{20} \cdot 0{,}30\ ;\ \sqrt{\frac{400-40+1}{400} \cdot \frac{0{,}30\cdot 0{,}70}{400}}\right)$$

$$= \mathrm{N}(0{,}295;\sqrt{0{,}000474}) = \mathrm{N}(0{,}295;0{,}022).$$

Daher gilt:

$$W(0{,}27 \le P_V \le 0{,}33) = W\left(\frac{0{,}27-0{,}295}{0{,}022} \le P_{V_s} \le \frac{0{,}33-0{,}295}{0{,}022}\right)$$

$$= W(-1{,}14 \le P_{V_s} \le 1{,}59) = 0{,}944 - (1-0{,}873) = 0{,}817.$$

In einer Umgebung der Breite 0,06 um den wahren Wert 0,3 liegt die Schätzfunktion mit einer Wahrscheinlichkeit von mehr als 0,8.

Aufgabe 2.5

Geben Sie zu den folgenden acht Aussagen zum Themenbereich ‚Schätzfunktionen' an, ob Sie die jeweilige Aussage für richtig oder falsch halten.

(a) Schätzfunktionen sind Zufallsvariablen.

(b) Schätzfunktionen sind immer normalverteilt.

(c) Schätzfunktionen sind spezielle Stichprobenfunktionen.

(d) Schätzfunktionen sind erwartungstreu, wenn sie den wahren Wert des zu schätzenden Parameters mit besonders großer Wahrscheinlichkeit annehmen.

(e) Eine Schätzfunktion mit nur geringer Verzerrung und besonders kleiner Varianz sollte einer erwartungstreuen Schätzfunktion mit großer Varianz vorgezogen werden.

(f) Eine Schätzfunktion ist die wirksamste unter einer Menge von Schätzfunktionen, wenn sie von allen diesen Schätzfunktionen die kleinste Varianz besitzt.

(g) Bei großen Stichprobenumfängen ist Erwartungstreue eine wünschenswertere Eigenschaft von Schätzfunktionen als Konsistenz.

(h) Eine asymptotisch erwartungstreue Schätzfunktion, deren Varianz mit steigendem Stichprobenumfang gegen Null strebt, ist konsistent.

Lösung

(a) Richtig. Schätzfunktionen werden aus den Stichprobenvariablen berechnet und sind daher Zufallsvariablen, da den Stichprobenvariablen eine Zufallsauswahl zugrunde liegt.

(b) Falsch. Im Allgemeinen ist dies nicht der Fall. Für manche Schätzfunktionen lässt sich allerdings je nach den zugrundegelegten Voraussetzungen exakte oder approximative Normalverteiltheit nachweisen.

(c) Richtig. Als Schätzfunktionen werden solche Stichprobenfunktionen bezeichnet, die sich zur Punktschätzung eines Parameters einer Grundgesamtheit eignen.

(d) Falsch. Für stetig verteilte Schätzfunktionen gilt sogar, dass sie jeden beliebigen Wert – also auch den des zu schätzenden Parameters – mit Wahrscheinlichkeit Null annehmen.

(e) Richtig. Eine geringfügige Verzerrung sollte in Kauf genommen werden, sofern hierdurch eine wesentliche Varianzreduktion erreicht wird. Ein objektiver Vergleichsmaßstab hierfür ist der *mittlere quadratische Fehler* (mean square error, MSE), der den Erwartungswert der quadrierten Abweichung der Schätzfunktion $\hat{\Theta}$ vom wahren Parameterwert θ darstellt und der auch als Summe aus der quadrierten Verzerrung und der Varianz der Schätzfunktion ausgedrückt werden kann:

$$MSE(\hat{\Theta}) = E[(\hat{\Theta}-\theta)^2] = [E(\hat{\Theta})-\theta]^2 + Var(\hat{\Theta}).$$

(f) Falsch. Die Wirksamkeit bezieht sich immer auf eine Menge von jeweils *erwartungstreuen* Schätzfunktionen.

(g) Falsch. Die Konsistenz beinhaltet asymptotische Erwartungstreue und verschwindende Varianz, d. h. einen verschwindenden mittleren quadratischen Fehler. Dies ist für große Stichprobenumfänge eine wünschenswertere Eigenschaft als die bloße Erwartungstreue, zumal bei genügend großen Stichprobenumfängen zwischen Erwartungstreue und asymptotischer Erwartungstreue kein Unterschied mehr gesehen werden kann.

(h) Richtig. Vergleiche die Erläuterungen zu (g).

3 Intervallschätzungen

Die im vorigen Kapitel behandelten Punktschätzungen haben den Nachteil, dass sie fast immer mehr oder weniger stark vom wahren Wert des zu schätzenden Parameters abweichen. Vielfach geht man daher dazu über, statt nur eines einzelnen Wertes einen ganzen Bereich des Parameters anzugeben, in dem man den zu schätzenden Parameter vermutet. Einen derartigen Bereich gibt man in der Regel als Schätzintervall an, das durch die Werte zweier Stichprobenfunktionen begrenzt und als *Konfidenz-* oder *Vertrauensintervall* bezeichnet wird. Auch Konfidenzintervalle hängen von den zufälligen Stichprobenresultaten ab. Daher kann man nicht sicher davon ausgehen, dass die Grenzen eines Konfidenzintervalls den gesuchten Parameterwert umschließen. Dies ist nur mit einer bestimmten Wahrscheinlichkeit, dem vorher festzulegenden *Konfidenzniveau*, der Fall (→ **Aufgaben 3.1 bis 3.4 und 3.7**).
Je stärker der Stichprobenumfang steigt und damit die Schätzsicherheit zunimmt, desto schmaler wird ein Konfidenzintervall unter sonst gleichen Bedingungen ausfallen. Vielfach gibt man von vornherein die Breite des zu ermittelnden Konfidenzintervalls vor und bestimmt daraus den *notwendigen Stichprobenumfang*, der erforderlich ist, um die gewünschte Breite einhalten zu können (→ **Aufgaben 3.5 und 3.6**).

Literaturhinweise

G. BAMBERG & F. BAUR (2002), S. 161-172.
P. BOHLEY (2000), S. 537-559.
H. DEGEN & P. LORSCHEID (2002), S. 297-307.
D. HOCHSTÄDTER (1996), S. 531-562.
J. SCHIRA (2005), S. 445-464.
R. SCHLITTGEN (2003), S. 299-319.
J. SCHWARZE (2001), S. 157-172.

Aufgabe 3.1

Einem Produktionslos von 10.000 abgefüllten Bierflaschen in einer Brauerei sind 51 Flaschen zufällig entnommen worden. Dabei ergaben sich folgende Stichprobenresultate:

(1)	Summe der Merkmalswerte:	25,37
(2)	Summe der quadrierten Merkmalswerte:	12,84.

(a) Berechnen Sie ein Konfidenzintervall zum Niveau $1-\alpha=0{,}95$ für die mittlere Füllmenge im Produktionslos.

(b) Berechnen Sie unter der Annahme, dass die Füllmengen im Produktionslos näherungsweise normalverteilt sind, ein Konfidenzintervall zum Niveau $1-\alpha=0{,}95$ für die Streuung der Füllmengen in der Grundgesamtheit.

Lösung

(a) Mit Hilfe der oben angegebenen Stichprobenresultate lassen sich die Realisationswerte für den Stichprobenmittelwert und die korrigierte Stichprobenstandardabweichung wie folgt berechnen:

$$\bar{x} = \frac{1}{n}\sum_{i=1}^{n} x_i = \frac{1}{51} \cdot 25{,}37 = 0{,}4975,$$

$$s^{*2} = \frac{n}{n-1}\left(\frac{1}{n}\sum_{i=1}^{n} x_i^2 - \bar{x}^2\right)$$

$$= \frac{51}{50}\left(\frac{12{,}84}{51} - 0{,}4975^2\right) = \frac{51}{50}\,(0{,}2518 - 0{,}2475)$$

$$= \frac{51}{50}\cdot 0{,}0044 = 0{,}0044,$$

$$s^* = \sqrt{0{,}0043} = 0{,}0663.$$

Gesucht ist ein Konfidenzintervall für die mittlere Abfüllmenge, wobei die Streuung der Grundgesamtheit unbekannt ist. Da der Stichprobenumfang $n=50$ genügend groß ist, lässt sich – trotz unbekanntem Verteilungstyp der Grundgesamtheit – ein approximatives Konfidenzintervall zum Konfidenzniveau $1-\alpha=0{,}95$ mit Hilfe der Normalverteilung bestimmen (Intervall 1.1-D). Für dieses berechnen sich die Realisationswerte der Konfidenzgrenzen wie folgt:

$$[\hat{\mu}^{(u)}\,;\,\hat{\mu}^{(o)}] = \left[\bar{x} - c_{N(0;1)\,1-\alpha/2}\cdot\frac{s^*}{\sqrt{n}}\,;\,\bar{x} + c_{N(0;1)\,1-\alpha/2}\cdot\frac{s^*}{\sqrt{n}}\right]$$

$$= \left[0{,}4975 - 1{,}96\cdot\frac{0{,}0663}{\sqrt{51}}\,;\,0{,}4975 + 1{,}96\cdot\frac{0{,}0663}{\sqrt{51}}\right]$$

$$= [0{,}4975 - 0{,}0182\,;\,0{,}4975 + 0{,}0182] = [0{,}4793;0{,}5157].$$

(b) Nun ist ein Konfidenzintervall für die Streuung der Grundgesamtheit zu berechnen. Dazu ist die in der Aufgabenstellung getroffene Normalverteilungsannahme allerdings unbedingt erforderlich (Intervall 1.3). Man erhält zunächst folgendes Konfidenzintervall für σ^2:

$$[\hat{\sigma}^{2(u)}\,;\,\hat{\sigma}^{2(o)}] = \left[\frac{(n-1)\cdot s^{*2}}{c_{\chi^2(n-1)\,1-\alpha/2}}\,;\,\frac{(n-1)\cdot s^{*2}}{c_{\chi^2(n-1)\,\alpha/2}}\right] = \left[\frac{(51-1)\cdot 0{,}0044}{c_{\chi^2(50)\,0{,}975}}\,;\,\frac{(51-1)\cdot 0{,}0044}{c_{\chi^2(50)\,0{,}025}}\right]$$

$$= \left[\frac{50\cdot 0{,}0044}{71{,}42}\,;\,\frac{50\cdot 0{,}0044}{32{,}36}\right] = [0{,}0031;0{,}0068].$$

Durch Ziehen der positiven Quadratwurzel ergibt sich folgendes Konfidenzintervall für σ:

$$[\hat{\sigma}^{(u)}\,;\,\hat{\sigma}^{(o)}] = [\sqrt{0{,}0031}\,;\,\sqrt{0{,}0068}] = [0{,}056\,;0{,}082].$$

Aufgabe 3.2
Der laufenden Produktion einer Sektkellerei wird eine einfache Zufallsstichprobe vom Umfang 100 des Riesling-Jahrgangssekts ‚Heinrich-Heine-Brut' entnommen und der Alkoholgehalt jeder Flasche bestimmt. Es ergab sich ein mittlerer Alkoholgehalt in der Stichprobe von 11,1 %vol bei einer korrigierten Standardabweichung von 0,6 %vol.

(a) Berechnen Sie auf einem Konfidenzniveau von 0,95 ein Konfidenzintervall für den mittleren Alkoholgehalt.

(b) Da die Stichprobenprüfung ‚zerstörerisch' für den Sekt ist, erlaubt der Kellereibesitzer beim folgenden Jahrgang nur noch einen Stichprobenumfang von 10 Flaschen. Aus dieser Stichprobe erhält man einen mittleren Alkoholgehalt von 10,7 %vol bei einer korrigierten Standardabweichung von 0,7 %vol.
Welche Konsequenzen ergeben sich angesichts des stark reduzierten Stichprobenumfangs für die Intervallschätzung des mittleren Alkoholgehalts?

Lösung
(a) Da der Stichprobenumfang $n=100$ größer als 30 ist, kann mit den angegebenen Stichprobenergebnissen $\bar{x}=11{,}1$ und $s^*=0{,}6$ das folgende approximative Konfidenzintervall für den mittleren Alkoholgehalt bestimmt werden (Intervall 1.1-D):

$$[\hat{\mu}^{(u)}\ ;\ \hat{\mu}^{(o)}] = \left[\bar{x} - c_{N(0;1)\,1-\alpha/2}\,\frac{s^*}{\sqrt{n}}\ ;\ \bar{x} + c_{N(0;1)\,1-\alpha/2}\,\frac{s^*}{\sqrt{n}}\right]$$
$$= \left[11{,}1 - 1{,}96\cdot\frac{0{,}6}{\sqrt{100}}\ ;\ 11{,}1 + 1{,}96\cdot\frac{0{,}6}{\sqrt{100}}\right]$$
$$= [11{,}1 - 0{,}12\ ;\ 11{,}1 + 0{,}12] = [10{,}98\ ;\ 11{,}22].$$

(b) Da keine Normalverteilung vorausgesetzt ist, kann bei einem Stichprobenumfang von $n=10<30$ *kein* Konfidenzintervall mehr berechnet werden.
Allerdings kann man vermuten, dass der Verteilungstyp in der Grundgesamtheit eingipflig und symmetrisch ist und daher nicht allzu sehr von einer Normalverteilung abweicht. Unterstellt man daher approximativ das Vorliegen einer normalverteilten Grundgesamtheit, so ergibt sich mit Hilfe der t-Verteilung folgendes Konfidenzintervall (Intervall 1.1-C):

$$[\hat{\mu}^{(u)}\ ;\ \hat{\mu}^{(o)}] = \left[\bar{x} - c_{t(n-1)\,1-\alpha/2}\,\frac{s^*}{\sqrt{n}}\ ;\ \bar{x} + c_{t(n-1)\,1-\alpha/2}\,\frac{s^*}{\sqrt{n}}\right]$$
$$= \left[10{,}7 - 2{,}26\cdot\frac{0{,}7}{\sqrt{10}}\ ;\ 10{,}7 + 2{,}26\cdot\frac{0{,}7}{\sqrt{10}}\right]$$
$$= [10{,}7 - 0{,}5\ ;\ 10{,}7 + 0{,}5] = [10{,}2\ ;\ 11{,}2].$$

Aufgabe 3.3

Aufgrund einer Stichprobenuntersuchung soll ein Anteilswert, wie z. B. der Anteil der Haushalte, die eine Spülmaschine besitzen, mit einem Konfidenzintervall zum Niveau $1-\alpha=0{,}99$ bestimmt werden.

(a) Wie breit ist dieses Konfidenzintervall maximal bei einem Stichprobenumfang von 4.000, wie er häufig von Meinungsforschungsinstituten verwendet wird?

(b) Was ergibt sich bei einem Stichprobenumfang von 400.000 Haushalten, welcher der Größenordnung des Mikrozensus entsprechen würde?

Lösung

(a) Das approximative Konfidenzintervall für die Schätzung eines Anteilswertes (Intervall 1.2) kann verwendet werden, falls $n\pi \geq 5$ und $n(1-\pi) \geq 5$ gelten. Für $n = 4.000$ ergibt sich hieraus, dass die Approximationsvoraussetzungen für $0{,}00125 \leq \pi \leq 0{,}99875$ erfüllt sind, sodass der unbekannte Anteilswert der Spülmaschinenbesitzer in diesem Bereich erwartet werden kann.

Das approximative Konfidenzintervall hat die Form

$$\left[\hat{\Pi}^{(u)}\,;\,\hat{\Pi}^{(o)}\right] = \left[P - c_{N(0;1)\,1-\alpha/2} \cdot \sqrt{\frac{P\,(1-P)}{n}}\,;\; P + c_{N(0;1)\,1-\alpha/2} \cdot \sqrt{\frac{P\,(1-P)}{n}}\right],$$

sodass sich als dessen Breite der Wert

$$\hat{\Pi}^{(o)} - \hat{\Pi}^{(u)} = 2 \cdot c_{N(0;1)\,1-\alpha/2} \cdot \sqrt{\frac{P\,(1-P)}{n}}$$

ergibt. Diese Breite wird unter sonst gleichen Bedingungen maximal, wenn das Produkt

$$P \cdot (1-P)$$

maximal ist, was für $P = 0{,}5$ der Fall ist. Für den Fall $n = 4.000$ ergibt sich damit eine Intervallbreite von

$$\hat{\Pi}^{(o)} - \hat{\Pi}^{(u)} \leq 2 \cdot 2{,}58 \cdot \sqrt{\frac{0{,}5\,(1-0{,}5)}{4.000}} = 0{,}0408.$$

Ein Konfidenzintervall zum Niveau 0,99 hätte daher eine Breite von etwa vier Prozentpunkten (d. h. jeweils eine Spanne von 2 Prozentpunkten nach unten und oben).

(b) Im Falle des Mikrozensus mit $n = 400.000$ ist die Approximationsvoraussetzung sogar erfüllt, falls $0{,}000.012.5 \leq \pi \leq 0{,}999.987.5$ gilt. Entsprechend ergibt sich als maximale Konfidenzintervallbreite

$$\hat{\Pi}^{(o)} - \hat{\Pi}^{(u)} \leq 2 \cdot 2{,}58 \cdot \sqrt{\frac{0{,}5\,(1-0{,}5)}{400.000}} = 0{,}0041.$$

Ein auf dem Stichprobenumfang 400.000 basierendes Konfidenzintervall hat also eine Breite von weniger als 0,5 Prozentpunkten. Der Stichprobenumfang von 4.000 dürfte für die meisten praktischen Anwendungsfälle bereits hinreichend genau sein. Demgegenüber gewährleistet der Stichprobenumfang des Mikrozensus eine ca. 10fache Genauigkeit, sodass der zufällige Stichprobenfehler gegenüber anderen Erhebungsfehlern (z. B. absichtliche und unabsichtliche Falschbeantwortung oder Nichtbeantwortung der Fragen), wie sie auch bei Vollerhebungen auftreten, vernachlässigt werden kann. Allerdings ist dafür auch ein 100fach größerer Stichprobenumfang notwendig, da der notwendige Stichprobenumfang quadratisch mit der Genauigkeit steigt.

Aufgabe 3.4

Bei einer Stichprobenerhebung über den Marktanteil einer bestimmten Tageszeitung in der Stadt D wurde ein Konfidenzintervall für den Anteil der Leserschaft dieser Zeitung an der Gesamtbevölkerung über 15 Jahre bestimmt. Dem Konfidenzintervall lag eine Vertrauenswahrscheinlichkeit von 95% zugrunde; es ergab sich als

$$[0{,}3\ ;\ 0{,}4].$$

Bestimmen Sie den dieser Berechnung zugrundeliegenden Stichprobenumfang.

Lösung

Konfidenzintervalle für den Anteilswert in einer Grundgesamtheit haben die Form

$$\left[P - c_{N(0;1)\,1-\alpha/2} \cdot \sqrt{\frac{P(1-P)}{n}}\ ;\ P + c_{N(0;1)\,1-\alpha/2} \cdot \sqrt{\frac{P(1-P)}{n}}\right].$$

Da dieses Intervall symmetrisch um die entsprechende Punktschätzfunktion $\hat{\Pi} = P$ liegt, lässt sich auf Basis der in der Aufgabenstellung angegebenen Realisation schließen, dass

$$p = \frac{1}{2}\,(0{,}3 + 0{,}4) = 0{,}35$$

gilt. Außerdem ist

$$c_{N(0;1)\,1-\alpha/2} = c_{N(0;1)\,0{,}975} = 1{,}96.$$

Für die Länge des Konfidenzintervalls erhält man somit

$$L = 0{,}4 - 0{,}3 = 0{,}1 = 2 \cdot c_{N(0;1)\,1-\alpha/2} \cdot \sqrt{\frac{p\cdot(1-p)}{n}}$$

$$= 2 \cdot 1{,}96 \cdot \sqrt{\frac{0{,}35\cdot(1-0{,}35)}{n}} = \frac{1{,}87}{\sqrt{n}}.$$

Auflösen nach n liefert einen zugrundeliegenden Stichprobenumfang von

$$n = \left(\frac{1{,}87}{0{,}1}\right)^2 = 349{,}69 \approx 350.$$

Aufgabe 3.5

In einer Stichprobenerhebung soll geschätzt werden, wie viel Geld die Haushalte eines bestimmten Gebietes durchschnittlich für Unterhaltungselektronik ausgeben. Der jährlich ausgegebene Betrag soll dabei durch ein Konfidenzintervall ($1-\alpha=0{,}95$) geschätzt werden, dessen Länge nicht mehr als 1% des Durchschnittswertes beträgt. Um den hierfür notwendigen Stichprobenumfang abschätzen zu können, wurde zunächst eine Pilotstichprobe vom Umfang 100 gezogen; dabei ergaben sich folgende Daten:

Stichprobenmittelwert:	862,55 €
Korrigierte Stichprobenstandardabweichung:	152,61 €

(a) Berechnen Sie approximativ unter Zugrundelegung einer Normalverteilung und der Ergebnisse der Pilotstichprobe den notwendigen Stichprobenumfang.

(b) Der notwendige Stichprobenumfang wurde auf den Wert 5.000 gerundet; die dann erhobenen Daten lieferten folgende Werte:

Stichprobenmittelwert:	875,90 €
korrigierte Stichprobenstandardabweichung:	155,88 €

Überprüfen Sie, ob das mit diesen Stichprobenergebnissen berechnete Konfidenzintervall zum Niveau $1-\alpha=0{,}95$ die geforderte Genauigkeit einhält.

Lösung

(a) Da – natürlicherweise – keine exakten Informationen über die Grundgesamtheit vorliegen, kann der notwendige Stichprobenumfang nur in grober Näherung auf Basis der Werte der Pilotstichprobe bestimmt werden. Unter Verwendung des Stichprobenmittelwertes als Näherungswert $\hat{\mu}$ für den Mittelwert der Grundgesamtheit ergibt sich eine approximative Konfidenzintervallänge von

$$\hat{L} = 0{,}01 \cdot \hat{\mu} = 0{,}01 \cdot 862{,}55 = 8{,}63 .$$

Verwendet man nun die korrigierte Standardabweichung der Pilotstichprobe als Schätzer für die Streuung der Grundgesamtheit, so ergibt sich nach der Formel für den notwendigen Stichprobenumfang:

$$n \geq \left(\frac{2 \cdot \hat{\sigma} \cdot c_{N(0;1)\,1-\alpha/2}}{\hat{L}} \right)^2 = \left(\frac{2 \cdot 152{,}61 \cdot 1{,}96}{8{,}63} \right)^2 = (69{,}32)^2 = 4.805{,}25 .$$

(b) Aus der Stichprobe vom Umfang 5.000 erhält man dann folgendes Konfidenzintervall (Intervall 1.1-D):

$$\left[\bar{x} - c_{N(0;1)\,1-\alpha/2} \cdot \frac{s^*}{\sqrt{n}} \; ; \; \bar{x} + c_{N(0;1)\,1-\alpha/2} \cdot \frac{s^*}{\sqrt{n}}\right]$$

$$= \left[875{,}90 - 1{,}96 \cdot \frac{155{,}88}{\sqrt{5.000}} \; ; \; 875{,}90 + 1{,}96 \cdot \frac{155{,}88}{\sqrt{5.000}}\right]$$

$$= [875{,}90 - 4{,}32 \; ; \; 875{,}90 + 4{,}32] = [871{,}58 \; ; \; 880{,}22].$$

Die Länge dieses Konfidenzintervalls beträgt also

$$L = 2 \cdot 4{,}32 = 8{,}64 = 0{,}00986 \cdot 875{,}90 = 0{,}00986 \cdot \hat{\mu},$$

d. h. die geforderte Schätzgenauigkeit wird eingehalten.

Aufgabe 3.6

Bei einer Lagerinventur ist beabsichtigt, den Wert aller eingelagerten Güter auf Stichprobenbasis zu ermitteln. Dabei soll der Gesamtwert aller 80.000 Positionen des Lagers mit Hilfe eines Konfidenzintervalls zum Niveau $1-\alpha=0{,}95$ geschätzt werden, dessen Länge nicht mehr als 1 % des Lagerwertes beträgt.

Aufgrund einer Pilotstichprobe vom Umfang 50 sind folgende Schätzwerte für die Parameter der Grundgesamtheit bekannt:

für μ: 741,58 €,
für σ: 128,41 €.

(a) Aufgrund welcher Überlegung lässt sich die Formel für den notwendigen Stichprobenumfang zur Schätzung des Mittelwerts einer Grundgesamtheit hier auch für die Schätzung des Gesamtwerts in der Grundgesamtheit anwenden?

(b) Berechnen Sie unter Zugrundelegung der Schätzwerte aus der Pilotstichprobe näherungsweise den notwendigen Stichprobenumfang.

Lösung

(a) Der Gesamtwert des Lagers sei T_X. Es gilt also

$$T_X = \sum_{i=1}^{N} x_i = N \cdot \frac{1}{N} \sum_{i=1}^{N} x_i = N \cdot \mu.$$

Ein Konfidenzintervall für T_X ergibt sich nun aus dem Konfidenzintervall für den Durchschnittswert (Intervall 1.1-D), indem dessen Konfidenzgrenzen mit dem Wert N multipliziert werden:

$$[\hat{T}_X^{(u)} \; ; \; \hat{T}_X^{(o)}] = [N \cdot \hat{\mathrm{M}}^{(u)} \; ; \; N \cdot \hat{\mathrm{M}}^{(o)}].$$

Wird nun μ auf 1% Genauigkeit geschätzt, so überträgt sich diese Eigenschaft auch auf das Konfidenzintervall für Y:

$$\text{Aus } L_\mu = 0{,}01 \cdot \hat{\mu} \text{ folgt}$$
$$L_{T_X} = N \cdot L_\mu = N \cdot 0{,}01 \cdot \hat{\mu} = 0{,}01 \cdot \hat{T}_X .$$

Aus diesem Grunde kann der notwendige Stichprobenumfang mit der üblichen Formel zur Intervallschätzung eines Mittelwertes bestimmt werden.

(b) Für den notwendigen Stichprobenumfang erhält man mit

$$\hat{L} = 0{,}01 \cdot \hat{\mu} = 0{,}01 \cdot 741{,}58 = 7{,}42$$

den Wert

$$n \geq \left(\frac{2 \cdot \hat{\sigma} \cdot c_{N(0;1)\, 1-\alpha/2}}{\hat{L}} \right)^2 = \left(\frac{2 \cdot 128{,}41 \cdot 1{,}96}{7{,}42} \right)^2 = 67{,}84^2 = 4.602{,}27 .$$

Aufgabe 3.7

Geben Sie für die nachfolgenden Aussagen zu Konfidenzintervallen an, ob Sie diese für richtig oder falsch halten.

(a) Konfidenzintervalle sind Zufallsintervalle, da es sich bei ihren Grenzen um Stichprobenfunktionen handelt.

(b) Die zufälligen Intervallgrenzen umschließen den zu schätzenden Parameterwert mit der Vertrauenswahrscheinlichkeit $1-\alpha$.

(c) Mit der Vertrauenswahrscheinlichkeit $1-\alpha$ realisiert sich der zu schätzende Parameter zwischen den Konfidenzintervallgrenzen.

(d) Liegt eine konkrete Stichprobe vor, so umschließen die Realisationen der Konfidenzintervallgrenzen den geschätzten Parameter mit der Wahrscheinlichkeit $1-\alpha$.

(e) Konfidenzintervalle liegen immer symmetrisch um die korrespondierende Punktschätzfunktion. Man erhält stets die Grenzen eines Konfidenzintervalls zur Vertrauenswahrscheinlichkeit $1-\alpha=0{,}67$, indem man zum Wert der betreffenden Punktschätzung ihre Streuung subtrahiert bzw. addiert.

(f) Unter sonst gleichen Bedingungen führt die Verdopplung des Stichprobenumfangs zu einer Halbierung der Konfidenzintervallbreite.

(g) Die Vergrößerung der Vertrauenswahrscheinlichkeit $1-\alpha$ führt unter sonst gleichen Bedingungen zu einer Verbreiterung des Konfidenzintervalls.

(h) Um Zufallsfehler auszuschließen, sollten möglichst nur Konfidenzintervalle zur Vertrauenswahrscheinlichkeit 1 (d.h. $\alpha=0$) berechnet werden.

Lösung

(a) Richtig. Die Konfidenzintervallgrenzen werden aus Stichprobenfunktionen berechnet und sind deshalb Zufallsvariablen.

(b) Richtig. Die zufälligen Konfidenzintervallgrenzen werden aus den Stichprobenvariablen gerade so konstruiert, dass sie *vor* ihrer Realisation mit der Wahrscheinlichkeit $1-\alpha$ den gesuchten Parameter umschließen.

(c) Falsch. In dieser Aussage wird unterstellt, dass der zu schätzende Parameter zufällig und die Konfidenzintervallgrenzen fest vorgegeben seien; genau das Umgekehrte ist natürlich der Fall.

(d) Falsch. *Nach* der Realisation der Konfidenzgrenzen liegt der zu schätzende wahre Wert des Parameters (natürlich) entweder innerhalb der Konfidenzgrenzen oder außerhalb der Konfidenzgrenzen, d. h. diese Wahrscheinlichkeit beträgt je nach konkreter Realisation der Stichprobe entweder eins (in $(1-\alpha)\cdot 100\%$ der Fälle) oder (in den restlichen Fällen) null.

(e) Falsch. In Bezug auf die erste Teilaussage ist festzustellen, dass es Schätzprobleme gibt, in denen in Bezug auf die Entfernung der Konfidenzgrenzen von der Punktschätzfunktion unsymmetrische Konfidenzintervalle betrachtet werden, z. B. bei der Schätzung der Streuung einer Grundgesamtheit. Die zweite Teilaussage gilt nur für approximativ normalverteilte Punktschätzfunktionen und große Stichprobenumfänge. Dann liegen im 1σ-Bereich tatsächlich ca. 2/3 gleich 67% der Wahrscheinlichkeitsmasse.

(f) Falsch. Zur Halbierung der Breite eines Konfidenzintervalls ist eine Vervierfachung des Stichprobenumfang notwendig, da der notwendige Stichprobenumfang quadratisch mit der Verbesserung der Genauigkeit steigt.

(g) Richtig. Die Vergrößerung der Vertrauenswahrscheinlichkeit bedeutet eine Erhöhung der Trefferwahrscheinlichkeit des Konfidenzintervalls. Unter sonst gleichen Bedingungen wird diese nur durch eine Verbreiterung des Konfidenzintervalls gewährleistet werden.

(h) Falsch. Die beiden Zielsetzungen – einerseits einer möglichst großen Vertrauenswahrscheinlichkeit und andererseits eines möglichst schmalen Konfidenzintervalls – widersprechen einander. Die Vertrauenswahrscheinlichkeit von eins bedeutet in aller Regel, dass das Konfidenzintervall den gesamten zulässigen Parameterraum umfassen muss. Ein derartiges triviales Konfidenzintervall besitzt aber keinerlei Informationsgehalt mehr (und ist häufig unendlich groß). Es muss also ein Kompromiss eingegangen werden, indem man sich mit einer Vertrauenswahrscheinlichkeit kleiner als eins begnügt (i. d. R. je nach Situation 0,90, 0,95 oder 0,99) und so ein Konfidenzintervall geringerer Breite erhält.

4 Signifikanztests für eine einfache Stichprobe

Statistische *Signifikanztests* haben die Aufgabe, auf der Grundlage von Stichproben Hypothesen über die der Stichprobe zugrunde liegende Grundgesamtheit zu prüfen. Dabei stellt der Anwender zwei Hypothesen einander gegenüber, die so genannte *Nullhypothese* H_0 und die Alternativhypothese H_1. Da die Entscheidung für eine der Hypothesen auf dem Stichprobenergebnis beruht, lassen sich natürlich zufallsbedingte Fehlentscheidungen nicht ausschließen: Man bezeichnet es als *Fehler 1. Art*, wenn eine Entscheidung für H_1 getroffen wird, obwohl H_0 richtig ist. Die umgekehrte Fehlentscheidung heißt *Fehler 2. Art.* Da die Wahrscheinlichkeiten für beide Fehlerarten nicht gleichzeitig minimiert werden können, wird die Wahrscheinlichkeit für den Fehler 1. Art fest vorgegeben (das so genannte *Signifikanzniveau*, z. B. 0,1, 0,05 oder 0,01) und unter dieser Vorgabe der Fehler zweiter Art möglichst klein gehalten. Dies bedeutet, dass nur im Falle einer Testentscheidung für H_1 von einer statistisch gesicherten (*signifikanten*) Entscheidung gesprochen werden kann, da nur in diesem Fall die Fehlerwahrscheinlichkeit durch die getroffene Wahl des Signifikanzniveaus kontrolliert werden kann (→ **Aufgaben 4.1 bis 4.3**).
Je nach Art der zu testenden Hypothese und den der Stichprobe zugrunde liegenden Voraussetzungen existieren verschiedene *Arten von Testverfahren*, die jedoch alle nach einem identischen Ablaufschema durchgeführt werden: Tests über den Mittelwert der Grundgesamtheit bei bekannter oder unbekannter Streuung, Tests über den Anteilswert eines dichotomen Merkmals, Tests über die Streuung und Tests über den Verteilungstyp eines Merkmals (→ **Aufgaben 4.4 bis 4.8**).

Literaturhinweise

G. BAMBERG & F. BAUR (2002), S. 173-192, 198-202 und 207-214.
P. BOHLEY (2000), S. 567-592, 597-600, 603-608 und 629-634.
H. DEGEN & P. LORSCHEID (2002), S. 308-320.
J. HARTUNG, B. ELPELT & K.-H. KLÖSENER (2002), S. 133-139.
D. HOCHSTÄDTER (1996), S. 571-611 und 630-639.
J. SCHIRA (2005), S. 473-488, 496-500 und 513-518.
R. SCHLITTGEN (2003), S. 323-345.
J. SCHWARZE (2001), S. 173-213 und 228-233.

Aufgabe 4.1

Betrachten Sie erneut die in der Aufgabe 1.4 erläuterte Situation, in der ein Großhändler eine Entscheidungsregel dafür sucht, ob die Lebensdauer elektronischer Bauteile den Sollwert von durchschnittlich 100 Stunden einhält oder nicht.

(a) Welche Hypothesen liegen dem von dem Großhändler gewählten Testverfahren zugrunde?

(b) Wie groß ist der Fehler erster Art für die beiden Entscheidungsregeln, die der Großhändler in Erwägung gezogen hat?

(c) Wie groß ist jeweils der Fehler zweiter Art für den Fall, dass der Sollwert von 100 Stunden in der Grundgesamtheit um 10 Stunden unterschritten wird?

Lösung

(a) Hierbei handelt es sich um einen Test über den Mittelwert der Lebensdauer der elektronischen Bauteile in dem angebotenen Produktionslos. Die Nullhypothese ist, dass das Los bei fehlerfrei arbeitender Maschine produziert wurde und somit die mittlere Lebensdauer 100 Stunden beträgt. Die Alternativhypothese hingegen unterstellt, dass die Maschine nicht fehlerfrei arbeitete und somit eine mittlere Lebensdauer vorliegt, die kleiner als 100 Stunden ist. Es gilt also:

$$H_0\colon\ \mu = \mu_0 = 100 \qquad H_1\colon\ \mu < \mu_0 = 100.$$

(b) Der Fehler erster Art liegt vor, wenn der Großhändler die Lieferung zurückweist, obwohl die Qualitätslage der Lieferung in Ordnung ist, d. h. die mittlere Lebensdauer 100 Stunden beträgt. Diese Wahrscheinlichkeit wurde in Aufgabe 1.4 für beide Entscheidungsregeln berechnet. Es ergab sich jeweils 10,2%, d. h. das Signifikanzniveau α beträgt jeweils ungefähr 0,1. Das Risiko einer fälschlichen Zurückweisung des Loses ist also kontrollierbar und für beide Entscheidungsregeln gleich.

(c) Ein Fehler zweiter Art liegt vor, wenn ein Los mit zu geringer Lebenserwartung nicht abgelehnt wird. Diese Wahrscheinlichkeit hängt von dem konkreten Wert der mittleren Lebenserwartung im Los ab. Weicht die mittlere Lebensdauer nur unbedeutend von 100 Stunden ab (z. B. $\mu = 99{,}9$ Stunden), so wird diese Wahrscheinlichkeit nahezu den Wert $1-\alpha$ besitzen. Für stärkere Abweichungen ist diese Wahrscheinlichkeit immer kleiner. Konkret gesucht wird hier der Wert für den Fall, dass die Solllebensdauer um 10 Stunden unterschritten wird. Dann genügen die Lebensdauern einer Exponentialverteilung mit dem Parameterwert $\lambda = \mu^{-1} = 90^{-1} = 0{,}0111$.

Für die Entscheidungsregel, die auf der Anzahl der Bauteile beruht, die eine Lebensdauer von fünf Stunden nicht erreichen, ergibt sich analog zur Rechnung in Aufgabe 1.4(a) folgende Wahrscheinlichkeit für ein einzelnes Bauteil, weniger als fünf Stunden zu funktionieren:

$$W(X_i < 5) = F_{\mathrm{Exp}(0{,}0111)}(5) = 1 - e^{-0{,}0111 \cdot 5} = 1 - e^{-0{,}0555} = 1 - 0{,}946 = 0{,}054.$$

Die Anzahl Z der Stichprobenwerte, die kleiner als 5 sind, ist daher $B(50;0{,}054)$-verteilt. Da $n \geq 50$ ist und $n\pi = 2{,}7$ gilt, ergibt sich für den Fehler zweiter Art:

$$W(Z \leq 4) = F_{P(2{,}7)}(4) = 0{,}864.$$

Eine Unterschreitung der Solllebensdauer um 10 Stunden wird also von diesem Testverfahren mit sehr hoher Wahrscheinlichkeit *nicht* erkannt.

Der in der zweiten Entscheidungsregel verwendete arithmetische Mittelwert der Stichprobe genügt für $\mu = \lambda^{-1} = 90$ approximativ der folgenden Normalverteilung:

$$\bar{X} \overset{\text{appr}}{\sim} N\left(\frac{1}{0{,}0111}\,;\,\frac{1}{\sqrt{50}}\sqrt{\frac{1}{0{,}0111^2}}\right) = N(90\,;12{,}74).$$

Damit ergibt sich für die Wahrscheinlichkeit des Fehlers zweiter Art

$$\begin{aligned} W(\bar{X}>82) &= W\left(\bar{X}_s > \tfrac{82-90}{12{,}74}\right) = W(\bar{X}_s > -0{,}63) \\ &= W(\bar{X}_s < 0{,}63) = F_{N(0;1)}(0{,}63) = 0{,}74. \end{aligned}$$

Dieses Verfahren weist also einen um etwa 15% geringeren Fehler zweiter Art auf.

Aufgabe 4.2

Betrachten Sie die folgende These zum Verhalten des zweiseitigen Einstichproben-t-Tests für die Nullhypothese H_0: $\mu = \mu_0$ mit der Testfunktion

$$V = \sqrt{n}\,\frac{\bar{X} - \mu_0}{S^*}$$

bei sehr großem Stichprobenumfang n:

> „Wenn in der Testfunktion V der Stichprobenumfang sehr große Werte (z. B. mehr als 1 Million) annimmt, dann wird der Stichprobenumfang einen so großen Einfluss auf V ausüben, dass die Nullhypothese stets (d. h. auch dann, wenn sie richtig ist) abgelehnt wird.“

(a) Nehmen Sie Stellung zu dieser These.

(b) Wie ändert sich der Sachverhalt, wenn in Wahrheit geringfügige, von der Sache her aber irrelevante Abweichungen von der Nullhypothese vorliegen? Welche Konsequenz ergibt sich hieraus?

Lösung

(a) Wenn die Nullhypothese richtig ist, wird (wegen der Konsistenz von $\bar{X}$ für μ) $\bar{X}-\mu$ tendenziell immer näher bei Null liegende Werte annehmen. Daher hat das Wachsen des Faktors $\sqrt{n}$ nicht zur Folge, dass die Testfunktion V stets betragsmäßig sehr große Werte annimmt. Die Nullhypothese wird daher nicht immer abgelehnt, sondern für jeden Stichprobenumfang nur mit der vorgegebenen Wahrscheinlichkeit α des Fehlers 1. Art.

(b) Bei einer (auch nur geringen) Abweichung von der Nullhypothese strebt $\bar{X}$ gegen μ, sodass $\bar{X}-\mu$ gegen einen kleinen, aber von Null verschiedenen Wert tendiert. Der Wert der Testfunktion V wird daher mit wachsendem Stichprobenumfang betragsmäßig immer größer und führt so zu einer (fast) sicheren Ablehnung von H_0.

Die Konsequenz hieraus ist, dass bei sehr großem Stichprobenumfang aus der Ablehnung der Nullhypothese nicht auf eine von der Sache her relevante Abweichung von der Nullhypothese geschlossen werden kann, d. h. statistische Signifikanz der Unterschiede also nicht mit deren sachlicher Relevanz gleichgesetzt werden kann.

Aufgabe 4.3

Geben Sie für jede der folgenden acht Thesen zur Theorie des Signifikanztests an, ob sie die jeweilige Behauptung für richtig oder falsch halten.

(a) Bei einem Signifikanztest bedeutet das Begehen eines Fehlers erster Art, eine richtige Nullhypothese abzulehnen.

(b) Nur die Entscheidung für die Alternativhypothese lässt sich durch einen Signifikanztest statistisch absichern.

(c) Nullhypothese und Alternativhypothese eines Signifikanztests müssen sich gegenseitig ausschließen.

(d) Die Testfunktion eines Signifikanztests ist eine Zufallsvariable.

(e) Vergrößert man den Stichprobenumfang bei einem Signifikanztest, so wird cet. par. die Wahrscheinlichkeit für einen Fehler zweiter Art kleiner.

(f) Erhöht man bei einem Signifikanztest die Wahrscheinlichkeit für einen Fehler erster Art, so wird cet. par. die Wahrscheinlichkeit für einen Fehler zweiter Art kleiner.

(g) Der Verwerfungsbereich eines Signifikanztests ist vom Stichprobenergebnis abhängig.

(h) Die Nullhypothese wird abgelehnt, wenn die Realisation der Testfunktion im Verwerfungsbereich liegt.

Lösung

(a) Richtig. Die Entscheidung für die Alternativhypothese, obwohl die Nullhypothese richtig ist, wird Fehler erster Art genannt und seine (Maximal-)Wahrscheinlichkeit mit α bezeichnet.

(b) Richtig. Im Falle einer Entscheidung für H_1 liegt entweder eine korrekte Entscheidung oder ein Fehler erster Art vor. Das Risiko für eine Fehlentscheidung ist dadurch höchstens gleich α und durch die Wahl des Signifikanzniveaus kontrollierbar.
Wird hingegen eine Entscheidung für H_0 getroffen, so liegt entweder eine korrekte Entscheidung oder ein Fehler zweiter Art vor. Die Wahrscheinlichkeit β für den Fehler zweiter Art ist jedoch nicht kontrollierbar und (wenn überhaupt) nur durch den i. d. R. nahe bei eins liegenden

Wert $1-\alpha$ begrenzt. Eine Entscheidung für H_0 kann daher nicht als statistisch gesichert angesehen werden.

(c) Richtig. Ansonsten würde das Ergebnis eines Signifikanztests nur eingeschränkten Informationsgehalt haben.

(d) Richtig. Die Testfunktion ist eine Funktion der Stichprobenvariablen und damit eine Zufallsvariable.

(e) Richtig. Eine Erhöhung des Stichprobenumfangs verbessert die Trennschärfe, d. h. die Fähigkeit des Tests, zwischen den beiden Hypothesen zu unterscheiden. Da der Fehler erster Art konstant gleich α ist, bedeutet dies, dass die Wahrscheinlichkeit für den Fehler zweiter Art kleiner werden muss.

(f) Richtig. Die Erhöhung des Signifikanzniveaus bedeutet, dass man sich öfter (d. h. mit größerer Wahrscheinlichkeit) für die Alternative H_1 entscheidet. Damit sinkt aber andererseits die Wahrscheinlichkeit für einen Fehler zweiter Art.

(g) Falsch. Der Verwerfungsbereich ergibt sich alleine aus dem zu testenden Hypothesenpaar, dem gewählten Signifikanzniveau, der verwendeten Testfunktion und der Verteilung dieser Testfunktion unter der Nullhypothese.

(h) Richtig. Liegt der Testfunktionswert im Verwerfungsbereich, so wird die Nullhypothese abgelehnt.

Aufgabe 4.4

Ein Hersteller von Geschirrspülautomaten hat ein neues Modell ‚Eco21' entwickelt, von dem er behauptet, der durchschnittliche Kaltwasserverbrauch liege unter 40 Litern bei einer Streuung von weniger als 2 Litern. Zum Nachweis dieser Behauptung führt er 41 Probeläufe durch, wobei sich ein mittlerer Kaltwasserverbrauch von 38,5 Litern bei einer Standardabweichung von 1,7 Litern ergab.

(a) Lässt sich die Behauptung bezüglich des Durchschnittsverbrauchs nachweisen ($\alpha = 0{,}05$)?

(b) Lässt sich die Behauptung bezüglich der Streuung nachweisen ($\alpha = 0{,}05$)? Welche Zusatzannahme müssen Sie hier treffen?

Lösung

(a) Es soll anhand der vorliegenden Daten versucht werden nachzuweisen, dass der Durchschnittsverbrauch unterhalb von $\mu = 40$ Litern liegt; diese Hypothese ist als Alternative H_1 zu formulieren. Damit liegt folgendes Hypothesenpaar vor:

$$H_0:\ \mu \overset{(>)}{=} 40, \quad H_1:\ \mu < 40.$$

Die hierfür geeignete Testfunktion des approximativen Gauß-Tests lautet (Test 2.1-Db):

$$V = \sqrt{n} \cdot \frac{\bar{X} - \mu_0}{S^*} = \sqrt{n} \cdot \frac{\bar{X} - \mu_0}{\sqrt{\frac{n}{n-1}} \cdot S} = \sqrt{n-1} \cdot \frac{\bar{X} - \mu_0}{S}.$$

Mit den angegebenen Stichprobenergebnissen ergibt sich als Testfunktionswert

$$v = \sqrt{41-1} \cdot \frac{38{,}5 - 40}{1{,}7} = \sqrt{40} \cdot \frac{-1{,}5}{1{,}7} = -5{,}58.$$

Der kritische Bereich des linksseitigen approximativen Gaußtests ist

$$B = (-\infty; -c_{N(0;1);1-\alpha}) = (-\infty; -1{,}65).$$

Es kann somit bei einem Risiko für eine Fehlentscheidung von höchstens 5% nachgewiesen werden, dass die mittlere Verbrauchsmenge für Kaltwasser unter 40 Litern liegt.

(b) Nun soll der Nachweis einer Streuung kleiner als $\sigma_0 = 2$ Liter erbracht werden. Damit der für diese Hypothese geeignete χ^2-Test anwendbar ist, muss allerdings die Normalverteilung der Stichprobenvariablen vorausgesetzt werden. Folgendes Hypothesenpaar ist aufzustellen:

$$H_0:\ \sigma \overset{(>)}{=} \sigma_0, \quad H_1:\ \sigma < \sigma_0.$$

Die Testfunktion des χ^2-Tests lautet (Test 2.3-Ab):

$$V = \frac{(n-1) \cdot S^{*2}}{\sigma_0^2} = \frac{(n-1) \cdot \frac{n}{n-1} S^2}{\sigma_0^2} = \frac{n \cdot S^2}{\sigma_0^2}.$$

Einsetzen der Stichprobenergebnisse liefert den Testfunktionswert

$$v = \frac{41 \cdot 1{,}7^2}{2^2} = 29{,}62.$$

Der kritische Bereich dieses Tests lautet

$$B = \left(0; \chi^2(n-1;\alpha)\right) = \left(0; \chi^2(40; 0{,}05)\right) = (0; 26{,}51).$$

Der Testfunktionswert fällt nicht in den kritischen Bereich, sodass der Nachweis des zweiten Teils der Behauptung aufgrund des betrachteten Datenmaterials nicht erbracht werden kann.

Aufgabe 4.5

Der laufenden Produktion von Colaflaschen wurden n=22 Flaschen entnommen. Dabei ergaben sich folgende Daten für die als normalverteilt unterstellten Füllmengen:

(1) Summe der Füllmengen (in l): 22,8844

(2) Summe der quadrierten Füllmengen (in l^2): 23,8107

(a) Schätzen Sie die mittlere Füllmenge der Produktion.

(b) Schätzen Sie die Streuung der Füllmengen der Produktion.

(c) Weisen Sie zum Signifikanzniveau $\alpha=0{,}05$ nach, dass die Streuung der Füllmengen in der Produktion weniger als 0,025 l beträgt.

(d) Wie groß müßte – den in (c) als Maximalwert der Streuung bestätigten Wert 0,025 l unterstellt – der Mittelwert der Produktion mindestens sein, damit nicht mehr als durchschnittlich jede zehnte der abgefüllten Flaschen die aufgedruckte Menge von 1 l unterschreitet?

(e) Können Sie aufgrund der Stichprobe zum Signifikanzniveau $\alpha = 0{,}05$ nachweisen, dass die Grundgesamtheit die in (d) berechnete Mindestfüllmenge einhält.

Lösung

(a) Die mittlere Füllmenge wird mit dem arithmetischen Mittelwert der Stichprobe geschätzt:

$$\hat{\mu} = \bar{x} = \frac{1}{n} \cdot \sum_{i=1}^{n} x_i = \frac{1}{22} \cdot 22{,}8844 = 1{,}0402.$$

(b) Die Schätzung der Varianz der Grundgesamtheit erfolgt mit der korrigierten mittleren quadratischen Abweichung der Stichprobe:

$$\begin{aligned}\hat{\sigma}^2 &= s^{*2} = \frac{1}{n-1} \cdot \sum_{i=1}^{n} (x_i - \bar{x})^2 = \frac{n}{n-1} \cdot \left(\frac{1}{n} \sum_{i=1}^{n} x_i^2 - \bar{x}^2 \right) \\ &= \frac{22}{22-1} \cdot \left(\frac{23{,}8107}{22} - 1{,}0402^2 \right) = \frac{22}{21} \cdot (1{,}08230 - 1{,}08202) \\ &= \frac{22}{21} \cdot 0{,}00028 = 0{,}00029.\end{aligned}$$

Die Schätzung der Streuung ergibt sich nach Ziehen der positiven Quadratwurzel als

$$\hat{\sigma} = s^* = \sqrt{s^{*2}} = \sqrt{0{,}00029} = 0{,}0170.$$

(c) Hier ist durch einen statistischen Test abzusichern, dass die Streuung nicht mehr als 0,025 l beträgt. Dazu sind die Hypothesen

$$H_0\colon \sigma \overset{(>)}{=} \sigma_0, \qquad H_1\colon \sigma < \sigma_0$$

zu testen. Der hierzu geeignete χ^2-Test hat die Testfunktion (Test 2.3-Ab)

$$V = \frac{(n-1) \cdot S^{*2}}{\sigma_0^2}.$$

Aufgrund der Stichprobe erhält man den Testfunktionswert

$$v = \frac{(22-1) \cdot 0{,}0170^2}{0{,}025^2} = 9{,}71.$$

Da der Ablehnungsbereich

$$B = (0; c_{\chi^2(n-1)\,1-\alpha}) = (0; c_{\chi^2(21)\,0{,}95}) = (0; 11{,}59)$$

ist, kann statistisch gesichert werden, dass die Streuung weniger als 0,025 l beträgt.

(d) Die in Teil (c) als Maximalstreuung nachgewiesene Streuung von 0,025 l als richtig unterstellt, soll nun diejenige Mindestfüllmenge μ errechnet werden, die noch gewährleistet, dass weniger als 10% der Flaschen weniger als 1 Liter enthalten. Beschreibt X die normalverteilte Füllmenge einer Flasche, so soll gelten:

$$0{,}1 < W(X < 1) = W\left(\frac{X-\mu}{\sigma_0} < \frac{1-\mu}{\sigma_0}\right) = W\left(X_s < \frac{1-\mu}{0{,}025}\right).$$

Da der 0,1-Punkt einer Standardnormalverteilung den Wert $-1{,}282$ besitzt, ergibt sich für μ:

$$-1{,}282 > \frac{1-\mu}{0{,}025} \Leftrightarrow 1-\mu < -0{,}0321 \Leftrightarrow \mu > 1{,}0321.$$

(e) Nun ist die Alternativhypothese, dass die mittlere Füllmenge der Colaproduktion oberhalb von $\mu_0 = 1{,}0321$ l liegt, zu testen gegen die Nullhypothese, dass dies nicht der Fall ist:

$$H_0\colon \mu \overset{(<)}{=} \mu_0, \qquad H_1\colon \mu > \mu_0.$$

Die Testfunktion des bei unbekannter Streuung anzuwendenden t-Tests lautet (Test 2.1-Bc):

$$V = \sqrt{n} \cdot \frac{\bar{X} - \mu_0}{S^*}.$$

Das Einsetzen der Stichprobenresultate liefert den Testfunktionswert

$$v = \sqrt{22} \cdot \frac{1{,}0402 - 1{,}0321}{0{,}0173} = 2{,}196.$$

Da dieser Wert im kritischen Bereich

$$B = (c_{t(n-1)\,1-\alpha}; +\infty) = (c_{t(21)\,0{,}95}; +\infty) = (1{,}721; +\infty)$$

enthalten ist, kann nachgewiesen werden, dass die Forderung, dass höchstens jede zehnte Flasche die Füllmenge 1 l unterschreitet, erfüllt ist (bei einem Signifikanzniveau von 5% und sofern man den in Aufgabenteil (c) als Maximalwert der Streuung nachgewiesenen Wert $\sigma_0 = 0{,}025$ l unterstellt). Bei einer noch kleineren Streuung als σ_0 wäre dies natürlich erst recht der Fall.

Aufgabe 4.6

In einer Untersuchung über das Konsumverhalten sind von den insgesamt 2,8 Millionen Haushalten des Landes Statistizien insgesamt 10.000 Haushalte befragt worden, unter anderem nach ihren Ausgaben im Jahr 2004 für Urlaubsreisen ins Ausland. In der Stichprobe ergab sich hierfür eine rechtsschiefe Verteilung mit einem Mittelwert von 3.780 Stat$ bei einer Standardabweichung von 2.290 Stat$.

(a) Schätzen Sie die Gesamtausgaben der Statistizier für Urlaubsreisen ins Ausland.

(b) Belegen Sie mit den vorliegenden Daten die Behauptung, die Gesamtausgaben der Statistizier betrügen mehr als 10 Mrd. Stat$ (α=0,05).

Lösung

(a) Bezeichnet die Größe T_X die Gesamtausgaben der Statistizier, so gilt

$$T_X = N \cdot \mu .$$

Da $N = 2.800.000$ eine bekannte feste Zahl ist, lassen sich statistische Schlüsse in Bezug auf μ direkt auf die Größe T_X umrechnen. Die Hochrechnung der Schätzung für μ liefert eine Schätzung für T_X:

$$\hat{T}_X = N \cdot \hat{\mu} = N \cdot \bar{x} = 2.800.000 \cdot 3.780 = 10{,}584 \text{ Mrd.}$$

(b) Es ist durch einen Hypothesentest nachzuweisen, dass die Gesamtausgaben T_X mindestens $T_{X0} = 10$ Mrd. Stat$ betragen. Diese Hypothese ist als Alternativhypothese zu formulieren:

$$\text{H}_0\text{: } T_X \overset{(<)}{=} T_{X0}, \qquad \text{H}_1\text{: } T_X > T_{X0} .$$

Durch Division durch $N = 2.800.000$ kann diese Hypothese in eine Hypothese bezüglich der Durchschnittsausgaben μ umgewandelt werden:

$$\text{H}_0\text{: } \frac{T_X}{N} = \mu \overset{(<)}{=} \frac{T_{X0}}{N} = \mu_0, \qquad \text{H}_1\text{: } \frac{T_X}{N} = \mu > \frac{T_{x0}}{N} = \mu_0$$

$$\text{mit} \quad \mu_0 = \frac{T_{X0}}{N} = \frac{10.000.000.000}{2.800.000} = 3.571{,}43 .$$

Dies ist ein gewöhnliches Testproblem für den approximativen Gauß-Test (Test 2.1-Dc):

$$V = \sqrt{n}\,\frac{\bar{X} - \mu_0}{S^*} = \sqrt{n}\,\frac{\bar{X} - \mu_0}{\sqrt{\frac{n}{n-1}}\,S} = \sqrt{n-1}\,\frac{\bar{X} - \mu_0}{S} .$$

Aufgrund der angegebenen Daten erhält man somit:

$$v = \sqrt{10.000-1}\ \frac{3.780\ -\ 3.571{,}43}{2.290} = 9{,}107.$$

Da dieser Wert im kritischen Bereich

$$B = (c_{N(0;1)\,0{,}95}\,;+\infty) = (1{,}645\,;+\infty)$$

enthalten ist, kann darauf geschlossen werden, dass die Gesamtausgaben der Statistizier für Urlaubsreisen mehr als 10 Mrd. Stat$ betragen.

Beachte: Auf die Korrektur der Standardabweichung könnte wegen des sehr großen Stichprobenumfangs auch verzichtet werden. Die Rechtsschiefe der Verteilung spielt aufgrund des hohen Stichprobenumfangs keine Rolle. Trotzdem wird der Stichprobenmittelwert in sehr guter Näherung einer Normalverteilung genügen.

Aufgabe 4.7

Eine Sportzeitschrift vertritt im Rückblick auf die vergangene Fußball-Bundesligasaison die These, dass Auswärtssiege und Unentschieden jeweils etwa halb so oft vorkommen wie Heimsiege.

Prüfen Sie diese These mit einem geeigneten statistischen Test ($\alpha = 0{,}05$). Benutzen Sie dazu folgende Daten der Saison 1992/93:

insgesamt 306 Spiele, davon endeten 151 mit einem Heimsieg,
92 unentschieden und
63 mit einem Auswärtssieg.

Lösung

Zunächst ist zu unterstellen, dass die Ergebnisse der Spielzeit 1992/93 als repräsentativ für die unendlich große Grundgesamtheit aller (auch künftiger) Spielzeiten in der Bundesliga angesehen werden können. Unter diesen Annahmen lassen sich die Ergebnisse dieser Saison als Zufallsstichprobe dieser unendlichen Grundgesamtheit ansehen.
Für diese wird die Nullhypothese vertreten, dass für die Wahrscheinlichkeiten der möglichen Ausgänge [Heimsieg (H), Auswärtssieg (A), Unentschieden (U)] eines Bundesligaspiels folgende Wahrscheinlichkeiten gelten:

$$W(H) = 2 \cdot W(U)\,; \quad W(A) = W(U).$$

Da andere Ausgänge nicht möglich sind und die Ereignisse disjunkt sind, ist die Summe ihrer Wahrscheinlichkeiten gleich eins. Hieraus folgt

$$W(H) + W(A) + W(U) = 2 \cdot W(U) + W(U) + W(U) = 1,$$

woraus sich unmittelbar ergibt:

$$W(H) = 0{,}5\,; \quad W(A) = 0{,}25\,; \quad W(U) = 0{,}25\,.$$

Diesen unter der Hypothese erwarteten relativen Häufigkeiten $\pi_{j|F_0}$ stehen folgende beobachteten relativen Häufigkeiten f_j gegenüber:

$$f(H) = \frac{151}{306} = 0{,}493,$$
$$f(A) = \frac{63}{306} = 0{,}206,$$
$$f(U) = \frac{92}{306} = 0{,}301.$$

Die Nullhypothese lässt sich mit Hilfe folgender Testfunktion überprüfen (Test 2.4-A), in der F_j bzw. H_j die Zufallsvariablen der relativen bzw. absoluten Häufigkeiten der Spielergebnisse in der Stichprobe bedeuten:

$$V = \sum_{j=1}^{k} \chi_j^2 = \sum_{j=1}^{3} \frac{(H_j - \mathrm{E}_{\mathrm{H}_0}(H_j))^2}{\mathrm{E}_{\mathrm{H}_0}(H_j)} = \sum_{j=1}^{3} \frac{(n \cdot F_j - n \cdot \pi_{j|F_0})^2}{n \cdot \pi_{j|F_0}}.$$

Der Testfunktionswert errechnet sich aufgrund der beobachteten Realisationen h_j der absoluten Häufigkeiten wie folgt:

Spielergebnis	h_j	$E_{\mathrm{H}_0}(H_j) = n \cdot \pi_{j\|F_0}$	χ_j^2
Heimsieg	151	153	0,026
Unentschieden	92	76,5	3,141
Auswärtssieg	63	76,5	2,382

Man erhält also den Testfunktionswert

$$v = 0{,}026 + 3{,}141 + 2{,}382 = 5{,}549.$$

Der kritische Bereich dieses Tests ist

$$B = (c_{\chi^2(m-1)\,1-\alpha}; +\infty) = (c_{\chi^2(3-1)\,0{,}95}; +\infty) = (5{,}991; +\infty).$$

Damit ergibt sich, dass die Hypothese der Sportzeitschrift aufgrund dieser Stichprobe nicht widerlegt werden kann.

Aufgabe 4.8

Eine Versicherungsgesellschaft betrachtet die Anzahl der monatlichen Schadensfälle einer bestimmten Schadensart während der letzten vier Jahre. Von dieser Anzahl wird angenommen, dass es sich um eine poissonverteilte Größe handelt:

Jahr	J	F	M	A	M	J	J	A	S	O	N	D	Σ
2001	1	2	4	0	3	2	1	1	2	3	5	0	24
2002	1	3	2	3	1	4	0	1	2	0	3	1	21
2003	4	1	2	3	0	1	3	2	4	2	1	0	23
2004	2	1	4	0	1	3	1	1	0	2	0	3	18

(a) Schätzen Sie die erwartete monatliche Schadenshäufigkeit.

(b) Testen Sie ($\alpha=0{,}05$), ob die Daten gegen das Vorliegen einer poissonverteilten Zufallsvariablen sprechen.

Lösung

(a) Bei der Schätzung der mittleren Schadenshäufigkeit durch den Mittelwert ergibt sich

$$\hat{\mu} = \bar{x} = \frac{1}{n}\sum_{i=1}^{n} x_i = \frac{1}{4\cdot 12}\cdot[24+21+23+18] = \frac{86}{48} = 1{,}79 \approx 1{,}8.$$

(b) Hier ist ein Anpassungstest für die Nullhypothese, dass eine Poissonverteilung vorliegt, durchzuführen. Die dafür zu verwendende Testfunktion lautet (Test 2.4-B)

$$V = \sum_{j=1}^{m} \chi_j^2 = \sum_{j=1}^{k} \frac{(H_j - n\cdot\hat{\Pi}_{j\,|\,F_0(\mu)})^2}{n\cdot\hat{\Pi}_{j\,|\,F_0(\mu)}},$$

wobei H_j die Zufallsvariablen der beobachteten Häufigkeiten der Merkmalswerte bezeichnet und $\hat{\Pi}_{j\,|\,F_0(\mu)}$ die aufgrund der Parameterschätzung aus (a) unter H_0 zu erwartenden Häufigkeiten. Den Testfunktionswert bestimmt man mit einer Tabelle (Dabei wurden die Merkmalswerte ≥ 4 zusammengefasst, sodass voraussetzungsgemäß in allen Fällen die erwartete Häufigkeit wenigstens fünf betrug):

(1) Merkmalswerte a_j	0	1	2	3	≥4
(2) Wahrscheinlichkeiten $\hat{\pi}_{j\,|\,F_0(\mu)}$	0,165	0,298	0,268	0,161	0,109
(3) erwartete Häufigkeit $n\cdot$(2)	7,92	14,30	12,86	7,73	5,23
(4) beobachtete Häufigkeit h_j	9	14	10	9	6
(5) = (3) − (4)	−1,08	0,30	2,86	−1,27	−0,77
(6) = (5)² / (3)	0,15	0,01	0,64	0,21	0,11

Damit ergibt sich als Testfunktionswert die Summe der letzten Zeile, also

$$v = 0{,}15+0{,}01+0{,}64+0{,}21+0{,}11 = 1{,}12.$$

Unter der Nullhypothese ist die Testfunktion approximativ χ^2-verteilt mit $(k-r-1)$ Freiheitsgraden. Die Zahl k ist dabei die Anzahl der in der Tabelle betrachteten Klassen von Merkmalswerten (hier ist $k=5$); die Zahl r bezeichnet die Anzahl der Parameter, die geschätzt werden mußten, um die erwarteten Häufigkeiten zu bestimmen. (Im Aufgabenteil (a) wurden $r=1$ Parameter der Poissonverteilung geschätzt.) Als Verwerfungsbereich ergibt sich

$$B = (c_{\chi^2(k-r-1)\,1-\alpha}; +\infty) = (c_{\chi^2(5-1-1)\,0{,}95}; +\infty) = (7{,}82; +\infty).$$

Die Hypothese poissonverteilter Schadenshäufigkeiten kann somit nicht verworfen werden.

5 Signifikanztests für verbundene Stichproben

Signifikanztests für *verbundene Stichproben* betrachten nicht nur ein Merkmal, sondern mehrere Merkmale einer Grundgesamtheit anhand einer einzigen Stichprobe. Derartige Signifikanztests sind geeignet, zeitliche Entwicklungen oder sachliche Zusammenhänge zwischen Merkmalen aufzuzeigen.
Zur Analyse zeitlicher Entwicklungen (aber auch von Unterschieden zwischen ähnlichen Merkmalen) dienen die so genannten *Differenzentests*, welche die statistischen Elemente der Stichprobe zu verschiedenen Zeitpunkten bzw. hinsichtlich unterschiedlicher Sachverhalte untersuchen (→ **Aufgaben 5.1 bis 5.3**).
Die Frage, ob ein statistischer Zusammenhang zwischen zwei Merkmalen existiert, kann hingegen – je nach Skalenniveau der Merkmale – mit einem *Korrelationstest* oder *Kontingenztest* untersucht werden (→ **Aufgaben 5.4 bis 5.6**). Mit Hilfe von χ^2-Anpassungstests kann für mehrdimensionale Verteilungen die Repräsentativität von Stichproben geprüft werden (→ **Aufgabe 5.7**).

Literaturhinweise

G. BAMBERG & F. BAUR (2002), S. 187-191 und 202-204.
P. BOHLEY (2000), S. 639-641.
H. DEGEN & P. LORSCHEID (2002), S. 320-329.
J. SCHIRA (2005), S. 519-521 und 523-525.
R. SCHLITTGEN (2003), S. 403-410.

Aufgabe 5.1

Anhand einer Stichprobe soll geprüft werden, ob sich der reale Vermögensstand der Bewohner des Städtchens Waldesruh zum Jahresende 1993 gegenüber dem Vorjahr erhöht hat. Dazu wurden 20 Waldesruher Haushalte zufällig ausgewählt und am 31.12.2003 sowie am 31.12.2004 hinsichtlich ihres Vermögens befragt. Es ergaben sich die folgenden Vermögenswerte (in 1000 €, Preise von 2003):

Haushalt	31.12.03	31.12.04	Haushalt	31.12.03	31.12.04
A	127	129	K	188	192
B	23	27	L	62	65
C	48	55	M	53	50
D	205	224	N	73	74
E	88	92	O	99	100
F	95	93	P	54	55
G	12	19	Q	43	48
H	4	8	R	17	15
I	78	78	S	96	99
J	33	31	T	10	9

(a) Lässt sich zum Signifikanzniveau $\alpha = 0{,}05$ nachweisen, dass sich der durchschnittliche Vermögensbestand der Haushalte innerhalb des Jahres 2004 erhöht hat? Treffen Sie hierzu eine Normalverteilungsannahme.

(b) Inwiefern ist das Arbeiten mit einer verbundenen Stichprobe hier problematisch?

Lösung

(a) Hier handelt es sich um eine einfache Zufallsstichprobe, mit der die gleiche Variable (der Vermögensbestand) zu zwei verschiedenen Zeitpunkten erhoben worden ist. Zu testen ist die Nullhypothese, ob der Erwartungswert μ_D der Differenz beider Werte (größer oder) gleich null ist. Die Alternativhypothese lautet, dass dieser Wert kleiner als Null ist (Test 3.1-Ab). Hierzu sind zunächst die Differenzen

$$D_i = X_i - Y_i$$

zu bilden, wobei die Variable X_i das Vermögen am 31.12.2003 bezeichnet und die Variable Y_i den Vermögensbestand am 31.12.2004. Es ergeben sich folgende 20 Werte:

-2	-4	-7	-19	-4	+2	-7	-4	0	+2
-4	-3	+3	-1	-1	-1	-5	+2	-3	+1

Mittelwert und korrigierte Standardabweichung errechnen sich aus diesen Werten zu

$$\bar{d} = \frac{1}{n} \cdot \sum_{i=1}^{n} d_i = \frac{1}{20} \cdot (-2-4+\ldots-3+1) = \frac{-55}{20} = -2{,}75,$$

$$s_D^{*2} = \frac{1}{n-1}\sum_{i=1}^{n} (d_i - \bar{d})^2 = \frac{n}{n-1} \cdot \left(\frac{1}{n}\sum_{i=1}^{n} d_i^2 - \bar{d}^2 \right)$$

$$= \frac{20}{20-1} \cdot \left(\frac{2^2+4^2+\ldots+3^2+1^2}{20} - 2{,}75^2 \right) = \frac{20}{19} \cdot (29{,}75 - 7{,}5625) = 23{,}355,$$

$$s_D^{*} = \sqrt{s^{*2}} = \sqrt{23{,}355} = 4{,}83.$$

Die unter Normalverteilungsannahme und unter der Nullhypothese $t(n-1)$-verteilte Testfunktion des Differenzentests für Mittelwerte lautet:

$$V = \sqrt{n} \cdot \frac{\bar{D}}{S_D^*}.$$

Hier ergibt sich der Testfunktionswert

$$v = \sqrt{20} \cdot \frac{-2{,}75}{4{,}83} = -2{,}55.$$

Dieser Wert ist im kritischen Bereich

$$B = (-\infty; -c_{t(n-1)1-\alpha}) = (-\infty; -c_{t(19)0{,}95}) = (-\infty; -1{,}72)$$

enthalten, sodass ein Anstieg des Durchschnittsvermögens der Grundgesamtheit nachweisbar ist.

(b) Einer eingehenderen Betrachtung sollte man die Frage unterziehen, auf welche Grundgesamtheit sich die in Aufgabenteil (a) getroffene Aussage, das Durchschnittsvermögen sei angestiegen, bezieht und inwiefern dies im gegebenen Kontext sinnvoll ist.
Da die Stichprobe am 31.12.2003 aus den Waldesruher Haushalten gezogen wurde, bezieht sich die Aussage auf eben diese Grundgesamtheit: Das Durchschnittsvermögen der zum 31.12.2003 existierenden Haushalte hatte binnen eines Jahres einen signifikanten Anstieg zu verzeichnen. Dies ist insofern plausibel, als Haushalte bei ihrer Gründung in der Regel nur ein geringes Vermögen besitzen, das während der Berufstätigkeit der im Haushalt lebenden Erwerbspersonen in der Regel ansteigt und eventuell im Rentenalter dann wieder zu sinken beginnt.
Die Grundgesamtheit zum 31.12.2004 unterscheidet sich aber wesentlich von der hier betrachteten: Neue Haushalte sind zwischenzeitlich gegründet worden (und diese sind natürlich nicht in der Stichprobe enthalten) und andere Haushalte wurden aufgelöst (was in der vorliegenden Stichprobe glücklicherweise nicht der Fall war). Dass die hier untersuchte Grundgesamtheit am 31.12.2004 ein höheres Durchschnittsvermögen hat, muss daher nicht bedeuten, dass dies auch für die Gesamtheit aller am 31.12.2004 existierenden Haushalte gilt. Hierzu müsste (unter Verlust der Genauigkeitsvorteile des Differenzentests) eine zweite unabhängige Stichprobe gezogen werden – also ein Zweistichprobentest durchgeführt werden.

Aufgabe 5.2

Eine Unternehmensberatungsgesellschaft hat 100 zufällig ausgewählte Kunden jeweils vor Beginn der Beratungstätigkeit und nach Abschluss der Beratungstätigkeit nach der Selbsteinschätzung ihrer wirtschaftlichen Lage befragt. Dabei ergab sich folgendes Bild:

Selbsteinschätzung der wirtschaftlichen Lage		nach der Beratung ‚gut‘	‚schlecht‘
vor der Beratung	‚gut‘	30	2
	‚schlecht‘	28	40

(a) Schätzen Sie die Anteile der Unternehmen im Kundenkreis, die ihre wirtschaftliche Lage
(i) vor der Beratung und
(ii) nach der Beratung
als ‚gut‘ einstufen.

(b) Lässt sich zum Niveau $\alpha = 0{,}05$ nachweisen, dass sich dieser Anteil aufgrund der Beratungstätigkeit erhöht hat?

Lösung

(a) Es bezeichne die dichotome Zufallsvariable X_i die Beurteilung seiner wirtschaftlichen Lage durch den i -ten Kunden vor der Beratung, Y_i diejenige nach der Beratung, wobei jeweils die Ausprägung ‚1‘ eine als gut beurteilte Lage codiert und ‚0‘ eine als schlecht beurteilte Lage. Die gesuchten Schätzungen für die Anteilswerte ergeben sich dann als

$$p_X = \sum_{i=1}^{n} x_i = \frac{30 + 2}{100} = 0{,}32,$$
$$p_Y = \sum_{i=1}^{n} y_i = \frac{30 + 28}{100} = 0{,}58.$$

(b) Hier ist nun das folgende Hypothesenpaar zu prüfen:

$$H_0\colon \pi_X \overset{(>)}{=} \pi_Y, \qquad H_1 : \pi_X < \pi_Y.$$

Da beide Variablen X_i und Y_i jeweils an denselben statistischen Einheiten erhoben werden, handelt es sich um einen (linksseitigen) Differenzentest für Anteilswerte (Test 3.2-b). In Abhängigkeit von den Werten der Ausgangsvariablen X_i und Y_i ergeben sich folgende Differenzen D_i bzw. quadrierte Differenzen D_i^2:

$$Z_i = X_i - Y_i = \begin{cases} 1 & \text{falls } X_i=1, Y_i=0, \\ 0 & \text{falls } X_i=1, Y_i=1, \\ 0 & \text{falls } X_i=0, Y_i=0, \\ -1 & \text{falls } X_i=0, Y_i=1. \end{cases}, \qquad Z_i^2 = (X_i - Y_i)^2 = \begin{cases} 1 & \text{falls } X_i=1, Y_i=0, \\ 0 & \text{falls } X_i=1, Y_i=1, \\ 0 & \text{falls } X_i=0, Y_i=0, \\ 1 & \text{falls } X_i=0, Y_i=1. \end{cases}$$

Aufsummiert über die gesamte Stichprobe erhält man damit

$$\sum_{i=1}^{n} z_i = \sum_{i=1}^{n} (x_i - y_i) = 30\cdot 0 + 2\cdot 1 + 28\cdot(-1) + 40\cdot 0 = 2 - 28 = -26,$$
$$\sum_{i=1}^{n} z_i^2 = \sum_{i=1}^{n} (x_i - y_i)^2 = 30\cdot 0 + 2\cdot 1 + 28\cdot 1 + 40\cdot 0 = 2 + 28 = 30.$$

Die Testfunktion wird aus Vereinfachungsgründen bcim Differenzentest für Anteilswerte i. d. R. so formuliert, dass im Nenner nicht die Standardabweichung S_D^* der Differenzen berechnet wird, sondern die Wurzel der mittleren quadratischen Abweichung in Bezug auf den unter der Hypothese bekannten Erwartungswert $\mu_D - 0$. Damit erhält man die Testfunktion

$$V = \sqrt{n}\frac{\bar{D} - \mu_{D0}}{\sqrt{\frac{1}{n}\sum_{i=1}^{n} (D_i - \mu_{D0})^2}} = \frac{\sum_{i=1}^{n} D_i}{\sqrt{\sum_{i=1}^{n} D_i^2}},$$

für die man hier den Testwert

$$v = \frac{\sum_{i=1}^{n} z_i}{\sqrt{\sum_{i=1}^{n} z_i^2}} = \frac{-26}{\sqrt{30}} = -4{,}75$$

erhält und die wegen des genügend großen Stichprobenumfangs hier unter der Hypothese asymptotisch N(0;1)-verteilt ist. Der Testfunktionswert liegt im kritischen Bereich

$$B = (-\infty; -c_{N(0;1)1-\alpha}) = (-\infty; -1{,}65).$$

Es kann damit als statistisch gesichert angesehen werden, dass sich der Anteil der Kunden, die ihre wirtschaftliche Lage als ‚gut' einstufen, aufgrund der Beratung erhöht hat.

Beachte: Eine derartige *kausale* Interpretation ist natürlich nur möglich, wenn außer der Beratung andere Gründe für die vermehrte Einstufung als ‚gut' (etwa eine zwischenzeitliche Verbesserung der allgemeinen wirtschaftlichen Lage) ausgeschlossen werden können. Andernfalls wäre nur als gesichert anzusehen, *dass* sich der untersuchte Anteil erhöht hat. Da aber für jedes betrachtete Unternehmen die Untersuchungszeitpunkte unterschiedlich sind, scheiden solche anderen möglichen Ursachen hier weitgehend aus.

Aufgabe 5.3

Ein Unternehmen mit Sitz in Frankfurt am Main will mit Hilfe statistischer Tests nachweisen, dass sein Produkt bei der Bevölkerung einen größeren Bekanntheitsgrad hat als ein vergleichbares Produkt eines Konkurrenten. Dazu wurde in allen 16 Bundesländern eine einfache Zufallsstichprobe vom Umfang $n = 200$ Personen befragt und jeweils ein einseitiger Differenzentest für Anteilswerte zum Niveau $\alpha = 0{,}1$ durchgeführt. Dabei ergab sich nur für das Bundesland Hessen die Möglichkeit, die Nullhypothese abzulehnen; in allen anderen 15 Bundesländern musste die Nullhypothese gleichen Bekanntheitsgrades akzeptiert werden.
Der Leiter der Marketing-Abteilung des Unternehmens beurteilt diese Resultate nun wie folgt:

> „Zwar konnte die Nullhypothese gleicher Bekanntheit nur in einem Fall abgelehnt werden (sodass in den anderen Fällen keine statistisch gesicherte Aussage möglich ist); in Hessen jedoch konnte unsere größere Bekanntheit zum Niveau $\alpha = 0{,}1$ nachgewiesen werden. Aber selbst wenn wir nur in Hessen bekannter und schlechtestenfalls in allen anderen 15 Ländern gleichbekannt wären, so bedeutet dies, dass bundesweit gesehen eine größere Bekanntheit für unser Produkt nachgewiesen ist."

Nehmen Sie Stellung zu dieser Interpretation der Stichprobenresultate.

Lösung

Zunächst ist der Folgerung des Marketingleiters zu widersprechen, dass aufgrund der aufgestellten Hypothesen der eigene Marktanteil in keinem der Bundesländer schlechter sein könne. Selbstverständlich kann dieser Fall nicht von vornherein ausgeschlossen werden.
Vor allem aber ist das Vorgehen, aus den Einzelresultaten statistischer Tests auf ein Gesamtresultat zu schließen, absolut ungerechtfertigt. Beim vorliegenden Signifikanzniveau von $\alpha = 0{,}1$ und bei bundesweiter Gültigkeit der Nullhypothese wäre durchschnittlich in $16 \cdot 0{,}1 = 1{,}6$ Fällen eine Ablehnung der Nullhypothese zu erwarten, obwohl diese richtig ist. Dass im vorliegenden Beispiel in (nur!) einem Fall die Nullhypothese abgelehnt wurde, kann daher <u>nicht</u> als Indiz für eine größere Bekanntheit gewertet werden.
Um die Aussage des Marketing-Leiters statistisch abzusichern, müsste ein geeignetes Testverfahren angewendet werden, das zur Prüfung der auf ganz Deutschland bezogenen Hypothese geeignet ist. Die vorliegenden Daten könnte man dann als geschichtete Stichprobe auffassen, für die eine geeignetes Testverfahren z. B. in Aufgabe 7.3 beschrieben ist.

Aufgabe 5.4

Eine Maschine produziert Schrauben einer speziellen Art. Zur Bestimmung der gemeinsamen Verteilung der Schraubenlänge L und des Schraubendurchmessers D sind aufgrund einer Stichprobe vom Umfang 200 folgende Werte berechnet worden:

(1) Stichprobenmittelwert der Längen:

$$\bar{l} = \frac{1}{n}\sum_{i=1}^{n} l_i = 60{,}31,$$

(2) Stichprobenmittelwert der Durchmesser:

$$\bar{d} = \frac{1}{n}\sum_{i=1}^{n} d_i = 4{,}46,$$

(3) korrigierte Stichprobenvarianz der Längen:

$$s_L^{*2} = \frac{1}{n-1}\sum_{i=1}^{n} (l_i-\bar{l})^2 = 0{,}0922,$$

(4) korrigierte Stichprobenvarianz der Durchmesser:

$$s_D^{*2} = \frac{1}{n-1}\sum_{i=1}^{n} (d_i-\bar{d})^2 = 0{,}0104\ ,$$

(5) korrigierte Stichprobenkovarianz der Längen und Durchmesser:

$$s_{LD}^{*} = \frac{1}{n-1}\sum_{i=1}^{n} (l_i-\bar{l})(d_i-\bar{d}) = 0{,}0055.$$

(a) Weisen Sie auf einem Signifikanzniveau von $\alpha=0{,}05$ nach, dass zwischen den beiden Merkmalen eine positive Abhängigkeit vorliegt. Welche zusätzliche Annahme ist allerdings zur Durchführung dieses Tests erforderlich?

(b) Ab welchem kritischen Signifikanzniveau kann hier die Hypothese der Unabhängigkeit zu Gunsten positiver Abhängigkeit verworfen werden?

Lösung

(a) Unter der Annahme einer zweidimensionalen Normalverteilung für beide Merkmale kann mit einem Korrelationstest folgendes Hypothesenpaar in Bezug auf den Korrelationskoeffizienten ρ_{LD} zwischen den beiden Merkmalen getestet werden (Test 3.3-c):

$$H_0\colon \rho_{LD} \overset{(<)}{=} 0, \quad H_1\colon \rho_{LD} > 0.$$

Die unter der Nullhypothese $t(n-2) = t(198)$-verteilte Testfunktion dieses Tests lautet

$$V = \sqrt{n-2} \cdot \frac{R_{LD}}{\sqrt{1 - R_{LD}^2}} = \sqrt{n-2} \cdot \frac{\dfrac{s_{LD}^*}{s_L^* \cdot s_D^*}}{\sqrt{1 - \dfrac{s_{LD}^{*2}}{s_L^{*2} \cdot s_D^{*2}}}} .$$

Man beachte, dass es für die Berechnung des geschätzten Korrelationskoeffizienten R_{LD} keine Rolle spielt, ob in Zähler und Nenner die gewöhnlichen oder die korrigierten Formen der Kovarianz und der Varianzen verwendet werden. Einsetzen der angegebenen Stichprobenwerte liefert

$$r_{LD} = \frac{0{,}0055}{\sqrt{0{,}0922 \cdot 0{,}0104}} = \frac{0{,}0055}{0{,}0310} = 0{,}177$$

und weiter

$$v = \sqrt{200-2} \cdot \frac{0{,}177}{\sqrt{1-0{,}177^2}} = 14{,}07 \cdot \frac{0{,}177}{0{,}984} = 2{,}53 .$$

Da die t-Verteilung für 198 Freiheitsgrade nicht mehr tabelliert ist (weil sie dann bereits in sehr guter Näherung einer Standardnormalverteilung gleichkommt), bestimmt sich der kritische Bereich wie folgt:

$$B = (c_{\mathrm{N}(0;1)\,1-\alpha}\,;\,+\infty) = (1{,}65\,;\,+\infty) .$$

Es kann also als statistisch abgesichert gelten, dass zwischen beiden Merkmalen eine positive Korrelation vorliegt.

(b) Die Nullhypothese kann gerade noch verworfen werden, wenn der Testfunktionswert $v = 2{,}53$ knapp oberhalb des kritischen Wertes $c_{\mathrm{N}(0;1)\,1-\alpha}$ liegt. Es muss also gelten:

$$v = 2{,}53 > c_{\mathrm{N}(0;1)\,1-\alpha} .$$

Wegen

$$F_{\mathrm{N}(0;1)}(2{,}53) = 0{,}994$$

erhält man hieraus die Bedingung

$$1-\alpha < 0{,}994 \quad \Leftrightarrow \quad \alpha > 0{,}006 .$$

Das Signifikanzniveau des Tests muss damit größer sein als das kritische Signifikanzniveau $\alpha^* = 0{,}006$, damit die Hypothese abgelehnt werden kann. Die Korrelation der beiden Variablen kann damit als hochsignifikant bezeichnet werden (da sich auch zum Niveau 0,01 Signifikanz ergäbe).

Aufgabe 5.5

In einer Untersuchung soll geprüft werden, ob die Größe von Betrieben, gemessen an der Anzahl von Beschäftigten, unabhängig ist von ihrer Zugehörigkeit zu den Sektoren

Sektor 1: Land- und Forstwirtschaft, Fischerei und Bergbau,
Sektor 2: Produzierendes Gewerbe,
Sektor 3: Dienstleistungsgewerbe.

Insgesamt 500 Betriebe wurden zufällig ausgewählt und ihre Sektorzugehörigkeit und Beschäftigtenzahl erhoben. Dabei ergaben sich folgende Häufigkeiten:

	Anzahl der Beschäftigten		
	bis unter 20	20 bis unter 200	200 und mehr
Sektor 1	98	7	4
Sektor 2	130	52	12
Sektor 3	152	38	7

Weisen Sie auf einem Signifikanzniveau von $\alpha = 0{,}05$ nach, dass die Merkmale Beschäftigtenzahl und Sektorzugehörigkeit nicht voneinander unabhängig sind.

Lösung

Hier liegt eine verbundene Stichprobe zweier Merkmale in Form einer Kontingenztabelle vor, sodass die Nullhypothese der Unabhängigkeit beider Merkmale mit Hilfe eines Kontingenztabellentests überprüft werden kann. Die Randhäufigkeiten der Kontingenztabelle sind hier nicht fest vorgegeben, sondern bestimmen sich aus der Stichprobe (Fall 3.4-B). Bezeichnen H_{jl} (für $j=1,...,k$, $l=1,...,m$) die zufällig beobachteten Häufigkeiten der Kombinationen $X=x_j$, $Y=y_l$ und $H_{j\bullet}$ bzw. $H_{\bullet l}$ die entsprechenden Randhäufigkeiten, so berechnen sich Schätzwerte für die unter der Nullhypothese der Abhängigkeit zu erwartenden Häufigkeiten wie folgt:

$$\hat{E}_{H_0}(H_{jl}) = n \cdot \hat{\Pi}_{j\bullet} \cdot \hat{\Pi}_{\bullet l} = n \cdot \frac{H_{j\bullet}}{n} \cdot \frac{H_{\bullet l}}{n} = \frac{H_{j\bullet} \cdot H_{\bullet l}}{n}.$$

Mit Hilfe dieser Schätzwerte kann nun die Testfunktion bestimmt werden:

$$V = \sum_{j=1}^{k} \sum_{l=1}^{m} \chi_{jl}^2 = \sum_{j=1}^{k} \sum_{l=1}^{m} \frac{(H_{jl} - \hat{E}_{H_0}(H_{jl}))^2}{\hat{E}_{H_0}(H_{jl})}.$$

Um die Testfunktion auszurechnen, benötigt man zunächst die Randhäufigkeiten:

$$H_{1\bullet} = 98+7+4 = 109, \quad H_{2\bullet} = 130+52+12 = 194, \quad H_{3\bullet} = 152+38+7 = 197,$$
$$H_{\bullet 1} = 98+130+152 = 380, \quad H_{\bullet 2} = 7+52+38 = 97, \quad H_{\bullet 3} = 4+12+7 = 23.$$

Für die unter Unabhängigkeit erwarteten Häufigkeiten erhält man folgende Schätzungen:

$$\hat{E}_{H_0}(H_{11}) = \frac{109 \cdot 380}{500} = 82{,}84, \quad \hat{E}_{H_0}(H_{12}) = \frac{109 \cdot 97}{500} = 21{,}15, \quad \hat{E}_{H_0}(H_{13}) = \frac{109 \cdot 23}{500} = 5{,}01,$$
$$\hat{E}_{H_0}(H_{21}) = \frac{194 \cdot 380}{500} = 147{,}4, \quad \hat{E}_{H_0}(H_{12}) = \frac{194 \cdot 97}{500} = 37{,}64, \quad \hat{E}_{H_0}(H_{12}) = \frac{194 \cdot 23}{500} = 8{,}92,$$
$$\hat{E}_{H_0}(H_{12}) = \frac{197 \cdot 380}{500} = 149{,}7, \quad \hat{E}_{H_0}(H_{12}) = \frac{197 \cdot 97}{500} = 38{,}22, \quad \hat{E}_{H_0}(H_{12}) = \frac{197 \cdot 23}{500} = 9{,}06.$$

Besch.-Zahl	0 b. u. 20 (l=1)			20 b. u. 200 (l=2)			200 und mehr (l=3)		
Sektor (j=..)	1	2	3	1	2	3	1	2	3
Häufigkeit H_{jl}	98	130	152	7	52	38	4	12	7
erw.Häufigk.	82,84	147,4	149,7	21,15	37,64	38,22	5,01	8,92	9,06
χ^2_{jl}	2,77	2,06	0,03	9,47	5,48	0,00	0,20	1,06	0,47

Voraussetzung für die Anwendbarkeit des Kontingenztabellentests ist, dass sich in jeder der Zellen der Kontingenztabelle eine unter der Nullhypothese zu erwartende Häufigkeit $\hat{E}_{H_0}(H_{jl})$ von wenigstens 5 ergibt (ansonsten müssten Zeilen oder Spalten der Kontingenztabelle geeignet zusammengefasst werden). In der vorstehenden Berechnungstabelle ist diese Voraussetzung erfüllt, der kleinste auftretende Wert beträgt 5,01.

Durch Summation der letzten Zeile der Tabelle erhält man als Testfunktionswert

$$v = 2{,}77 + 2{,}06 + \ldots + 0{,}47 = 21{,}54 \; .$$

Unter H_0 ist V asymptotisch χ^2-verteilt mit $(k-1)\cdot(m-1) = (3-1)\cdot(3-1) = 4$ Freiheitsgraden. Daher ergibt sich als kritischer Bereich

$$B = (c_{\chi^2((k-1)(l-1))\,1-\alpha}\,; +\infty) = (c_{\chi^2(4)\,0{,}95}\,; +\infty) = (9{,}49\,; +\infty)\,.$$

Die Hypothese der Unabhängigkeit kann somit verworfen werden.

Aufgabe 5.6

Die Wahlberechtigten der Bundesrepublik Deutschland bei der Bundestagswahl 2002 waren zu jeweils 33,4 % Protestanten und Katholiken, die restlichen sind anderen Glaubens oder religionslos. Bei der Bundestagswahl 2002 wählten jeweils 30,0 % der Wahlberechtigten die SPD bzw. Die CDU/CSU, während 17,9 % der Wahlberechtigten eine der anderen Parteien wählten.
Um den Zusammenhang zwischen Konfession und Wahlentscheidung zu untersuchen, hat ein Wahlforschungsinstitut 250 zufällig ausgewählte Wahlberechtigte nach ihrer Wahlentscheidung und ihrer Zugehörigkeit zu einer Religionsgemeinschaft befragt und folgedes Häufigkeiten erhalten:

Religionszugehörigkeit	SPD-Wähler	CDU/CSU-Wähler	Wähler einer anderen Partei	Nichtwähler
katholisch	26	31	14	16
evangelisch	26	26	14	17
sonstige oder religionslos	23	22	16	19

Lässt sich auf Basis dieser Daten zum Signifikanzniveau von 5% ein Zusammenhang zwischen Wahlverhalten und Religionszugehörigkeit nachweisen?

Lässt sich auf Basis dieser Daten zum Signifikanzniveau von 5% ein Zusammenhang zwischen Wahlverhalten und Religionszugehörigkeit nachweisen?

Lösung

Aufgrund der Aufgabenstellung liegt hier eine verbundene Stichprobe aus einer zweidimensionalen Grundgesamtheit vor, wobei die Randverteilungen der beiden Untersuchungsmerkmale als bekannt unterstellt werden können. Es handelt sich damit um einen Kontingenztabellentest bei bekannten Randwahrscheinlichkeiten (Fall 3.4A). Die unter der Hypothese der Unabhängigkeit beider Merkmale zu erwartenden Häufigkeiten ergeben sich daher für die einzelnen Kombinationen der Merkmalsausprägungen nach der Formel

$$\mathrm{E}_{\mathrm{H}_0}(H_{jl}) = n \cdot \pi_{j\bullet} \cdot \pi_{\bullet l}.$$

Dabei bezeichnen $\pi_{j\bullet}$ die Randwahrscheinlichkeiten des Merkmals Religionszugehörigkeit, $\pi_{\bullet l}$ die Randwahrscheinlichkeiten des Wahlverhaltens.
Die Testfunktion beruht auf den Abweichungen zwischen den bei Unabhängigkeit erwarteten Häufigkeiten und den beobachteten Häufigkeiten:

$$V = \sum_{j=1}^{k}\sum_{l=1}^{m} \chi_{jl}^2 = \sum_{j=1}^{k}\sum_{l=1}^{m} \frac{(H_{jl} - \mathrm{E}_{\mathrm{H}_0}(H_{jl}))^2}{\mathrm{E}_{\mathrm{H}_0}(H_{jl})}.$$

Zur Berechnung des Testfunktionswertes dient folgende Arbeitstabelle:

j	l	a_j	b_l	$\pi_{j\bullet}$	$\pi_{\bullet l}$	$\mathrm{E}_{\mathrm{H}_0}(H_{jl})$	h_{jl}	χ_{jl}^2
1	1	kath.	SPD	0,334	0,300	25,05	26	0,04
1	2	kath.	CDU/CSU	0,334	0,300	25,05	31	1,41
1	3	kath.	and. Partei	0,334	0,179	14,95	14	0,06
1	4	kath.	Nichtw.	0,334	0,221	18,45	16	0,33
2	1	evang.	SPD	0,334	0,300	25,05	26	0,04
2	2	evang.	CDU/CSU	0,334	0,300	25,05	26	0,04
2	3	evang.	and. Partei	0,334	0,179	14,95	14	0,06
2	4	evang.	Nichtw.	0,334	0,221	18,45	17	0,11
3	1	so. / rl.	SPD	0,332	0,300	24,90	23	0,14
3	2	so. / rl.	CDU/CSU	0,332	0,300	24,90	22	0,34
3	3	so. / rl.	and. Partei	0,332	0,179	14,86	16	0,09
3	4	so. / rl.	Nichtw.	0,332	0,221	18,34	19	0,02

Als Testfunktiosnwert erhält man damit

$$v = \sum_{i=1}^{3} \sum_{l=1}^{4} \chi_{jl}^2 = 2{,}68 .$$

Die Testfunktion ist bei gültiger Hypothese approximativ $\chi^2(k \cdot m - 1) = \chi^2(3 \cdot 4 - 1) = \chi^2(11)$-verteilt, sodass sich für den kritischen Bereich

$$B = (c_{\chi^2(k \cdot l-1)\,1-\alpha}; +\infty) = (c_{\chi^2(11)\,0{,}95}; +\infty) = (19{,}68; +\infty)$$

ergibt. Da der Testfunktionswert außerhalb des kritischen Bereichs liegt, kann die Hypothese der Unabhängigkeit beider Merkmale aufrecht erhalten werden.

Beachte: Das Ergebnis dieser in der Praxis selteneren Variante des Kontingenztabellen-Tests hängt natürlich von der Richtigkeit der Vorinformationen über die Randwahrscheinlichkeiten ab. Ist diese Information fehlerhaft, so kann ein signifikantes Testergebnis nicht nur in der Abhängigkeit der Merkmale, sondern auch in den Abweichungen von den im Rahmen der Hypothese unterstellten Randwahrscheinlichkeiten begründet sein.

Aufgabe 5.7

Eine Gewerkschaft hat aus ihren 250.000 Mitgliedern eine einprozentige Zufallsstichprobe ausgewählt und diesen Personen einen Fragebogen zugesendet, in dem sie Fragen zur Zufriedenheit mit der Arbeit der Gewerkschaftsspitze beantworten sollten. Von den ausgewählten 2.500 Gewerkschaftsmitgliedern haben 1.000 den Fragebogen ausgefüllt zurückgeschickt.
Da die Antwortverweigerungsrate relativ hoch ausfiel, stellt sich das mit der Stichprobenauswertung betraute Institut die Frage, ob die Rückläufe noch als einfache Zufallsstichprobe der Gewerkschaftsmitglieder aufgefasst werden können. Hierzu vergleicht das Institut die Verteilung der demographischen Merkmale Alter und Geschlecht mit der bekannten Verteilung dieser Merkmale in der Gewerkschafts-Mitgliederdatei.

Die Verteilung der beiden Merkmale in der Grundgesamtheit ist folgende:

Mitgliederdatei	Alter (in Jahren)		
Geschlecht	bis unter 35	35 bis unter 50	50 und älter
männlich	40000	50000	70000
weiblich	30000	30000	30000

Die gleichen Merkmale weisen bei den Rückläufen der Stichprobe folgende Verteilung auf:

Erhebungsrückläufe	Alter (in Jahren)		
Geschlecht	bis unter 35	35 bis unter 50	50 und älter
männlich	100	175	300
weiblich	100	125	200

(a) Testen Sie auf einem Signifikanzniveau von 1 % die Hypothese, dass die beiden Merkmale in den Stichprobenrückläufen der gleichen gemeinsamen Verteilung genügen wie in der Grundgesamtheit.

(b) Welche Konsequenzen ergeben sich aus dem Ergebnis in (a) für die statistische Auswertung der zurückgesendeten Fragebögen?

Lösung

(a) Es ist ein χ^2-Anpassungstest an eine zweidimensionale, fest vorgegebene Wahrscheinlichkeitsverteilung durchzuführen. Die Vorgehensweise unterscheidet sich prinzipiell nicht von derjenigen für eine eindimensionale Verteilung (Test 2.4-A), wobei χ^2_{jl}-Werte nun für jede Kombination der beiden Merkmale zu bestimmen sind. Die Testfunktion lautet also:

$$V = \sum_{j=1}^{k}\sum_{l=1}^{m}\chi^2_{jl} = \sum_{j=1}^{k}\sum_{l=1}^{m}\frac{(H_{jl} - \mathrm{E}_{\mathrm{H}_0}(H_{jl}))^2}{\mathrm{E}_{\mathrm{H}_0}(H_{jl})} = \sum_{i=1}^{k}\sum_{j=1}^{l}\frac{(H_{jl} - n\cdot W(X=a_j,\ Y=b_l))^2}{n\cdot W(X=a_j,\ Y=b_l)} \ .$$

Dabei werden die Wahrscheinlichkeiten $W(X=a_j, Y=b_l) = \pi_{jl}$ der einzelnen Merkmalskombinationen aus der bekannten gemeinsamen absoluten Häufigkeitsverteilung der Merkmale in der Grundgesamtheit bestimmt, indem die absoluten Häufigkeiten jeweils durch die Gesamtmitgliederzahl von 250.000 dividiert werden. Die χ_{ij}^2-Werte berechnen sich dann folgendermaßen:

Alter	Geschlecht	j	l	h_{jl}	$W(X=a_j,\ Y=b_l)$	$\mathrm{E}_{\mathrm{H}_0}(H_{jl})$	χ^2_{jl}
< 35	männlich	1	1	100	0,16	160	22,5
< 35	weiblich	1	2	100	0,12	120	3,3
35-50	männlich	2	1	175	0,20	200	3,1
35-50	weiblich	2	2	125	0,12	120	0,2
> 50	männlich	3	1	300	0,28	280	1,4
> 50	weiblich	3	2	200	0,12	120	53,3

Es ergibt sich aufsummiert der folgende Testfunktionswert:

$$v = 22{,}5 + 3{,}3 + 3{,}1 + 0{,}2 + 1{,}4 + 53{,}3 = 83{,}8 .$$

Die Testfunktion genügt unter der Nullhypothese folgender Verteilung:

$$\chi^2(k\cdot m-1) = \chi^2(2\cdot 3-1) = \chi^2(5) \ .$$

Als kritischer Bereich ergibt sich somit

$$B = (c_{\chi^2(5)\,0{,}99}; +\infty) = (15{,}09; +\infty).$$

Die Nullhypothese, dass die Stichprobenrückläufe der bekannten Verteilung der Grundgesamtheit genügen, muss damit abgelehnt werden.

(b) Der in (a) durchgeführte Test kann als Test auf die Repräsentativität einer Stichprobe angesehen werden. Wenn seine Nullhypothese abgelehnt wird, können die Rückläufe der Fragebögen nicht als repräsentatives Abbild der zugrunde liegenden Grundgesamtheit angesehen werden. Denn aufgrund der Verteilung der demographischen Merkmale wird klar, dass es sich bei den Rückläufen bei einer Irrtumswahrscheinlichkeit von 1 % nicht um eine einfache Zufallsstichprobe aus der Grundgesamtheit handelt. Von induktiven Schlüssen von den beantworteten Fragebögen auf die Verteilung der entsprechenden Merkmale in der Grundgesamtheit sollte daher abgesehen werden. Aufgrund der Daten wird deutlich, dass in den Stichprobenrückläufen erheblich mehr ältere Personen und Frauen enthalten sind.
Hier ist zu vermuten, dass die ursprüngliche Stichprobe, d. h. die Empfänger des Fragebogens noch als Zufallsstichprobe angesehen werden kann, und die Unterschiede zur Grundgesamtheit erst durch die zahlreichen Antwortverweigerer (vorwiegend jüngere und männliche Personen) entstanden sind. Genauso gut kann dieses Verfahren jedoch auch verwendet werden, wenn bereits beim Auswahlverfahren für die Stichprobe selbst Zweifel an ihrer Repräsentativität aufkommen.

6 Signifikanztests für unabhängige Stichproben

Diese Gruppe von Signifikanztests behandelt Hypothesen, die sich auf den Vergleich zweier oder mehrerer Grundgesamtheiten beziehen. Dabei wird vorausgesetzt, dass in jeder der betrachteten Gesamtheiten jeweils eine Stichprobe erhoben wurde und dass diese Stichproben voneinander unabhängig sind.
Liegen nur zwei Stichproben vor, so spricht man von *Zweistichprobentests*, mit denen sich Mittelwerte, Varianzen oder Anteilswerte der betrachteten Grundgesamtheiten vergleichen lassen (→ **Aufgaben 6.1 bis 6.3**).
Unter einer (*einfachen*) *Varianzanalyse* versteht man die Verallgemeinerung des Zweistichprobentests für Mittelwerte auf mehr als zwei Grundgesamtheiten (→ **Aufgabe 6.4**).

Literaturhinweise

G, BAMBERG & F. BAUR (2002), S. 192-198.
P. BOHLEY (2000), S. 592-597, 601-603, 608-615 und 639-641.
H. DEGEN & P. LORSCHEID (2002), S. 329-343.
D. HOCHSTÄDTER (1996), S. 602-633.
J. SCHIRA (2005), S. 488-496 und 526-529.
R. SCHLITTGEN (2003), S. 345-353 und 355.
J. SCHWARZE (2001), S. 213-220.

Aufgabe 6.1

Ein landwirtschaftliches Forschungsinstitut möchte die erzielbaren Erträge einer herkömmlichen Winterweizensorte H mit denen seiner neu entwickelten Sorte N vergleichen. Dazu wurden beide Weizensorten unter gleichartigen Bedingungen auf jeweils 100 zufällig ausgewählten Parzellen angebaut und die Erträge in kg/m² gemessen. Es ergaben sich folgende Ergebnisse:

Sorte	Stichprobenmittelwert	korrigierte Stichproben-standardabweichung
H	60,473	4,344
N	62,007	4,859

(a) Berechnen Sie zwei Konfidenzintervalle zum Konfidenzniveau 0,95 für die durchschnittlichen Erträge der beiden Sorten.

(b) Weisen Sie nach, dass die neu entwickelte Sorte einen größeren Durchschnittsertrag erbringt als die herkömmliche (Signifikanzniveau $\alpha = 0{,}05$).

Lösung

(a) Hier sind zunächst Konfidenzintervalle für die Mittelwerte der beiden Grundgesamtheiten gesucht. Da der Stichprobenumfang jeweils gleich 100 und damit größer als 30 ist, kann trotz fehlender Normalverteilungsannahme für die Stichprobenvariablen von der approximativen Normalverteiltheit der beiden Stichprobenmittelwerte ausgegangen werden. Daher ist zur Schätzung der beiden Erwartungswerte das folgende asymptotisch korrekte Konfidenzintervall anwendbar (Intervall 1.1-D):

$$\left[\hat{\mathrm{M}}_i^{(u)}\ ;\ \hat{\mathrm{M}}_i^{(o)}\right] = \left[\bar{X}_i - c_{\mathrm{N}(0;1)\,0{,}975}\cdot\frac{S_i^*}{\sqrt{n_i}}\ ;\ \bar{X}_i + c_{\mathrm{N}(0;1)\,0{,}975}\cdot\frac{S_i^*}{\sqrt{n_i}}\right].$$

Für die Weizensorten H (i=1) und N (i=2) ergeben sich folgende Konfidenzintervalle:

$$\text{Sorte H:}\quad \left[60{,}473 - 1{,}96\cdot\frac{4{,}344}{\sqrt{100}}\ ;\ 60{,}473 + 1{,}96\cdot\frac{4{,}344}{\sqrt{100}}\right] = [59{,}622\,;61{,}324],$$

$$\text{Sorte N:}\quad \left[62{,}007 - 1{,}96\cdot\frac{4{,}859}{\sqrt{100}}\ ;\ 62{,}007 + 1{,}96\cdot\frac{4{,}859}{\sqrt{100}}\right] = [61{,}055\,;62{,}959].$$

(b) Nun soll mit Hilfe eines Signifikanztests statistisch untermauert werden, dass die neuentwickelte Sorte N (i=2) größere Durchschnittserträge erbringt als die herkömmliche Sorte H (i=1). Da immer nur die Entscheidung für die Alternativhypothese H_1 als statistisch gesichert angesehen werden kann, sind die Hypothesen wie folgt aufzustellen:

$$H_0\colon\ \mu_1 \overset{(>)}{=} \mu_2 \qquad H_1\colon\ \mu_1 < \mu_2 .$$

Es handelt sich also um einen linksseitigen approximativen Zweistichproben-Gauß-Test (Test 4.1-Cb). Dieser hat die approximativ $N(0;1)$-verteilte Testfunktion

$$V = \frac{\bar{X}_1 - \bar{X}_2}{\sqrt{S_1^{*2}/n_1 + S_2^{*2}/n_2}}.$$

Das Einsetzen der Stichprobenresultate liefert:

$$v = \frac{60{,}473 - 62{,}007}{\sqrt{4{,}344^2/100 + 4{,}859^2/100}} = \frac{-1{,}534}{\sqrt{0{,}425}} = -2{,}353.$$

Für den linksseitigen Fall ergibt sich als kritischer Bereich

$$B = (-\infty; c_{0,05}) = (-\infty; -c_{\mathrm{N}(0;1)\,0{,}95}) = (-\infty; -1{,}65),$$

sodass bei einem Fehlerrisiko von 5% die neuentwickelte Sorte N als ertragreicher angesehen werden kann. Bemerkenswert ist, dass sich dieses Ergebnis einstellt, obwohl sich die beiden Konfidenzintervalle mit gleicher Fehlerwahrscheinlichkeit überdecken.

Aufgabe 6.2

Im Mai 2004 befragte eine große deutsche Sportzeitschrift 240 zufällig ausgewählte Personen, ob Deutschland im Jahr 2006 Fußball-Weltmeister werde. Dieser Meinung waren 20 % der Befragten. Gleichzeitig wurde 120 ausgewählten Fußballfans dieselbe Frage gestellt. Von diesen waren 33 der Meinung, dass Deutschland 2006 Fußball-Weltmeister werde.

Kann aus diesen Resultaten geschlossen werden, dass Fußballfans eher als ‚normale' Bürger von der deutschen Fußball-Nationalmannschaft den Gewinn des Weltmeisterschafts-Titels erwarteten? Verwenden Sie bei der Beantwortung dieser Frage ein Signifikanzniveau von $\alpha=0{,}05$.

Lösung

Zur Beantwortung der gestellten Frage ist ein einseitiger Zweistichprobentest für Anteilswerte durchzuführen (Test 4.2-b), der die Testfunktion

$$V = \frac{P_1 - P_2}{\sqrt{\hat{\Pi}\cdot(1-\hat{\Pi})\cdot\left(\frac{1}{n_1}+\frac{1}{n_2}\right)}} \quad \text{mit } \hat{\Pi} = \frac{n_1\cdot P_1 + n_2\cdot P_2}{n_1 + n_2}$$

verwendet. Die in der Aufgabenstellung genannten Stichprobenergebnisse liefern mit

$$p_1 = 0{,}20 \text{ (Allgemeinbevölkerung)}; \quad p_2 = \frac{33}{120} = 0{,}275 \text{ (Fußballfans)}$$

unterschiedliche Punktschätzungen für beide Grundgesamtheiten. Für die unter der Hypothese gleicher Anteile optimale Anteilsschätzung $\hat{\Pi}$ erhält man den Wert

$$\hat{\pi} = \frac{n_1\cdot p_1 + n_2\cdot p_2}{n_1 + n_2} = \frac{240\cdot 0{,}2 + 120\cdot 0{,}275}{240 + 120} = 0{,}225.$$

Für den Testfunktionswert ergibt sich damit

$$v = \frac{p_1 - p_2}{\sqrt{\hat{\pi}\cdot(1-\hat{\pi})\cdot\left(\frac{1}{n_1}+\frac{1}{n_2}\right)}} = \frac{0{,}2 - 0{,}275}{\sqrt{0{,}225\cdot(1-0{,}225)\cdot\left(\frac{1}{240}+\frac{1}{120}\right)}} = \frac{-0{,}075}{0{,}047} = -1{,}61.$$

Im vorliegenden Fall einer linksseitigen Alternative erhält man als kritischen Bereich

$$B = \left(-\infty; -c_{N(0;1)\,0{,}95}\right) = \left(-\infty; c_{0{,}05}\right) = (-\infty; -1{,}65),$$

in dem der Wert $-1{,}61$ nicht enthalten ist. Daher lässt sich für die Aussage, die Fußballfans trauten der deutschen Nationalmannschaft die Weltmeisterschaft eher zu, mit den vorliegenden Daten kein signifikanter Nachweis erbringen.

Aufgabe 6.3

Der aus Aufgabe 4.4 bereits bekannte Hersteller von Geschirrspülautomaten will nun nachweisen, dass sich sein neu entwickeltes Modell ‚Eco21' vom Vorgänger-

modell ‚Klapper0815' insbesondere durch einen wesentlich geringeren Kaltwasserverbrauch (bei vergleichbaren Spülprogrammen) unterscheidet. Neben den in Aufgabe 4.4 bereits erwähnten Probeläufen mit ‚Eco21' wurden auch 21 Probeläufe mit dem Modell ‚Klapper0815' durchgeführt.
Für die als normalverteilt unterstellten Wasserverbräuche in Litern ergaben sich folgende Stichprobenergebnisse:

Modell	Anzahl der Probeläufe	mittlerer Kaltwasserverbrauch	Standardabweichung
Klapper0815	21	42,8	2,1
Eco21	41	38,5	1,7

(a) Testen Sie, ob sich signifikante Unterschiede hinsichtlich der Streuung des Kaltwasserverbrauchs der beiden Modelle ergeben ($\alpha=0{,}05$).

(b) Lässt sich für das neue Modell ein geringerer Kaltwasserverbrauch nachweisen ($\alpha=0{,}05$)? Inwiefern ist zur Beantwortung dieser Frage das Testergebnis aus (a) wesentlich?

(c) Welche Bedeutung hat im Rahmen der in (a) und (b) durchgeführten Tests die Normalverteilungsannahme?

Lösung

(a) Es ist ein Vergleich zweier Varianzen anhand von zwei unabhängigen einfachen Stichproben durchzuführen. Die Voraussetzung, dass beide Grundgesamtheiten normalverteilt sind, kann hier gemäß Aufgabenstellung als erfüllt angesehen werden. Bezeichnet σ_1 die Streuung des Kaltwasserverbrauchs von Typ ‚Klapper0815' und σ_2 diejenige des Modells ‚Eco21', so sind folgende Hypothesen zu testen:

$$H_0:\ \sigma_1 = \sigma_2 \qquad H_1:\ \sigma_1 \neq \sigma_2 .$$

Die geeignete Testfunktion lautet (Test 4.3-a)

$$V = \frac{S_1^{*2}}{S_2^{*2}} = \frac{S_1^2 \cdot \frac{n_1}{n_1 - 1}}{S_2^2 \cdot \frac{n_2}{n_2 - 1}} .$$

Es handelt sich also um den Quotienten der korrigierten mittleren quadratischen Abweichungen der beiden Stichproben. Einsetzen der Stichprobenresultate liefert den Testfunktionswert

$$v = \frac{2{,}1^2 \cdot \frac{21}{20}}{1{,}7^2 \cdot \frac{41}{40}} = \frac{4{,}63}{2{,}96} = 1{,}56 .$$

Der zur Ablehnung der Nullhypothese führende kritische Bereich ergibt sich bei einem Signifikanzniveau von 10% (Der 0,95-Punkt der F(40;20)-Verteilung wurde bei der nächstliegenden Nachbarverteilung F(50;20) abgelesen.) als

$$B = \left(0\ ;\ c_{F(n_1-1;n_2-1)\,\alpha/2}\right) \cup \left(c_{F(n_1-1;n_2-1)\,1-\alpha/2}\ ;\ +\infty\right)$$

$$= \left(0\ ;\ \frac{1}{c_{F(n_2-1;n_1-1)\,1-\alpha/2}}\right) \cup \left(c_{F(n_1-1;n_2-1)\,1-\alpha/2}\ ;\ +\infty\right)$$

$$= \left(0\ ;\ \frac{1}{c_{F(40;20)\,0,95}}\right) \cup \left(c_{F(20;40)\,0,95}\ ;\ +\infty\right)$$

$$= \left(0;\frac{1}{2,0}\right) \cup (1,8\,;+\infty) = (-\infty;0,5) \cup (1,8\,;+\infty).$$

Der Testfunktionswert fällt nicht in diesen Ablehnungsbereich, sodass die Nullhypothese gleicher Streuungen nicht verworfen werden kann.

(b) Nun soll mit Hilfe eines Mittelwertvergleichs nachgewiesen werden, dass der mittlere Kaltwasserverbrauch μ_2 des neuen Modells ‚Eco21' geringer ist als μ_1, derjenige des alten Typs ‚Klapper0815'. Hierzu führt man einen Zweistichproben-t-Test mit rechtsseitiger Alternative durch (Test 4.1-Bc), d. h. man testet folgende Hypothesen:

$$H_0:\ \mu_1 \overset{(\leq)}{=} \mu_2 \qquad H_1:\ \mu_1 > \mu_2 .$$

Neben der Normalverteilungsannahme ist für diesen Test die Annahme gleicher Streuungen in beiden Grundgesamtheiten erforderlich. Daher sollte dieser Test nicht durchgeführt werden, wenn die Hypothese gleicher Streuungen abgelehnt werden konnte. Dies war jedoch in Aufgabenteil (a) nicht der Fall.

Die oben aufgestellten Hypothesen können mit der Testfunktion

$$V = \frac{\bar{X}_1 - \bar{X}_2}{\sqrt{\dfrac{\hat{\Sigma}^2}{n_1} + \dfrac{\hat{\Sigma}^2}{n_2}}} \quad \text{mit} \quad \hat{\Sigma} = \sqrt{\frac{(n_1-1)\cdot S_1^{*2} + (n_2-1)\cdot S_2^{*2}}{n_1+n_2-2}}$$

überprüft werden. Für die unter der Hypothese optimale Streuungsschätzung $\hat{\Sigma}$ erhält man den Stichprobenwert

$$\hat{\sigma} = \sqrt{\frac{(n_1-1)\cdot s_1^{*2} + (n_2-1)\cdot s_2^{*2}}{n_1+n_2-2}} = \sqrt{\frac{(21-1)\cdot 2,1^2 + (41-1)\cdot 1,7^2}{21+41-2}} = \sqrt{\frac{203,8}{60}} = 1,84.$$

Hiermit ergibt sich dann für den Testfunktionswert

$$v = \frac{\bar{x}_1 - \bar{x}_2}{\sqrt{\dfrac{\hat{\sigma}^2}{n_1} + \dfrac{\hat{\sigma}^2}{n_2}}} = \frac{42,8 - 38,5}{\sqrt{\dfrac{1,84^2}{21} + \dfrac{1,84^2}{41}}} = \frac{4,3}{\sqrt{0,244}} = 8,71.$$

Bei der hier betrachteten rechtsseitigen Hypothese ergibt sich als kritischer Bereich

$$B = \left(c_{t(n_1+n_2-2)\,1-\alpha}\ ;\ +\infty\right) = \left(c_{t(60)\,0{,}95}\ ;\ +\infty\right) = \left(1{,}67;+\infty\right).$$

Da der Testfunktionswert in diesen kritischen Bereich fällt, kann bei einem Fehlerrisiko von höchstens 5% auf den geringeren Wasserverbrauch des neuen Modells ‚Eco21' geschlossen werden.

(c) Die Normalverteilungsannahme ist im Rahmen dieser Aufgabe an zwei verschiedenen Stellen von Bedeutung:

- Der in Aufgabenteil (a) durchgeführte Zweistichprobentest auf gleiche Varianz bzw. Streuung kann (unabhängig von den zugrundeliegenden Stichprobenumfängen) immer nur für normalverteilte Stichprobenvariablen durchgeführt werden.
- Der in Aufgabenteil (b) durchgeführte Zweistichprobentest für den Mittelwertvergleich benötigt die Normalverteilung nur dann, wenn nicht der Stichprobenumfang in beiden Stichproben wenigstens 30 beträgt. Da der Stichprobenumfang in der Stichprobe des alten Modells ‚Klapper0815' nur 21 beträgt, ist also auch hier die Normalverteilungsannahme für die Stichprobenvariablen unverzichtbar.

Aufgabe 6.4

Ein Unternehmen hat für ein neues Produkt fünf verschiedene Produktvarianten entwickelt, deren Absatzchancen es vor der endgültigen Markteinführung einer der Varianten austesten möchte. Auf einem Testmarkt werden für jede der fünf Varianten jeweils 21 Einzelhandelsgeschäfte ausgewählt. In den Geschäften werden die Absatzmengen in einem Monat gemessen. Dabei ergeben sich folgende Ergebnisse:

Produkt-variante	Mittelwert der Stichprobe	Summe der quadratischen Abweichungen vom Mittelwert der jeweiligen Stichprobe
A	532,1	3.295,8
B	544,2	3.288,7
C	541,4	3.250,6
D	560,6	3.299,8
E	588,9	3.221,2

Lässt sich zum Signifikanzniveau $\alpha=0{,}05$ nachweisen, dass Unterschiede zwischen den Absatzchancen der Produktvarianten bestehen?

Lösung

Hier handelt es sich um insgesamt fünf unabhängige einfache Stichproben, nämlich die Testmärkte der fünf Produktvarianten, die als Abbild der Marktchancen der Produktvarianten nach ihrer Einführung auf dem Gesamtmarkt angesehen werden können. Bei mehr als zwei zu vergleichenden Grundgesamtheiten kann ein Mittelwertvergleich mit Hilfe der einfachen Varianzanalyse durchgeführt werden, welche die Gesamtvariation aller $g=5$ Stichproben unter Anwendung der Streuungszerlegung in die Unterschiede zwischen den Grundgesamtheiten und die Variation innerhalb der Grundgesamtheiten aufteilt. Ist der Anteil der Variation zwischen den Grundgesamtheiten zu groß, so wird im Hypothesenpaar

$$H_0\colon \mu_1 = \mu_2 = \mu_3 = \mu_4 = \mu_5$$
$$H_1\colon \mu_i \neq \mu_j \quad \textbf{für mindestens ein Paar } i \neq j$$

H_0 zugunsten von H_1 verworfen.
Die unter H_0 gemäß $F(g-1;n-g)$-verteilte Testfunktion hat die Form (Test 4.4)

$$V = \frac{Q_1 \,/\, (g-1)}{Q_2 \,/\, (n-g)}.$$

Dabei bezeichnet Q_1 die (mit den Stichprobenumfängen n_j mit $n_1+n_2+n_3+n_4+n_5=n$) gewichteten Summen der quadratischen Abweichungen der jeweiligen Stichprobenmittel $\bar{X}_j$ vom Gesamtmittel $\bar{X}$:

$$Q_1 = \sum_{j=1}^{g} n_j \cdot (\bar{X}_j - \bar{X})^2 \qquad \text{mit} \qquad \bar{X} = \frac{1}{n}\sum_{j=1}^{g} n_j\, \bar{X}_j .$$

Die Größe Q_2 gibt die Summe der quadratischen Abweichungen innerhalb aller fünf Stichproben an:

$$Q_2 = \sum_{j=1}^{g}\sum_{i=1}^{n_j} (X_{ji} - \bar{X}_j)^2 \left(= \sum_{j-1}^{g} n_j \cdot S_j^2 \right).$$

Aufgrund der angegebenen Stichprobenresultate erhält man für das Gesamtmittel den Wert

$$\bar{x} - \frac{1}{n}\sum_{j=1}^{g} n_j \cdot \bar{x}_j = \frac{1}{105}\sum_{j=1}^{5} 21 \cdot \bar{x}_j$$
$$= \frac{21}{105} \cdot (532,1 + 544,2 + 541,4 + 560,6 + 588,9) = 553,4.$$

Mit den quadratischen Abweichungen

$$(\bar{x}_1 - \bar{x})^2 = (532,1 - 553,4)^2 = 453,7, \quad (\bar{x}_2 - \bar{x})^2 = (544,2 - 553,4)^2 = 84,6,$$
$$(\bar{x}_3 - \bar{x})^2 = (541,4 - 553,4)^2 = 144,0, \quad (\bar{x}_4 - \bar{x})^2 = (560,6 - 553,4)^2 = 51,8,$$
$$(\bar{x}_5 - \bar{x})^2 = (588,9 - 553,4)^2 = 1.260,3$$

ergibt sich für die Zählerquadratsumme Q_1 der Realisationswert

$$q_1 = \sum_{j=1}^{g} n_j\, (\bar{x}_j - \bar{x})^2 = 21 \cdot (453,7 + 84,6 + 144,0 + 51,8 + 1.260,3)$$
$$= 21 \cdot 1.994,4 = 41.882,4.$$

7 Geschichtete Stichproben und Klumpenstichproben

Für größere Erhebungen werden in der Praxis meist kompliziertere Stichprobenverfahren angewendet als die einfache Zufallsstichprobe (häufig verwendet man sogar Kombinationen aus solchen Verfahren).
Ein Beispiel für ein derartiges Verfahren ist die *geschichtete Zufallsstichprobe*, bei der die Grundgesamtheit zunächst in mehrere Teilgesamtheiten, die *Schichten*, zerlegt wird und anschließend jeder der Schichten eine Stichprobe entnommen wird. Die durch dieses Verfahren erzielbare Varianzreduktion gegenüber der einfachen Zufallsstichprobe bezeichnet man auch als *Schichtungseffekt* (→ **Aufgaben 7.1 und 7.2**).
Demgegenüber wird in einer so genannten *Klumpenstichprobe* die Grundgesamtheit in viele kleine (oft geographisch abgegrenzte) Teilgesamtheiten zerlegt, die so genannten *Klumpen*. Dabei geht man im Gegensatz zur geschichteten Stichprobe so vor, dass nur ein Teil der Klumpen zufällig ausgewählt wird und in die Stichprobe gelangt. Die Merkmalswerte für die ausgewählten Klumpen werden dann allerdings vollständig erhoben. Gegenüber der einfachen Stichprobe erreicht man mit einer Klumpenstichprobe vielfach eine erhebliche Kostenreduktion je erhobener Einheit, für die allerdings eine gewisse Varianzaufblähung, die auch als *Klumpeneffekt* bezeichnet wird, in Kauf genommen werden muss (→ **Aufgabe 7.4**).
Außer zu reinen Punktschätzungszwecken können die Ergebnisse derartiger Stichprobenverfahren natürlich auch für Konfidenzintervalle oder Signifikanztests verwendet werden (→ **Aufgabe 7.3**).

Literaturhinweise

G. BAMBERG & F. BAUR (2002), S. 241-248.
P. BOHLEY (2000), S. 505-515.
H. DEGEN & P. LORSCHEID (2002), S. 344-353.
J. HARTUNG, B. ELPELT & K.-H. KLÖSENER (2002), S. 278-291.
L. KREIENBROCK (1993), S. 79-122.
J. SCHWARZE (2001), S. 137-141.

Aufgabe 7.1

Ein Unternehmen erhält eine Lieferung von Präzisionsbauteilen in drei voneinander unabhängigen Teillieferungen: zunächst 10.000 Stück, danach 18.000 Stück und schließlich nochmals 2.000 Stück. Bei jeder Teillieferung werden die Längen von 2 % der angelieferten Bauteile durchgemessen. Aufgrund dieser Messungen ergeben sich folgende Werte für die Mittelwerte bzw. die korrigierten Standardabweichungen der Stichproben:

Stichprobe aus	Stichprobenmittelwert	korrigierte Stichproben-standardabweichung
Teillieferung 1	2,996 mm	0,021 mm
Teillieferung 2	2,998 mm	0,025 mm
Teillieferung 3	3.005 mm	0,064 mm

(a) Schätzen Sie die mittlere Bauteillänge in der Gesamtlieferung.

(b) Schätzen Sie die Streuung dieser Schätzung für die mittlere Bauteillänge.

Lösung

(a) Hierbei handelt es sich um eine Stichprobe, die aus drei Schichten entnommen wird. Für jede der drei Schichten beträgt der Stichprobenumfang n_j 2% des Schichtumfangs N_j $(j = 1,2,3)$. Das Gesamtmittel der Grundgesamtheit schätzt man als mit den Schichtumfängen gewichtetes Mittel der in der Aufgabenstellung angegebenen Stichprobenmittelwerte $\bar{x}_j$:

$$\hat{\mu}_S = \frac{1}{N} \sum_{i=1}^{r} N_i \, \bar{x}_i$$

$$= \frac{1}{30.000} \cdot [10.000 \cdot 2{,}996 + 18.000 \cdot 2{,}998 + 2.000 \cdot 3{,}005] = 2{,}998.$$

(b) Die Varianz dieser Schätzfunktion kann mit Hilfe der korrigierten Stichprobenstandardabweichungen S_j^* der drei Schichtstichproben wie folgt geschätzt werden:

$$\hat{\sigma}^2_{\hat{M}_s} = \sum_{j=1}^{g} \frac{N_j^2}{N^2} \cdot \frac{s_j^{*2}}{n_j}$$

$$= \frac{10.000^2}{30.000^2} \cdot \frac{0{,}021^2}{200} + \frac{18.000^2}{30.000^2} \cdot \frac{0{,}025^2}{360} + \frac{2.000^2}{30.000^2} \cdot \frac{0{,}064^2}{40}$$

$$= 0{,}1111 \cdot 0{,}000.002.205 + 0{,}36 \cdot 0{,}000.001.736 + 0{,}00444 \cdot 0{,}000.102.4$$

$$= 0{,}000.000.244 + 0{,}000.000.624 + 0{,}000.000.454 = 0{,}000.001.322.$$

Nach Wurzelziehen ergibt sich für die Streuung der Schätzwert

$$\hat{\sigma}_{\hat{M}_S} = \sqrt{\hat{\sigma}^2_{\hat{M}_S}} = \sqrt{0{,}000.001.322} = 0{,}00115.$$

Aufgabe 7.2

Ein Unternehmen interessiert sich für die mittlere Länge der von ihm gefertigten Präzisionsbauteile. Diese werden auf drei unterschiedlichen Maschinen gefertigt, wobei von Maschine A 50 % der Produktion stammen, von den Maschinen B und C jeweils 25%. Der Monatsproduktion von insgesamt 1.000.000 Bauteilen ist eine geschichtete Stichprobe vom Umfang 200 entnommen worden, wobei dieser

Stichprobenumfang proportional auf die Ausstöße der drei Maschinen aufgeteilt wurde. Dabei ergaben sich folgende Stichprobenresultate:

Maschine	Stichproben-umfang	Mittelwert (mm)	korr. Standard-abw. (mm)
A	100	10,05	0,04
B	50	10,14	0,08
C	50	10,16	0,07

(a) Schätzen Sie die mittlere Länge der Gesamtproduktion und die Streuung dieser Schätzung.

(b) Wie groß ist der Schichtungseffekt bei dieser proportionalen Aufteilung (d. h. um etwa wie viel Prozent reduziert sich die Streuung der Schätzung gegenüber einer einfachen Zufallsstichprobe vom Umfang 200)?

(c) Wie groß ungefähr wäre unter Zugrundelegung dieser Stichprobenresultate der Schichtungseffekt bei optimaler Aufteilung?

Lösung

(a) Als Schätzwert ergibt sich

$$\hat{\mu}_S = \sum_{j=1}^{g} \frac{N_j}{N} \cdot \bar{x}_j = 0{,}5 \cdot 10{,}05 + 0{,}25 \cdot 10{,}14 + 0{,}25 \cdot 10{,}16 = 10{,}10.$$

Dabei bezeichnen $\bar{x}_j$ die Realisationen der Stichprobenmittel der g=3 Schichten und N_j die Schichtumfänge, die sich zum Umfang N der Grundgesamtheit addieren.
Die Varianz der dieser Schätzung zugrunde liegenden Schätzfunktion kann unter Vernachlässigung der Endlichkeitskorrektur durch

$$\hat{\sigma}^2_{\hat{M}_S} = \sum_{j=1}^{g} \left(\frac{N_j}{N} \right)^2 \cdot \frac{s_j^{*2}}{n_j} = 0{,}5^2 \cdot \frac{0{,}04^2}{100} + 0{,}25^2 \cdot \frac{0{,}08^2}{50} + 0{,}25^2 \cdot \frac{0{,}07^2}{50}$$

$$= 0{,}000.0040 + 0{,}000.0080 + 0{,}000.0061 = 0{,}000.0181$$

geschätzt werden, wobei n_j die Stichprobenumfänge und s_j^* die korrigierten Stichprobenstandardabweichungen der einzelnen Schichten bezeichnen. Die geschätzte Streuung der Schätzfunktion (der so genannte Standardfehler) ergibt sich damit nach Ziehen der Wurzel als

$$\hat{\sigma}_{\hat{M}_S} = \sqrt{0{,}000.0181} = 0{,}0043.$$

(b) Mit Hilfe der Streuungszerlegungsformel kann die mittlere quadratische Abweichung der Grundgesamtheit geschätzt werden, die sich additiv aus den Streuungen innerhalb der Schichten (nur diese gehen in die Streuung einer geschichteten Schätzung ein!) und den Unterschieden zwischen den Schichten (d. h. den quadratischen Abweichungen der Schichtmittel) zusammensetzt:

$$\hat{\sigma}_S^2 = \sum_{j=1}^{g} \frac{N_j}{N} \cdot \left(s_j^{*2} + (\bar{x}_j - \hat{\mu}_S)^2\right)$$
$$= 0{,}5 \cdot \left(0{,}04^2 + (10{,}05-10{,}10)^2\right) + 0{,}25 \cdot \left(0{,}08^2 + (10{,}14-10{,}10)^2\right)$$
$$+ 0{,}25 \cdot \left(0{,}07^2 + (10{,}16-10{,}10)^2\right)$$
$$= 0{,}5 \cdot 0{,}0041 + 0{,}25 \cdot 0{,}0080 + 0{,}25 \cdot 0{,}0085 = 0{,}0062.$$

Eine einfache Zufallsstichprobe vom Umfang hätte daher unter Zugrundelegung der Stichprobenresultate die Streuung

$$\hat{\sigma}_{\hat{M}} = \sqrt{\frac{\hat{\sigma}_S^2}{n}} = \sqrt{\frac{0{,}0062}{200}} = 0{,}0056.$$

Die Streuung der Schätzfunktion kann durch das Zurückgreifen auf eine geschichtete Stichprobe proportionaler Aufteilung um etwa 25 % reduziert werden.

(c) Unter Verwendung der Streuungsschätzungen aus der Stichprobe berechnet sich die optimale Aufteilung des Stichprobenumfangs von insgesamt $n=200$ wie folgt:

$$n_k = n \cdot \frac{N_j \cdot s_j^*}{\sum_{j=1}^{K} N_j \cdot s_j^*}, \quad j=1,\ldots,g.$$

Es sind

$$N_1 \cdot s_1^* = 500.000 \cdot 0{,}04 = 20.000, \quad N_2 \cdot s_2^* = 250.000 \cdot 0{,}08 = 20.000,$$
$$N_3 \cdot s_3^* = 250.000 \cdot 0{,}07 = 17.500, \quad \sum_{j=1}^{3} N_j \cdot s_j^* = 20.000 + 20.000 + 17.500 = 57.500.$$

Damit ergeben sich folgende optimale Schichtstichprobenumfänge:

$$n_1 - n_2 = 200 \cdot \frac{20.000}{57.500} = 69{,}57 \approx 70, \quad n_3 = 200 \cdot \frac{17.500}{57.500} = 60{,}87 \approx 61.$$

Mit diesen Stichprobenumfängen ergäbe sich die Varianz der Schichtschätzfunktion zu

$$\hat{\sigma}_{\hat{M}_S}^2 = \sum_{j=1}^{g} \left(\frac{N_j}{N}\right)^2 \cdot \frac{s_j^{*2}}{n_j} = 0{,}5^2 \cdot \frac{0{,}04^2}{70} + 0{,}25^2 \cdot \frac{0{,}08^2}{70} + 0{,}25^2 \cdot \frac{0{,}07^2}{61}$$

$$= 0{,}000.0057 + 0{,}000.0057 + 0{,}000.0050 = 0{,}000.0164.$$

Nach Ziehen der Wurzel erhält man eine geschätzte Streuung von

$$\hat{\sigma}_{\hat{M}_S} = \sqrt{0{,}000.0164} = 0{,}0040.$$

Gegenüber der proportionalen Aufteilung lässt sich also nochmals eine geringfügige Verbesserung der Schätzgenauigkeit erzielen: Im Vergleich zur einfachen Zufallsstichprobe beträgt der Schichtungseffekt statt 25 % nun fast 30 %.

Aufgabe 7.3

Aus den Erwerbstätigen einer bestimmten Stadt wurde für beide Geschlechter eine einfache Zufallsstichprobe vom Umfang 100 erhoben. Die Befragten sollten Auskunft darüber geben, welche Entfernung sie bis zu ihrem Arbeitsplatz zurückzulegen haben. Dabei ergaben sich folgende Stichprobenergebnisse (bezogen auf die einfache Entfernung in km):

Geschlecht	Männer	Frauen
Erwerbstätigenzahl	17.400	12.600
Stichprobenumfang	100	100
Stichprobenmittelwert	5,3	4,0
korrigierte Stichproben-standardabweichung	3,4	2,8

(a) Schätzen Sie die im Mittel zurückzulegende Entfernung und die Streuung dieses Schätzwertes.

(b) Berechnen Sie ein approximatives Konfidenzintervall für die mittlere Entfernung zum Konfidenzniveau $1-\alpha=0{,}95$.

(c) Lässt sich mit Hilfe eines approximativen Tests nachweisen, dass die mittlere Entfernung 5 km nicht überschreitet?

Lösung

(a) Bei dem hier vorliegenden Stichprobenverfahren handelt es sich um eine geschichtete Zufallsstichprobe in $g=2$ Schichten. Bezeichnen N_j, n_j, $\bar{x}_j$ und s_j^*, $j=1,2$, die Schichtumfänge, Stichprobenumfänge, Stichprobenmittelwerte und korrigierten Stichprobenstandardabweichungen, so ergibt sich folgende Schätzung für den Mittelwert der Grundgesamtheit:

$$\hat{\mu}_S = \sum_{j=1}^{2} \frac{N_i}{N} \bar{x}_j = \frac{17.400}{30.000} \cdot 5{,}3 + \frac{12.600}{30.000} \cdot 4{,}0 = 4{,}75.$$

Im Hinblick auf die Genauigkeit dieses Schätzwertes kann mit Hilfe der korrigierten Stichprobenstandardabweichungen in den Schichten folgende Schätzung getätigt werden:

$$\hat{\sigma}_{\hat{M}_S} = \sqrt{\sum_{j=1}^{2} \frac{N_j^2}{N^2} \frac{s_j^{*2}}{n_j}} = \sqrt{\frac{17.400^2}{30.000^2} \cdot \frac{3{,}4^2}{100} + \frac{12.600^2}{30.000^2} \cdot \frac{2{,}8^2}{100}} = \sqrt{0{,}0527} = 0{,}23.$$

(b) Aufgrund der Stichprobenumfänge in den Schichten von mehr als 30 sind die beiden Stichprobenmittelwerte approximativ normalverteilt. Da sich die oben berechnete Schätzfunktion für den Mittelwert der Grundgesamtheit additiv aus den beiden Stichprobenmittelwerten zusammensetzt, ist auch diese approximativ normalverteilt. Ein approximatives Konfidenzintervall für den Mittelwert der Grundgesamtheit lässt sich daher wie folgt konstruieren:

$$[\hat{\mu}_S^{(u)}\,;\,\hat{\mu}_S^{(o)}] = [\hat{\mu}_S - c_{N(0;1)\,1-\alpha/2} \cdot \hat{\sigma}_{\hat{M}_S}\,;\,\hat{\mu}_S + c_{N(0;1)\,1-\alpha/2} \cdot \hat{\sigma}_{\hat{M}_S}]$$

$$= [4{,}75 - 1{,}96 \cdot 0{,}23\,;\,4{,}75 + 1{,}96 \cdot 0{,}23] = [4{,}30\,;5{,}20].$$

(c) Aus den gleichen Gründen wie in Aufgabenteil (b) ist die Testfunktion

$$V = \frac{\hat{M}_S - \mu_0}{\hat{\Sigma}_{\hat{M}_S}}$$

unter der Nullhypothese H_0: $\mu = \mu_0 = 5$ approximativ standardnormalverteilt. Für die Testfunktion ergibt sich der Testwert

$$v = \frac{4{,}75 - 5}{0{,}23} = -1{,}09.$$

Da die Alternative H_1: $\mu < \mu_0 = 5$ lautet, ergibt sich bei einem Signifikanzniveau von $\alpha = 0{,}05$ der Ablehnungsbereich

$$B = (-\infty\,;c_{N(0;1)\,\alpha}) = (-\infty\,;-c_{N(0;1)\,1-\alpha}) = (-\infty;-1{,}65),$$

in dem der Testwert nicht enthalten ist. Es lässt sich somit nicht nachweisen, dass die mittlere zum Arbeitsplatz zurückgelegte Entfernung weniger als 5 km beträgt.

Aufgabe 7.4

In einer Stichprobenuntersuchung soll ermittelt werden, wie viel Prozent der 50.000 Beschäftigten einer großen Aktiengesellschaft eine geplante Maßnahme zur Flexibilisierung der Arbeitszeiten befürworten. Die Stichprobe wurde nicht als einfache Zufallsstichprobe erhoben, sondern in Form einer Klumpenstichprobe, bei der aus den insgesamt 2.000 Abteilungen des Unternehmens 20 der Abteilungen ausgewählt wurden. In diesen wurden jeweils alle dort Beschäftigten nach ihrer Meinung befragt. Dabei ergaben sich folgende Daten:

Nr. der Abteilung	Beschäftigtenzahl	Befürworter	Nr. der Abteilung	Beschäftigtenzahl	Befürworter
123	13	5	1278	15	9
145	18	6	1282	19	10
278	25	10	1359	26	11
290	39	16	1503	25	7
567	24	8	1555	34	17
809	27	8	1669	14	4
880	12	5	1709	10	2
906	5	1	1712	9	3
1076	55	25	1818	38	17
1104	16	6	1879	27	10

(a) Schätzen Sie den Anteil der Befürworter der geplanten Maßnahme an der gesamten Belegschaft.

(b) Schätzen Sie die Streuung dieser Schätzfunktion?

(c) Halten Sie die Verwendung einer Klumpenstichprobe in diesem Fall für angebracht?

Lösung

(a) Es bezeichne $\bar{x}_{[k]}$ den Mittelwert (d. h. hier den Anteilswert der Befürworter) im k-ten im Rahmen der Stichprobe ausgewählten Klumpen (d. h. in der k-ten der insgesamt m ausgewählten Abteilungen), dessen $N_{[k]}$ statistische Einheiten vollständig befragt worden sind. Damit ergibt sich folgende Schätzung des Anteils in der Grundgesamtheit aus den in den Klumpensummen $N_{[k]} \cdot \bar{x}_{[k]}$ (d. h. hier der Anzahl der Befürworter der Maßnahme in den Abteilungen):

$$\hat{\mu}_{[k]} = \frac{M}{N} \cdot \frac{1}{m} \cdot \sum_{k=1}^{m} N_{[k]} \cdot \bar{x}_{[k]}$$

$$= \frac{2.000}{50.000} \cdot \frac{1}{20} \cdot (5+6+\ldots+17+10) = 0{,}04 \cdot \frac{180}{20} = 0{,}36.$$

(b) Die Varianz dieses Schätzers hängt nur von der Varianz σ_K^2 zwischen den Klumpensummen ab, da in den ausgewählten Klumpen jeweils eine Vollerhebung durchgeführt wurde. Diese Varianz kann mit der korrigierten mittleren quadratischen Abweichung der Klumpensummen der Stichproben von der mittleren Klumpensumme geschätzt werden:

$$\hat{\sigma}_K^2 = \frac{1}{m-1} \cdot \sum_{k=1}^{m} \left(N_{[k]} \cdot \bar{x}_{[k]} - \frac{1}{m} \sum_{l=1}^{m} N_{[l]} \cdot \bar{x}_{[l]} \right)^2$$

$$= \frac{m}{m-1} \cdot \left(\frac{1}{m} \sum_{k=1}^{m} (N_{[k]} \cdot \bar{x}_{[k]})^2 - \left(\frac{1}{m} \sum_{l=1}^{m} N_{[l]} \cdot \bar{x}_{[l]} \right)^2 \right)$$

$$= \frac{20}{20-1} \cdot \left(\frac{5^2+6^2+\ldots+10^2}{20} - \left(\frac{180}{20}\right)^2 \right)$$

$$= \frac{20}{19} \cdot \left(\frac{2.290}{20} - 9^2 \right) = \frac{20}{19} \cdot 33{,}5 = 35{,}26.$$

Damit ergibt sich dann folgende geschätzte Varianz der Schätzfunktion aus (a):

$$\hat{\sigma}_{\hat{M}_K}^2 = \frac{M^2}{N^2} \cdot \frac{1}{m} \cdot \frac{M-m}{M-1} \cdot \hat{\sigma}_K^2$$

$$= \frac{2000^2}{50.000^2} \cdot \frac{1}{20} \cdot \frac{2.000-20}{2.000-1} \cdot 35{,}26$$

$$= 0{,}0016 \cdot 0{,}05 \cdot 0{,}99 \cdot 35{,}26 = 0{,}002.793.$$

Nach Wurzelziehen ergibt sich als geschätzte Steuung

$$\hat{\sigma}_{\hat{M}_K} = \sqrt{0{,}002.793} = 0{,}053\,.$$

Mit etwa 15% des Schätzwertes ist die Schätzungenauigkeit recht groß.

(c) Die Variabilität der Anteilswerte der einzelnen Klumpen scheint recht groß zu sein, wobei ein Zusammenhang zwischen der Klumpengröße und dem Befürworteranteil zu bestehen scheint. Durch die geringe Homogenität zwischen den Klumpen kommt es in der Stichprobe zum so genannten Klumpeneffekt, d. h. zu einer Erhöhung der Schätzungsunsicherheit gegenüber einer einfachen Zufallsstichprobe.
Der Gesamtstichprobenumfang der Klumpenstichprobe hängt von den ausgewählten Klumpen ab, ist daher zufällig und realisiert sich hier zu einer Gesamtanzahl von 451 ausgewählten Einheiten. Unterstellt man beispielsweise, dass durch das geklumpte Vorgehen bei der Erhebung die Kosten je erhobenem Belegschaftsmitglied etwa um die Hälfte gesunken sind, so muss man sich fragen, ob nicht eine einfache Zufallsauswahl vom Umfang 225 genauere Resultate geliefert hätte. Unter Verwendung des Punktschätzwertes $\hat{\mu}_K = 0{,}36$ erhält man für die vorliegende dichotome Grundgesamtheit einen Standardfehler von

$$\hat{\sigma}_M = \frac{\hat{\sigma}}{\sqrt{n}} = \frac{\sqrt{\hat{\mu}_K \cdot (1-\hat{\mu}_K)}}{\sqrt{n}} = \frac{\sqrt{0{,}36 \cdot (1-0{,}36)}}{\sqrt{225}} = \frac{0{,}48}{15} = 0{,}032\,.$$

Letztlich hängt die Beantwortung der Frage, ob in dem vorliegenden Fall eine Klumpenstichprobe zweckmäßig ist, von dem Ausmaß der Kostenreduktion gegenüber einer einfachen Stichprobe ab. Man sieht, dass die Kostenreduktion wegen der sehr stark variierenden Klumpensummen deutlich mehr als 50% betragen muss, damit die Klumpenstichprobe lohnt. Die Variabilität der Klumpensummen wiederum ist vor allem durch sehr stark streuenden Klumpengrößen bedingt.
Anmerkung: In der Literatur (vgl. z. B. J. HARTUNG u. a. (2002), S. 291) wird alternativ eine Schätzfunktion für μ betrachtet, die nicht auf den Klumpensummen, sondern auf den Klumpenmittelwerten basiert. Diese ist zwar nicht erwartungstreu, hat aber i. d. R. eine deutlich geringere Varianz als die hier betrachtete, wenn stark variierende Klumpengrößen vorliegen.

Anhang

Der Anhang gliedert sich in drei Teile:

Anhang A enthält ein kommentiertes Literaturverzeichnis, in dem eine (selbstverständlich subjektive) Auswahl von Lehrbüchern aufgeführt ist, die zur Aneignung des in den Aufgaben behandelten Stoffes in Betracht kommen. Zu Beginn der Kommentare steht jeweils eine Kombination aus den Buchstaben A, B, C und D, die angibt, welche der vier Teile dieses Buches in dem jeweiligen Lehrbuch behandelt sind. In Klammern gesetzte Buchstaben bedeuten, dass das entsprechende Gebiet sehr knapp oder nur teilweise behandelt wird. In den Kommentaren wird versucht, die Schwerpunkte und Hauptzielrichtung des betreffenden Buches kurz zu umreißen.

Anhang B besteht aus insgesamt vier Tabellen, welche die wesentlichen Verfahren der Punkt- und Intervallschätzung (B.1) und der Signifikanztests (entsprechend der Vorgehensweise der Kapitel 4 bis 6 des Teils D untergliedert in die Tabellen B.2 bis B.4) in jeweils einer Übersicht zusammenstellen. Die Nummerierung innerhalb der Tabellen wird an den entsprechenden Stellen der Kapitel 3 bis 6 des Teils D zitiert, beispielsweise steht das Kürzel ‚2.1-Bb' für einen linksseitigen Einstichproben-t-Test.

Anhang C fasst statistische Verteilungstabellen zusammen, die für die Wahrscheinlichkeitsrechnung und die schließende Statistik benötigt werden. Er enthält Verteilungsfunktionen von Poisson- und Standardnormalverteilung sowie ausgewählte α-Punkte von t-, χ^2- und F-Verteilung. Man beachte, dass die häufig benötigten α-Punkte der Standardnormalverteilung entweder durch ‚Rückwärtsablesen' der Verteilungsfunktion der Standardnormalverteilung oder aus der Tabelle der t-Verteilung für $n=\infty$ ermittelt werden können.

Inhalt:

A Kommentiertes Literaturverzeichnis

H. ABELS & H. DEGEN: *Handbuch des statistischen Schaubilds: Konstruktion, Interpretation und Manipulation von graphischen Darstellungen.*
312 S., Neue Wirtschafts-Briefe, Herne / Berlin, 1981.
(A). – Ausführliche Spezialliteratur zur Konstruktion, Interpretation und Manipulation von Grafiken. Enthält viele Faustregeln für die Visualisierung statistischer Daten.

G. BAMBERG & F. BAUR: *Statistik.*
352 S., Oldenbourg, München / Wien, 12. Aufl. 2002.
(A), C, D. – Standardlehrbuch zur Statistischen Methodenlehre, das den Schwerpunkt in den Bereichen Wahrscheinlichkeitsrechnung und schließende Statistik setzt. Insbesondere die Testtheorie ist in didaktisch hervorragender Weise dargestellt. Gleichzeitig wird ein Ausblick auf weiterführende Methoden der Statistik gegeben.

B. BECKER: *Statistik.*
332 S., Oldenbourg, München / Wien, 1993.
A, (B), (C), (D). – Dieses (etwas ungewöhnliche) Statistik-Buch will den Leser zum kritischen Umgang mit der Statistik anleiten. Neben den Verfahren zur Beschreibenden Statistik werden Wirtschaftstatistik, Wahrscheinlichkeitsrechnung und schließende Statistik allerdings nur ausschnittsweise und in ihren Grundzügen behandelt.

P. BOHLEY: *Statistik. Einführendes Lehrbuch für Wirtschafts- und Sozialwissenschaftler.*
784 S., Oldenbourg, München / Wien, 7. Aufl. 2000.
A, (B), C, D. – Umfassendes Lehrbuch zur Statistischen Methodenlehre, wobei der Zugang zu den Verfahren über die Betrachtung wirtschaftsstatistischer Fragestellungen (allerdings bezogen auf die Schweiz) erfolgt. Neben dem üblichen Spektrum der statistischen Methoden werden auch einige Ressorts der Wirtschaftsstatistik behandelt.

H. DEGEN & P. LORSCHEID: *Statistik-Lehrbuch mit Wirtschafts- und Bevölkerungsstatistik. Methoden der Statistik im wirtschaftswissenschaftlichen Grundstudium.*
375 S., Oldenbourg, München/Wien, 2. Aufl. 2002.
A, B, C, D. – Das zu dem vorliegenden Übungsbuch passende Lehrbuch deckt – im Gegensatz zu den meisten anderen – neben der statistischen Methodenlehre auch die wichtigsten Gebiete der Wirtschafts- und Bevölkerungsstatistik ab.

J. HARTUNG, B. ELPELT & K.-H. KLÖSENER: *Statistik. Lehr- und Handbuch der angewandten Statistik.*
1004 S., Oldenbourg, München / Wien, 13. Aufl. 2002.
A, C, D. – Kein Lehrbuch nur für das Grundstudium, sondern ein umfassendes Handbuch für die Methoden der Statistik insgesamt. Deshalb bleibt das Buch in manchen Abschnitten knapp (z. B. bei einigen deskriptiven Maßzahlen), stellt jedoch andererseits viele fortgeschrittene und aktuelle methodische Probleme vor, inkl. ausführlicher Literaturhinweise (auch Originalliteratur). Das Buch bietet für einfache wie fortgeschrittenere Methoden stets vollständig durchgerechnete Zahlenbeispiele. Als Kompendium für das gesamte Methodenspektrum der Statistik ist dieses Buch sehr gut geeignet.

D. HOCHSTÄDTER: *Statistische Methodenlehre. Ein Lehrbuch für Wirtschafts- und Sozialwissenschaftler.*
756 S., Deutsch, Frankfurt a.M., 8. Aufl. 1996.
A, (B), C, D. – Standardlehrbuch zur statistischen Methodenlehre, das in den Anwendungsbeispielen häufig auf wirtschaftsstatistische Fragestellungen zurückgreift. Das Buch regt durch manche Kommentare zum kritischen Umgang mit den vorgestellten Methoden an.

L. KREIENBROCK: *Einführung in die Stichprobenverfahren. Lehr- und Übungsbuch der angewandten Statistik.*
204 S., Oldenbourg, München / Wien, 2. Aufl. 1993.
(D). – Spezialliteratur zu Stichprobenverfahren.

P. V.D.LIPPE: *Deskriptive Statistik.*
455 S., Fischer (UTB), Stuttgart, 1993.
A. – Ausführliches Lehr- und Handbuch zur beschreibenden Statistik, das zu jedem Thema neben den Standardmethoden auch weiterführende Methoden darstellt. Das Buch enthält viele Beispiele mit ökonomischem, häufig sogar wirtschaftsstatistischem Bezug, jedoch keine Literaturhinweise.

P. V.D.LIPPE: *Wirtschaftsstatistik.*
516 S., Fischer (UTB), Stuttgart, 5. Aufl. 1996.
B. – Umfassendes Lehr- und Handbuch zur Wirtschafts- und Bevölkerungsstatistik mit zahlreichen Übersichten, in denen die theoretischen Aspekte anschaulich dargestellt werden. Das Buch enthält ausführliche Problemanalysen und detaillierte Literaturhinweise zu einer großen Zahl von Ressortstatistiken.

U. MÜLLER, B. NAUCK & A. DIEKMANN (Hrsg.): *Handbuch der Demographie. Bd. 1: Modelle und Methoden. – Bd. 2: Anwendungen.*
728 + 696 S., Springer, Berlin, 2000.
(B) – Ausführliche Spezialliteratur zur Bevölkerungsstatistik und Demographie.

H.-J. PINNEKAMP & F. SIEGMANN: *Deskriptive Statistik. Mit einer Einführung in das Programmpaket STATGRAPHICS.*
308 S., Oldenbourg, München / Wien, 4. Aufl. 2001.
A. – Standardlehrbuch zur beschreibenden Statistik, das in bestimmten Kapiteln besondere Schwerpunkte setzt (z. B. Zeitreihenanalyse und Vorstellung von Statistik-Software), insgesamt jedoch auch sehr ausführlich die gängigen Methoden der beschreibenden Statistik vorstellt.

H. RINNE: *Wirtschafts- und Bevölkerungsstatistik,*
635 S., Oldenbourg, München / Wien, 2. Aufl. 1996.
B. – Standardlehrbuch zur Wirtschafts- und Bevölkerungsstatistik, das aus der Vielzahl möglicher Ressortstatistiken die wichtigsten Bereiche exemplarisch behandelt. Neben der Darstellung der wirtschaftsstatistischen Begrifflichkeiten werden auch die empirischen Ergebnisse der wichtigsten amtlichen Erhebungen kurz vorgestellt. Zu Beginn führt das Buch ausführlich in Organisation und Arbeitsweise der amtlichen Statistik ein. Viele Schaubilder und Übersichten sowie mehr als 100 Übungsaufgaben begleiten die Kapitel des Buches.

K. SCHARNBACHER: *Statistik im Betrieb. Lehrbuch mit praktischen Beispielen.*
328 S., Gabler, Wiesbaden, 14. Aufl. 2004.
A, (B), (C), (D). – Ein Statistik-Lehrbuch, das sich besonders um die Darstellung der Anwendungsmöglichkeiten der Statistik im Unternehmen bemüht. Neben einem methodischen Teil, der sich schwerpunktmäßig auf die beschreibenden Verfahren konzentriert, werden am Schluss auch die Grundzüge betrieblicher Ressortstatistiken dargestellt, und zwar an Beispielen der Absatz- und Fertigungsstatistik. Außerdem behandelt das Buch die Produktionsstatistik als denjenigen Bereich der amtlichen Statistik, in dem betriebliche Sachverhalte betrachtet werden.

J. SCHIRA: *Statistische Methoden der BWL und VWL.*
624 S., Pearson, München, 2 Aufl. 2005.
A, C, D – Lehrbuch zur statistischen Methodenlehre, das anhand vieler Beispiele aus der betriebs- und volkswirtschaftlichen Praxis die praktische Relevanz der vorgestellten Methoden aufzeigt. Neben dem üblichen methodischen Kanon gibt das Buch eine kurze Einführung in schließende Methoden der Regressions- und Zeitreihenanalyse.

R. SCHLITTGEN: *Einführung in die Statistik: Analyse und Modellierung von Daten.*
536 S., Oldenbourg, München / Wien, 10. Aufl. 2003.
A, C, D. – Dieses Lehrbuch zur statistischen Methodenlehre zeichnet sich vor allem durch eine integrierte Darstellung der beschreibenden Statistik, Wahrscheinlichkeitsrechnung und schließenden Statistik aus und bietet so einen alternativen Zugang zu den gängigen Verfahren. Es enthält darüber hinaus auch Ausführungen zu weiterführenden Gebieten wie explorative Datenanalyse und schließende Verfahren der Varianz- und Regressionsanalyse.

J. SCHWARZE: *Grundlagen der Statistik I: Beschreibende Verfahren.*
290 S., Neue Wirtschafts-Briefe, Herne / Berlin, 10. Aufl. 2005.
A. – Standardlehrbuch zur beschreibenden Statistik, das in didaktisch eleganter Weise den Einstieg in die Methoden der Statistik erlaubt. Obwohl ökonomische Beispiele und verbale Interpretationshinweise häufig fehlen, überzeugt das Buch durch seinen konsequenten Aufbau (Methode, Regel, Beispiel, Aufgabe).

J. SCHWARZE: *Grundlagen der Statistik II: Wahrscheinlichkeitsrechnung und induktive Statistik.*
294 S., Neue Wirtschafts-Briefe, Herne / Berlin, 7. Aufl. 2001.
C, D. – Standardlehrbuch zur Wahrscheinlichkeitsrechnung und schließenden Statistik, das in didaktisch zumeist gelungener Form den Zugang zur Wahrscheinlichkeitsrechnung und schließenden Statistik ermöglicht. Diesem Ziel dient auch die Tatsache, dass sich der Autor bei der Stoffauswahl auf das Wesentliche beschränkt.

B Übersichten zur Schätz- und Testtheorie

B.1 Punkt- und Intervallschätzungen

Nr.	zu schätzender Parameter	Voraussetzungen	Punktschätzfunktion	Verteilung der Schätzfunktion	Konfidenzintervall
1.1	Erwartungswert μ	A) $X_i \sim N(\mu;\sigma)$ σ bekannt.	$\bar{X} = \frac{1}{n}\sum_{i=1}^{n} X_i$	$\sqrt{n}\,\frac{\bar{X}-\mu}{\sigma} \sim N(0;1)$	$\left[\bar{X} - c_{N(0;1)\,1-\alpha/2}\frac{\sigma}{\sqrt{n}}\,;\,\bar{X} + c_{N(0;1)\,1-\alpha/2}\frac{\sigma}{\sqrt{n}}\right]$
		B) X_i beliebig verteilt, σ bekannt, $n>30$.		$\sqrt{n}\,\frac{\bar{X}-\mu}{\sigma} \overset{appr.}{\sim} N(0;1)$	$\left[\bar{X} - c_{N(0;1)\,1-\alpha/2}\frac{\sigma}{\sqrt{n}}\,;\,\bar{X} + c_{N(0;1)\,1-\alpha/2}\frac{\sigma}{\sqrt{n}}\right]$
		C) $X_i \sim N(\mu;\sigma)$, σ unbekannt.		$\sqrt{n}\,\frac{\bar{X}-\mu}{S^*} \sim t(n-1)$	$\left[\bar{X} - c_{t(n-1)\,1-\alpha/2}\frac{S^*}{\sqrt{n}}\,;\,\bar{X} + c_{t(n-1)\,1-\alpha/2}\frac{S^*}{\sqrt{n}}\right]$
		D) X_i beliebig verteilt, σ unbekannt, $n>30$.		$\sqrt{n}\,\frac{\bar{X}-\mu}{S^*} \overset{appr.}{\sim} N(0;1)$	$\left[\bar{X} - c_{N(0;1)\,1-\alpha/2}\frac{S^*}{\sqrt{n}}\,;\,\bar{X} + c_{N(0;1)\,1-\alpha/2}\frac{S^*}{\sqrt{n}}\right]$
1.2	Anteilswert π	$X_i \sim B(1;\pi)$ $nP>5$, $n(1-P)>5$	$P = \frac{1}{n}\sum_{i=1}^{n} X_i$	$\sqrt{n}\,\frac{P-\pi}{\sqrt{P(1-P)}} \overset{appr.}{\sim} N(0;1)$	$\left[P - c_{N(0;1)\,1-\alpha/2}\frac{\sqrt{P(1-P)}}{\sqrt{n}}\,;\,P + c_{N(0;1)\,1-\alpha/2}\frac{\sqrt{P(1-P)}}{\sqrt{n}}\right]$
1.3	Varianz σ^2	$X_i \sim N(\mu;\sigma)$ μ unbekannt.	$S^{*2} = \frac{1}{n-1}\sum_{i=1}^{n}(X_i-\bar{X})^2$	$\frac{(n-1)\,S^{*2}}{\sigma^2} \sim \chi^2(n-1)$	$\left[\frac{(n-1)\,S^{*2}}{c_{\chi^2(n-1)\,1-\alpha/2}}\,;\,\frac{(n-1)\,S^{*2}}{c_{\chi^2(n-1)\,\alpha/2}}\right]$

B.2 Signifikanztests für eine einfache Stichprobe

Nr.	Hypothesen	Verteilung der Grundgesamtheit	Testfunktion	Verteilung der Testfunktion unter H_0	Verwerfungsbereich
2.1	a) $H_0: \mu = \mu_0$ $H_1: \mu \neq \mu_0$ b) $H_0: \mu = \mu_0$ $H_1: \mu < \mu_0$ c) $H_0: \mu = \mu_0$ $H_1: \mu > \mu_0$	A) <u>Einstichproben-GAUSS-Test</u> $N(\mu;\sigma)$, σ bekannt	$V = \sqrt{n}\,\dfrac{\bar{X}-\mu_0}{\sigma}$	N(0;1)	a) $(-\infty; c_{\alpha/2}) \cup (c_{1-\alpha/2}; +\infty)$ b) $(-\infty; c_{\alpha})$ c) $(c_{1-\alpha}; +\infty)$
		B) <u>Einstichproben-t-Test</u> $N(\mu;\sigma)$, σ unbekannt	$V = \sqrt{n}\,\dfrac{\bar{X}-\mu_0}{S^*}$	$t(n-1)$	
		C) <u>approximativer Einstichproben-GAUSS-Test</u> beliebig, σ bekannt, $n>30$	$V = \sqrt{n}\,\dfrac{\bar{X}-\mu_0}{\sigma}$	**appr. N(0;1)**	
		D) <u>approximativer Einstichproben-GAUSS-Test</u> beliebig, σ unbekannt, $n>30$	$V = \sqrt{n}\,\dfrac{\bar{X}-\mu_0}{S^*}$	**appr. N(0;1)**	
2.2	a) $H_0: \pi = \pi_0$ $H_1: \pi \neq \pi_0$ b) $H_0: \pi = \pi_0$ $H_1: \pi < \pi_0$ c) $H_0: \pi = \pi_0$ $H_1: \pi > \pi_0$	<u>Approximativer Einstichproben-GAUSS-Test für einen Anteilswert</u> $B(1;\pi)$ $n\pi_0 \geq 5$, $n(1-\pi_0) \geq 5$	$V = \sqrt{n}\,\dfrac{P - \pi_0}{\sqrt{\pi_0(1-\pi_0)}}$	**appr. N(0;1)**	a) $(-\infty; c_{\alpha/2}) \cup (c_{1-\alpha/2}; +\infty)$ b) $(-\infty; c_{\alpha})$ c) $(c_{1-\alpha}; +\infty)$

Nr.	Hypothesen	Verteilung der GG	Testfunktion	Verteilung der Testfunktion unter H_0	Verwerfungsbereich
2.3	X²-Test für die Varianz a) $H_0: \sigma = \sigma_0 \quad H_1: \sigma \neq \sigma_0$ b) $H_0: \sigma = \sigma_0 \quad H_1: \sigma < \sigma_0$ c) $H_0: \sigma = \sigma_0 \quad H_1: \sigma > \sigma_0$	A) $N(\mu;\sigma)$, σ unbekannt	$V = \frac{(n-1) \cdot S^{*2}}{\sigma_0^2}$	$\chi^2(n-1)$	a) $(-\infty; c_{\alpha/2}) \cup (c_{1-\alpha/2}; +\infty)$ b) $(-\infty; c_\alpha)$ c) $(c_{1-\alpha}; +\infty)$
		B) $N(\mu;\sigma)$, σ bekannt	$V = \frac{\sum_{i=1}^{n} (X_i - \mu)^2}{\sigma_0^2}$	$\chi^2(n)$	
2.4	A) χ^2-Anpassungstest $H_0: F = F_0 \quad H_1: F \neq F_0$ F_0 fest vorgegeben	beliebig k Intervalle mit $n \cdot \pi_j \geq 5$ für alle $j = 1,\dots,k$.	$V = \sum_{j=1}^{k} \frac{H_j - n\pi_j{}^2}{n\pi_j}$	appr. $\chi^2(k-1)$	$(c_{1-\alpha}; +\infty)$
	B) χ^2-Anpassungstest auf einen Verteilungstyp $Q_0 = \{F_0(\theta_1,\dots,\theta_r)\}$ Parameter θ_j von F_0 unbekannt, sie werden mit $\hat{\Theta}_1,\dots,\hat{\Theta}_r$ aus der Grundgesamtheit geschätzt. $H_0: F \in Q_0 \quad H_1: F \notin Q_0$	beliebig k Intervalle mit $n \cdot \hat{\Pi}_j \geq 5$ für alle $j = 1,\dots,k$.	$V = \sum_{j=1}^{k} \frac{(H_j - n\hat{\Pi}_j)^2}{n\hat{\Pi}_j}$ $\hat{\Pi}_j = \pi_j(\hat{\Theta}_1,\dots,\hat{\Theta}_r)$	appr. $\chi^2(k-r-1)$	

B.3 Signifikanztests für verbundene Stichproben

Nr.	Hypothesen	Verteilung der Grundgesamtheit	Testfunktion	Verteilung der Testfunktion unter H_0	Verwerfungsbereich
3.1	Differenzentests a) $H_0: \mu_X = \mu_Y$ $H_1: \mu_X \neq \mu_Y$ b) $H_0: \mu_X = \mu_Y$ $H_1: \mu_X < \mu_Y$ c) $H_0: \mu_X = \mu_Y$ $H_1: \mu_X > \mu_Y$	A) $D_i = X_i - Y_i$, $\mu_D = \mu_X - \mu_Y$ $D_i \sim N(\mu_D; \sigma_D)$, σ_D unbekannt	$V = \sqrt{n}\dfrac{\overline{D}}{\sqrt{\frac{1}{n-1}\sum_{i=1}^{n}(D_i - \overline{D})^2}}$	$t(n-1)$	a) $(-\infty; c_{\alpha/2}) \cup (c_{1-\alpha/2}; +\infty)$ b) $(-\infty; c_\alpha)$ c) $(c_{1-\alpha}; +\infty)$
		B) $D_i = X_i - Y_i$, $\mu_D = \mu_X - \mu_Y$ D_i beliebig verteilt, σ_D unbekannt		appr. $N(0;1)$	
3.2	Anteils-Differenzentests a) $H_0: \pi_X = \pi_Y$ $H_1: \pi_X \neq \pi_Y$ b) $H_0: \pi_X = \pi_Y$ $H_1: \pi_X < \pi_Y$ c) $H_0: \pi_X = \pi_Y$ $H_1: \pi_X > \pi_Y$	$X_i \sim B(1; \pi_X)$, $Y_i \sim B(1; \pi_Y)$ $D_i = X_i - Y_i$ $5 \leq \sum X_i \leq n-5$; $5 \leq \sum Y_i \leq n-5$	$V = \dfrac{\sum_{i=1}^{n} D_i}{\sqrt{\sum_{i=1}^{n} D_i^2}}$	appr. $N(0;1)$	a) $(-\infty; c_{\alpha/2}) \cup (c_{1-\alpha/2}; +\infty)$ b) $(-\infty; c_\alpha)$ c) $(c_{1-\alpha}; +\infty)$
3.3	Korrelationstest a) $H_0: \rho = 0$ $H_1: \rho \neq 0$ b) $H_0: \rho = 0$ $H_1: \rho < 0$ c) $H_0: \rho = 0$ $H_1: \rho > 0$	$(X_i; Y_i)$ zweidimensional normalverteilt mit dem Korrelationskoeffizienten ρ	$V = \dfrac{R}{\sqrt{1-R^2}}\sqrt{n-2}$	$t(n-2)$	a) $(-\infty; c_{\alpha/2}) \cup (c_{1-\alpha/2}; +\infty)$ b) $(-\infty; c_\alpha)$ c) $(c_{1-\alpha}; +\infty)$
3.4	Kontingenztabellen- bzw. χ^2-Unabhängigkeitstest **H_0: *X* und *Y* unabhängig** **H_1: *X* und *Y* abhängig**	A) Randverteilungen sind bekannt. Merkmalsausprägungen unterteilt in k bzw. m Klassen, dabei gilt: $n \cdot \pi_j \cdot \psi_l \geq 5; j = 1,\ldots,k, l = 1,\ldots,m$	$V = \sum_{j=1}^{k}\sum_{l=1}^{m}\dfrac{(H_{jl} - n \cdot \pi_j \cdot \psi_l)^2}{n \cdot \pi_j \cdot \psi_l}$	appr. $\chi^2(km-1)$	c) $(c_{1-\alpha}; +\infty)$
		B) Randverteilungen sind unbekannt. Merkmalsausprägungen unterteilt in k bzw. m Klassen, dabei gilt: $n \cdot \hat{\Pi}_j \cdot \hat{\Psi}_l \geq 5; j = 1,\ldots,k, l = 1,\ldots,m$	$V = \sum_{j=1}^{k}\sum_{l=1}^{m}\dfrac{(H_{jl} - n \cdot \hat{\Pi}_j \cdot \hat{\Psi}_l)^2}{n \cdot \hat{\Pi}_j \cdot \hat{\Psi}_l}$	appr. $\chi^2(k-1)(m-1)$	

B.4 Signifikanztests für unabhängige Stichproben

Nr.	Hypothesen	Verteilung der Grundgesamtheit	Testfunktion	Verteilung der Testfunktion unter H_0	Verwerfungsbereich
4.1	Zweistichprobentests für Mittelwerte a) H_0: $\mu_1 = \mu_2$ H_1: $\mu_1 \neq \mu_2$ b) H_0: $\mu_1 = \mu_2$ H_1: $\mu_1 < \mu_2$ c) H_0: $\mu_1 = \mu_2$ H_1: $\mu_1 > \mu_2$	A) Zweistichprob.-GAUSS-Test $N(\mu_1;\sigma_1)$ bzw. $N(\mu_2;\sigma_2)$ **σ_1 und σ_2 bekannt**	$V = \dfrac{\bar{X}_1 - \bar{X}_2}{\sqrt{\sigma_1^2/n_1 + \sigma_2^2/n_2}}$	N(0;1)	a) $(-\infty; c_{\alpha/2}) \cup (c_{1-\alpha/2}; +\infty)$ b) $(-\infty; c_\alpha)$ c) $(c_{1-\alpha}; +\infty)$
		B) Zweistichproben-t-Test $N(\mu_1;\sigma_1)$ bzw. $N(\mu_2;\sigma_2)$ **σ_1 und σ_2 bekannt**	$V = \dfrac{\bar{X}_1 - \bar{X}_2}{\sqrt{\hat{\Sigma}^2/n_1 + \hat{\Sigma}^2/n_2}}$ $\hat{\Sigma}^2 = \dfrac{(n_1-1)S_1^{*2} + (n_2-1)S_2^{*2}}{n_1+n_2-2}$	$t(n_1+n_2-2)$	
		C) Appr. Zweistichpr.-GAUSS-Test für beliebige Verteilungen **σ_1, σ_2 unbekannt**, n_1, $n_2 > 30$	$V = \dfrac{\bar{X}_1 - \bar{X}_2}{\sqrt{S_1^{*2}/n_1 + S_2^{*2}/n_2}}$	**appr. N(0;1)**	
4.2	Appr. Zweistichproben-GAUSS-Test f. Anteilswerte a) H_0: $\pi_1 = \pi_2$ H_1: $\pi_1 \neq \pi_2$ b) H_0: $\pi_1 = \pi_2$ H_1: $\pi_1 < \pi_2$ c) H_0: $\pi_1 = \pi_2$ H_1: $\pi_1 > \pi_2$	$B(1;\pi_1)$ bzw. $B(1;\pi_2)$ $n_1 \cdot \pi_1 \geq 5$; $n_1 \cdot (1-\pi_1) \geq 5$ $n_2 \cdot \pi_2 \geq 5$; $n_2 \cdot (1-\pi_2) \geq 5$	$V = \dfrac{P_1 - P_2}{\sqrt{P \cdot (1-P) \cdot (1/n_1 + 1/n_2)}}$ $P = \dfrac{n_1 P_1 + n_2 P_2}{n_1 + n_2}$	**appr. N(0;1)**	a) $(-\infty; c_{\alpha/2}) \cup (c_{1-\alpha/2}; +\infty)$ b) $(-\infty; c_\alpha)$ c) $(c_{1-\alpha}; +\infty)$
4.3	Varianzhomogenitätstest a) H_0: $\mu_1 = \mu_2$ H_1: $\mu_1 \neq \mu_2$ b) H_0: $\mu_1 = \mu_2$ H_1: $\mu_1 < \mu_2$ c) H_0: $\mu_1 = \mu_2$ H_1: $\mu_1 > \mu_2$	$N(\mu_1;\sigma_1)$, **μ_1 unbekannt** bzw. $N(\mu_2;\sigma_2)$, **μ_2 unbekannt**	$V = \dfrac{S_1^{*2}}{S_2^{*2}}$	$F(n_1-1; n_2-1)$	a) $(-\infty; c_{\alpha/2}) \cup (c_{1-\alpha/2}; +\infty)$ b) $(-\infty; c_\alpha)$ c) $(c_{1-\alpha}; +\infty)$
4.4	F-Test der einfachen Varianzanalyse H_0: $\mu_1 = \mu_2 = \ldots = \mu_g$ H_1: $\mu_i \neq \mu_j$ für mindestens ein Paar (i,j)	$N(\mu_1;\sigma), \ldots, N(\mu_g;\sigma)$, wobei die Streuungen σ jeweils gleich sind, σ unbekannt	$V = \dfrac{\frac{1}{g-1}\sum_{j=1}^{g} n_j \cdot (\bar{X}_j - \bar{X})^2}{\frac{1}{n-g}\sum_{j=1}^{r}\sum_{i=1}^{n_j} (X_{ji} - \bar{X}_j)^2}$ $\bar{X}_j = \frac{1}{n_j}\sum_{i=1}^{n_j} X_{ji}$, $\bar{X} = \frac{1}{n}\sum_{j=1}^{g} n_j \cdot \bar{X}_j$	$F(g-1; n-g)$	$(c_{1-\alpha}; +\infty)$

C Statistische Verteilungstabellen

C.1 Verteilungsfunktion der Poissonverteilung

Angegeben sind die Werte der Verteilungsfunktion $F_{P(\mu)}(x)$ für Parameterwerte $0{,}1 \leq \mu \leq 10$.

$x =$	0	1	2	3	4	5	6	7	8	9	10	11
$\mu = 0{,}1$	,905	,995	,999	...								
0,2	,818	,982	,999	...								
0,3	,741	,963	,996	,999	...							
0,4	,670	,938	,992	,999	...							
0,5	,606	,910	,986	,998	,999	...						
0,6	,548	,878	,977	,997	,999	...						
0,7	,497	,844	,966	,994	,999	...						
0,8	,449	,809	,952	,991	,999	...						
0,9	,416	,773	,937	,987	,998	,999	...					
1,0	,368	,736	,919	,981	,996	,999	...					
1,1	,333	,699	,900	,974	,994	,999	...					
1,2	,301	,662	,879	,966	,992	,998	,999	...				
1,3	,273	,627	,857	,957	,989	,997	,999	...				
1,4	,247	,592	,834	,947	,987	,996	,999	...				
1,5	,223	,558	,809	,934	,981	,995	,999	...				
1,6	,202	,525	,783	,921	,976	,994	,999	...				
1,7	,183	,494	,758	,908	,972	,994	,999	...				
1,8	,165	,462	,730	,891	,963	,989	,997	,999	...			
1,9	,150	,434	,704	,875	,956	,987	,997	,999	...			
2,0	,135	,406	,677	,857	,947	,983	,996	,999	...			
2,2	,111	,355	,623	,820	,928	,976	,993	,998	,999	...		
2,4	,091	,309	,570	,779	,904	,964	,988	,996	,999	...		
2,6	,074	,267	,518	,736	,877	,951	,983	,995	,999	...		
2,8	,061	,231	,469	,691	,847	,934	,975	,991	,997	,999	...	
3,0	,050	,199	,423	,647	,815	,916	,966	,988	,996	,999	...	
4,0	,018	,092	,238	,343	,629	,785	,889	,950	,979	,992	,997	,999
5,0	,007	,040	,125	,265	,441	,616	,762	,867	,932	,968	,986	,995
6,0	,003	,017	,062	,151	,285	,446	,606	,744	,847	,916	,957	,980
7,0	,001	,007	,030	,082	,173	,301	,450	,599	,730	,831	,902	,947
8,0	,000	,003	,014	,042	,100	,191	,313	,453	,593	,717	,816	,888
9,0	,000	,001	,006	,021	,055	,116	,207	,324	,456	,587	,706	,803
10,0	,000	,000	,003	,010	,029	,067	,130	,220	,333	,458	,583	,697

(Forts.)

$x =$	12	13	14	15	16	17	18	19	20	21	22	...
$\mu = 4{,}0$	,999	...										
5,0	,998	,999	...									
6,0	,991	,996	,999	...								
7,0	,973	,987	,994	,998	,999	...						
8,0	,936	,966	,983	,992	,996	,998	,999	...				
9,0	,876	,926	,959	,978	,989	,995	,998	,999	...			
10,0	,792	,865	,917	,951	,973	,986	,993	,997	,998	,999	...	

C.2 Verteilungsfunktion der Standardnormalverteilung

Angegeben sind die Werte der Verteilungsfunktion $F_{N(0;1)}(x)$ für $0 \leq x < 3$. Verteilungsfunktionswerte für $x < 0$ erhält man aufgrund der Symmetrieeigenschaft der Standardnormalverteilung mit der Beziehung

$$F_{N(0;1)}(x) = 1 - F_{N(0;1)}(-x).$$

x =	.,.0	.,.1	.,.2	.,.3	.,.4	.,.5	.,.6	.,.7	.,.8	.,.9
0,0.	,500	,504	,508	,512	,516	,520	,524	,528	,532	,536
0,1.	,540	,544	,548	,552	,556	,560	,564	,567	,571	,575
0,2.	,579	,583	,587	,591	,595	,599	,603	,606	,610	,614
0,3.	,618	,622	,625	,629	,633	,637	,641	,644	,648	,652
0,4.	,655	,659	,663	,666	,670	,674	,677	,681	,684	,688
0,5.	,692	,695	,698	,702	,705	,709	,712	,716	,719	,722
0,6.	,726	,726	,732	,736	,739	,742	,745	,749	,752	,755
0,7.	,758	,761	,764	,767	,770	,773	,776	,779	,783	,785
0,8.	,788	,791	,794	,797	,799	,802	,805	,808	,811	,813
0,9.	,816	,819	,821	,824	,826	,829	,831	,834	,836	,839
1,0.	,841	,844	,846	,848	,851	,853	,855	,858	,860	,862
1,1.	,864	,866	,869	,871	,873	,875	,877	,879	,881	,883
1,2.	,885	,887	,889	,891	,893	,894	,896	,898	,900	,901
1,3.	,903	,905	,907	,908	,910	,912	,913	,915	,916	,918
1,4.	,919	,921	,922	,924	,925	,926	,928	,929	,931	,932
1,5.	,933	,934	,936	,937	,938	,939	,941	,942	,943	,944
1,6.	,945	,946	,947	,948	,949	,950	,951	,952	,953	,954
1,7.	,955	,956	,957	,958	,959	,960	,961	,962	,962	,963
1,8.	,964	,965	,966	,966	,967	,968	,969	,969	,970	,971
1,9.	,971	,972	,973	,973	,974	,974	,975	,976	,976	,977
2,0.	,977	,978	,978	,979	,979	,980	,980	,981	,981	,982
2,1.	,982	,983	,983	,983	,984	,984	,985	,985	,985	,986
2,2.	,986	,986	,987	,987	,987	,988	,988	,988	,989	,989
2,3.	,989	,990	,990	,990	,990	,991	,991	,991	,991	,992
2,4.	,992	,992	,992	,992	,993	,993	,993	,993	,993	,994
2,5.	,994	,994	,994	,994	,994	,995	,995	,995	,995	,995
2,6.	,995	,995	,996	,996	,996	,996	,996	,996	,996	,996
2,7.	,996	,997	,997	,997	,997	,997	,997	,997	,997	,997
2,8.	,997	,997	,998	,998	,998	,998	,998	,998	,998	,998
2,9.	,998	,998	,998	,998	,998	,998	,998	,998	,999	,999

C.3 Quantile der t-Verteilung

Angegeben sind ausgewählte α-Punkte für Freiheitsgrade im Bereich $n = 1, \ldots, 100$ sowie für $n = \infty$ [entspricht N(0;1)].
Für $0{,}005 \leq \alpha \leq 0{,}1$ erhält man die α-Punkte aus der Beziehung $x_\alpha = -x_{1-\alpha}$.

$n =$	1	2	3	4	5	6	7	8	9	10	11	12
$\alpha = 0{,}995$	63,7	9,92	5,84	4,60	4,03	3,71	3,50	3,36	3,25	3,17	3,11	3,05
0,990	31,8	6,96	4,54	3,75	3,36	3,14	3,00	2,90	2,82	2,76	2,72	2,68
0,975	12,7	4,30	3,18	2,78	2,57	2,45	2,36	2,31	2,26	2,23	2,20	2,18
0,950	6,31	2,92	2,35	2,13	2,02	1,94	1,90	1,86	1,83	1,81	1,80	1,78
0,900	3,08	1,89	1,64	1,53	1,48	1,44	1,42	1,40	1,38	1,37	1,36	1,36

$n =$	13	14	15	16	17	18	19	20	21	22	23	24
$\alpha = 0{,}995$	3,01	2,98	2,95	2,92	2,90	2,88	2,86	2,85	2,83	2,82	2,81	2,80
0,990	2,65	2,62	2,60	2,58	2,57	2,55	2,54	2,53	2,52	2,51	2,50	2,49
0,975	2,16	2,14	2,13	2,12	2,11	2,10	2,09	2,09	2,08	2,07	2,07	2,06
0,950	1,77	1,76	1,75	1,75	1,74	1,73	1,73	1,72	1,72	1,72	1,71	1,71
0,900	1,35	1,35	1,34	1,34	1,33	1,33	1,33	1,33	1,32	1,32	1,32	1,32

$n =$	25	26	27	28	29	30	40	50	60	80	100	∞
$\alpha = 0{,}995$	2,79	2,78	2,77	2,76	2,76	2,75	2,70	2,68	2,66	2,64	2,63	2,58
0,990	2,48	2,48	2,47	2,47	2,46	2,46	2,42	2,40	2,39	2,37	2,36	2,33
0,975	2,06	2,06	2,05	2,05	2,05	2,04	2,02	2,01	2,00	1,99	1,98	1,96
0,950	1,71	1,71	1,70	1,70	1,70	1,70	1,68	1,68	1,67	1,66	1,66	1,65
0,900	1,32	1,32	1,31	1,31	1,31	1,31	1,30	1,30	1,30	1,29	1,29	1,28

C.4 Quantile der χ^2-Verteilung

Angegeben sind ausgewählte α-Punkte für Freiheitsgrade im Bereich $n = 1, ..., 100$.

α =	0,01	0,025	0,05	0,1	0,9	0,95	0,975	0,99
n = 1	0,00	0,00	0,00	0,02	2,71	3,84	5,02	6,63
2	0,02	0,05	0,10	0,21	4,61	5,99	7,38	9,21
3	0,11	0,22	0,35	0,58	6,25	7,81	9,35	11,34
4	0,30	0,48	0,71	1,06	7,78	9,49	11,14	13,28
5	0,55	0,83	1,15	1,61	9,24	11,07	12,83	15,09
6	0,87	1,24	1,64	2,20	10,64	12,59	14,45	16,81
7	1,24	1,69	2,17	2,83	12,02	14,07	16,01	18,48
8	1,65	2,18	2,73	3,49	13,36	15,51	17,53	20,09
9	2,09	2,70	3,33	4,17	14,68	16,92	19,02	21,67
10	2,56	3,25	3,94	4,87	15,99	18,31	20,48	23,21
11	3,05	3,82	4,57	5,58	17,28	19,68	21,92	24,72
12	3,57	4,40	5,23	6,30	18,55	21,03	23,34	26,22
13	4,11	5,01	5,89	7,04	19,81	22,36	24,74	27,69
14	4,66	5,63	6,57	7,79	21,06	23,68	26,12	29,14
15	5,23	6,26	7,26	8,55	22,31	25,00	27,49	30,58
16	5,81	6,91	7,96	9,31	23,54	26,30	28,85	32,00
17	6,41	7,56	8,67	10,09	24,77	27,59	30,19	33,41
18	7,01	8,23	9,39	10,86	25,99	28,87	31,53	34,81
19	7,63	8,91	10,12	11,65	27,20	30,14	32,85	36,19
20	8,26	9,59	10,85	12,44	28,41	31,41	34,17	37,57
21	8,90	10,28	11,59	13,24	29,62	32,67	35,48	38,93
22	9,54	10,98	12,34	14,04	30,81	33,92	36,78	40,29
23	10,20	11,69	13,09	14,85	32,01	35,17	38,08	41,64
24	10,86	12,40	13,85	15,66	33,20	36,42	39,36	42,98
25	11,52	13,12	14,61	16,47	34,38	37,65	40,65	44,31
26	12,20	13,84	15,38	17,29	35,56	38,89	41,92	45,64
27	12,88	14,57	16,15	18,11	36,74	40,11	43,19	46,96
28	13,56	15,31	16,93	18,94	37,92	41,34	44,46	48,28
29	14,26	16,05	17,71	19,77	39,09	42,56	45,72	49,59
30	14,95	16,79	18,49	20,60	40,26	43,77	46,98	50,89
40	22,16	24,43	26,51	29,05	51,81	55,76	59,34	63,69
50	29,71	32,36	34,76	37,69	63,17	67,50	71,42	76,15
60	37,48	40,48	43,19	46,46	74,40	79,08	83,30	88,38
70	45,44	48,76	51,74	55,33	85,53	90,53	95,02	100,4
80	53,54	57,15	60,39	64,28	96,58	101,9	106,6	112,3
90	61,75	65,65	69,13	73,29	107,6	113,1	118,1	124,1
100	70,06	74,22	77,93	82,36	118,5	124,3	129,6	135,8
200	156,4	162,7	168,3	174,8	226,0	234,0	241,1	249,4
400	337,2	346,5	354,6	364,2	436,6	447,6	457,3	468,7
1000	898,9	914,3	927,6	943,1	1.058	1.075	1.090	1.107

C.5 Quantile der F-Verteilung

Angegeben sind α-Punkte (für $\alpha = 0{,}95$ und $\alpha = 0{,}99$) für ausgewählte Freiheitsgrade in den Bereichen $m = 1, \ldots, 100$ und $n = 1, \ldots, 200$ sowie $n = \infty$.
Für $\alpha = 0{,}05$ und $\alpha = 0{,}01$ erhält man die α-Punkte aufgrund folgender Beziehung:

$$x_{F(m;n)\ \alpha} = \left(x_{F(n;m)\ 1-\alpha}\right)^{-1}$$

● $\alpha = 0{,}95$

$m =$	1	2	3	4	5	6	7	8	9	10	20	50	100
$n = 1$	161	200	216	225	230	234	237	239	241	242	248	252	254
2	18,5	19,0	19,2	19,3	19,3	19,3	19,4	19,4	19,4	19,4	19,5	19,5	19,5
3	10,1	9,6	9,3	9,1	9,0	8,9	8,9	8,9	8,8	8,7	8,7	8,6	8,6
4	7,7	7,0	6,6	6,4	6,3	6,2	6,1	6,0	6,0	6,0	5,8	5,7	5,7
5	6,6	5,8	5,4	5,2	5,1	5,0	4,9	4,8	4,8	4,7	4,6	4,4	4,4
6	6,0	5,1	4,8	4,5	4,4	4,3	4,2	4,2	4,1	4,1	3,9	3,8	3,7
7	5,6	4,7	4,4	4,1	4,0	3,9	3,8	3,7	3,7	3,6	3,4	3,3	3,3
8	5,3	4,5	4,1	3,8	3,7	3,6	3,5	3,4	3,4	3,4	3,2	3,0	3,0
9	5,1	4,3	3,9	3,6	3,5	3,4	3,3	3,2	3,2	3,1	2,9	2,8	2,8
10	5,0	4,1	3,7	3,5	3,3	3,2	3,1	3,1	3,0	3,0	2,8	2,6	2,6
11	4,8	4,0	3,6	3,4	3,2	3,1	3,0	3,0	2,9	2,9	2,7	2,5	2,5
12	4,8	3,9	3,5	3,3	3,1	3,0	2,9	2,9	2,8	2,8	2,5	2,4	2,4
13	4,7	3,8	3,4	3,2	3,0	2,9	2,9	2,8	2,7	2,7	2,5	2,3	2,3
14	4,6	3,7	3,3	3,1	3,0	2,9	2,8	2,7	2,7	2,6	2,4	2,2	2,2
15	4,6	3,7	3,3	3,0	2,9	2,8	2,7	2,6	2,6	2,5	2,3	2,2	2,1
16	4,5	3,6	3,2	3,0	2,9	2,7	2,7	2,6	2,5	2,5	2,3	2,1	2,1
17	4,5	3,6	3,2	3,0	2,8	2,7	2,6	2,6	2,5	2,5	2,2	2,1	2,0
18	4,4	3,6	3,2	2,9	2,8	2,7	2,6	2,5	2,5	2,4	2,2	2,0	2,0
19	4,4	3,5	3,1	2,9	2,7	2,6	2,5	2,5	2,4	2,4	2,2	2,0	1,9
20	4,4	3,5	3,1	2,9	2,7	2,6	2,5	2,5	2,4	2,4	2,1	2,0	1,9
30	4,2	3,3	2,9	2,7	2,5	2,4	2,3	2,3	2,2	2,2	1,9	1,8	1,7
40	4,1	3,2	2,8	2,6	2,5	2,3	2,3	2,2	2,1	2,1	1,8	1,7	1,6
50	4,0	3,2	2,8	2,6	2,4	2,3	2,2	2,1	2,1	2,0	1,8	1,6	1,5
60	4,0	3,2	2,8	2,5	2,4	2,3	2,2	2,1	2,0	2,0	1,7	1,6	1,5
70	4,0	3,1	2,8	2,5	2,3	2,2	2,1	2,1	2,0	2,0	1,7	1,5	1,5
80	4,0	3,1	2,8	2,5	2,3	2,2	2,1	2,1	2,0	2,0	1,7	1,5	1,4
90	3,9	3,1	2,7	2,5	2,3	2,2	2,1	2,0	2,0	1,9	1,7	1,5	1,4
100	3,9	3,1	2,7	2,5	2,3	2,2	2,1	2,0	2,0	1,9	1,7	1,5	1,4
200	3,9	3,0	2,7	2,4	2,3	2,1	2,1	2,0	1,9	1,9	1,6	1,4	1,3
∞	3,8	3,0	2,6	2,4	2,2	2,1	2,0	1,9	1,9	1,8	1,6	1,4	1,2

● $\alpha = 0{,}99$

$m =$	1	2	3	4	5	6	7	8	9	10	20	50	100
$n = 2$	98,5	99,0	99,2	99,3	99,3	99,3	99,4	99,4	99,4	99,4	99,5	99,5	99,5
3	34,1	30,8	29,5	28,7	28,2	27,9	27,7	27,5	27,3	27,2	26,7	26,4	26,2
4	21,2	18,0	16,7	16,0	15,5	15,2	15,0	14,8	14,7	14,6	14,0	13,7	13,6
5	16,3	13,3	12,1	11,4	11,0	10,7	10,5	10,3	10,2	10,1	9,6	9,2	9,1
6	13,7	10,9	9,8	9,1	8,7	8,5	8,3	8,1	8,0	7,9	7,4	7,1	7,0
7	12,3	9,6	8,5	7,8	7,5	7,2	7,0	6,8	6,7	6,6	6,2	5,9	5,8
8	11,3	8,7	7,6	7,0	6,6	6,4	6,2	6,0	5,9	5,8	5,4	5,1	5,0
9	10,6	8,0	7,0	6,4	6,1	5,8	5,6	5,5	5,4	5,3	4,8	4,5	4,4
10	10,0	7,6	6,6	6,0	5,6	5,4	5,2	5,1	4,9	4,8	4,4	4,1	4,0
11	9,6	7,2	6,2	5,7	5,3	5,1	4,9	4,7	4,6	4,5	4,1	3,8	3,7
12	9,3	6,9	6,0	5,4	5,1	4,8	4,6	4,5	4,4	4,3	3,9	3,6	3,5
13	9,1	6,7	5,7	5,2	4,9	4,6	4,4	4,3	4,2	4,1	3,7	3,4	3,3
14	8,9	6,5	5,6	5,0	4,7	4,5	4,3	4,1	4,0	3,9	3,5	3,2	3,1
15	8,7	6,4	5,4	4,9	4,6	4,3	4,1	4,0	3,9	3,8	3,4	3,1	3,0
16	8,5	6,2	5,3	4,8	4,4	4,2	4,0	3,9	3,8	3,7	3,3	3,0	2,9
17	8,4	6,1	5,2	4,7	4,3	4,1	3,9	3,8	3,7	3,6	3,2	2,9	2,8
18	8,3	6,0	5,1	4,6	4,2	4,0	3,8	3,7	3,6	3,5	3,1	2,8	2,7
19	8,2	5,9	5,0	4,5	4,2	3,9	3,8	3,6	3,5	3,4	3,0	2,7	2,6
20	8,1	5,8	4,9	4,4	4,1	3,9	3,7	3,6	3,5	3,4	2,9	2,6	2,5
30	7,6	5,4	4,5	4,0	3,7	3,5	3,3	3,2	3,1	3,0	2,5	2,2	2,1
40	7,3	5,2	4,3	3,8	3,5	3,3	3,1	3,0	2,9	2,8	2,4	2,1	1,9
50	7,2	5,1	4,2	3,7	3,4	3,2	3,0	2,9	2,8	2,7	2,3	1,9	1,8
60	7,1	5,0	4,1	3,6	3,3	3,1	3,0	2,8	2,7	2,6	2,2	1,9	1,7
70	7,0	4,9	4,1	3,6	3,3	3,1	2,9	2,8	2,7	2,6	2,2	1,8	1,7
80	7,0	4,9	4,0	3,6	3,3	3,0	2,9	2,7	2,6	2,6	2,1	1,8	1,7
90	6,9	4,8	4,0	3,5	3,2	3,0	2,8	2,7	2,6	2,5	2,1	1,8	1,6
100	6,9	4,8	4,0	3,5	3,2	3,0	2,8	2,7	2,6	2,5	2,1	1,7	1,6
200	6,8	4,7	3,9	3,4	3,1	2,9	2,7	2,6	2,5	2,4	2,0	1,6	1,5
∞	6,6	4,6	3,8	3,3	3,0	2,8	2,6	2,5	2,4	2,3	1,9	1,5	1,4